한국 근대소설의 이면

지은이 소개 **최미진**(崔美珍)은 경남 진해에서 나서 부산대학교 국어국문학과를 졸업하고, 같은 학교 대학원에서 문학박사 학위를 받았다. 「한국 라디오서사의 갈래 연구」, 「1950년대 라디오 프로그램 『인생역마차』의 성격과 매체 전이 양상」 「손창섭의 라디오 단편소설「비둘기 한 쌍」 연구」 등의 논문을 내놓았다. 낸 책으로 『1960년대 대중소설의 서사전략 연구』, 『한국 대중소설의 틈새와 심층』이 있으며, 함께 낸 책으로 『연애소설이란 무엇인가』, 『역사소설이란 무엇인가』, 『현대문학과 양가성』, 『몸의 역사와 문학』 등이 있다. 이즈음 근대 신문과 잡지 매체에 나타난 문화담론의 특성과 라디오 문학의 실체를 규명하는 데 힘을 쏟고 있으며, 부산대학교에 출강하고 있다.

한국 근대소설의 이면

초판 인쇄 2010년 9월 25일 **초판 발행** 2010년 9월 30일
지은이 최미진 **펴낸이** 박성모 **펴낸곳** 소명출판 **출판등록** 제13-522호
주소 서울시 서초구 서초동 1621-18 란빌딩 1층
전화 02-585-7840 **팩스** 02-585-7848 **전자우편** somyong@korea.com **홈페이지** www.somyong.co.kr

값 25,000원
ISBN 978-89-5626-469-1 93810

한국 근대소설의 이면

The Other Side of Korean Modern Literature

최미진 지음

소명출판

책머리에

유난히 더웠던 여름을 뒤로 하고 세 번째 연구서를 내놓습니다. 이 책은 『한국 대중소설의 틈새와 심층』에 이어 가까운 몇 해 사이에 이루어진 학문살이의 흔적들입니다. 대중문학과 여성문학, 지역문학 세 영역으로 나누어 글을 묶었습니다. 드넓은 근대문학의 텃밭을 내달렸던 몇 해 동안 근대소설의 지향을 다르게 읽어내고자 했던 결과물입니다. 근대문학을 새롭게 바라보는 기회가 되었으면 하는 바람입니다.

첫째 마당에서는 근대소설과 작가, 그리고 근대성을 가로지르는 대중성의 문제를 살폈습니다. 먼저, 1920년대 초반 신문소설을 대상으로 당대 선망의 기표인 일본 유학생들이 체험한 식민지 조선의 근대를 만났습니다. 『읍혈조(泣血鳥)』와 『진주(眞珠)는 주엇스나』의 유학생들은 물적 기반이 허약하여 타인에게 의존한 상태에서 근대문화를 체험하고 있었습니다. 낭만적 연애에 대한 기대감은 충만하지만 남성 중심적 폭력성에서 자유롭지 못했고, 근대 도시를 중심으로 과시적 소비에 열중했습니다. 그만큼 식민지 조선의 일본 유학생들은 자기 정체성의 혼란 속에서 기형적인 근대성과 내부의 식민지성을 노정했던 셈입니다. 광복기 공창폐지운동에 앞장섰던 김말봉의 삶과 문학 활동을 뒤쫓았던 글도 마련하였습니다. 그녀는 장편소설 『카인의 시장(市場)』을 연재하여 공창 폐지의 정당성을 대중들에게 알리고자 했습니다. 『화려한 지옥(地獄): 일명(一名) 카인의 시장(市場)』은 공창의 수난과 구원의 과정을 대중적 서사문법으로 풀어내어 작가의 신념과 바람을 효과적으로 담아내고 있었습니다.

한국전쟁기 피난지 대구에서 육군 정훈 문관이자 종군작가로 활동한 정비석의 『여성전선(女性戰線)』과 소설창작방법론을 살핀 글도 나란히 놓습니다. 『여성전선』은 전후 여성의 애정투쟁을 비판적으로 접근한 소설로 『자유부인(自由夫人)』의 모태가 됩니다. 연애소설 문법의 테두리 안에서 전형적인 인물 설정과 삼각관계의 방해자 제거하기 방식을 활용하는 논리적인 면모가 특징적입니다. 새로운 연애관을 문맥화하지만 지배적인 이데올로기를 강화하는 편파적 독법이 대중소설가 정비석의 한계라 하겠습니다. 끝으로, 교원사회에 주목한 손창섭 소설의 상호텍스트성을 다룬 글을 한자리에 마련하였습니다. 교원을 작중인물로 설정한 소설 가운데서 단편 「고독한 영웅」과 신문소설 『통속의 벽』에 눈길을 주었습니다. 이 소설은 1950년대 교원사회의 허술한 제도와 무사안일주의, 그리고 관료주의적 병폐를 문맥화하고 있었습니다.

둘째 마당에서는 근대소설과 여성, 특히 연애와 몸의 문제를 다룬 글들을 한자리에 묶었습니다. 1920년대부터 최근에 이르기까지 우리소설에서 여성은 곧잘 연애를 둘러싼 논란에 휘말려 왔습니다. 여성이 삶의 주체로 당당하게 나아가는 경우를 만나기란 쉽지 않았습니다. 연애의 주체로 나서려는 순간 멈칫거리거나 물러앉고 아니면 그것조차 거부당하는 일이 다반사였습니다. 여성의 몸에 접근하는 여러 다른 시각들이 빚어낸 결과인 셈입니다.

먼저, 1920년대 『동아일보』 소재 신문소설은 당대 연애의 유행에 대한 다양한 목소리들을 담아내고 있었습니다. 나노향의 『환희(幻戲)』가 근대적 모델로서 연애 자체를 연애하는 남녀 작중인물들의 행위를 꿈같은 장난으로 그려내었다면, 이희철의 『읍혈조』는 그러한 인물의 현실적 기반과 사회적 파장에 대해 비판적으로 접근하였습니다. 염상섭의 『너희들은 무엇을 어덧느냐』는 신여성의 연애를 화두로 내세워 그들의 자유연애가 결국 무위로 돌아갈 것임을 경고하고 있었습니다. 이 소설들에서 여성은 연애 주체로 나서는 새로움을 선사하였지만 육체의 순결 때문에 미래의 삶이 저당 잡히는 전통사회의 가치관을 크게 벗어나지 못했습니다. 다음으로, 1950년대 신문소설에 등장한 여성들, 특히 아프레 걸의 연애에 주목했습니다. 최태응의 『전후파(戰後派)』, 정비석의 『여성전선』, 김내성의 『실락원(失樂園)의 별』, 장덕조의 『백조흑조(白潮黑潮)』에서 아프레 걸은 서구가 재현한 전후사회의 새롭고 긍정적인 여성상과 차별화된 존재였습니다. 양갈보, 다방마담, 유한마담, 직업여성, 여대생들이 아프레 걸로 전면에 나섰지만 다양한 명명과 재현방식에도 쉽사리 부정성을 떨쳐버리지 못했습니다. 이를 강화하는 기제 가운데 하나가 바로 육체적 순결의 상실이었습니다. 차별화된 젠더 이데올로기는 아프레 걸을 부정하는 대신 그 대립항에 전통적인 여성상을 부각시킴으로써 지배 이데올로기를 정당화하고 그것과 타협하는 신문소설의 면모를 드러내고 있었습니다.

장덕조의 『다정(多情)도 병(病)이련가』를 대상으로 1950년대 대중소설가의 반열에 오른 작가의 위상을 검토한 글도 함께 올렸습니다. 이 소설은 연애소설의 문법보다 풍속에 보다 강조점을 두었습니다. 복잡하고 느슨한 연애 문법과 전통적인 규범에의 편향이 작가의 한계라면, 당대 연애와 결혼의 풍속을 능숙하게 포착하는 능력은 대중을 흡인하기에 충분하였습니다. 전후사회의 향락문화와 연애문화가 미국중심주의에 경도되어 위계화되는 가운데, 신구 결혼풍습의 착종을 대면하는 여성은 낭만적 연애의 이상을 뒤로한 채 순결 상실의 멍에를 안고 운명론적인 체념을 토로하고 있었습니다. 마지막으로, 2000년대 로맨스소설로 자리를 옮겨 지금 여기의 여성이 재현하는 몸과 성형 문제를 다루었습니다. 김경화의 『성형 신데렐라』는 한국사회에 만연한 여성의 성형과 그것에 대한 이중적 태도를 문제 삼고 있었습니다. 성형을 통해 획득한 육체자본이 지닌 의의만큼이나 부정적 국면과 파장을, 여성의 삶과 욕망의 문제와 관련지어 다루고 있었습니다. 드넓은 시대적 간극에도 근대소설 속의 여성은 건강하고 행복한 주체라고 말하기 힘들었습니다. 특히 여성의 몸 담론은 강제되는 힘의 논리에서 자유롭지 못한 지금 우리의 모습을 다시 보게 합니다.

셋째 마당에서는 근대소설과 지역, 특히 경남·부산 지역문학에 주목한 글들을 올렸습니다. 중앙 문단의 사각지대에 놓여 있는 지역 문인의 작품에 눈길을 주고 새롭게 논의해야 한다고 여긴 까닭입니다. 「사라진 사나이」와 『농촌세시기(農村歲時記)』는 1950년대 김정한의 소설세계를 보여주는 중요한 작품들입니다. 「사라진 사나이」가 한국전쟁기 부산은 물질만능주의와 한탕주의가 횡행하는 피난지 부산의 혼란스러움을 그려내고 있다면, 『농촌세시기』는 일제강점기 전통사회가 근대화의 물결에 맞서는 과정에서 빚어지는 갈등을 비판적 시각으로 접근하고 있었습니다. 「사라진 사나이」를 발굴하고 미완성으로 남겨진 첫 장편소설 『농촌세시기』를 만났던 일들은 작가의 숨겨진 발자취를 더듬는 의미 있는 시간이었습니다. 김춘복의 『쌈짓골』은 1970년대 새마을운동의 화려한 청사진에 가려진 농촌사회의 넓은 그늘을 꼿꼿하게 비판하고 있는 소설이었습니다. 작가의 고향 밀양을 무대로 당시 농촌의 현실을 새로운 해법과 함께 제시하고 있는 1970년대 대표적인 농민소설이라 하겠습니다.

이즈음 근대소설의 연구 영역이 확대되면서 연구방법론과 관점에서도 큰 변화를 보여주고 있습니다. 이러한 연구지형 안에서도 여전히 연구의 사각지대에 놓여 있는 대상이 적지 않습니다. 한국전쟁기 이후 라디오문학에 눈길을 주며 연구바탕을 마련해 온 지 벌써 여러 해를 헤아립니다. 이 영역 또한 학계가 거의 관심을 기울이지 않은 까닭에 일차사료의 망실과 유실이 가파르게 진행되었으며, 당시의 방송을 증언해 줄 관련자들도 쉽게 만날 수 없는 상황입니다. 라디오문학은 라디오매체의 기능과 문학의 사회직 역할뿐만 아니라 라디오매체와 문학의 생산 · 향유방식의 변화, 수용자의 취향과 대중성,

문화담론의 특성을 효과적으로 읽어낼 수 있는 자리입니다. 라디오 문학, 나아가 방송문학의 제자리를 찾아줌으로써 한국문학사 서술의 저변을 확대하는 작은 디딤돌을 놓을 수 있으리라 기대합니다.

세 번째 연구서를 묶으면서 떠오르는 이들이 많습니다. 부산대학교의 여러 선생님들은 학문 마당에 발을 내딛게 해주었으며, 뜻을 같이 해온 선후배 동료들은 그 발걸음에 힘을 실어주었습니다. 학회에서 조언을 아끼지 않은 학문공동체의 연구자들과 여러 해 콜로키움을 함께 하고 있는 여러 선생님들은 제 학문살이를 견고하게 꾸려주신 분들입니다. 그리고 한결같이 제 힘이 되어주는 가족들, 세심하게 살피지 못한 미안함만큼이나 고마움이 가득합니다. 지치고 멈칫거릴 때마다 각별한 헌신을 아끼지 않은 부모님과 자주 곁을 지키지 못해도 훌쩍 자라난 영근이와 경근이, 그리고 남편의 묵묵한 동행이 항상 버팀목이 되어 주었습니다. 기워야 할 내용이 많은 글에다 단아한 장정을 마련해 준 소명출판의 박성모 사장님과 편집부 식구들의 노고도 잊을 수 없습니다. 모두 고맙습니다.

2010년 백로를 지나며

최미진 삼가 적음

| 차례 |

제2장 김정한의 미완성 장편소설 「농촌세시기」

제3장 1970년대 새마을운동과 농민소설의 정치성

제1부

근대소설과 작가, 대중성

제1장

1920년대 신문소설과 유학 체험

1. 들머리

한국문학 연구에서 근대성의 문제는 여전히 논란거리이다. 역사적 담론으로서 근대성을 어떻게 규정하느냐에 따라 담론은 다양한 양상으로 전개될 수밖에 없다. 특히 한국 근대소설에서 근대성 문제는 정체성을 둘러싼 논란, 범박하게 말하면 전통 계승론과 이식론 사이를 오가며 그 간극을 메우는 양상을 띠고 있다. 한국 근대소설의 모태가 조선후기 서사문학에 있다는 점에 공감하면서도 그것이 서양의 근대소설, 즉 장편소설(novel)의 양식적 특성과 대중화 방식 등이 지니는 근대성과 맞물리는 부분에 논의를 집중하고 있는 것이다. 나아가 민족문학으로서의 근대소설은 근대성의 내포와 외연을 어떻게 규정하고 주체성의 정도와 성격 또한 어떻게 자리매김하느냐가 관건이 되고 있다.[1)]

1910년대 중 · 후반기는 교통, 통신, 법, 치안, 토지 등 생활의 근간을 이루는 제도가 근대적인 것으로 대체되어 정착된 시기이다. 1919년 고종 황제의 승하는 주체적인 근대로의 변화 가능성이 사라졌음을 보여주는 상징적인 사건이기도 하다. 그러니까 식민지 조선의 근대화가 얼마나 주체적으로 이루어졌느냐 하는 문제는 그 기생성을 어떻게, 그리고 얼마나 극복할 수 있느냐라는 문제와 결부되어 있는 셈이다.

두루 알다시피 한국 근대소설사에서 이광수의 『무정(無情)』이 발표된 1919년은 "근대문학이 자리를 굳힌"[2)] 시기로 본다. 따라서 『무정』을 기점으로 한국 근대소설이 본격화되었다고 해도 큰 무리는 아니다. 하지만 주요한 문학 담당층인 신지식층이 '지일(知日)'이라는 여과지를 통해 근대를 바라보고 있었다는 점은 여전히 문제적이다. 신지식층 대부분이 일본 유학을 거치면서 근대적 문물을 내재화시킨 까닭이다. 그것은 그들로 하여금 식민지 조선의 근대성을 비판하고 계몽하면서도 '지일'에 대한 선망이 준거로 작용하는 딜레마를 간직하게 한다. 이러한 점은 1920년대 근대소설의 근대성 문제에서도

1) 대표적인 논저는 다음과 같다. 권보드래, 『한국 근대소설의 기원』, 소명출판, 2000; 김복순, 『1910년대 한국문학과 근대성』, 소명출판, 1999; 김영민, 『한국근대소설사』, 솔, 1997.
2) 조동일, 『한국문학통사』 5, 지식산업사, 1994, 9면.

예외는 아니다.

이 글은 1920년대 『동아일보』에 연재된 창작 장편소설인 『읍혈조(泣血鳥)』와 『진주(眞珠)는 주엇스나』를 대상으로 작중인물들의 근대적 특성과 작가의식을 고찰하는 데 목적을 둔다. 이희철(李熙喆)의 『읍혈조』(1923.6.2~10.28, 전140회)는 1920년대 초반 신문소설 가운데 1920년을 전후한 신지식층의 사상과 생활상을 매우 폭넓고 다양하게 반영하고 있는 장편소설이다. 그런데도 근대소설사에서는 전혀 언급되지 않았다. 그것은 작가의 생애나 문학 활동에 대한 고증이 어렵고, 이 작품 이외에 다른 작품을 발표한 사실이 없기 때문인 듯하다.[3] 하지만 이 소설은 근대적인 문물을 체현하는 작중인물들을 형상화하고 있을 뿐 아니라 그들에 대한 자성적·비판적 시각을 확보하고 있다. 이 작품은 근대소설의 계보에서 중요하게 다루어지고 있는 염상섭의 『진주는 주엇스나』(1925.10.17~1926.1.17, 전86회)에 비견할 만한 소설이다. 여기에서 근대적 특성은 작중 인물이 근대화를 지향하는 당대 사회의 일상적인 삶의 조건에 대응하는 방식과 성격에 국한된다. 작중인물들의 유학 체험은 이러한 근대적 특성을 가늠하는 주요한 잣대로 작용한다. 두 소설에서 작중인물들은 비슷하게 '근대'를 체험하고 있으면서도 이질적인 특성 또한 아울러 가지고 있다. 따라서 『읍혈조』와 『진주는 주엇스나』는 1920년대 초반의 '근대'가 소

3) 일제강점기 문학 사료에서 이희철(李熙喆)이란 이름을 찾기는 어렵다. 당시 문화 담당층으로 확대해 『직원록(職員錄)』을 살펴보더라도 도서관에 근무했던 동명인이 한 명 있을 뿐이다. 하지만 그가 『읍혈조』를 창작했다고 단정하기는 힘든 상황이다. 따라서 작자 고증은 좀 더 시일을 두고 살펴야 할 과제로 남겨둔다.

설 속에 어떻게 투영되었으며, 그에 대한 작가 의식이 어떠하였는지를 살피는 데 적절한 텍스트인 셈이다.

2. 유학생의 기생성과 자기모순

『읍혈조』와 『진주는 주엇스나』는 1920년대 초반 유학 열풍과 유학생의 근대적 생활상을 전경화하고 있다. 두 소설의 중심인물들은 모두 일본이나 경성에서 유학을 하는 학생이라는 점에서 공통적이다. 『읍혈조』에서 남성 주인공 서병호는 동경東京의 "'텬뎐(淺田)대학" "야학부 법학과 전문부"를 수학하였고, 여성 주인공 김선희는 횡빈橫濱의 "전문뎡도 성경학원"까지 다닌 인물이다. 『진주는 주엇스나』에서 남성 주인공 김효범은 "경성뎨국대학 예과생"이며, 여성 주인공 인숙은 동경에서 피아노를 전공한 음악도다. 이러한 주인공들의 유학 체험은 식민지 조선의 현실과는 유리된 일상적 삶을 구성하는 주요한 근저로 작용한다.

두 소설에서 유학 체험은 주인공들의 사회적 지위와 신분의식에 지대한 영향을 미친다. 유학은 근대적인 교육제도에 따른 학문을 학습하는 동시에 학교생활에 수반되는 다양한 경험을 획득하는 과정이다. 특히 일본 유학은 식민지 유학생에게 열등한 현실에서 벗어날 수 있는 탈출구로 다가선다. 사비(私費) 유학생의 일본행이 자유화된 1920년 이후 유학생 수가 급증하였던 것도 이러한 맥락에서 이해 가능하다.[4] 그들에게 일본 유학은 '지일'을 통한 근대적 생활양식을 몸소 체험하고 적극적으로 수용하는 계기로 작용한다. 더욱이 일본 유학생은 식민지 조선인과 구별되는 사회적 신분을 형성하면서 식민지 조국과 민족에 대한 우월감을 드러내는 기제로 작용한다.

> 련락선에 드러가서 그는 일본 사람들의속에 끼여들어 자리를 뎡하엿다 엽헤안즌 일본사람들하나이 "오마에"저리로가라고하는 말에 나는로동자가 아니라 류학생이라는 큰소로대드러 말다툼까지하고 나종뽀이가와서 무어라고하는데도 배심조케 로동자가아니요 뉴학생이니하고 하관에상륙할때까지 그 자리를내여노치안엇다 그러면서도 배안에서 지지골콜히 욕을엇어먹고 혹은 손싯는물을 퍼먹는것가튼 민족의로동자를볼때에그는 중국 쿠리를 대한듯시 링렁하엿슬뿐만아니라 도로혀 저른즘생가튼것들하고 속으로 모욕하엿다.5)

인용문은 서병호가 일본유학을 위해 연락선을 탔을 때의 일이다. 그는 평소 "얼골잘생긴것" 하나만 믿고 건방질 뿐 아니라 거짓말에도 능란한 인물이다. 부모와 선배의 만류에도 불구하고 "일본에만 가면 무슨 별수가 나는듯이" 유학을 결행한다. 연락선에 오른 그는 유학생이라는 신분을 내세워 자신을 식민지 조국의 노동자들과 구

4) 일본 유학생 수는 1919년 당시 678명이었던 것이 1920년에는 1230명, 1922년에는 3,222명으로 매년 급증하였다. 다만 관동대지진 때 조선인학살사건의 여파로 1923년에는 922명으로 급감하였고 이전의 유학생 수에 달하는 데 3년 정도의 시간이 필요하였다. 이 시기를 제외하고는 일본 유학생 수는 꾸준히 증가하여 1940년에는 2만 명을 상회하기에 이르렀다. 재일한국유학생연합회, 『일본유학 100년사』, 재일한국유학생연합회, 1988, 57~58면.

5) 『동아일보』, 1923.6.3, 4면.

별 짓는다. 그는 "가튼 민족의로동자"에 대한 "동정의 렴은" 없고 오히려 "중국 쿠리"나 "즘생"쯤으로 여긴다. 그에게 유학생이라는 사회적 신분은 식민지 조국과 민족에 대한 우월감을 드러내는 것일 뿐 아니라 그것의 부정(否定)에 이르는 선민의식을 보여주는 지표로 작용하고 있다. 하지만 그것은 식민지 유학생인 그의 정체성에 치명적인 결과로 되돌려진다는 모순을 내포하고 있다. 그는 유학생인 자기 자신을 "일본 사람들의속에" 자리매김한다. 그에게 일본, 특히 동경은 "조선에서는 맛보지못할만한맑고 신선한" 선망의 대상일 뿐 아니라 "맷십년만에 고향을 차저드러가는 것가치" 여기고 있는 까닭이다. 하지만 식민지 모국인 일본 사람들은 그를 "가튼 민족"으로 받아들이지 않는다. 그가 "일본 사람들의속에 찌여들어 자리를 뎡한" 것만으로도 그들과 "말다툼짜지하고 나종쏘이가와서 무어라고" 할 정도로 분란을 일으키는 일이다. 일본인들은 그의 생각과 달리 유학생을 식민지 조선인들과 동궤에 놓고 위계화하고 있는 것이다.

이렇듯 식민지 유학생이 점하고 있는 위치의 감지는 식민지 조국과 모국 사이에서 충돌하고 있는 사회공간의 객관적 구조들이 결합한 결과이다. 부르디외가 주장하듯 사회공간에서의 위치는 사회구조 속에서 차지하는 위치의 감지를 통해 스스로 하나의 전체로서의 사회구조를 실천적으로 드러낸다. 그 구조들은 자신을 허락할 수 있거나 할 수 없는 것의 감각으로 범주화한다. 그것은 자신의 위치에 대한 한계를 감지하거나 다른 사람들로부터 주목받고 옹호되고 존경받고 기대받기 위한 거리의 감지를 함축한다. 이것은 자신의 위치에 대한 암묵적 수용을 함축하는데, 존재조건들이 엄격하고 현실원

칙이 더욱 엄격하게 부과될 때 훨씬 더 잘 적용된다.[6] 식민지 모국의 일본인이 유학생을 포함한 식민지 조선인들에게 적용하는 현실원칙은 유학생 스스로 규정한 존재조건들보다 훨씬 더 엄격하게 적용되는 것이다. 이러한 사실은 유학생이 식민지 조국의 현실에 대한 열등감을 강화시키는 기제로 작용할 것임을 온축하고 있다.

식민지 유학생에게 일본 유학은 열등한 현실에서 벗어날 수 있는 희망적인 탈출구로 다가섰지만 오히려 그것이 열등감을 강화시키는 절망적인 기제가 된다. 이때 식민지 모국에 대한 열등감은 식민지 조국에 대한 우월감과 함께 내재화된다는 모순을 껴안고 있다. 유학생은 구별 짓기를 통해 자신의 존재를 식민지 조선인, 특히 노동자들과 차별화하고 위계화하지만 그 결과는 식민지 모국과 조국 어디에도 뿌리를 내리지 못하는 중간자로 자리매김할 뿐이다.[7] 아울러 그들의 구별 짓기는 유학 체험을 통해 극복되지 못하고 내재화된 준거로 무차별적으로 작용함으로써 식민지 유학생의 정체성 자체를 뒤흔드는 부정적인 결과를 낳고 있다. 『읍혈조』에서는 그것을 전지적 작가의 목소리를 빌어 "소위일본류학이라는 폐풍에" "몰니어 일본에만가면무슨별수가나나는 듯이"[8] 유학을 결행하는 사회적 현상과 무관하지 않음을 지적하며 비판하고 있다.

무엇보다 유학 체험의 부정성을 강화시키는 것은 주인공들의 '기생성'에 있다. 두 소설의 주인공들은 유학 생활의 기반이 부실한 고

6) 피에르 부르디외, 정일준 역, 『상징폭력과 문화재생산』, 새물결, 1995, 294~295면.
7) 프란츠 파농, 이석호 역, 『검은 피부, 하얀 가면』, 인간사랑, 1998, 23~51면.
8) 『동아일보』, 1923.6.2, 4면.

학생이라는 점에서 공통적이다. 이것은 1920년대 초 급증한 일본 유학생들 중 고학생이 현저하게 증가하였던 당대 현실을 반영하고 있다. 무작정 일본 유학을 결행한 서병호와 같은 고학생들은 생활적 기반이 허약할 수밖에 없다. 동경에 집중되어 있던 고학생들은 1925년에 이르면 유학생들의 반 이상을 차지할 만큼 비중이 높아졌으며 생활고로 중도에 학업을 포기하는 경우도 많았다.[9)] 하지만 두 소설의 주인공들은 고학생임에도 불구하고 생활 전선에 뛰어든 적조차 없는, 그러니까 전적으로 타인에게 의존하여 유학 생활을 온전하게 유지하는 기생적인 인물들이다. 『읍혈조』의 서병호는 일본인 하전희삼랑(河田喜三郎)에게, 김선희는 미국인 아다손 부인에게, 『진주는 주엇스나』의 조인숙은 매국적 변호사 진형석에게 각각 기생하며 일본 유학 생활을 하게 된다. 김효범 또한 경성에서 매형인 진형석에게 전적으로 기대어 유학 생활을 한다.

이러한 주인공들의 기생성은 당시 식민지 조선의 열악한 생활환경을 간과하고 유학생 신분이 가져다 준 화려한 기표들에 휘말릴 위험을 다분히 안고 있다. 그들의 근대적 체험이 '지일'을 통한 근대적인 문화·예술적 향유에만 치중되어 있어 더욱 그러하다. 서병호가 실리적인 장사 대신 "세계공론(世界公論)"이나 "신세계(新世界)" 같은 잡지 창간에 힘쓰는 것이나 인숙이 "만원에 팔려" 시집가면서도 "만병통치의 륙신환"인 피아노를 요구하는 것, 그리고 김효범이 "활동사진"에서나 볼 법한 정의로운 스파이 흉내를 내면서 "저녁신문의 소

9) 재일한국유학생연합회, 앞의 책, 58~59면.

설"을 읽고 조선의 "섹스피어"같은 "시(詩)" 창작을 도모하는 것에서 그러한 면모를 쉽게 확인할 수 있다. 즉 그들의 근대적 체험은 유학 생활에서 체득한 근대적 문화・예술을 향유하는 데 있을 뿐 일상적 생활을 유지할 만한 기반을 마련하는 데 있지 않다. 고학생임에도 불구하고 일상생활에 전혀 불편함을 느끼지 않기 때문이다. 따라서 그들에게서 민족적 현실뿐만 아니라 자신의 처지에 대한 자각이나 변화를 찾아보기 힘들다. 그만큼 그들의 기생성은 유학 체험을 통해 체화되고 내재화되어 있는 셈이다.

주인공들의 유학 체험은 결국 식민지 조국 경성에서 자기모순으로 나타난다. 서병호는 강원도의 "엇던 부호의 아들"인 이기상을 상대로 사기 행각을 벌이고, 성경학원을 다니며 "그리스도가 가르치신 썩지안는련애"를 설교했던 김선희는 이기상의 현지처가 되어 기생과 다를 바 없이 생활하며 서병호의 사기 행각을 돕는다. 그리고 김효범은 "마굴로끌려 드러가는 어린녀성 하나를구하야보겟다는 의협심"으로 스파이 행각을 벌인다. 하지만 그러한 보람도 없이 "동경아씨" 조인숙은 유학 자금을 대줬던 진형석의 중매로 오십이 넘은 인천의 미두대왕(米豆大王) 이근영에게 만원에 팔려 현지처(現地妻)가 된다. 이러한 주인공들의 자기모순은 대체로 기생적인 유학 체험에 기대어 있다. 경성에 돌아온 그들은 일본 유학 생활과 마찬가지로 사상과 문화와 예술을 향유하기 위해 습관처럼 새로운 "기생처(寄生處)"를 찾는 데 급급할 뿐이다. 몸에 밴 기생성을 자각하거나 극복하지 못하고 부평초처럼 부유하고 있는 것이다. 이러한 기생성은 경성에서도 연장되고 그들의 삶을 타락하게 만들며, 나아가 죽음에 이르게 하는 부정적인 근저로 작용한다. 그렇기에 그들에게서 자신의 정체성에 대한 인식뿐만 아니라 식민지 현실과 민족에 대한 깊은 성찰을 기대하기란 어렵다.

다만 『진주는 주엇스나』에서는 주인공 김효범의 내적 독백을 통해 기생성에 길들여진 유학생들의 자기모순과 정체성에 대한 자각을 어느 정도 보여주고 있다.

> ① 두남녀는잠간묵묵히안젓섯다. 십여일전의 일을생각하면 모든 자최가뚜렷이 머리에 깁흔인상을남겨노앗스나 이러케되고 보니 소득이 무어냐?는 반성을할 제피차에공허(空虛)를늣기지안흘수업섯다. 좀더생활이라는 깁흔알맹이를 근듸려보지 못하고 마치 곡마단의 어릿광대가 커다란공에 올라서서 먼산을 바라보며 발씃흐로 데굴데굴굴려다가노코 "쪼개보자. —쪼개보지말자"고 한참싸오다가결국에 쑥쪼개고보니 싸운것이 돌이여 어리석은것을깨다른것가타얏다.
>
> —이계집은긔에나오고말앗다! 진가가쏘졸으면 마음이다시엇더케 변할지모르지만 하여간결과로만보면위선리가나진가는 확실히실패를하얏다. 그리고 내가승리를한것이다! 그러나 그승리를위하야 바친희생이 얼마나되는가? 지주사는쏫겨낫다. …… 이집식구는 한말가옷의 량식만 써러지면굴머죽게되엇다. 이주일동안해ㅅ발을못보게되엇다. …… 게다가문자는엇더케되엇나! …… 마은엇더케되엇나! …… 그리고나자신은엇더케되엇나! …… 아니지주사의말을들으면신영복이도 쏫겨난모양이 아닌가? —한계집의 '올흔 생활'을강제하기 위하야 이 만한희생을바쳐도 아까울것은업다고 대담히주장할사람이누구냐? (…중략…) 자긔와는 전연히달은

생각을가지고 자긔의힘으로는 좀처럼엿볼수 업는세계에서 호흡하는이계집을 위하야 그만한희생을바칠필요가 과연 잇는가를 쏘다시힘잇게 스스로 무러보고는제풀에 분로를늣기엇다. 분로는증오(憎惡)로변하얏다. 증오는 경멸로 변하얏다. …… 그리고가슴에남는것은 아모것도업섯다. (…중략…) …… 아니내련익를위하야여러사람의행복을 이계집의행보석(行步蓆)으로그발미테 짜라노하도 조타는리유와 권리가 어대잇나? 그러나나는 이계집에게서 무엇을어덧나? …… 10)

② ―이것이 지식계급이다! 신사계급이다! 아니 이 사람들이 다―지식계급―신사계급이라고는 못할지라도 상당한상식은가지고잇고 자긔집에드러가면계집자식에게 바로 뻗내이며 가장이요 남편이요 애비라고큰 소리를치렷다! 이 따위인들로이째까지인간사회는 지탕되어 왓나! …… 이놈들이무엇이이러케도깁버서 날뛴단말인구? ……

효범이는 이러한생각을 하면서 지절대고 쑤역쑤역트러너코 기생의 손목을붓들고 시달리고하는사람들을 바라보다가

―웨 내가 이사람들을 욕을 한단말인가? 내가이세상에 와서 이사람들보다 더낫게하고가는일이 무애잇기에 감히속으로라도 욕을한단말인가? 여기모힌사람들은적어도나보다는하로라 더고생을하얏고한가지라도 더일을하야노코가는게아닌가? …… 하는생각을 쉼속가치하다가 (…후략…)11)

①은 김효범이 조인숙의 결혼 뒷거래 사실을 파헤친 후 자성하는

10) 『동아일보』, 1926.1.5, 4면.
11) 『동아일보』, 1926.1.13, 4면.

대목이다. 그는 동경 유학생 인숙을 "귀해"한다는 사실을 부인하면서도 그녀의 "올흔 생활", 즉 돈 아닌 사랑에 의한 결혼을 위해 진형석의 음모를 파헤친다. 그러나 그의 스파이 행각은 지성룡의 가족들과 신영복을 생활의 현장에서 내쫓고 문자를 다시 소문에 시달리게 하는 등 주변 인물들을 치명적인 위험에 직면하게 한다. 그 또한 매형의 집에서 쫓겨나 지성룡 집에 얹혀 지내며 폐병을 앓는다. 일련의 결과는 그의 "련인를위하야여러사람의행복을" 짓밟은 것이나 다름없다. 그는 이러한 사실을 자각하고 자신의 행위와 기생성에 대해 자성하기에 이른다. 그의 유학 생활은 매국적인 변호사인 매형 진형석의 도움으로 지탱해왔다. 그것은 누이인 효정을 팔아넘기는 것과 다를 바 없었는데도 "먼산을 바라보듯" 간과해왔던 것이다. 이러한 행위는 스파이 행각과 마찬가지로 "좀더생활이라는 깁흔알맹이를 근듸려보지 못하고 마치 곡마단의 어릿광대가 커다란공에 올라서서 먼산을 바라보며 발씃흐로 데굴데굴굴려다가노코", "어리석은" 갈등만 거듭한 자신의 무책임함과 비겁함에서 비롯된 것임을 깨닫는다. 고학생이 겪었음직한 힘겨운 생활의 현장에서 비켜나 무의미한 시시비비만을 따지는 "어릿광대"가 바로 김효범 자신이었음을 자성하는 것이다.

②는 근대 사회의 주역에 대한 비판적・회의적 태도가 자기 자신의 역할을 성찰하는 태도로 변전되는 내면 상황을 보여준다. 식민지 조선의 근대화가 "지식계급" 혹은 "신사계급"에 의해 주도되고 있으나 그것이 건설적인 측면에 기여하지 못함을 비판하고 있다. 그들의 "상당한 상식"은 가정에서는 "가장이요 남편이요 애비라고큰 소리를

치는" 것이요 사회에서는 기생 노름이나 일삼는 일에 사용되고 있다는 것이다. 김효범은 이러한 근대의 그림자들을 비판적 · 회의적으로 바라보는데, 이것은 기생성을 극복하지 못한 자기 자신의 삶에 대한 자성으로 발전한다. 그러니까 자기 생활의 기생성 극복을 전제하지 않은 이상, 그러한 비판들은 관념의 유희에 불과하며 종국에는 자기모순과 자기파멸에 도달하는 길일뿐이라는 것이다. 이처럼 『진주는 주엇스나』는 주인공의 내면 독백을 통해 유학생들에 대한 비판적 · 자성적 목소리를 드러내고 있다.

두 소설에서 1920년을 전후한 시기 유학생들이 생활의 기생성을 극복하는 길이란 문화와 예술의 테두리를 벗어나 자립적인 생활 기반을 확립할 때 비로소 가능하다. 근대인으로서 유학생이 체험한 문화와 예술은 본질적으로 식민지 조국이 감내해야 할 폭력적인 현실과 독립하여 존재할 수 있는 오락적, 관념적, 유희적 성격을 지닌다. 식민지 조국에서 자립 기반을 마련하기 힘든 시대적 상황에서 유학생들은 습성화된 기생성에 쉽게 기대어 부유하거나 방기하는 삶을 지속한다. 이를테면 그들의 기생성은 식민지 조국의 현실과 타협하는 부정적인 형식인 것이다. 기생성이 몸에 배인 유학생의 자성적 비판의 목소리는 현실 세계와 유리된 예술과 문화의 영역에서 제한적으로 표출되다 말 가능성이 크다. 그것은 유학생의 비판과 자성이 기생성 극복을 전제하지 않는 한 결국 자기기만으로 이어질 수밖에 없기 때문이다.

3. 연애의 신성과 폭력성

『읍혈조』와 『진주는 주엇스나』에서 유학생들의 근대적 체험은 연애와 밀접한 관련성을 지닌다. 1920년을 전후한 시기 연애는 근대적 삶으로의 이입을 의미하는 유행적 풍속으로 자리매김한다.[12] 그것은 3·1운동의 실패 후 변화된 식민지 조선의 상황 속에서 이루어진다. 당시 식민지 정책은 비판적인 민족적 담론을 정치적으로 차단하는 대신 문화적 활로를 개방시켰다. 3·1운동의 실패로 절망을 겪은 신지식층은 외래의 유행을 탐닉하고 애상적 취향에 기대는 경향이 농후했다. 연애열은 식민지 조선의 현실을 외면한 이러한 상황의 산물이다. 이는 3·1운동 이후 교육 기회의 확대로 근대적인 독자층이 형성되었던 사정과 무관하지 않다. 당시 신문과 잡지 매체의 발간이 활성화되는 가운데 문화계의 중심이 연극에서 문학, 특히 소설에 집중되었다. 이러한 가운데 연애는 1920년대 초반을 지배했던 사랑에 대한 담론으로 자리매김하였다.

1920년대 초반 연애는 전근대적인 사랑과 구별되는 낯설고 새로운 사랑의 형식을 표상한다. 연애는 근대에 들어 새롭게 나타난 사회적 관계, 즉 사랑이라는 감정에 기반하고 있는 지속적인 의사소통 관계를 지칭하기 위해 고안된 명칭이다.[13] 이 시기 근대적 사랑의 형

12) 권보드래, 『연애의 시대』, 현실문화연구, 2003, 91~122면; 김경일, 『여성의 근대, 근대의 여성』, 푸른역사, 2004, 119~169면.

13) Niklas Luhmann, *Love as Passion : The Codification of Intimacy*, tr. by Jeremy Gaines & Doris L. Johns, Cambridge, Mass. : Harvard UP, 1986, pp.41~47; 김동식, 「연애의 근대성」, 『민족문학사연구』 제18호, 민족문학사연구소, 2001, 300면.

식으로서 연애는 자유 결혼과는 분리되어 독립적으로 사용되는데,[14] 그것은 남녀 관계에서 사랑의 감정이 우선적으로 고려되어야 함을 강조한 까닭이다. 근대의 주역인 신지식층, 특히 유학생들은 연애를 근대적 열망의 중심에 놓고 접근한다. 이때 연애는 구체적인 현실 속에서 의미 있는 경험으로서가 아니라 추상적인 관념의 산물로 먼저 다가선다. 그것은 연애의 '신성'에 대한 기대와 요구 속에서 쉽게 발견된다.

> 그러나 사랑하는영각씨여! 사람이사는 것은 정으로만도 아니고 련애로만도아니올시다 그보다더큰것에목뎍하고 잇슴니다. 여긔에 대하야는 영각씨도 제에게말슴한것이잇슴니다 —우리는 속된사랑을 버립시다 그저한낫 훌륭한 인격자(人格者)가되기위하야서로 장려하며진정으로권고할만한유일의벗이되자고 …… 아아! 그러면영각씨 그인격자를 구하는맘— 그것이 인생의큰정이오 인생의 큰련애가 될것이지오 그러면 큰정과큰련애를 위하야 적은정과 적은련애를 희생함이 무엇이 앗갑사오릿가 이것을생각하면 이제 영각씨가 저를 오라고하신 것이 너무도 천박한인생의 맘이올시다.[15]

인용문은 『읍혈조』에서 김선희가 조선에 있는 연인 신영각에게 보낸 편지의 한 대목이다. 신영각은 방학 때 김선희의 귀국을 요구하는데, 그녀는 편지로 그의 제의를 거절하고 있다. "속된사랑"보다는

14) 이광수, 「혼인에 대한 관견(管見)」, 『학지광』 제12호, 재일본동경조선유학생학우회, 1917, 30면.
15) 『동아일보』, 1923.7.2, 4면.

"훌륭한 인격자"가 되기 위해 그 차비로 "책한권더사서 읽고" 배우자는 까닭이다. 여기에서 그녀는 "속된사랑"과 "훌륭한 인격자"를 각각 "적은정과 적은련애"와 "큰정과 큰련애"에 견주면서 대립시키고 후자를 우위에 둔다. 배타적인 근대적 사유방식이 연애에도 적용된 결과이다. 근대적 사랑의 형식인 연애는 사랑의 감정뿐 아니라 남녀 관계를 근대적인 위계질서 속에서 새롭게 의미화하는 셈이다.

"인생의 큰련애"는 식민지 조국과 민족적 현실에 도움이 될 수 있는 "훌륭한 인격자"가 되는 길인 동시에 성경학원에서 배운 "그리스도가 가리치신 썩지안는련애"를 실천하는 일이다. 그것은 "령뎍"에만 치우친 연애의 "신성"으로 표상된다. 연애의 신성은 "진정한 련애"이자 "낭만적" 연애로, 나아가 "자긔의생명의 전부로 생각"할 만큼 중요한 의미를 가지는 것이다. 이때 연애의 신성은 근대적인 낭만적 사랑의 형식과 이데올로기를 따르고 있다. 낭만적 사랑은 열정적 사랑과 달리 사랑의 환상 속에서 주체의 안정과 자기 긍정을 도와주기 때문에 근대적인 가정을 조직하는 이데올로기로 작용한다. 그것은 '숭고함'을 가장 상층의 규율로 삼아 남녀 관계에서 발생할 수 있는 욕망을 끊임없이 자기심문하게 한 까닭이다. 낭만적 사랑은 부르조아적 이상을 현실화시킬 수 있는 근대적인 이데올로기인 셈이다.[16] 1920년 전후 전통적인 세계관이 강하게 작용하던 한국의 현실을 고려할 때, 근대적인 사랑의 형식인 낭만적 사랑과 연애는 "육체적 욕

16) 앤소니 기든스, 배은경 · 황정미 역, 『현대사회의 성, 사랑, 에로티시즘』, 새물결, 1996, 83~86면.

망을 넘어서는 정신적 교감", 즉 숭고성을 지나치게 강조하며 제한적으로 받아들여졌다. 더욱이 사랑의 숭고성은 선희가 말한 "인생의 큰련애"와 같이 계몽성으로 변전하고 있는데, 이를 통해 연애의 신성을 강조하는 논리를 발견할 수 있다.

이에 반해 "속된사랑"은 식민지 현실을 간과하고 사랑의 감정에 끌려 경거망동하는 일련의 행위, 특히 "육뎍련애"를 표상한다. 그것은 남녀 관계에서 "여러가지말치못할 미묘한 정(情)의동작"과 "생리뎍관계"를 포괄적으로 일컫는다. 낭만적 사랑이 숭고함을 준거로 삼으면서도 '영육일치'를 지향한다는 점에서 "육뎍련애"는 근대적인 연애의 풍속에서 문제거리로 작용할 수밖에 없었을 것이다. 전통적인 "정조"의 관념을 여성에게만 강제하는 불평등한 성규범이 만연한 현실에서 "육뎍련애"는 당대 현실과 이념에 상충하는 것이기 때문이다. 선희는 근대적인 연애의 상충하는 두 측면, 그러니까 "속된사랑"과 "훌륭한 인격자" 중 후자를 연애의 "신성"이자 "이상"으로 관념화시켜 받아들이고 있다. 하지만 그것은 신영각과 결별하게 되는 빌미를 제공하면서 그녀의 연애관에 변화를 이끌어내는 요인으로 작용한다.

연애의 신성은 『진주는 주엇스나』에서도 주인공들의 연애에 중요한 변수로 기능한다. 특히 남성 주인공 김효범이 문자 대신 인숙을 사랑하는 이유나 정황은 문자의 과거와 밀접한 관련성을 가지고 있다.

> "문자도인제는 신사상가가되엇군!"하며효뎡이는 우섯다문자가 례식을 무시하고 삼년이나 M과사라온 것을 비웃는 수작이엇나 그러나문자는 아모말업시 눈살을찌흐려보앗다.

(…중략…)

—이굴욕에서벗어나나도남가치얼굴을들고다녀보리라뭇동무들의뒤손가락질을바다가면서도몃백명생도중에단하나효뎡이가이싸주는덕에이래저래졸업이랍시고하고나올제누가무어라고하든지 M한아만은 훌륭한 인물이되도록 도으리라—사회에한목가는 남이눈을 거들써볼만한 신사가된뒤에 억개짓을하며 결혼식을 거행할날이 잇스리라 그날에가서야 이굴욕을씻고 나도곤대짓하고 살리라—고 결심한삼년전이나 이 자리에 효뎡이에게 문초를밧는죄인처럼 서울바닥에잇는 M을동경가서 잇다고 속이지안을수업는 삼년후인 지금의자긔를 돌려다볼제 쏘다시 새삼스런굴욕에 억개가 늣으러지는것을깨닷기 때문이다.[17)]

인용문은 문자가 효정의 비웃음에 굴욕을 느끼면서도 자신의 과거 때문에 저항하지 못하는 정황을 보여준다. 문자는 일본 유학 생활 동안 "례식을무시하고 삼년이나 M과사라온" 과거를 가지고 있다. 그녀의 연애와 동거는 근대적인 일본의 결혼 풍습, 그러니까 동거 후 결혼이 관습화되어 뭇사람들에게 아무렇지도 않게 받아들여지는 것과 달리 한국에서는 "동무들의뒤손가락질을" 받으며 "남가치얼굴을 들고다닐" 수 없을 만큼 굴욕적인 것이다. 1920년 전후 조선에서 연애의 신성이 근대적 사랑에 대한 열망과 요구를 관념화한 결과라면, 그것의 실천적 형식은 여성의 '정조' 관념의 강화와 실천으로 드러난다. 따라서 근대적인 연애는 성차에 따라 사뭇 다른 이상과 실천의

17) 『동아일보』, 1925.10.18, 4면.

형식을 드러내고 있었다. 그렇기에 문자의 과거는 반윤리적인 행위로 비판받고 문자는 "신사상가"로 비웃음을 당하는 것이다.

더욱 문제적인 것은 문자의 과거가 씻을 수 없는 상흔처럼 그녀의 미래에도 작용하고 있다는 점이다. 김효범이 인숙을 "머리쯧헤서부터발뒤꿈치까지 허영으로 비저만든 고기덩어리"라고 비난하면서도 문자 대신 그녀를 사랑하는 것은 문자의 과거가 크게 작용한 까닭이다. 인숙의 결혼 뒷거래가 신문에 보도되자 엉뚱하게도 문자의 행적이 문제가 되고, 그녀는 학교에서 쫓겨나 고향으로도 가지 못하는 처지가 된다. 그녀의 자살 시도는 조선사회에서 자신의 과거를 극복할 수 있는 길이 죽음뿐이라는 비극적 사실을 환기시킨다. 그것은 당시 여성에게 근대적 연애, 특히 "육뎍련애"가 얼마나 치명적인 상흔으로 되살아나는가를 잘 보여준다. 그만큼 연애의 신성에 대한 기대와 요구가 여성들에게 폭력적으로 행사되고 있었던 것이다.

1920년을 전후한 시기 연애는 근대적 삶을 상징하는 하나의 이념으로 기능한다. 즉 연애의 신성은 삶의 토대와 연결되지 않는 격리된 이상으로 존재한다. 하지만 연애를 지향하는 작중인물들은 연애의 신성을 능동적으로 받아들이고 그것을 불가능하게 하는 현실적 조건과 대립한다.[18] 진정한 연애가 이념화된 표상과 이데올로기에 의해 강제되어서는 안 된다는 점에서 연애의 신성은 구체적이고 현실적인 경험 속에서 조정의 국면을 맞을 수밖에 없다. 그러나 이 과정

18) 김지영, 「'연애'의 형성과 초기 근대소설」, 『현대소설연구』 제27호, 한국현대소설학회, 2005, 78면.

에서 여성은 곧잘 남성의 폭력에 굴복하고 타락과 파멸, 종국에는 죽음에 이르고 만다.

『읍혈조』의 김선희와 『진주는 주엇스나』의 문자는 이상적 연애를 꿈꾸었지만 결국 남성들의 폭력에 의해 그 꿈이 좌절되어 죽음을 선택하는 인물들이다. 『읍혈조』가 폭력의 주체를 유학생과 부호 자제에 신학문을 배우는 학생들을 포함시키고 있다면, 『진주는 주엇스나』는 여기에 언론을 포함시키고 있다. 유학생이나 신학문을 배우는 학생들은 "타고난 용모와 공손한 태도"로, 부호 자제들은 '돈'으로 각각 자신의 '욕망', 그러니까 정욕과 명예욕을 포장하고 있다.

『읍혈조』에서 신영각과 홍순일은 신학문을 배우는 학생들이다. 그들은 "깨끗한 용모와 공손한 태도"의 이면에 감추어진 욕정을 낭만적 · 이상적 연애를 추구하는 여성 유학생 선희에 대한 폭력으로 실현시키고 있다. 신영각은 편지를 통해 선희에게 연애가 영적이고 신성한 것이라는 입장을 끊임없이 반복한다. 하지만 3 · 1운동 즈음 귀국한 선희에게 "련애라는 것은 전혀 육뎍이라할수잇다"는 입장을 강요하며 그것을 끝까지 거부하는 그녀에게 일방적으로 결별을 통보한다. 한편 "보기에 깨긋한청년"인 홍순일은 선희가 스스로 "제일생의 벗"이자 "당신의 안해"로 여기게 만든 다음 자신의 욕망을 성취한다. 하지만 그녀가 만세사건으로 투옥되자 곧 다른 여성과 결혼하여 미국 유학을 떠난다. 이렇듯 신학문을 배우는 두 남성은 선희가 염원했던 연애의 이상과 배리된 욕망을 실현하는 데에만 관심이 있으며, 결국 그녀를 폭력적으로 굴복시킨다. 이러한 상황은 기생처를 상실한 그녀가 일본 유학생 서병호와 부호의 아들 이기상의 현지처로 전락하고 타락한 삶을 사는 과정에서도 잘 드러나 있다.

『진주는 주엇스나』의 김효범은 『읍혈조』와는 달리 낭만적・이상적 연애를 추구하는 여성 유학생에 대한 폭력성이 사회 전반에 걸쳐 자행되고 있음을 인식하고 있다. 이 점은 김효범이 남긴 유서에서 확인할 수 있다.

> 내가그를위하야 죽는다면 간사스러운말이라하겟지만 문자를위하야문자와가치 죽어보고 십다.둘이맛붓들고 안저서 서로 의심하고 한이업는 걱정에눈쌀을찝흐려보고하는것보다는문자의뜻대로 문자가깁버 하는 것을해주면 나도마음에 깁부고시원할것이다. 그는 어엽분 사람이다. 마음이 어엿분사람이다. 세상놈들이 웨못살게 구나?(십오일―마산에서)
>
> ×
>
> 죽거들랑 우리둘을 총독부병원에가서 해부를해주시오. 이것이 어린생각이요. 미덥지못한것을 밋는것갓지만 해부를하면혹시는 ××신문에난 '깁흔 관계'라는넉자가 얼마나우리들을 못살게굴엇든가를 세상놈들은알리다. 그리고 M씨에게대하야 우리의변명도 되고 M씨의일생의 위안을주게되리다. …… 부끄럼을몰으는인간아 부끄러워 할줄을 알아라!(십칠일마산에서)[19]

인용문에서 김효범은 "문자의뜻대로" 동반 자살을 시도하였다는 사실을 분명히 드러낸다. 인숙의 가출로 불거진 결혼 뒷거래에 대한

19) 『동아일보』, 1926.1.16, 4면.

신문기사에서 문자는 "오각련애"의 한 인물로 지목된 바 있다. 그것은 그녀의 과거, 즉 M과의 동거사실을 세상 사람들에게 새롭게 환기시키는 계기가 된다. 더욱이 학비 부족으로 귀국해 있던 M이 신문기사를 접하고 기다렸다는 듯이 결별의 편지를 보낸다. "M한아만은 훌륭한인물이되기"를 바랐던 문자의 꿈이 산산조각난 것이다. 결국 문자는 요양을 떠나는 김효범을 따라 나서지만 "깁흔 관계"라는 신문기사가 여전히 그녀를 힘겹게 한다. 김효범은 신문 매체와 M이 모두 문자를 죽음으로 내모는 폭력을 행사한 것으로 인식하고, 그것에 저항하는 방법으로 동반자살을 선택한다. 여기에서 동반자살은 연애의 완성이 아니라 연애의 실패요 남성적 폭력성에 대한 저항이라는 의미를 가진다. 신성한 연애에 희생되는 여성과 "무정한 사회"를 문제 삼고 있었던 당대의 사회적 현상을 반영하는 것이기도 하다. 실제로 1920년대 연애 자살은 포즈의 일종이자 대중적 기호로 자리매김할 만큼 연애의 신성에 대한 요구가 지니는 폭력성을 비판하는 목소리가 드높았다.[20]

그리고 연애가 빚어낸 폭력성은 여성 유학생들에게만 행사되는 것이 아니다. 『읍혈조』에서 서병호의 일본 현지처였던 융자(隆子)는 그에게 사랑과 돈을 모두 주었으나 이용만 당하고 딸 노부꼬와 함께 버림받고 만다. 그리고 소설적 형상으로 구상화되지는 않았지만 서병호의 고향집 아내와 딸, 『진주는 주엇스나』에서 이근영의 고향집 아내와 자식 등도 그 폭력의 희생양들이다. 연애의 완성이 폭력성이

20) 권보드래, 앞의 책, 187~193면.

없는 사회를 전제로 한다면, 1920년대 초반에 부각된 연애지상주의는 개인적 차원에서 이해할 것은 아니다.[21] 그것은 경성으로 대표되는 조선의 근대 도시 사회의 특성과 긴밀하게 연관되어 있다. 또한 여성 유학생들과 그들에게 폭력을 행사하는 지식 청년들이 당면한 생활 기반의 취약성과도 깊은 관련을 맺고 있다. 이러한 취약성은 그들 모두 도덕적 무책임과 윤리적 타락의 세계에 쉽게 노출될 수 있는 근저로 작용한다.

21) 3 · 1운동 이후 학생이나 지식청년들 사이에 '연애지상주의(Love is Best)'가 급격하게 확산된 원인은 여러 각도에서 분석할 수 있다. 하지만 『읍혈조』의 김선희와 『진주는 주엇스나』의 문자의 상반된 변모 과정을 고려할 때 다음과 같은 증언은 우선 경청할 만하다. "나는 당신을 사랑합니다"라는 말도 그 때부터 유행된 것이니 남녀 간의 새로운 연애도 모두 3 · 1운동의 덕택이라고 하지 않을 수 없다. 한국은 오랫동안 유교의 영향을 받아 '남녀칠세부동석(男女七歲不同席)'이라는 말 때문에 여자는 '내외'를 해서 외간 남자에게는 절대로 얼굴을 보이지 않았으므로 남녀 간의 교제는 거의 불가능하였다. (…중략…) 그러던 것이 3 · 1운동으로 글방[書堂]에서 한문(漢文)만 읽던 청년들이 머리를 깎고 학교로 들어가고 집 속에 깊이 파묻혀 있던 여성들이 짧은 치마에 굽 높은 구두를 신고 거리를 활보하게 되니 강(江)물의 둑이 일시에 터진 듯 남녀 간의 사이가 삽시기 가까워질 것은 또한 당연한 일이었다. 그리하여 조혼(早婚)으로 이루어진 자기들의 결혼은 부모가 강제로 시킨 것이므로 진정한 결혼이 아니라고 이혼을 주장하여 아무 죄도 없는 수많은 여성들이 일시에 생과부가 되었던 것이다. 그에 따라 아무리 완고한 집안의 부모라 하더라도 귀여운 딸자식이 장래 만년(萬年) 처녀나 생과부가 되지 않게 하기 위해서는 앞을 다투어 학교에 보내지 않을 수 없었으니 한국 여성의 새로운 교육은 실로 여기서부터 시작된 것이었다. 그러나 그 시대의 여자교육기관이 (…중략…) 절대로 그 수효가 부족하였다. 그뿐 아니라 전문학교 이상의 대학이라고는 한군데도 없었으므로 여자로서 고등교육을 받자면 좋든 싫든 일반 남자 학생들과 마찬가지로 동경으로 가서 유학생 생활을 할 수 밖에 없었던 것이다." 김을한, 『실록 동경유학생』, 탐구당, 1986, 83~85면.

4. 근대 도시와 과시적 소비

『읍혈조』는 1915년 무렵부터 1923년 무렵까지를 시간적 배경으로 하고 있으며, 사건이 일어나는 주요 무대는 일본의 동경과 횡빈, 조선의 경성과 개성이다. 1917년 무렵 동경은 이미 경제와 정치, 자본과 권력이 밀접한 상관관계를 맺고 있는 근대 도시의 모습을 고스란히 보여주고 있으며, 횡빈은 선박을 통해 교역이 활발하게 이루지는 국제적인 무역 도시의 면모를 갖추고 있었다. 그에 비해 1920년 전후의 경성은 전차, 전화, 신문이나 잡지, 경찰서, 법원 등 근대적인 제도가 일상으로 체험되고 있었지만, 동경이나 횡빈과 같이 '생산적인' 도시의 형상이 아니라 '소비적인' 도시의 형상으로 그려져 있다. 부호의 아들, 유학생, 기생 등도 모두 소비의 주체로만 등장한다. 부호의 아들들은 번갈아 큰 연회를 벌여 기생과 첩들을 데리고 유흥을 즐기고, 일본 유학에서 돌아온 여학생들은 그러한 부호들을 상대로 기생과 다를 바 없는 생활을 하며 타락해 간다.

> 그것은 쏫구경도 이미느즌 오월중순 어느날밤이엿다. 그러나 봄은 쏫의봄만아니요 '밤'의 쏫으로 뎌인생을환락의 세계로잇쓰는 것이다. ―광화문통으로**통을 향하야나가는 넓은길에는그컴컴한 대긔ㅅ속에 무수한 인생이 숨엇다 나타낫다.
>
> 취흥에 술취한거름을 방향업시 옴기는것이다. 각료리ㅅ집의 문압헤는 이들의인생으로 쏘한장ㅅ거리를만드럿다.
>
> 서대문뎡방면에서 다라오는 뎐차가 긔렴각압헤 머물넛슬쌔에 기생갓

기도하고 또는 뉘집며느리갓기도한 졂은녀자가 양복입은남자하나를 뒤에달고 뎐차에 올낫다. 그러고그녀자는선희엿다.[22]

인용문은 일본 유학생 김선희가 경성의 한 요릿집에서 나와 전차를 차는 대목이다. 김선희는 강원도 부호의 아들 이기상의 현지처로 "劵番기생의 闕席을" 메워 주는 일을 하고 있다. 거기에서 과거 "강한의지(意志)의소유자(所有者)"이자 "확실(確實)"한 희망에 열성적이었던 일본 유학생의 모습을 찾아보기란 힘들다. 그녀는 신성한 연애에 좌절당하고 취약한 생활적 기반에 부대끼다 "매음녀"와 같은 생활을 영위하고 있다. 부호 자제에 기대어 경성에 안정적인 거주지를 가지고, 타락한 삶을 영위하면서 가끔씩 "련애가 죄악이다"라는 감상적 한탄만 할 뿐이다. 이렇듯 부호 자제들은 유흥적이고 소비적인 생활에 빠져 있고, 여성 유학생은 그들에 기생하는 삶의 형국이 1920년 무렵의 경성이었던 것이다.

근대 도시 경성에서는 근대적 교육의 기회를 가지지 못한 부호 자제들이 근대산업의 주체가 되고자 하는 욕망을 부정적으로 드러내고 있다. 그 욕망은 명예욕 혹은 권력욕과 결부된 것이다. 『읍혈조』의 이기상은 경성의 유흥적이고 소비적인 습성에 젖어 있으며, 그로써 명성을 얻으려고 한다. 그러던 차에 무역업을 하자는 김선희의 제의를 선뜻 받아들인다. 교육에의 접근 가능성을 상실하고 교육시킬 자녀를 기르지 못한 오십대의 부호 자제 이기상으로서는 유학

22) 『동아일보』, 1923.9.22, 4면.

생 아내 김선희를 통해 떳떳한 사회적 지위와 명성을 얻기 위한 결정이었다. 하지만 이기상은 자신의 욕망이 김선희와 서병호가 공모한 사기에 이용되었다는 사실을 알게 된 후, 서병호를 고소하고 김선희에게는 무지막지한 폭력을 행사한다. 이렇듯 부호 자제들은 근대 사회를 제대로 운영할 안목이 부족했을 뿐만 아니라 헛된 욕망만 가득했기 때문에 사기를 당할 위험이 그만큼 높았다. 또한 이기상이 자신의 상황을 성찰하지 못하고 폭력으로 문제를 해결한다는 점은 부호 자제들의 부정적 일면을 한층 더해주는 것이라 하겠다.

명예욕과 결부된 소비적 습성은 이기상의 돈을 횡령한 동경 유학생 서병호를 통해서도 찾아볼 수 있다. 근대적인 교육 기회와 경험을 가지고 있는 지식 청년도 명예욕과 결부된 소비적인 습성에 젖어 있는 것이다.

① 이리하야 나날이 커저가는병호의 맘은사람만 교제하는것으로 도뎌히만족할수업는 것이다.자긔의 명예를넓히 세상에구하고 서병호라면누구나 모르는사람이업게 한번자긔의 처디를만들고 십헛다.그리하야 그동안친하게된 조선ㅅ사람 일본ㅅ사람할것업시 멧멧을모하 가지고자그가무슨잡지하나를 발간할것을 선언하엿다.그것은 병호의생각에 일홈을세상에 드날니게하는데는 잡지에서더 조흔것이업다고 생각한까닭이다. 그리고자긔에게 사회나인생에게 대하야 학호한주의뎡견이 잇서서 잡지를 발간한다면 명예를구한다사그것이 무슨우수운 일이되리오마는 병호는 그것도업시 오직명예심에만 급급한것이 너무도조선ㅅ사람덕이엿다.[23]

② 그때에 동경으로말하면 수업는조선ㅅ사람이 무엇하랴는것 업시모혀드는것이엿다. 그러고 그들의대부분은 부자의 아들들이다. 한번동요를바든 그들의맘은다시 엇더케 할 수 없서서—물론 일본에온목뎍은 공부엿지마는—그냥 놀고먹고허랑방탕히 지내는것이대부분이다. 그러고 그들은 세계사조의중독자가되여버렷다. —이조흔노름판에서병호는 다시다바다의집으로도라가기를 원할리가 업다.그는역시조흔세상이왓구나하고사람을교제하기와 자긔의일홈을드날리기에더자미를 늣기는것이업섯다.[24)]

①은 서병호가 자신의 이름을 널리 알리기 위해 "신세계사"라는 잡지사를 만들고 잡지 『신세계』를 발간한다는 사실을 보여준다. 여기에서 잡지 발간 자금은 그의 노력이 아니라 장인인 하전희삼랑(河田喜三郎)에게서 흘러나온 것이다. 하전희삼랑은 서병호를 사위로 인정하지 않으면서도 딸 융자와 손녀 노부꼬에 대한 애처로운 감정 때문에 주택과 사업 자금을 마련해 준다. 서병호는 그 사실을 알고 실리적인 장사를 한다는 명목으로 융자를 꾀어 자금을 빼돌리고 잡지 발간을 도모한 것이다. 그는 잡지 발간을 자신이 알고 지내던 조선사람과 일본 사람뿐 아니라 세상에 명예를 넓히는 절호의 기회로 여긴다. 이러한 명예욕은 서병호라는 존재를 사회적으로 과시하기 위한 것이지만 그 이면에는 자신의 존재에 대한 불안을 숨기려는 책략이 함

23) 『동아일보』, 1923.9.18, 4면.
24) 『동아일보』, 1923.9.20, 4면.

축되어 있다. 식민지 모국에서 식민지 조선인에 대한 폄하는 융자의 임신 사실이 폭로된 이후 그가 줄곧 감내해야 할 현실이었으며, 생활 기반의 취약성에 비해 향락적인 소비 습성이 그를 더욱 압박해왔기 때문이다. 더욱이 "얼골잘생긴것" 하나만 믿고 사람들과 교제하는 것도 한계에 부딪히고 있던 상황은 서병호가 잡지 발간에 온갖 노력을 다하게 만드는 요인으로 작용한다. 그가 명예심에만 급급할수록 자신의 존재에 대한 불안은 그만큼 가중되었던 것이다. 여기에서 작가는 서병호가 "자긔에게 사회나인생에게 대하야 확호한주의뎡견"도 없이 오직 명예를 위해 잡지 발간을 준비한다는 점에 대해 따가운 질책을 가하고 있다. 더욱이 명예욕은 서병호뿐 아니라 동경 유학생, 나아가 식민지 조선인들이 오랫동안 지녀온 그릇된 행태라는 점을 분명하게 꼬집고 있다.

②는 동경 유학생들 가운데 부호의 자제들이 상당한 비중을 차지하고 있었으며, 유학 생활에서 유흥적인 삶에 젖고 자유와 낭만을 골자로 하는 세계 사조에 탐닉하고 있었던 정황을 보여준다. 부호 자제 유학생들이 표면적으로는 세계 사조에 탐닉하면서도 이면에서는 소비적인 습성에 길들어 가고 있었음을 지적하고 있다. 서병호는 이러한 유학생 사회를 "조흔 노름판"으로 인식하고 그들을 부추겨 잡지사 창간에 끌어들인다. 잡지 발간으로 일본 경찰이 미행하기 시작하자[25] 서병호는 자신의 명성이 그만큼 높아졌음을 의미한다고 여겨

25) 서병호는 일본 경찰의 미행이 "드러라! 살랴는자의 부르지즘을 / 읽으라! 조선청년의 피로 산 이 잡지를"(『동아일보』, 1923.8.12, 4면)이라는 잡지 홍보 신문광고 때문이라 여기고 있다.

즐기기 시작한다. 하지만 실상은 서병호가 잡지 판매 부진과 자신의 소비적인 생활로 잡지사의 운영이 어렵게 되자 조선에 사람을 보내 자금을 마련해 오게 한 일이 잘못되었기 때문이다. 조선의 각 지방을 돌아다니며 모금을 하고 평양의 부호를 협박하여 자금을 마련해 오지만, 그 역시 자신의 이름을 알리기 위한 소비로 탕진한다. 결국 서병호는 평양 부호의 고발로 경성으로 압송되어 사법 처리를 받는다. 서병호의 소비적 습성은 출옥 후 김선희와 공모하여 횡령한 자금 대부분을 기생들과 유흥에 소진하는 데에서도 다시 찾아 볼 수 있다.

이러한 명예욕과 결부된 소비적인 습성은 『진주는 주엇스나』의 인물에게서도 확인할 수 있다. 이 작품의 주요 무대는 경성과 인천이며, 등장 인물들은 일본 유학을 하거나 서울에서 유학하는 스물 남짓한 인물이다. 그들이 이동하는 공간은 주로 여관, 요릿집, 하숙집, 그리고 구한국시대 청년 검사를 지내고 뚜쟁이 노릇을 병행하고 있는 현직 변호사 진형석의 집이다. 진형석은 시골 여자 김효정을 아내로 맞이하고 그의 동생 김효범의 서울 유학을 뒷바라지하는데, 이것은 자신의 명예와 관계가 깊다. 김효범이 경성제국 대학생으로 지방에서 명성 있는 인물이고, 따라서 그런 인물을 후원하는 것은 자신의 사회적 명성과 지위를 유지하는 데 도움이 된다고 여긴 까닭이다. 진형석은 또한 조인숙을 수양딸로 삼아 일본 유학을 뒷바라지하는데, 이는 자신의 새로운 사업 기반을 확보하려는 장기적인 의도에 의한 것이다. 그는 인천 미두대왕(米豆大王)으로 불리는 군산 출신의 미곡상 이근영에게 음악가로 명성을 얻기 시작한 일본 유학생 조인숙을 팔아 사업 기반을 마련하고자 한다. 이근영은 자신의 경제적 능력에 값하는 사회적 지위를 확보하고 또 그에 맞는 여성을 아내로 맞이하려는 일념으로 음악회에서 만난 조인숙과의 혼인을 도모한다.

을축년십일월 이십사일 화요(火曜)오후네시전이다. 가끔까끔 측항편에서 불려드는 쓸쓸한바람이 저녁때부터 일기 시작하엿스나 말게개인 쏫닷한날새는 초봄가치 부드러운감촉을 주엇다.

인천○○례배당안팟근사람의 쎄로 허여케덥히여 와글와글숙설숙설하고 인력거 자동차는불품이나게 그사이로 헤어단닌다.

"허! 부윤령감도왓군! 아모턴지 인천서 실업가관공리유지 신사할것업시 소위 번쓱어린다는놈처노코아니온놈은업군!"

"암으렴! 미두판을쥐엇다펴ㅅ다하는사람인데! 제길헐! 멧만원붓들면 나도한번 거드럭어려보겟다만…… ."

교당으로들어가는 축대엽헤 어느중개덤원비슷한청년들이 숙은숙은하고 섯스려니까 자동차에서'모닝코트'에'쏘프트'를쓴부윤이 두세명의 속리를짜라정중한인도를 바드며 드러가자 경찰서장이 견장의금줄을 번썩이며 인력거로 드러오고누구누구하는 관리측이 우루를몰려뒤짜라드러간다.

(…중략…)

이런이약이를숙설거리는동안에쏘자동차가삼사대나들모라드러온다. 맨압차에서'모닝코트'우에'임바네쓰'를입고중산모를쓴 수염이 허여케세인 로신사가천천히 나려서니까 접대원은 허둥허둥쏘차나가서

"대감께서이먼데를…… ." 하며 굽실굴실한다.[26]

인용문은 리근영과 조은숙의 혼인 예식 전의 광경이다. 이근영은 논산 고향에 처자식을 두고 있지만, 그 사실을 은폐하고 다시 결혼식을 올리고 있다. 결혼식은 음악가 조인숙이 신교육을 받은 음악가에 걸맞은 사회적 대우를 공인받으려는 의도에서 요구한 것이었다. 이근영 또한 결혼식을 자신의 사회적 지위와 명성의 공식적인 확인 절차로 인식하고 있다. 그것은 참석자의 사회적 지위나 규모를 통해 확인할 수 있다.

그들의 결혼식 전 광경은 1920년 전후 금전의 위력을 여실히 보여준다. 미두대왕 이근영의 금력은 인천 지역의 실업가, 관공유지뿐 아니라 친일적 귀족계급인 안남작, 경찰서장, 신문사 대표, 변호사 등 각계각층의 주요 인사들을 집결시킨다. 그만큼 금력은 당대 사회의 권력이나 명예에 앞선 가치를 지닌 것이다. 전통 사회에서 사회적 지위가 귀속적인 신분계급에 의해 분할되었던 것과는 매우 대조적인 모습이다. 이미 근대 사회가 귀속적 신분보다는 자본의 운용 능력에 따라 사회 계급이 형성 중에 있었음을 보여준다. 아울러 부윤영감과 안남작의 옷차림에서 엿볼 수 있듯이 당시 권력층의 과시적 소비가 실업가들의 금력과 밀접하게 연계되어 있음을 짐작할 수 있다.[27]

두 소설은 1920년을 전후한 시기, 근대 도시 경성이 생산 도시보다는 소비 도시로서의 모습을 갖추고 있었음을 뚜렷하게 보여주고 있다. 그러한 도시에서 부호 자제는 물론이고 유학 청년들까지 명예욕

26) 『동아일보』, 1925.1.15, 4면.
27) 김경일, 앞의 책, 217~269면.

과 결부된 소비 습성에 젖어 생활하고 있었다. 이러한 상황은 남성의 성적 욕망이 여성 유학생들이 추구한 낭만적 연애의 가면을 쓰고 확대 조장될 수 있는 물적 기반으로 작용하였음을 분명하게 드러내는 것이다.

5. 마무리

이 글은 1920년대 초반『동아일보』에 연재된『읍혈조』와『진주는 주엇스나』를 대상으로 식민지 조선의 근대적 특성을 고찰하는 데 목적을 두었다. 그것을 크게 세 가지 측면에서 고찰하였는데, 논의한 바를 정리하면 다음과 같다.

우선, 두 소설의 주인공들은 새로운 근대적 주체인 유학생들이었으나 취약한 생활 기반을 지닌 까닭에 타인에게 전적으로 의존하는 기생성을 드러내었다. 이러한 기생성은 식민지 조선의 현실뿐 아니라 자기 자신에 대한 깊이 있는 성찰을 가로막는 근저로 작용하고 있었다. 그렇기에 식민지 유학생들이 식민지 모국과 조국 사이에서 자기 정체성을 새롭게 모색하는 예를 찾아보기란 힘들었다. 더욱이 그들의 유학 체험이 근대 일본의 문화・예술을 탐닉하는 데 집중됨으로써 귀국 후에도 이러한 기생성이 극복될 가능성은 거의 없었다. 귀국 후 기생성은 자기모순으로 이어지면서 타락한 삶에 이끌릴 위험에 노출되어 있었다.『읍혈조』에서는 전지적 작가의 목소리를 통해,『진주는 주엇스나』에서는 주인공 김효범을 통해 이러한 상황에 대한 비판과 자성을 요구하고 있었다.

그리고, 두 소설은 공통적으로 근대적 체험의 중심에 연애를 상정하고 있었다. 이러한 연애는 1920년을 전후한 시기 연애의 신성에 대한 기대감이 폭력성과 교묘하게 결합되는 특징을 보여주었다. 연애의 신성은 영육일치를 지향하면서도 숭고함을 자기 준거로 삼는 낭만적 사랑의 형식과 이데올로기를 보여주었다. 그것은 전통적인 가치관과 결합하여 여성의 '정조'를 강화하고 내재화하는 데 조력하였다. 결국 연애의 신성은 근대적인 사랑의 형식인 낭만적 사랑과 그 이데올로기 속에서 여성 유학생을 규제하는 장치로 작용하였다. 여성들은 연애를 연애하거나 "육뎍연애"에 기대는 경향조차 드러내었다. 이 과정에서 남성의 폭력은 전통 사회와 다를 바 없이 행사되고 있었다. 이러한 연애의 폭력성에 대한 인식과 비판은 『읍혈조』보다 『진주는 주엇스나』에서 좀더 면밀하게 다루어지고 있었다.

마지막으로, 두 소설은 근대 도시의 과시적 소비성향을 보여 주었다. 1920년 전후 식민지 조선에서는 이미 일본을 통한 근대적 문물이 일상적 삶을 지배하기 시작하였으나, 경성으로 대표되는 근대 도시는 건설적인 생산 도시의 면모를 상실한 채 향락적이고 퇴폐적인 소비 도시의 면모만을 보여주었다. 소비의 주체로 등장하는 부호의 자제뿐 아니라 유학생들까지 과시적 소비에 경도되어 있었다. 부호 자제들은 소비를 통해 자신의 명성을 드높이려 하였고, 생활 기반이 취약한 유학생들은 부정적 방식으로 취한 자본을 명예뿐 아니라 향락적인 생활을 유지하는 데 소비하고 있었다. 특히 부호 자제들은 물적 기반을 내세워 여성 유학생들이 꿈꾸던 낭만적 연애를 스스로 포기하거나 좌절하게 만들었다.

이렇듯 두 소설에서 낭만적 연애를 통해 근대적인 개성을 추구하려는 유학생들의 시도는 소비적이고 기생적인 양상으로 변질되고 있었다. 이러한 문화적인 퇴폐성은 제국주의 지배 하의 식민적 사회질서와 깊은 연관성을 지니고 있다. 두 소설에서 발견한 이러한 근대적 특성은 1920년을 전후한 시기 한국 사회의 전반적인 구조와 맞물려 있었던 것이다. 그것은 근대 산업 사회의 후경으로 이해할 수도 있지만, 1920년대 근대 도시 경성에서 한층 확대 강화되고 있었음은 부인할 수 없다. 특히 두 소설의 근대성은 근대 사회의 주역으로 성장해 나가야 할 지식 청년들이 대중과 다를 바 없는 형상으로 존재하였음을 보여 준다는 점에서 특정한 층위에서 드러나는 특성이라고 보기 어렵다. 따라서 1920년대 식민지 조선의 근대는 기생성, 폭력성, 소비성이라는 기형적 특성을 지배적으로 가지고 있었다고 보아야 할 것이다.

제 2 장

광복기 공창폐지운동과 김말봉 소설의 대중성

1. 들머리

김말봉은 대중소설가임을 자처했던 여성 작가이다. 그녀의 파격적인 선언은 문단에 큰 충격을 던졌지만 당대를 지나 후대까지도 작품의 성격을 부정적으로 규정짓는 단서로 작용하였다. 작가나 작품 연구가 본격화되기 힘들었던 것이나, 연구의 상당수가 대중소설의 관점에서 진행되어 왔던 것은 이러한 사정과 무관하지 않다. 그동안 김말봉 소설 연구는 전반적인 검토가 답보된 상태에서 출세작 『찔레꽃』을 중심으로 대중소설의 특성과 한계를 고찰하는 것이 대부분이었다.[1] 그것은 김말봉 문학의 특질이 특정한 시기, 한정된 작품 속에서 규정되어왔음을 보여준다. 여기에는 사회현실에 대한 인식이 부족하다거나 상업성에 경도되어 허술한 서사 문법을 지닌다는 등 순수소설에 비해 질적으로 뒤떨어진다는 비관론적 입장이 지배적으로 깔려 있다.

김말봉은 대중소설이 저급하다는 인식이 대중의 존재를 폄하한 데 기인한 "착각"에 불과하다고 토로했을 만큼[2] 대중소설에 대한 신념이 확고했다. 그녀가 말하는 대중은 열등한 존재도 특정한 계층이나 계급을 가리키는 것도 아닌, 인간의 참된 삶의 가치를 실현해가는 공동체이다.[3] 김말봉 소설의 대중성은 그러한 대중이 지닌 일련의 공유된 가정, 즉 기대지평과 작가의 뚜렷한 주제의식을 아우르면서 획득한 것이라 볼 수 있다.[4] 특히 그녀의 창작활동이 주로 신문매체

1) 『찔레꽃』을 연구대상으로 한 글을 대략적으로 살펴보면 다음과 같다. 천상병, 「사회와 윤리 : 김말봉의 '찔레꽃'론」, 『한국장편문학대계』 제13권, 성음사, 1970; 정한숙, 「대중소설론」, 『인문논총』 제21호, 고려대, 1976; 전영태, 「한국 근대소설의 대중성에 관한 고찰 – 멜로드라마적 성격을 중심으로」, 『한국학보』 제33집, 일지사, 1983; 안창수, 「'찔레꽃'에 나타난 삶의 양상과 그 한계」, 『영남어문학』 제12집, 영남어문학회, 1985; 유문선, 「애정갈등과 통속소설의 창작방법 – 김말봉의 '찔레꽃'에 관하여」, 『문학정신』, 1990.6; 서영채, 「1930년대 통속소설의 존재방식과 그 의미」, 『민족문학사연구』 제4호, 민족문학사학회, 1993; 이상진, 「대중소설의 반페미니즘적 경향–김말봉론」, 『페미니즘과 소설비평–근대편』(한국여성소설연구회), 한길사, 1995; 홍성암, 「한국 여류소설의 두 경향」, 『한민족문화연구』 제5집, 한민족문화학회, 1999; 김한식, 「김말봉의 「찔레꽃」과 '본격통속'의 구조」, 『한국학연구』 제12집, 고려대 한국학연구소, 2000; 박종홍, 「김말봉의 「밀림」의 통속성 고찰」, 『어문학』 제76호, 한국어문학회, 2002.

2) 김말봉, 「화관의 계절을 끝내면서」, 『한국일보』, 1958.5.6, 8면.

3) 김우규, 「김말봉 문학의 대중성과 종교성」, 『김말봉의 문학과 사회』(정하은 편), 종로서적, 1986, 92면.

4) 곽종원은 이러한 점에서 김말봉 소설을 흥미본위의 통속소설과 순수소설 사이의 중간소

를 통해 이루어졌다는 점을 감안한다면, 작가가 당대의 사회적 현실과 독자 대중의 기대지평에 주의를 기울였다고 보아야 한다. 이러한 관점에서 김말봉의 대중소설은 새롭게 평가되어야 할 필요가 있다.

그동안 김말봉 소설의 외연을 확대한 몇몇 연구들에서 이러한 부분이 지적되어 왔다. 신동욱은 전기 단편들과 후기 장편소설 『화려한 지옥(地獄)』, 『푸른 날개』, 『생명(生命)』을 대상으로 삼아 김말봉의 문학적 특징이 현실에 대한 탐구정신과 인도주의 사상의 실현에 있다고 주장하였다.[5] 김동윤은 1950년대 발표된 신문소설들을 통해 사회적 현실을 문맥화하고 있는 작가의 사회적 인식에 주목하였다.[6] 그리고 홍근희는 전후기 장편소설들로 대상을 확대했을 때 김말봉의 대중소설이 사회제도의 개혁의지와 기독교적 이상주의를 보여주고 있다고 밝혔다.[7] 이들의 연구는 공통적으로 대중소설의 관점에서 김말봉 소설의 특질을 새롭게 평가하고 있다. 이에 반해 서정자는 김말봉의 소설세계를 제대로 구명하기 위해서는 대중소설의 관점을 폐기하고 작가의 아나키즘 사상에 보다 주목해야 한다고 주장한다. 알려지지 않았던 작가의 생애 자료를 토대로 김말봉 소설 속에 드러난 아나키즘의 영향관계를 고찰한 점은 높이 평가해야 할 것이다. 하지만 "김말봉 소설은 대중소설의 형식을 빌렸으되 그 소설 속에는 대

설인 대중소설이라고 규정한다. 곽종원, 「대중소설은 중간 소설이다」, 위의 책(정하은 편), 227~228면.

5) 신동욱, 「여성의 운명과 순결미의 의식」, 위의 책(정하은 편), 57~72면.

6) 김동윤, 『신문소설의 재조명』, 예림기획, 2001.

7) 그러나 홍근희는 김말봉 소설의 한계로 쾌락적 기능을, 문학적 의의로 교시적 · 종교적 기능을 구분하는 엘리트주의적 잣대를 여전히 견지하고 있다. 홍근희, 「김말봉 소설 연구」, 대구카톨릭대 석사논문, 2002.

중에 대한 깊은 애정과 대중의 구원을 위한 작가의 사상이 담겨 있다”[8]는 주장은 대중소설의 관점 폐기가 아닌 기존의 대중소설의 관점에 대한 비판으로 받아들여진다.

김말봉 소설의 본령이 대중소설에 있음은 누구도 부인할 수 없는 사실이다. 그러나 김말봉 문학의 특질을 제대로 파악하기 위해서는 대중소설에 대한 비관론적 입장에서 한 걸음 나아가 연구의 외연을 확대하고 관점이나 방법을 다양화할 필요가 있다. 이러한 문제의식에서 출발하여 이 글은 『화려한 지옥(地獄)』[9]을 대상으로 광복기 작가의 사회적 활동, 특히 공창폐지운동과 관련지어 김말봉 소설의 대중성을 살펴보고자 한다. 공창폐지운동에 대한 작가의 신념과 현실인식이 소설의 대중성 획득방식에 어떠한 영향을 미쳤는지 고찰함으로써 후기 김말봉 소설의 대중성을 새롭게 바라볼 수 있는 계기가 되리라 생각한다.

---

8) 서정자, 「김말봉의 현실인식과 그 소설화」, 『문명연지』 제4권 제1호, 한국문명학회, 2003, 43면.

9) 『화려한 지옥』은 김말봉이 광복 후 처음 쓴 신문소설이다. 이 소설의 연재 시기는 단행본 『화려한 지옥』의 서문과 소설의 시간적 배경을 토대로 1946년 봄으로 추정한 서정자의 논의를 지금까지 연구자 대부분이 따라왔던 것으로 보인다. 서정자, 「金末峰의 페미니즘 문학 연구」, 『여성과 문학』 제1집, 문학세계사, 1989, 303~304면. 하지만 『부인신보』 확인 결과, 1947년 6월 12일과 29일에 ‘오는 七月一日부터 長篇小說 連載, 金末峯氏作 『카인의 市場』’이라는 예고가 나가고 동년 7월 1일부터 정현웅의 삽화와 함께 『카인의 시장(市場)』이 연재되었다. 이 소설은 1952년 문연사에서 단행본으로 첫 출간될 때, 『화려한 지옥』으로 제목을 삼고 부제로 ‘일명(一名) 카인의 시장(市場)’을 달았다. 이 글에서는 1952년에 출간된 단행본을 원본으로 삼았으며, 이후 인용은 단행본의 면수만을 밝히기로 하겠다.

2. 광복기 공창폐지운동과 여성운동가 김말봉

공창폐지운동은 광복기 김말봉의 사회적 활동을 뚜렷하게 보여주는 행적이다. 그녀는 광복 직후 "노예의 굴레에서 신음하는 여자들을 해방시켜야" 한다는 일념으로 공창폐지운동에 앞장선다.[10] 그것은 남녀평등에 앞서 인간의 존엄을 지키기 위한 노력의 일환이었다. 그녀는 아나키스트 유림이 주도하던 한국독립노농당의 중앙위원이자 부녀부장으로 일하면서 공창폐지운동에 참여하기 시작하였다.[11]

당시 공창폐지운동은 이데올로기적 갈등을 뛰어넘어 여성운동가들의 공통적 관심사였다.[12] 1916년 3월 31일 경무총감부령 제4호 '대좌부창기취체규칙'이 공포됨으로써 공창제도가 확립된 이래 한국사회에서 창녀는 노예와 다름없는 생활을 해야 했다. 창녀들 대부분은 가난 때문에 매춘을 시작했지만 광복 후에도 인신매매대금, 그러니까 전차금이라는 부채 때문에 인신구속의 상태에 놓여 있었다. 더욱이 광복 후 급증한 성병을 우려하고 정조를 강조하는 사회적 담론과 맞물리면서 창녀들의 비인격적인 상황은 가중되었다.[13] 이에 1946년 3월 6일 조선부녀총동맹이 '공사창폐지 결의문'을 제출하자 동년

10) 김항명, 『MBC 여성실화 찔레꽃 피는 언덕 김말봉』, 명서원, 1976, 431~433면.
11) 정하은, 「반속정신의 금자탑을 세운 『화려한 지옥』」, 앞의 책(정하은 편), 122~126면.
12) 이에 관한 대표적 글은 다음과 같다. 한국부인회 총본부, 『한국 여성운동 약사』, 한국부인회 총본부, 1985; 송연옥, 「조선부녀총동맹—8 · 15 광복 직후의 여성운동」, 『조선민족운동사연구』 제2호, 조선민족운동사연구회, 1985; 문경란, 「미군정기 한국여성운동에 관한 연구」, 이화여대 석사논문, 1989; 이승희, 『한국현대여성운동사』, 백산서당, 1994; 양동숙, 「해방 후 공창제 폐지과정 연구」, 『역사연구』 제9호, 역사학연구소, 2001.
13) 김선목, 「한국 여성 해방사에 빛나는 폐창민권운동」, 앞의 책(정하은 편), 182~185면.

5월 17일 미군정은 법령 제70호 '부녀자의 매매 혹은 그 매매계약의 금지'를 발표하였다.

그러나 5월 28일 러취 군정장관은 기자회견을 통해 법령 제70호가 부녀자의 인신매매만 금지할 뿐 공창을 폐지하는 것은 아니며 또한 공창폐지 계획은 없다고 밝힌다.[14] 즉 인신매매만 금지하였을 뿐 개인의 자유의사에 의한 매춘은 인정한 셈이다. 이러한 상황에서 법령 제70호는 당시 근본적인 생활대책이 부재했던 창녀들에게 혼란만 가중시켰을 뿐이었다.[15] 결국 창녀들 스스로 매춘 지원자로 되돌아오면서 비인격적인 상황은 전혀 개선되지 않은 채 수적 증가만 낳았다.[16] 뿐만 아니라 당시 남한 사회는 생계를 잇지 못한 전재민들이 창녀로 전락하는 경우가 허다하였고,[17] 미군의 진주로 미군만을 상대로 하는 창녀가 생겨나는 등 공창뿐 아니라 사창의 증가가 심각한 사회문제로 대두되었다.[18]

14) 『조선인민보』, 1946.5.29.

15) 법령 제70호에 대한 혼란은 일간신문의 기사에서도 엿볼 수 있다. 『동아일보』의 경우, 1946년 5월 27일에 「부녀자매매에 단(斷)―공창도 일제철폐 위반자에는 엄중한 처벌」이란 기사를 내보냈다가 이틀 후 5월 29일에는 「부녀매매 전적폐지―공창폐지는 아직 지시 없다」라는 기사를 보도한다. 이것은 법령 제70호에 대한 해석이 미군정과 남조선 당국, 그리고 여성단체 사이에서 상당히 엇갈리고 있었음을 보여준다. 그렇기에 공창의 혼란은 심각할 수밖에 없었다. 『조선인민보』 6월 1일 기사에는 법령을 지키지 않은 포주들로 인해 묶여 있던 창기 대표들이 조선부녀총동맹을 찾아와 그들의 억울한 사정을 호소하였는가 하면, 『동아일보』 6월 2일자 기사에는 "법령으로 공창제를 금지하는 것이 아니니 계속하겠다는 포주가 있는가 하면, 해방되어도 오도 갈 데도 없는 창녀를 다시 머물게 유인하려는 경향도 있"고 "공창을 폐지하면 사창이 늘게 될 것으로 폐지하는 것은 불가하다"는 입장도 소개되고 있다.

16) 7월 한 달 동안 유곽의 창녀수가 백이십 명 증가하였을 만큼 법령 제70호는 유명무실한 상태였다. 「폐업공창구제연맹을 결성―시내 14부인단체서 총궐기」, 『동아일보』, 1946.8.11, 2면.

17) 「귀국해 살 길은 겨우 이것?―창부 지망자 일평균 10명」, 『서울신문』, 1946.6.21, 3면.

18) 문경란, 앞의 글, 116~117면.

이에 6월 22일 조선부녀총동맹 주도로 '공사창 폐지를 위한 대책좌담회'를 개최하여 창기와 업자에 대한 적극적인 생활대책의 마련과 공창들에 대한 인격존중의 태도 유지를 강조하는 한편 군정장관 러취에게 '공사창철폐요구건의문'을 제출한다.[19] 그리고 8월 10일 조선부녀총동맹을 비롯한 14개 좌우익 여성단체가 '폐업공창구제연맹(廢業公娼救濟聯盟)'(이후 폐창연맹)을 결성하여 창녀갱생운동에 앞장섰다.[20] 이때 김말봉은 이 단체의 회장을 맡으면서 공창폐지운동의 전면에 나섰다.

폐창연맹에서 김말봉이 주도한 주요 사업은 창녀 갱생을 위한 실질적인 대책 마련과 공창폐지를 위한 법제정 추진이었다. 우선, 창녀들의 구제대책으로 내세운 희망원 설립에 대한 그녀의 깊은 관심과 열정은 주목할 만하다. 희망원은 단순히 창녀들의 수용소가 아니라 성병 치료, 직업 교육, 결혼 알선 등 창녀들이 사회생활에 적응하기 위해 필요한 교육기관에 가깝다.[21] 그것은 폐창연맹의 설립취지인 인간 존엄과 인간 평등의 구현, 주거이동과 직업 선택의 자유 보장, 성병의 박멸에 대한 현실적인 대책이었던 셈이다.[22] 그러나 광복기 빈곤문제 해결에 급급했던 사회적 현실이나 창녀에 대한 사회적 통념에 비추어 볼 때 현실화하기 힘든 부분이 많았다. 결국 희망원은

19) 「인신매매금지령은 공염불 공창제도를 근본철폐하라!」, 『현대일보』, 1946.6.24, 2면.

20) 폐업공창구제연맹에 참여한 여성단체는 여자국민당, 애국부인동맹, 불교부인회, 천도교부인회, 대한독립촉성애국부인회, 부인총동맹, 여자기독교청년회, 여자국풍회, 한민당부인회, 여자청년단, 천주교여자청년회, 성병예방협회, 독립노동당 등으로 이념과 종교를 뛰어넘고 있었다.

21) 「갱생의 "길"을 인도—백만 원 재원으로 희망원을 설치」, 『동아일보』, 1946.8.11, 2면.

22) 정하은, 앞의 글, 123면.

재원 마련이 어려워 폐창연맹이 해소될 때까지 설치조차 되지 못했다. 하지만 김말봉은 사재를 털어 희망원에 준하는 '박애원'을 설치하여 운영하였다.[23] 그만큼 창녀 갱생에 대한 그녀의 신념과 의지는 대단한 것이었다.

다음으로, 김말봉은 폐창연맹의 이름으로 공창폐지법 제정을 적극적으로 추진하였다. 1947년 3월 25일, 폐창연맹[24]은 박현숙 등 여성 대의원을 통해 남조선과도입법의원에 "지난번 발표된 법령 제70호는 단지 인신매매금지령일 뿐이므로 새로운 법률을 제정하여 주기 바라며, 인육시장으로부터 해방된 여성의 구제대책으로 희망원 같은 것을 국가가 설치하여 이들을 정신적, 경제적으로 갱생시켜 구제해 달라"[25]는 청원서를 제출한다. 그리고 김말봉은 법제정 추진 과정에서 공창폐지운동의 필요성을 여론화하기 위해 1947년 7월 1일부터 『부인신보』에 『카인의 시장(市場)』을 연재하였다. 1947년 8월 8일 공창폐지법안이 입법의원 본회의를 통과하고, 10월 28일 군정장관 대리 헬릭 대장의 인준으로 법령이 확정되었다. 이에 폐창연맹은 소기의 목적을 달성한 것으로 간주하고 동년 11월 7일 "공창폐지의

23) 김항명, 앞의 책, 433면. 김말봉이 운영한 박애원은 지인들의 증언에 기댄 기록들만 남아 있을 뿐 구체적인 면모를 확인할 수 있는 자료들을 찾을 수 없었다.

24) 폐창연맹은 조선부녀총동맹이 주도한 단체였던 만큼 좌익 세력의 발언권이 컸다. 그러나 1946년 9월 1일 조선부녀총동맹 위원장 유영준이 구속되는 등 미군정의 좌익활동 제약이 강화되면서 미군정 보건후생국 산하 부녀국이 우익 여성운동단체들과 협력하여 공창제 폐지문제를 주도한다. 따라서 1947년 무렵 폐창연맹은 극우단체였던 독립촉성애국부인회의 발언권이 가장 컸다. 이러한 사실은 폐창연맹의 본래 취지가 훼손되지 않았다 하더라도 단체 내 좌우익의 갈등구도가 존재했고 그것이 어느 정도 영향을 미쳤을 것임을 짐작하게 한다.

25) 대한민족사관연구회, 『대한민국40년사』, 대한민족사관연구회, 1986, 198면.

발령과 우리의 각오"라는 주제로 강연회를 가진 후 해소된다.

하지만 김말봉은 폐창연맹이 해소된 후에도 창녀갱생을 위한 노력을 멈추지 않았다. 1947년 11월 22일 미군정의 관료기구인 부녀국 주도로 '공창폐지대책위원회'가 결성되었는데, 김말봉은 서울시 공창폐지대책위원회 상무위원으로 활동하였다.[26] 공창폐지대책위원회는 "공창폐지운동이 법률적 제지, 금단으로만" 불가능한 만큼 "일반국민의 도덕적 각성과 사회여론의 의분적 성원 및 자발적 협조"가 요구된다는 취지 아래 결성되었으며,[27] 창녀들의 성병 치료, 직업 알선, 교화 지도에 앞장설 것을 결의하였다. 그러나 폐창연맹과 마찬가지로 주장과 계획만 무성하였을 뿐 재정상의 문제로 실제적인 대책은 마련되지 못했다. 때문에 김말봉의 개인적 노력도 묻히고 말았다.

이상에서 살펴보았듯이 김말봉의 공창폐지운동에 대한 신념과 열성은 여성단체 활동뿐 아니라 창작활동에서도 두루 확인할 수 있다. 그녀는 광복기 종교와 이념을 뛰어넘어 자신의 신념을 끝까지 실천한 보기 드문 여성운동가였다. 그녀의 폐창구제활동은 창녀들의 생활개선과 사회적 통념 타파를 위한 실질적인 대책 마련에 초점화되어 있다. 그것은 여성 이전에 인간의 존엄성을 되찾는 일이자 민족의 보건과 미래를 위한 행보였다. 이러한 신념은 공창폐지법안이 상정된 이후 연재했던 『카인의 시장(市場)』에 고스란히 드러나 있다.[28]

---

26) 문경란, 앞의 글, 110면.

27) 공창폐지대책위원회, 「공창폐지의 취지」, 『새살림』, 1948.2, 1면.

28) 김말봉이 공창폐지운동을 전면적으로 다룬 또 다른 소설로 『별들의 고향(故鄕)』을 들 수 있다. 이 소설에서 작가는 『화려한 지옥』 연재 이후에 문제되었던 공창폐지령 개정방향과 시행시기를 둘러싼 각계의 갈등을 한국전쟁기의 이념적 갈등과 함께 연계시켜 소설

3. 『화려한 지옥』의 대중성 획득방식

『화려한 지옥』은 여성 작중인물들의 수난과 구원의 과정을 전경화하고 있다. 『부인신보』 연재 예고에서 "조선여인으로써 웨치고 싶은 절실한 사회비극의 한토막"을 "독자제씨는 소설속에서 들리우는 비애와 호소와 탄원에 엇더한 말을 하시렵니까"[29]라는 작가의 질문은 공창폐지운동의 정당성을 독자대중에게 충실하게 전달하고 여론화하려던 작가의 의도를 분명히 드러내고 있다. 이러한 작가의 의도는 소설의 대중성 획득방식과 무관하지 않다.

이 소설의 대중성은 우선, 여성 작중인물들의 수난 과정을 부당한 사회 제도나 통념과 연계시켜 보여줌으로써 현실성을 확보하고 인간의 존엄성과 민족 보건에 대한 인식의 지평을 확대하는 데 있다. 여성 작중인물, 특히 오채옥으로 대표되는 창녀의 수난 과정은 1946년 봄부터 겨울까지 이루어졌던 공창폐지운동 과정을 사실적으로 맥락화하여 전달한다.[30] 일차적으로 오채옥의 수난은 유곽을 탈출해도 사회적으로 의지하거나 스스로 살아갈 방편이 없다는 데 있다. 오채옥이 창녀로 전락한 것은 아편중독자였던 남편의 빚 때문이었

화하였다. 특히 폐창 7백만원 사건은 당시 정계와 여성단체, 포주와 창녀들 사이의 입장 차이가 빚어낸 오욕의 사건으로, 작가는 소설을 통해 이 사건을 사실적으로 맥락화함과 동시에 비판적인 통찰을 가하고 있다. 최미진, 「한국전쟁기 김말봉 소설의 대중성—『별들의 고향(故鄕)』을 중심으로」, 『한국 대중소설의 틈새와 심층』, 푸른사상, 2006, 164~192면 참조.

29) 「(예고) 오는 7월1일부터 장편소설 연재, 김말봉씨 작 『카인의 시장』」, 『부인신보』, 1947.6.12, 6.29, 2면.

30) 양동숙, 「해방 후 공창제 폐지운동과 김말봉의 '화려한 지옥'」, 『함께 보는 우리 역사』 1998년 가을(제46호), 역사학연구소, 1998.

다. 이것은 가난과 무지, 타인의 강권 등에 의해 공창으로 전락한 경우가 허다했던 현실을 반영하고 있다. 그러나 일단 공창이 되면 전차금 때문에 인신구속의 상태에서 벗어나기 힘들었다. 오채옥은 이만 원이나 되는 몸 값 때문에 유산시키려는 주인의 요구에 정면으로 저항할 수도 없으며, 외출 또한 감시자를 대동하고서야 가능하다. 그리고 태아를 지키기 위해 일월루를 탈출한 뒤에도 그녀는 법적 보호를 받을 수 없기 때문에 늘 경찰을 피해 다닌다. 그 과정에서 흑인에게 강간당하고, 식모살이로 들어간 국밥집 수인에게 유린낭할 뻔하며, 거리에서 김황룡에게 구타를 당하는 등 수난을 겪어도 그녀는 호소할 곳이 없다. 이러한 수난은 자신의 잘못 때문에 공창이 되지는 않았지만 공창이라는 이유만으로 사회적 보호를 받을 수 없다는 사실을 환기시킨다. "인권(人權)을 유린하고 신성한 모성(母性)을 모독하는" 공창제도 자체가 얼마나 비민주적인 사회 제도인가를 잘 보여주는 셈이다.

하지만 오채옥이 공창의 보편성뿐 아니라 특수성을 지닌 존재임을 간과해서는 안 된다. 1946년 5월 17일 법령 제70호 '부녀자의 매매 혹은 그 매매계약의 금지'가 발표된 후 공창들은 "자유의 몸이 되어 거리로" 나오다 하더라도 갈 곳이 마땅치 않았고,[31] 조선부녀총동맹에서 마련한 교용소에서조차 달라진 생활환경을 견디지 못하고 여

31) "경기도 경찰부에서 조사한 바에 의하면 유곽에 있는 창기들은 이번에 자유의 몸이 되어도 갈 곳이 없어 못가고 있다 한다. 갈 데를 보건데 통상 유곽 창기는 전부 百八명 숭 자기 집으로 돌아간 사람은 其七명에 지나지 안앗다 한다." 「여성의 나아갈 노선을 토의–열의찬 지방운동상황을 보고(여자국민당전국대회)」, 『동아일보』, 1946.6.2, 2면.

관형식으로 변모한 유곽으로 되돌아가는 경우가 허다하였다.[32] 이러한 공창들의 상황은 이 소설에서 폐창구제연맹 위원장 정민혜와 여대생 백송희의 대화를 통해 잘 드러나 있다.[33] 이렇듯 공창들이 혼란을 겪고 있을 즈음 오채옥은 국밥집에서 설거지를 하느라 법령 제70호 발표 사실조차 알지 못했다. 그녀는 설 자리를 잃은 공창들의 혼란을 일월루 탈출 이후 사회적 감시와 핍박 속에서 이미 치루고 있었다는 점에서 그들과 다르지 않다. 그렇지만 오채옥은 과거 삶의 구태를 벗어던지려는 적극적 의지를 보인다는 점에서 여느 공창들과 다르다. 그것은 오채옥이 모성을 지닌 창녀라는 특수성에 기인한다. 일월루의 탈출이 태내의 생명을 지키려는 모성에서 비롯되었음은 주지의 사실이다. 정민혜와의 극적인 만남과 도움으로 오채옥은 김황룡의 억압에서 벗어날 뿐 아니라 정민혜의 집에 거주한다. 그러면서 그녀는 기독교 사상에 감화되어 새로운 삶을 영위하려는 의지를 품고 지속적으로 노력한다. 이러한 오채옥의 변모는 폐창구제연맹의 필요성과 의의를 몸소 보여주는 것이라 하겠다.

탄실의어머니는 고개를기우렸다 울어야할아이가 울지않는것은 무엇

32) 김명시를 비롯한 조선부녀총동맹원들은 미리 마련해 놓은 교용소로 갈 곳 없는 창녀들을 인도하여 숙식을 제공했다. 문경란, 앞의 글, 92면. 하지만 교용소에 들어온 창녀 대부분은 바뀐 생활 환경을 견디지 못하고 "유곽의 시장으로 도라가 지난 七월 한 달 동안 百二十명이 새로" 늘었다. 「폐업공창구제연맹을 결성」, 『동아일보』, 1946.8.11, 2면.

33) 특히 교용소의 수용생활에 접근하는 여성 지도자들과 공창들의 시각 차이는 눈여겨 볼 만하다. 여성 지도자들은 속수무책이었던 공창들에게 숙식 제공과 직업교육을 병행하면 도움이 되리라 여겼지만, 정작 공창들은 갑자기 전환된 생활을 배겨내지 못하고 욕설을 퍼부으며 사창으로 흘러들어가고 말았다. 이러한 상황이 폐업공창구제연맹이 결성된 까닭이라고 정민혜의 발언을 빌어 분명히 밝히고 있다. 김말봉, 『화려한 지옥』, 문연사, 1952, 126~132면.

때문일까 포동포동살이찐아이얼골은 전등불빛 아래에서도 약간 푸른빛이떠돌고 이상하게도 아이의 감고있는 눈가풀이 빨간다홍실같이붉고 눈시울로 돌아가며 좁쌀같은것이 돋아있다.

선천매독(先天梅毒)으로 채옥의아이는 태내에서죽어서 나온것이다.(335면)

무엇보다 오채옥의 수난은 모성을 지켜나갈 수 없다는 데 있다. 그녀의 임신은 공창 의료진의 성병 완치를 통고받은 후, 처음 받은 손님 황영빈 사이에서 이루어졌다. 하지만 정민혜가 비판하듯 "공창이 받는 병검진이란 것은 눈감고 아웅보다 더 우수운"(130면) 것이고, 오채옥이 일월루의 "간판격" 창녀였다는 점에서 포주가 긴 기간이 소요되는 성병 치료를 위해 그녀를 배려했을 리 만무하다. 따라서 임신 전 오채옥은 모성을 유지할 만큼 건강한 몸이 아니었던 셈이다. 그녀는 임신 사실에 여느 여성처럼 모성적 존재가 될 수 있으리라 생각하지만 결국 아이는 선천매독으로 사산되고 만다. 오채옥의 사산 경험과 충격은 당시 공창에 만연한 성병의 심각성을 독자들에게 깊이 있게 전달하고 있다.

광복 후 "장안의 화류계 여자는 거의 화류병환자"[34]라 할 만큼 성병이 확산되어 있었다. 위생국에서 "보균자는 취업정지 처분을 할 터이며 또 검사에 출두하지 않은 자는 휴업시킨다"[35]는 특단의 조치를 통해 화류계 종사자들의 검진을 명령했을 정도였다. 그만큼 당시

34) 「여급7할이 화류병보균」, 『동아일보』, 1947.5.9, 2면.
35) 「홍등가에 적신호 후생부서 기생검징실시」, 『독립신보』, 1946.7.9, 2면.

화류계 여성에게 성병이 만연해 있었던 셈이다. 이러한 문제의 심각성은 화류계 여성뿐 아니라 그들과 관계한 남성, 나아가 일반 여성에게까지 옮겨질 가능성이 높았다는 데 있다. 백송희가 황영빈과 관계 후 매독에 걸리고 이 때문에 몸과 마음에 큰 상처를 입는 사실은 이러한 문제적 상황을 문맥화하고 있다. 이는 폐창구제연맹에서 공창의 성병 치료를 민족 보건의 문제로 파악하는 이유와 그 심각성을 독자대중에게 알리는 데 효과적으로 작용하고 있다.

그리고, 오채옥에게 닥친 심각한 수난은 창녀에 대한 사회적 통념 때문에 사형선고를 받는다는 것이다. 이 수난은 황영빈과 백송희 사이의 애정 갈등에서 비롯되며, 애정 갈등은 그 과정보다 원인에 초점을 맞춰 독자들의 정서구조에 깊이 다가서고 있다. 정민혜를 매개로 오채옥은 황영빈과 그의 애인인 백송희를 만난다. 백송희는 손성묵의 부탁으로 정민혜를 만나지만 자신의 성병 때문에 폐창구제연맹에 뜻을 같이한다. 연맹 일로 정민혜 집을 드나들다 오채옥을 알게 된 것이다. 그리고 황영빈은 아편밀매업자인 손성묵이 정민혜에게 기부금을 전달하겠다는 뜻을 전달하고 만남을 주선하는 과정에서 오채옥을 만난다. 그러나 그들의 만남은 엇갈리고 있기 때문에 애정 갈등의 과정이 복잡하게 전개되지는 않는다.

작중인물들의 애정 갈등은 약혼식을 기점으로 극단적으로 치닫는다. 약혼식 날 황영빈이 백송희 집에서 오채옥을 발견한 후 사라지자 결국 오채옥은 백송희에게 그의 아이를 가졌다는 사실을 고백한다. 백송희는 실신할 정도로 충격을 받는데, 성관계 후 달라진 황영빈의 태도 때문에 가졌던 불안과 의심이 미움으로 돌변했음을 오채옥에게 고백한다. 그 후 백송희는 황영빈을 만나 권총 교환 조건으로 오채옥의 아이를 인정하고 책임질 것을 요구한다. 그러나 황영빈은 "창녀 따위가 하는 말을 고지 들을만큼"(320면) 백송희가 어리다고 비웃을 뿐 아니라 오채옥의 주장이 사실이라고 해도 "창녀나 기생"의 사랑을 책임질 이유가 없다고 주장한다. 그것은 그가 창녀인 오채옥의 관계를 무시할 뿐 아니라 순결을 상실한, 기생의 딸인 백송희의 사랑조차 부정함을 의미한다. 이 점은 애정 갈등의 원인이 황영빈이 지닌 이중적 성규범에 있음을 여실히 보여준다.[36)]

한국사회에서 여전히 유효한 이중적인 성규범 체계는 작중인물들의 애정 갈등의 원인이다. 공식적으로 합법적인 성관계는 결혼한 부부관계에서만 적용된다. 그러나 그 이면에 비공식적인 체계, 그러니까 규범에는 도달하지는 못하나 엄연히 실재하는 현상을 설명하고 합리화하는 논리가 한국사회에 엄연히 존재하고 있다. 남성의 본성은 공식적인 성규범에 맞추어 살기에는 부적합하기 때문에 때로는 그것에서 벗어난 행동을 할 수 있다고 암묵적으로 허용하는 관점이다. 이러한 관점이 황영빈의 행위를 합법화시키는 수단이 된다.[37)] 황영빈의 관점에서 본다면, 창녀인 오채옥은 뭇 남성의 성적 도구에 불과하며, 따라서 그녀의 임신 여부는 자신이 책임감을 느낄 필요도

36) 김말봉의 페미니즘 의식을 남성 작중인물들의 이중적 성규범을 고발하고 있다는 점에서 찾는 서정자의 지적은 매우 적절하다. 서정자, 「김말봉의 페미니즘 문학 연구」, 『여성과 문학』 제1집, 문학세계사, 1989, 306~309면.

37) 이 소설에서 우현석을 제외한 모든 남성 작중인물들은 이중적인 성규범을 악의적으로 실행하는 인물로 등장한다. 이러한 점은 김말봉이 한국 사회에 만연한 이중적 성규범 체계와 그 파급효과에 대해 당시 얼마나 깊이 있게 통찰하고 비판하였는가를 충분히 짐작하게 해준다.

가치도 없는 것이다. 이러한 시각은 백송희의 관계에서도 마찬가지로 적용되고 있다. 황영빈에게는 "고향에 약혼한 처녀 이은숙"(104면)이 있다. 그럼에도 그는 백송희와 그녀 어머니에게 어렵게 혼인 허락을 받고 그것을 빙자하여 그녀와 관계를 가진다. 그후 그는 그녀에게 시들해졌고 대신 정혼자 이은숙과 지속적으로 만난다. 즉 황영빈은 애초부터 백송희와 결혼할 마음이 없었던 셈이다. 따라서 백송희 또한 황영빈의 성적 욕망의 희생자로 비공식적인 체계에 머물 수밖에 없다. 더욱이 그녀가 기생의 딸이라는 사실은 이러한 성규범 체계의 모순성을 보다 잘 접근해 보여주는 것이다. 이렇듯 작중인물들의 애정 갈등은 그 과정이 복잡하게 얽히기보다 근본적인 원인을 파헤치는 데 주안점을 둔다. 이 점은 한국사회에 만연한 이중적인 성규범 체계에 대한 작가의 통찰을 잘 보여주는 것이다. 뿐만 아니라 이러한 성규범 체계에 대한 비판이 백송희의 우발적인 살인과 자살 시도, 그리고 오채옥의 수난으로 이어지면서 독자들에게 보다 설득력있게 다가서고 있다.

> 맘에 부정하면서도 이이상더버티어볼 힘이없어졌다 사형에 처하리라는 위형도 겁이났다 그보다도 더견델수없는 고통은
> "창기따위가 그럴수도 있는게지 ……"
> 하고 놀리는말
> "창기따위가 무슨양심이있어"
> 하는 이런말들은 당장에 피를토하고죽어도 시원치않게 채옥의신경을 칼질하는것이다.

"창기였지만 지금은 사람답게 살아볼려고 애쓰고 있어요"

채옥이 정색을하고 이런말하면 할수록 경관은 비웃는다.(366면)

오채옥은 황영빈과 백송희의 치정 살인사건의 용의자로 지목된다. 문제는 진범으로 확정되는 과정에서 보여주는 경관들의 창녀에 대한 뿌리 깊은 사회적 통념이다. 오채옥이 "하나님이 보십니다"라고 자신의 결백을 주장해도, 그리고 백송희가 그녀에게 황영빈을 미워했다는 비밀 이야기를 했다 해도 경관은 믿지 않는다. 오히려 "창녀따위가"라는 비하적 발언과 비웃음이 되돌아올 뿐이다. 창녀에 대한 이러한 태도는 비단 경관에게만 해당되는 것은 아니다. 폐창구제연맹의 활동을 돕고 있는 주영매조차 "공창이라면 첫째 난잡스럽고 건방지고 아주 망난이"로만 상상하였다가, 채옥을 통해 "너도 사람의 딸이로구나"라는 인상을 토로한 바 있다.(197면) 그만큼 창녀에 대한 사회적 불신이 당대 사회에 만연해 있었다고 보아야 한다. 오채옥의 사형선고는 이중적인 성규범 체계의 산물인 창녀와 그녀에 대한 사회적 통념이 빚어낸 결과물이다. 그것은 인간의 존엄성이 어떠한 사회적 지위에 있든 무시될 수 없으며, 모든 생명이 소중하다는 작가정신을 독자들에게 잘 전달하고 있다.

둘째, 이 소설의 대중성은 대립적인 작중인물들을 설정하여 독자들의 흥미를 유발하면서도 단순히 권선징악적 도식성에 머물지 않고 당대 사회현실에 대한 비판과 개선의 필요성을 독자들에게 고취시키고 있는 데 있다. 이 소설에서 폐창구제연맹과 관계된 인물들은 사회적 선(善)을 실천하는 인물로, 그리고 손성묵과 연계된 인물들은 사회적 악(惡)을 서슴지 않는 인물로 설정되어 있다. 연맹위원장인 정민혜는 사회적 정의와 기독교적 윤리를 몸소 실천하는 인물이다. 나아가 그녀의 주변 인물, 즉 주영매나 백송희, 그리고 오채옥 등을 감화시키는 인물이기도 하다. 정민혜는 평소 "여성의 문제는 여성이 해결"(195면)해야 한다는 신념을 지닌 인물이다. 그녀의 신념은 폐창구제연맹의 설립취지에 드러나 있을 뿐 아니라 구체적인 홍보 활동을 통해 실천되고 있다. 부인국의 전국적 조직화에 힘쓰는 고박사[38]나 공창폐지법안 상정을 위해 애쓰는 여성 입법의원들도 그녀의 신념과 함께 한다고 주장한다. 여기에서 우리는 작가의 주체적인 여권의식의 일면을 잘 읽을 수 있다.

하지만 폐창구제연맹의 기부금 사건은 정민혜의 인격과 연맹의 본래 취지를 거스를 위기를 초래한다. 폐창구제연맹의 난제, 즉 희망원 설립을 위한 재원 마련은 여성의식만으로 해결하기 힘든 것이다. 평소 조용하고 정숙한 성품의 소유자인 정민혜가 신문마다 손성묵의 기부금 전달 사실을 "영웅적 미거(英雄的 美擧)"로 알렸다는 사실은 그만큼 재원 마련이 절실하고도 어려운 상황임을 보여준다. 그러나 정민혜가 기부금의 출처나 성격을 가려보지 않고 손성묵의 제안을 선뜻 받아들인 결과 폐창구제연맹의 재정난은 더욱 심각해진다.

손성묵은 "황금의 종교"를 믿는 "늙은 파우스트"와 같은 존재이다. 일제강점기에는 애국자를 밀고하거나 애국심이 강한 기독교 신자들의 명부를 작성하는 등 친일행각을 서슴지 않던 인물이다. 광복 후에

38) 고박사는 당시 부녀국장을 맡고 있던 고황경 박사를 모델로 삼았다.

도 일본인이 남겨놓은 "한돈반이나 되는 마약"을 처분해 자신의 치부에만 신경을 쓸 뿐 아니라 미군의 도움으로 적산가옥을 불법 불하받아 거주민들의 고혈을 짜내는 데에도 앞장선다. 이러한 손성묵의 행적은 광복 후 남한 사회에서 친일파 숙청이 제대로 이루어지지 못한 상태에서 그들이 이제는 친미파로 둔갑하여 부당한 방법으로 치부하는 사회적 현실을 비판적으로 드러내고 있다.

부정적 인물 손성묵이 폐창구제연맹에 기부금을 내는 것은 사회적 정의에서 우러나온 행위가 아니다. 그것은 "그럴듯한 단체나 정당을 물색하여 돈 백만원이나 기부를 하고 그리고 단체의 간부의 탈을 한 개 뒤집어 쓰고 그리하여 명맥의 하로 하로를 늦추어 보자는 작전"(99면)에서 비롯된다. 기부행위는 법의 심판을 피하기 위한 고육지책이었던 것이다. 더욱이 유부남인데도 정민혜를 아내로 맞아 자신의 명예를 드높이고 성적 욕망도 해결하려는 의도를 숨기고 있다. 그만큼 개인적 양심이나 사회적 정의와는 결별한, 돈만 있으면 안 될 것이 없다는 물신주의적이고 비도덕적인 인물이다. 이러한 행적은 모 정당에 기부금을 내려했던 의도를 의심하고 행적을 추적하던 우현석에게 덜미가 잡혀 체포되는 것으로 일단락된다.

아울러 손성묵의 심부름꾼인 황영빈은 광복기 지식인의 이중성을 잘 보여주는 인물이다. 그는 "장로의 아들로 학생 모 모 단체의 간부로 그리고 ×× 대학교 문과에 학적을 둔 학생"(35면)이다. 그는 "애국이니 건국이니 친일파 숙청이니 삼팔선 장벽을 운운"(64면)하면서 진정한 정치가, 애국자, 지도자 행세로 사회적 명예와 지위를 드높인다. 그러나 이러한 활동 이면에는 미군에게 창녀를 알선하는 통역을 해주고 김황룡에게 돈을 받거나 여자를 취하는 일, 아편밀매업자 손성묵이 기부금을 전달할 정당이나 단체를 대신 물색하여 성사시키고 돈을 챙기는 일, 그리고 유곽의 창녀 채옥을 임신시키고도 발뺌하는 일 등 자신의 사리사욕을 챙기는 일을 서슴지 않는다. 이렇듯 그는 "지—킬 박사와 하이드씨"처럼 "양의 껍질을 둘러쓰고 이리의 심장을 가진" 이중적 인물이다. 황영빈의 이중성은 우현석의 시각을 빌어 당대 정치가와 애국자와 지도자들이 사회적 정의를 부르짖으면서도 사회적 악을 서슴지 않는 측면이 없지 않은 현실을 환기하고 있을 뿐 아니라 그것을 분간하고 판별할 지식이 요청된다는 사실을 독자들에게 전달하고 있다.

한편 폐창구제연맹과 간접적으로 관련된 사건으로 적산가옥 처리 문제를 들 수 있다. 연맹원 주영매는 여대생이지만 가난 때문에 학업을 중단한 상태이다. 그녀는 폐병을 앓고 있는 오빠 주영수와 벌이가 시원찮은 어머니를 대신해 생계를 책임지면서도 연맹 활동에 열성적인 여성이다. 그런데 김황룡의 협박으로 유일한 쉼터인 적산가옥에서 내쫓길 위기에 처한다.

> "우리가 살고 있은 집을 타인이 어떻컬 작정입니까? 이 집만 하드라도 우리는 살고 있든 가등(加藤)이란 일인한테 직접 받은거야요.
>
> 우리가 있는 집이니까 우리 집이야요. …… 도모지 타인에게 양보할 맘도 없구요 또 형편도 못됩니다 그러니까 …… ."
>
> 영매가 여기까지 말을 할 때
>
> "그러니까 그냥 돌아가란 말씀이죠?"

하고 김황룡은 싱글 벙글 웃는다. (…중략…)

웃음이 사라진 김황룡의 얼굴은 사나운 즘생같이 험상구진 표정으로 변하여 졌다. 현관바닥에다 탁―하고 가라침을 뱄드니

"그럼 엠피와 같이 오죠 그땐 구구한 사정은 말아야 합니다."

드르릉 문을 여는 소리와 함께 김황룡의 큰 키는 길밖으로 사라졌다.(272~274면)

김황룡의 횡포는 적산가옥의 권리에 대한 해석 차이에서 배태된다. 주영매는 자신의 집이 "가등(加藤)이란 일인한테 직접 받은" 적산가옥이라는 점에서 권리를 주장하지만, 1945년 12월 6일 미군정이 발표한 법령 제33조 '조선내 일본인재산의 권리귀속에 관한 건'에 의해 일본인이 소유했던 공적·사적 재산의 권리는 이미 한국인에게 있지 않았다. 그리고 1946년 3월 7일 미군정은 일인소유였던 농지, 도시주택 및 소규모사업체를 조선인에게 불하한다는 것을 발표하였는데,[39] 주영매는 미군정의 이러한 정책을 알지 못하고 있었던 것이다. 주영매와 같이 적산가옥에 대한 권리를 주장하는 일반인과 그들의 맹점을 활용해 적산가옥을 싼값에 불하하여 신흥재산가로 군림하기 시작한 손성묵 같은 사람들 사이의 갈등은 미군정의 귀속재산 처리에 관한 사회 전체의 갈등을 두고 본다면 미미할 정도이다.[40]

39) 미군정의 귀속재산 불하 방침은 1946년 2월 삼부조정위원회 극동소위원회의 'SFE 153'에 따른 결정이었으며, 이러한 결정을 내리게 된 배경에는 조선경제의 활성화 방침뿐 아니라 미소공동위원회에서 미국측 위원들의 입지를 강화하고자 의도가 강하게 깔려 있었다. 김기원, 『미군정기의 경제구조』, 푸른산, 1990, 153~153면.

40) 유석춘·최복천, 「미군정기의 지배구조와 자본축적」, 『미군정기 한국의 사회변동과 사회사』 II, 한림대 아시아문화연구소, 1999, 120~130면.

그만큼 미군정의 귀속재산 처리 문제는 당대 사회에서 수많은 시비거리를 낳고 있었던 셈이다. 손성묵의 하수인 김황룡이 연맹원 주영매를 반복적으로 찾아와 위협적 언행과 폭력을 일삼는 상황은 적산가옥 처리를 둘러싼 사회적 문제를 문맥화하고, 이를 통해 작가는 당대 사회 현실에 대한 비판의 잣대를 분명하게 드러내고 있다.

여기에서 간과해서 안 될 것은 김황룡이 손성묵이나 황영빈과 달리 어떠한 처벌도 받지 않는다는 점이다. 손성묵이 딸 탄실을 발견하고 양심의 가책을 받는 일에서 그의 변모는 예고되어 있으며,[41] 황영빈이 백송희의 우발적 행위로 죽었다는 점과 다르다. 이것은 대립적 인물 설정이 단순한 권선징악의 도식성을 뛰어넘고 있음을 보여준다. 따라서 폐창연맹을 둘러싼 여러 사건들은 독자들에게 흥미를 불러일으키면서도 단순히 권선징악적 도식성에 머물지 않고 당대 사회현실에 대한 비판적 통찰과 사회적 정의에 대한 독자들의 현실감각을 효과적으로 일깨우고 있다. 작가의 주체적인 여권의식뿐 아니라 비판적인 사회인식을 잘 읽을 수 있는 대목이기도 하다.

셋째, 이 소설의 대중성은 여성 작중인물들의 구원을 기독교적 휴머니즘에 기반을 둔 자기희생과 의지에서 찾음으로써 공창폐지운동

41) 손성묵은 공창폐지연맹 주최의 감사회에서 탄실을 발견하고 그녀와 아내에 대한 미안함을 가진다. 특히 아내가 아들을 낳지 못하였지만 그것은 자신이 "전염시킨 임질로서 자궁의 나팔관이 부어서 임신을" 못했기 때문이며, 타향으로 떠도는 자신 대신 "단지(斷指)까지 하여 효부(孝婦)라는 동리상까지 받었던" 점을 "일초동안"이었지만 손성묵의 양심을 자극한다. 이러한 점 때문에 손성묵의 체포는 범죄행위에 대한 단죄일 뿐 인간적 차원의 처벌로 이어지지 않는다. 그것은 단순히 권선징악적 성격만을 지니고 있지 않음을 보여준다. 이는 차후 손성묵이 감옥에서 딸 탄실에게 참회하는 글을 보내는 데에서 확인 가능하다.

에 대한 작가의 입장과 바람을 독자들에게 충실하게 전달하고 감동시키는 데 있다. 무엇보다 오채옥의 수난, 특히 사형 구형이 백송희의 자백에 힘입어 해소되는 과정에서 기독교적 휴머니즘을 잘 보여준다. 백송희는 사형선고를 받은 인물이 오채옥이라는 사실을 알고서도 어머니를 고통 받게 할까봐 쉽게 자백하지 못한다. 이러한 번민을 해결할 수 있는 힘과 용기를 실어준 것은 다름 아닌 수녀들과 신부님이다. 결국 죽음을 앞두고 그녀는 검사를 불러 자신의 죄상을 낱낱이 자백할 뿐 아니라 어머니에게도 사실을 고백한다. 그녀의 어머니 또한 자신의 잘못, 즉 송희의 범죄가 허영심 때문에 기생이 된 자신의 과거에서 초래되었다는 점을 확인하고 회개한다. 그리고 죽은 딸 송희를 위해 상당한 돈과 집을 폐창구제연맹에 희사한다. 이렇듯 백송희의 자백이나 어머니의 기부 행위는 기독교적 휴머니즘을 매개로 이루어진 것이다.

이에 비해 오채옥의 변모와 구원은 기독교적 휴머니즘에 기반을 둔 자기희생과 의지를 통해 이루어진다. 오채옥의 변모는 정민혜의 도움을 받은 이후 점진적으로 이루어졌지만, 사형 구형과정에서 "화평한 얼굴"을 할 만큼 굳건한 종교적 믿음을 보여준다. 그 믿음은 백송희의 자백으로 방면되는 것으로 현실화된다. 뿐만 아니라 오채옥의 구원은 그녀가 주영매의 위기, 즉 김황룡이 요구한 입주금 이만 원을 해결하기 위해 스스로 창녀로 나서는 희생정신을 몸소 보여줬다는 점에 있다. 이것은 폐창구제연맹의 모든 사람들이 그녀의 믿음과 의지를 다시금 확인하고 감동하는 계기가 된다. 이로써 오채옥에게 씌워진 멍에, 즉 창녀에 대한 불신은 사라진다.

희망원이 개원된지, 삼개월만에 채옥은, 딱터박의 병원으로 자진하여 간호부로 갔다. 받은 은혜를 갚으려는 국가와 사회에 대한, 봉사(奉仕)의 첫 걸음이다.

채옥은 친절하고 부즈런하고, 또 주의 깊이 자기의 직장을 지켰다. 딱터박도 만족해서,

"희망원의 첫 열매로써, 그만하면 됐어요."

하고, 정민혜 여사에게 인사를 하였다.

"보아가며, 좋은배필이 있으면, 혼인을 시킬 생각이여요. 어떨가요? 이건 채희뿐 아니라, 희망원에 있는, 모든 여자들이, 병이났고, 직업이 훈련이되고, 지식도 어느정도, 게몽이 되면, 차레차레 한, 가정의 주부로, 드려보낼 작정입니다."

"그렇게 말씀을 하시니 말입니다만, 채희씨를 안해로, 맞이해 가겠다는 분이 있는데 …… 의견이 엇더실지, 저—딱터최가, 지난 여름에, 상배를 하신건 …… 아시죠?"

"……"

민혜여사는 한참만에야

"놀리시는 말슴은 아니시죠?"

하고 웃었다.(437면)

오채옥의 변모와 구원은 "딱터최"의 아내가 되는 이상적 결말로 이어진다. 그녀가 김황룡의 빚을 갚고 희망원으로 들어올 수 있었던 것도, 그리고 창녀가 아닌 간호부로 일할 수 있게 된 것도 기독교적 믿음과 희생정신을 적극적으로 실천했기 때문이다. 그 결과 그녀는

창녀의 굴레에서 벗어나 한 가정의 주부로 거듭난다. 이러한 결말은 폐창구제연맹에서 이루고자 했던 창녀들의 실질적인 생활개선과 사회적 통념 타파의 결정체라 할 만하다. 그것은 폐창구제연맹의 이상적인 바람인 동시에 작가 김말봉의 바람이다. 이러한 점은 폐창구제연맹에서 주장하는 희망원 설립이 얼마나 절실하게 요구되며, 또 사회 전체에 얼마나 효과적일 수 있는가를 대중들에게 감동적으로 전달한다. 이것을 대중소설의 결말짓기의 한계와 연계시켜 보는 점도 없지 않다. 하지만 이러한 결말은 작가 김말봉의 바람과 의시가 얼마나 굳건하고 절실하였는가를 엿볼 수 있게 한다. 이렇듯 『화려한 지옥』은 대중적인 서사문법을 효과적으로 활용하여 광복기 작가가 지향했던 사회적 신념과 실천 방향을 가장 구체적이고 감동적으로 대중들에게 전달한 대중소설이라 할 수 있다.

4. 마무리

두루 알다시피 김말봉 소설의 본령은 대중소설이다. 연구사를 검토해 보면, 대체로 1930년대 중반기에 창작된 『찔레꽃』에 집중되어 있으며, 연구 시각 또한 통속성의 범주에서 크게 벗어나지 못하고 있었다. 그러나 김말봉 문학의 특질을 제대로 파악하기 위해서는 무엇보다도 대중소설에 대한 비판론적 관점에서 나아가 연구방법을 다각화하고, 연구대상과 범위를 확대해야 한다. 이러한 문제의식에서 출발하여 이 글은 광복기 공창폐지운동을 전면화시킨 『화려한 지옥』을 대상으로 김말봉 소설의 대중성을 고찰하였다.

김말봉은 광복기의 혼란 속에서 종교와 이념을 초월하여 공창폐지에 대한 신념을 끝까지 실천한 여성운동가였다. 폐창연맹 활동은 창녀들의 생활 개선과 사회적 통념 타파를 위한 실질적인 대책을 마련하는 데 초점을 맞추고 있었다. 그것은 인간의 존엄성을 회복하는 일인 동시에 민족의 보건과 미래를 위한 작가적 실천이었다. 특히 아나키스트들이 창당한 독립노농당 부녀부장으로서 사재를 털어 박애원을 설립 운영한 일은 이러한 구제활동의 실천적 참여를 가장 구체적으로 보여주는 것이라 할 수 있다.

『화려한 지옥』은 공창폐지운동의 정당성을 독자대중에게 충실하게 전달하고 여론화하기 위해 발표했던 대중소설로, 여성 작중인물들의 수난과 구원의 과정을 전경화하고 있었다. 이 소설은 우선, 여성 작중인물의 수난과정을 부당한 사회 제도나 통념과 연계시켜 보여줌으로써 인간의 존엄성과 민족 보건에 대한 인식의 지평을 확대하고 있었다. 여기에서 작중인물들의 애정 갈등은 그 과정보다 원인, 특히 이중적인 성규범 체계와 창녀에 대한 사회적 불신에 초점을 맞춰 독자들의 정서구조에 깊이 다가서고 있었다. 둘째, 대립적인 작중인물들을 설정하여 당대 사회현실에 대한 비판과 개선의 필요성을 독자들에게 고취시키고 있었다. 폐창연맹을 둘러싼 여러 사건들은 단순히 권선징악적 도식성에 머물지 않고 독자들에게 흥미를 불러일으키는 동시에 사회적 정의에 대한 독자들의 현실감각을 효과적으로 일깨웠다. 셋째, 여성 작중인물들의 구원을 기독교적 휴머니즘에 기반을 둔 자기희생과 의지에서 찾음으로써 공창폐지운동에 대한 작가의 입장과 바람을 충실하게 전달하고 있었다.

이렇듯 『화려한 지옥』은 대중적인 서사문법을 통해 광복기 작가의 이념적 지향과 실천을 가장 구체적으로 보여준 대중소설이었다. 이러한 작가의 신념과 실천은 공창폐지운동의 후경을 다룬 『별들의 고향(故鄕)』에서 다시 확인할 수 있다. 아울러 창녀를 다루는 작가의 세심한 눈길은 『푸른 날개』와 『생명』 등 후기 소설에서도 고스란히 이어지고 있다. 이렇게 볼 때 김말봉의 후기 소설은 사회적 현실을 탈각하여 흥미 본위에 지난기보다 당내 현실을 통칠하고 문맥화하여 대중의 공감대를 이끌어내고 있다고 볼 수 있다.

제3장

한국전쟁기 정비석의 『여성전선』과 소설창작방법론

1. 들머리

한국전쟁은 엄청난 인적 · 물적 손상과 인구 이동, 사회 조직의 교란, 이데올로기의 재편을 초래하였다. 특히 인구 이동은 한 개인의 생명 유지와 직결되는 생사의 선택으로서 이데올로기와 계급의 문제와 깊은 관련을 맺고 있었다.[1)] 작가들 또한 전쟁의 총화(銃火)를 피

1) 이순욱, 「한국전쟁기 문단 재편과 피난문단」, 『동남어문논집』 제24집, 동남어문학회,

할 수 없기는 마찬가지여서 피난은 이데올로기의 선택과 동일시되었다. 전쟁의 와중에서 유명을 달리하거나 납북된 문학인들이 많았으며,[2] 월북하거나 월남한 작가들도 속출하였다. 그 결과 한국전쟁기 문단은 피난지를 중심으로 새롭게 재편되어 나갔으며, 이러한 재편이 가장 대규모로 이루어진 곳이 바로 부산과 대구였다. 그것은 정부조직이나 언론기관, 군기관이 이 지역에 집중되었기 때문이다.

한국전쟁기 정비석은 대구로 피난하였다. 육군본부 정훈감실에 귀속된 문관으로서 정훈교재의 편찬, 신문 발행, 사병문고 발행 등에 힘썼다.[3] 그리고 1951년 5월 대구에서 창립된 육군종군작가단[4]의 일원으로 일선 종군 활동과 후방의 선전 활동, 『전선문학(戰線文學)』 발행,[5] 문인극 공연[6] 등에 적극적으로 참여하였다. 이러한 가운데

2007, 177면.

2) 한국문인협회 편, 『해방문학20년』, 정음사, 1966, 78~86면 참조.

3) 정비석의 주거지는 '대구시 남성로(南城路)'로 기록되어 있다. 「현존한국문학인총람」, 『문화세계』 1953년 9월호, 224면. 당시 문관으로 함께 활동했던 박영준의 회고에 따르면, 정비석은 정훈감실로 사용하던 천주교회당에서 멀지 않은 오월여관에 방 하나를 얻어 가족과 함께 지냈다고 한다. 박영준, 「종군작가시절」, 『한국문단이면사』(김동인 외), 깊은샘, 1983, 357~359면. 『청춘산맥(靑春山脈)』의 경우만 보더라도 소설집의 말미에 '1951년 7월 1일 大邱旅舍에서 脫稿'라 부기되어 있어(『청춘산맥』 하, 문성당, 1952, 604면) 전중기 오월여관이나 육군본부 정훈감실이 소설의 주된 집필공간이었던 것으로 보인다.

4) 육군종군작가단은 1951년 5월 26일 아담다방에서 결성되었으며, 단장에 최상덕, 부단장에 김 송, 상임위원에 최태응, 이덕진, 박영준을 선임하였다. 창립 취지는 문인들이 일선과 후방의 교량적 역할을 담당함과 동시에 전쟁문학을 수립하는 데 있었다. 최상덕, 「육군종군작가단」, 앞의 책(한국문인협회 편), 정음사, 1966, 89~94면과 박영준, 위의 글, 360~367면 참조.

5) 육군종군작가단은 기관지 『전선문학』을 7호까지 발행하였는데, 정비석은 제7호를 제외한 모든 호에 글을 실었다. 유형별로 본다면 소설이 2편, 잡문이 4편, 좌담회 1편으로, 상세서지는 다음과 같다. 「두 문인(文人)의 사(死)」, 『전선문학』 제1호, 1952.4.10; 「간호장교(看護將校)」(소설), 『전선문학』 제2호, 1952.12.5; 「신춘문학좌담회(新春文學座談會)」, 『전선문학』 제3호, 1953.2.1; 「M준장(准將)의 인격(人格)」, 『전선문학』 제4호, 1953.4.20; 「남아출생(男兒出生)」(소설), 『전선문학』 제4호, 1953.4.20; 「창공(蒼空)의 육군부대(陸軍部隊)」, 『전

정비석은 신문소설 창작에도 힘썼는데, 육군종군작가단 사무실이 있었던 영남일보가 결정적인 발표 매체였다. 한국전쟁기 정비석은 4편의 신문소설을 발표하였는데,[7] 두 편을 『영남일보』에 연재하였다. 이렇듯 한국전쟁기 정비석은 전장과 피난지를 오가며 활발하게 문학활동을 전개하였다.

특이한 점은 그의 창작물들이 다른 작가와는 달리 대부분 단행본으로 출간되었다는 사실이다. 다수의 신문소설뿐 아니라 단편소설집,[8] 그리고 주요 저작의 독본집[9]까지 출간되었다. 광복 이후 출판계의 상황은 매우 열악하였으며, 특히 용지난이 심각하여 학생용 교과서 제작까지 힘든 형편이었다.[10] 더욱이 한국전쟁기 자금 확보를 위한 덤핑 행위가 오랫동안 지속되자 출판계의 상황은 좀체 회복되지 못하였다. 전후 악화된 경제적 상황이 구매력 약화와 대금 회수 부진으로 이어지는 가운데 덤핑을 비롯한 도서 유통질서의 문란행위가 출판계의 침체와 불황을 부채질하였던 셈이다. 이러한 출판계

선문학』 제5호, 1953.5.25; 「연대장(聯隊長)과 전우애(戰友愛)」, 『전선문학』 제6호, 1953.9.1.

6) 육군종군작가단이 활동하던 시기 공연된 문인극은 3편이다. 김영수 각본의 「고향 사람들」(1952년 1월), 이용상 각본의 「돌아온 사람들」(1954년 1월), 박 진 각본의 「무너진 38선」이 그것이다. 정비석은 3편의 문인극에 배우로 출연하였다. 박영준, 앞의 글, 365~367면.

7) 「인생화첩(人生畵帖)」, 『국세신보』, 1951.10.1~10.17; 「여성전선(女性戰線)」, 『영남일보』, 1952.1.1~7.9; 「호색가(好色家)의 고백(告白)」, 『연합신문』, 1952.5~; 「세기(世紀)의 종(鐘)」, 『영남일보』, 1953.1.1~7.22. 그러나 신문소설의 면모를 간직한 것은 『영남일보』에 발표한 두 편뿐이다.

8) 단편소설집 『서북풍(西北風)』(보문출판사, 1953)에는 6편의 단편이 수록되어 있으나 한국전쟁기에 지은 작품은 「서북풍」 뿐이다.

9) 『비석문학독본(飛石文學讀本)』(글벗집, 1955.3)에는 기존에 발표한 장편소설(掌篇小說) 7편, 단편소설 3편, 장편소설 7편, 사담(史譚) 2편, 서한 9편, 수필 7편, 기행문 2편, 그리고 『소설작법(小說作法)』의 '문장(文章)'편들에서 발췌한 주요 부분들을 싣고 있다.

10) 백운관 · 부길만, 『한국출판문화변천사』, 타래, 1997, 135~141면.

상황은 문예물 출간에도 영향을 미쳐 1950년대에는 얇은 소설이나 시, 수기가 주종을 이루었다.[11] 때문에 신문소설과 같은 두께나 장정을 필요로 하는 문예물들은 출판계에서 외면당하기 쉬웠다. 1950년대 대표적인 신문소설가 대부분이 한두 권의 단행본 출간에 그쳤던 것도 이러한 상황과 무관하지 않다.[12] 그럼에도 정비석의 신문소설은 한국전쟁기뿐 아니라 1950년대에 걸쳐 대부분 단행본으로 출간되는 혜택을 누렸다.[13]

11) 백운관 · 부길만, 위의 책, 162~184면.

12) 한원영에 따르면, 1950년대 대표적인 신문소설가들은 연재 편수에 비해 단행본 출간 실적이 현저히 낮다. 12편을 연재한 박영준이 2권의 단행본을 낸 것은 좋은 성적에 해당되며, 19편을 연재한 김광주, 13편을 연재한 장덕조, 11편을 연재한 김말봉도 단행본 한 권을 갖는 것이 고작이었다. 물론 16편을 연재한 최인욱, 14편을 연재한 박용구, 13편을 연재한 곽하신 등은 당대 단행본을 출간하지 못했다고 한다. 한원영, 『한국현대신문연재소설연구』 하, 국학자료원, 1999, 722면과 1,185~1,195면. 그러나 최인욱만 보더라도 한국전쟁기 대구 피난시절 『대구신보』에 연재한 신문소설을 묶어 『행복(幸福)의 위치(位置)』(백조사, 1953)를 발간하기도 했다. 따라서 1950년대 신문연재소설의 단행본 발간 서지는 보다 실증적인 접근이 요구된다.

13) 한국전쟁기 신문매체에 발표한 4편을 포함하여 1950년대 정비석의 신문연재소설은 15편에 이른다. 「청춘산맥(靑春山脈)」, 『경향신문』, 1950.1.1~6.25; 「심해어(深海魚)」, 『영남일보』, 1954.1.1~5; 「자유부인(自由夫人)」, 『서울신문』, 1954.1.7~8.6; 「민주어족(民主魚族)」, 『한국일보』, 1954.12.10~1955.8.8; 「나비야 청산(靑山) 가자」, 『국제신보』, 1955.9.1~1956.3.5; 「낭만열차(浪漫列車)」, 『한국일보』, 1956.4.25~11.24; 「슬픈 『동아일보』, 1957.3.10~12.1; 「유혹(誘惑)의 강(江)」, 『서울신문』, 1958.2.1~10.29; 「비정(非情)의 곡(曲)」, 『경향신문』, 1958.12.15~1959.4.30; 「화혼(花魂)」, 『국제신보』, 1959.1.1~7.16; 「연가(戀歌)」, 『서울신문』, 1959.8.1~60.4.20. 한원영, 위의 책, 1,185~1,259면. 이 가운데 당대에 단행본으로 출간된 것으로는 『청춘산맥(靑春山脈)』 상 · 하(문성당, 1952), 『여성전선(女性戰線)』(한국출판사, 1952), 『세기(世紀)의 종(鍾)』(세문사, 1954), 『인생여정(人生旅情), 일명(一名) 심해어(深海漁)』(문홍사, 1954), 『자유부인(自由夫人)』 상 · 하(정음사, 1954), 『민주어족(民主魚族)』(정음사, 1955), 「나비야 청산(靑山) 가자」를 개제(改題)한 『여성(女性)의 적(敵)』(정음사, 1956), 『슬픈 목가(牧歌)』(춘조사, 1957), 『낭만열차(浪漫列車)』(동진문화사, 1958), 『유혹(誘惑)의 강(江)』 상 · 하(신흥출판사, 1958) 등이 있다. 이 외에도 1950년대에 간행된 정비석의 소설로는 『고향의 봄』(계몽사, 1951), 『도회(都會)의 정열(情熱)』(평범사, 1952), 『색지풍경(色紙風景)』(한국출판사, 1952), 『애정무한(愛情無限)』(삼성사, 1953), 『서북풍(西北風)』(보문출판사, 1953), 『고원(故苑), 일명(一名) 고향의 봄』(정양사, 1953), 『애

극심한 불황에 허덕였던 출판인들이 정비석의 단행본 출간에 인색하지 않았던 이유는 대체로 정비석을 대중적 호소력이 있는 작가, 다르게 말하면 '잘 팔리는 작가'로 인식하였기 때문이다. 「성황당(城隍堂)」, 『애증도(愛憎道)』, 『금단의 유역』, 『귀향』 등 일제강점기 이래 정비석은 대중적인 작가라는 이미지가 강했다. 더욱이 1949년 출간된 『소설작법(小說作法)』에서 엿볼 수 있듯이, 그는 독자를 평민[14]으로 겨냥하고 작품을 창작하였다. 출판인들의 관점에서 본다면 대중적인 작가가 대중적인 독자들 겨냥한 소설을 계속 창작한다는 점은 그만큼 베스트셀러가 될 확률이 높은 셈이다.[15] 낙후되고 혼란스러웠던 출판 환경 속에서도 정비석의 소설이 환영받았던 까닭은 바로 이 때문이었을 것이다.

하지만 대중소설을 폄하하는 편향적인 시각과 연구 기피 현상 때문에 정비석의 소설에 대한 종합적인 연구는 여전히 부족한 편이다.

련기(哀戀記)』(보문출판사, 1954), 『홍길동전』 상 · 하(대양출판사, 1954), 『장미(薔薇)의 계절(季節)』(대조사, 1954), 『번지(番地)없는 주막(酒幕)』(향문사, 1954), 『월야(月夜)의 창(窓)』(정음사, 1955), 『산유화(山有花)』(여원사, 1956), 『연산군(燕山君)』(정음사, 1956), 『야래향(夜來香)』(문성당, 1957), 『사랑하는 사람들』(여원사, 1957), 『모색(暮色)』(범조사, 1957), 『청춘(青春)의 윤리(倫理)』(평범사, 1958), 『화혼(花魂)』(삼중당, 1959), 『사랑의 십자가(十字架)』(삼중당, 1959), 『인생(人生) 제일과(第一課)』(춘조사, 1959), 『사랑의 미소(微笑)』(광문사, 1959) 등이 있다. 최미진, 「정비석」, 『약전으로 읽는 문학사』 1(근대문학 100년 연구총서 편찬위원회), 소명출판, 2008, 445~450면 참조. 작품서지를 통해 알 수 있듯이 정비석은 1950년대 신문과 단행본 매체에 걸쳐 가장 활발하게 활동한 작가였다. 신문연재소설에서 대중적인 인지도가 높았던 만큼, 출판사에서 정비석이라는 명망주의 대중소설가의 작품을 단행본으로 출간하는 일은 자연스러운 현상이었을 것이다.

14) 정비석은 작가와 독자가 동등한 사회적 지위를 가지는 존재임을 강조하기 위해 소설의 독자대중을 '평민'으로 명명하였다. 한혜원, 「정비석 소설의 창작방법 연구」, 이화여대 석사논문, 2001, 23면.

15) 이임자, 『한국 출판과 베스트셀러』, 경인문화사, 1998, 170면과 259면.

지금까지도 그의 소설에 대한 논의는 초기 단편[16]과 대표작 『자유부인(自由夫人)』[17]에 집중되는 양상이 두드러진다. 대중소설에 대한 편견에다 정비석의 작품들이 상당한 분량의 신문소설이 많기 때문에 본격적인 연구가 촉발되지 않았던 것으로 보인다. 아직까지도 작품 서지가 정확하게 파악되어 있지 않은 실정이고 보면, 문학 연구는 정비석의 대중적 인기를 무색하게 한다.

이 글은 1952년 1월 1일에서 7월 9일까지 『영남일보』에 연재되었

16) 초기 단편 중에서도 「졸곡제」와 「성황당」에 대한 논의가 대부분이다. 대표적 논의를 들면 다음과 같다. 김병욱, 「정비석의 문학 : '성황당'을 중심으로」, 『월간문학』 1971.8; 백철, 『국문학전사』, 신구출판사, 1973; 이어령, 「성황당고」, 『한국단편문학100선』, 경미출판사, 1984; 김재남, 「성황당에 나타난 작가의식」, 『세종어문연구』, 세종어문학회, 1987; 이미숙, 「정비석 초기소설연구」, 영남대 석사논문, 1996; 안영숙, 「정비석 문학의 에로티시즘 연구; 성황당과 자유부인을 중심으로」, 충남대 석사논문, 2000.

17) 정한숙이 『자유부인』을 세태풍자소설로 간주하여 문학사적 의의를 인정한 이래 『자유부인』에 대한 논의는 상당한 수준과 성과를 보여주고 있다. 정한숙, 『현대한국소설론』, 고려대출판부, 1977. 특히 2000년 이후 『자유부인』은 문학과 영화에 두루 걸쳐 다양한 관점에서 논의되고 있는데, 대표적 논의는 다음과 같다. 강진호, 「전후세태와 소설의 존재방식-정비석의 〈자유부인〉을 중심으로」, 『현대문학이론연구』 제13집, 현대문학이론학회, 2000; 김동윤, 『신문소설의 재조명』, 예림기획, 2001; 김일영, 「정비석의 신문소설 〈자유부인〉에 나타난 풍속의 양상」, 『인문과학연구』 제4집, 대구가톨릭대 인문과학연구소, 2003; 주창규, 「"노란 피부, 하얀 가면 무도회"로서 〈자유부인〉의 충무로 여성관객성에 관한 분석」, 『영화연구』 제21집, 한국영화학회, 2003; 서현석, 「"자유"와 "부인"의 불가능한 변증법-〈자유부인〉에 나타나는 단절의 미학」, 『영화연구』 제22집, 한국영화학회, 2003; 김복순, 「반공주의의 젠더 전유양상과 "젠더화된 읽기"-〈자유부인〉을 중심으로」, 『문학과영상』 제5권 제1호, 문학과영상학회, 2004; 김영애, 「〈자유부인〉에 나타난 인물 형상화에 관한 연구」, 『현대소설연구』 제28호, 한국현대소설학회, 2005; 박유희, 「〈자유부인〉에 나타난 1950년대 멜로드라마의 변화」, 『문학과영상』 제6권 제2호, 문학과영상학회, 2005; 이시은, 「전후 국가재건 윤리와 자유의 문제-정비석의 〈자유부인〉을 중심으로」, 『현대문학의 연구』 제26호, 한국문학연구학회, 2005; 임선애, 「전후 여성지식인, 자유부인의 결혼과 일탈-정비석의 〈자유부인〉을 중심으로」, 『한국사상과 문화』 제31호, 한국사상문화학회, 2005; 최미진, 「부인명(夫人名) 대중소설과 여성의식-정비석의 『自由夫人』과 전병순의 『賢夫人』을 중심으로」, 『한국 대중소설의 틈새와 심층』, 푸른사상, 2006; 강찬모, 「부인명 소설에 나타난 여주인공의 성의 자각과정 연구」, 『한국문학이론과 비평』 제35집, 한국문학이론과비평학회, 2007.

던 신문소설 『여성전선』[18]의 창작방법론을 살펴보는 데 있다. 정비석이 작가로서의 창작 체험을 살려 집필한 『소설작법』에 견주는 방식을 취할 것이다. 『소설작법』은 소설의 창작 과정과 실제를 풍부하게 다루고 있을 뿐만 아니라 자신의 문학관을 피력하고 있는 소설 창작방법론 서적이다. 작가는 신문소설을 주로 창작한 소설가답게 독자 우위의 문학관과 창작방법을 시대적 변화와 필요성에 기대어 스스럼없이 드러내고 있다.[19] 이 글에서는 작가의 문학관을 잘 대변하는 작중인물론, 구성론, 통속소설론만을 조점화할 것이다.[20] 이러한 『소설작법』의 논리가 『여성전선』에서 어떻게 구현되고 있는지 검토하는 작업은 한국전쟁기 신문소설의 위상을 점검할 수 있는 계기가 되리라 기대한다.

18) 이 글에서는 1952년 한국출판사에 발간된 『여성전선』을 연구 텍스트로 삼았다. 이하 인용문은 면수만 밝히기로 하겠다.

19) 정비석은 소설을 "작가라는 일개인이 직접적으로 생활체험에서 얻은 진신미나 혹은 상상에 의한 가공적 사실에서 발견한 진선미를 예술적 기교로 절실하게 표현하므로써 독자로 하여금 인생을 넓고 깊게 이해하도록 하는 수단"이라고 정의한다. 정비석, 『소설작법』, 신대한도서주식회사, 1949, 43면. 류철균은 '독자에게 일으키는 효과'와 직접적으로 연관되어 있는 정비석의 '소설작법'을 "대중적 통념의 계열화" 유형으로 분류하였다. 아울러 그의 창작론은 서사 형식 속에 평민적 보편성을 구현하고 있는 소설의 소비가 막 시작된 국가의 민주주의를 떠받치는 토대라는 낙관론 위에 존재하고 있다고 본다. 류철균, 「한국 현대소설 창작론 연구」, 서울대 박사논문, 2001, 20면과 25~26면.

20) 다만 『소설작법』에서 다루지 않은 연애소설론은 정비석의 「연애소설 일반오해를 일소하자」(『조선일보』, 1937.9.12, 5면)를 참고하도록 하겠다.

2. 전후 부상한 여성 인물의 설정과 전형적 성격화

『여성전선』은 "청춘남녀 사이에서 일어나는 애정투쟁"[21]을 복잡다단하게 형상화하고 있는 연애소설이다. 소설의 제목이나 "애정 투쟁"이라는 용어는 전중기의 특성이 녹아 있지만 시대적 배경은 전후로 설정되어 있다. 따라서 전쟁기에 전후의 "애정 투쟁"을 어떻게 그리고 있는가에 주목할 필요가 있다.

정비석은 『소설작법』에서 근대소설의 특징을 '인간성 탐구'에 두고, 소설의 가치를 작중인물의 묘사 여하에 둔다. 인물묘사는 "진실로 현저한 개성, 즉 일 지방의 일 시대의 혹은 제 존재의 전체의 주요 특질을 일개의 존재 속에 응축시킨 것"[22]이어야 한다. 이를 위해 '전형적 성격'을 강조하는데, 그것은 "인물이 독자적인 개성을 발휘하는 동시에 나아가 개성이 그 시대의 요구에 상응하는 보편성, 필연성을 띠는"[23] 것이어야 한다. 정비석이 말하는 전형적 성격은 작중인물의 성격 구성을 위한 첫째 요건을 '보편적 인간성'에 두고 있다는 점에서 계급의 전형성을 가리키는 리얼리즘 문학과는 다르다.[24] '보편적 인간성'이란 "시간과 공간을 초월한 만인 공통의 인정(人情)"을 말하며, 그것의 구체성을 확보하기 위해 '개성'이 필요하다. 작중인물은 보편적 인간성을 기본으로 하면서 개성을 조화롭게 부가한 전형적

21) 정비석, 『여성전선』, 한국출판사, 1952, 3면.
22) 정비석, 『소설작법』, 신대한주식회사, 1949, 115면.
23) 정비석(1949), 위의 책, 111면.
24) 한혜원, 앞의 글, 51~52면.

성격을 지녀야 하는 것이다. 그의 소설에서 평면적 인물이 압도적으로 많은 것도 그 때문이다. 그렇다면 『여성전선』에서 전후의 애정 투쟁을 이끌어 갈 작중인물을 어떻게 설정하여 형상화하고 있는지 살펴보자.

『여성전선』의 "애정 투쟁"에서 초점화한 것은 여성 작중인물이다. 전후 현대여성으로 호출된 유한마담, 직업여성, 미망인이 애정 문제의 중심에 놓여 있다. 그런데 여성 작중인물의 설정과 성격화는 주로 남성 작중인물의 시각으로 조정되고 있다는 점이 특징적이다. 그것은 특히 긍정적 인물인 전우현을 통해 잘 드러나 있다. 전우현은 대양제약주식회사의 약제사로 독자적인 페니실린을 개발하기 위해 고군분투하는 미혼 남성이다. 그는 과학자적 안목과 방법으로 전후 현대여성에 접근하고 있다.

우선, 현대여성 "양갈보"는 여성 작중인물로 구체화되지 못하고 논의 대상으로만 등장한다. 전우현은 국가적 차원에서 외화 획득의 수단으로 양갈보 정책을 적극적으로 시행해야 한다는 "양갈보 경제론"을 개진한다. 양갈보를 통한 외화 획득이 당시 한국의 총 수출액보다 많다는 점을 수학적으로 산출한 후 국가적 차원에서 양갈보의 경제적 가치를 충분히 활용해야 한다는 것이다. 여기에서 양갈보는 전후 한국의 근대화 정책의 수단으로서만 상품가치를 인정받고 있다. "과학"이라는 미명 아래 외국군인 상대 성매매 여성에 대한 인간적 가치를 일도양단하거나 양갈보라는 남성 중심적이고 부정적인 명명을 사용하는 것은 당대 양갈보를 "넢어놓고 비난"하거나 "본바탕이 음탕"한 여성으로 간주하는 지배적 담론과 맞물려 설득력 있게 적용되고 있다.25) 이러한 양갈보는 "보편적 인간성"을 구현하는 연애에 부적합한 인물로 간주된다.

다음으로, 현대여성으로 호출한 "유한마담"은 전후 새로운 인물형으로 비판의 대상이지만 구체적인 인물로 형상화되고 있다. 전우현은 유한마담을 당대 사회에서 양갈보보다 해악적 존재, 즉 "민중속에 침투되어 있는 병균"이라 비판한다. 유한마담은 가정을 등한히 하고 "고도의 소비생활"과 문화생활을 즐기는 부정적 여성으로 간주된다. 유한마담의 부정성은 "사교계의 여왕으로 자처"하는 이경미를 통해 구체적으로 재현된다.

이경미는 지미양행 전무인 현준식의 아내로 전직 댄스교사였던 연하의 남성 권청년을 애인으로 둔 여성이다. 유한마담 이경미를 바라보는 작중인물들의 시선은 전우현과 마찬가지로 곱지 않다. 먼저 현준식은 남편과 아이를 등한히 한다는 점, "파아티이나 다방으로만 싸돌아" 다닌다는 점, 일정한 주견 없이 "남녀평등이니 민주주의니 하는 유행어"를 거론한다는 점에서 이경미를 "혐오(嫌惡)와 증오(憎惡)"의 대상으로 여긴다. 그리고 현준식의 비서인 윤옥란은 이경미의

25) 전우현은 전후 양갈보 증가 현상을 우려하면서도 양갈보를 "덮어놓고 비난"하거나 "본바탕이 음탕"한 여성으로 간주하는 지배적 시각에 문제를 제기한다. "절박한 생활고"가 만연한 "천하 대세"가 원인을 제공한 것이므로 양갈보를 보다 깊이 이해하는 자세가 필요하다고 주장한다. 뿐만 아니라 한국전쟁기 양갈보가 군인들이 분출한 "성욕의 쓰레기통" 역할을 담당함으로써 가정 평화 유지에 기여했다고 지적한다. 그럼에도 전우현은 양갈보를 인간적 존재가 아닌 "성욕의 쓰레기통", "전쟁의 부산물", "백혈구"와 같은 물적 대상으로 간주한다. 나아가 전쟁이 초래한 성적 피해를 그들에게만 국한시켜 사회적으로 격리하는 현상을 당연시하고 있다. 이처럼 전우현은 양갈보의 사회적 공헌은 인정하지만 가정의 평화를 유지하기 위해 그들의 사회적 격리가 불가피하다는 이중적 관점을 드러내고 있다.

행동을 "허영에서 오는 음난이요, 무지에서 오는 망동"으로 비판하고 있다. 더욱이 애인인 권청년은 이경미와 육체적 향락을 즐기면서 상대방의 약점을 악용해 돈을 요구하는 전형적인 "제비"일 뿐이다. 이렇듯 이경미를 통해 재현된 유한마담은 세상사에 무지하고 주견이 없는, 그저 사치스럽고 허영심 많으며 향락적 삶을 즐기는 데만 관심 있는 여성이다. 유한마담 이경미의 설정은 전후 부상한 인물형을 선택하여 당대 사회풍속을 대변하고 있다는 점에서 새로움을 지닌다. 특히 유한마담이 가정을 등한히 하고 정조관념이 없다는 점은 작중인물들의 비판을 정당화할 뿐 아니라 전통적인 가부장제 이데올로기를 강화시키는 전략으로 채택된다.

마지막으로, 전우현은 "유한마담 박멸론"의 연장선에서 미혼의 직업여성을 문제 삼는데, 여기에 중심인물 윤옥란이 비교 대상으로 설정되어 있다. 대개 연애소설의 중심인물은 외모와 자질을 갖춘 미혼여성으로 설정되고 긍정적인 인물로 형상화된다. 그러나 전우현의 눈에 비친 미혼여성은 자신의 "허영심을 만족시키기 위한 충실한 노예로서의 남편을 얻으려" 결혼하는 여성일 뿐이다.[26] 그만큼 중심인

26) 전우현의 비판이 문제적인 것은 첫째, 현대 미혼여성이 장래 유한마담이 될 여성이라는 점에서 모두 비판받는다는 사실이다. 단지 가능성만으로, 그것도 모든 미혼여성을 비판 대상을 삼는 것은 과학자답지 않게 객관성을 상실하고 논리적 오류를 범하고 있는 것이다. 그럼에도 그것은 전우현이 결혼부정론자가 된 이유를 정당화시키며 유한마담과 마찬가지로 미혼여성을 비판의 대상에 올려놓는다. 둘째, 전우현이 비판하는 대상은 향유의 대상을 간과한 주체뿐이라는 점이다. 현대여성의 허영을 구성하는 자질들은 미국의 향락문화와 밀접한 상관성을 지닌다. 그것은 한국전쟁기 미국의 향락문화가 일상 깊숙이 침투해 있었음을 맥락화 하지만, 다른 한편으로 미국문화에 대한 선망과 무차별적 수용이 빚어낸 전후사회의 갈등을 현대여성을 호출하여 비판하고 경계하는 방식으로 해결하려 했음을 보여준다. 이 소설에서 미국의 퇴폐적 향락문화나 또 다른 향락의 주체인 남성 작중인물은 전혀 문제되지 않거나 상대적으로 대수롭지 않게 다루어진다. 그만큼 당

물인 윤옥란은 부정적 인물로 형상화될 가능성이 높은 셈이다.

그러나 윤옥란은 이러한 전우현에게 정면 승부를 거는 현대여성으로 설정되어 있다. 그녀는 지미양행 통역 겸 전무 비서에서 양품점 경영자로 변신을 꾀하는 직업여성이다. 이 소설에서 그녀는 현대여성을 대표하는 인물로 재현되는데, 그녀를 대하는 작중인물들의 평가는 서로 다르다. 현대여성 윤옥란을 긍정적으로 평가하는 인물은 현준식과 유상호이다. 현준식은 윤옥란을 "자신의 주관(主觀)을 가졌고, 또 그것을 서슴지 않고 주장"할 줄 아는 여성으로 평가한다. 그는 그녀의 "언동"에서 오히려 "현대여성들의 새로운 기질"을 간파하고 "신선미"를 느낀다. 윤옥란은 '새로움'과 '신선함'을 환기하는 긍정적인 현대여성으로 재현되는 것이다. 그리고 지미양행에 근무하는 동료인 유상호는 윤옥란을 연모하는 남성이다. 윤옥란이 그를 사랑하지 않는다는 분명한 입장을 전달하고서도 죽음을 불사하려는 자신을 연민하여 결혼하겠다고 말할 줄 아는, "강한 여자인 동시에 무한히 인자한 여자"로 고평한다. 윤옥란의 품성을 긍정적으로 평가하고 있는 셈이다. 하지만 이경미는 당대 지배적 담론을 좇아 모든 직업여성들을 "매춘부나 매음녀"로 여기며 윤옥란을 폄하한다.[27] 전우현 또한 윤옥란에게 덧씌워진 현대의 미혼여성에 대한 부정적 시각을 쉽게 거두지 않는다. 당대 미혼의 직업여성을 대표하는 윤옥란은 양

시 증폭된 사회적 갈등을 현대여성의 문제로 초점화하여 비판하고 있다. 그것은 전우현의 시각에 그치는 것이 아니라 작가, 나아가 당대 지배적 담론과 맞닿아 있다.

27) 부정적 여성인 이경미의 비판은 설득력이 떨어질 수밖에 없다. 그렇지만 강춘배와의 연애과정에서 보여준 윤옥란의 언행은 이경미의 비판과 맞닿아 있는 부분이 있다.

가적 여성으로 재현되어 있는 셈이다.

이렇듯 전우현이 개진한 현대여성론은 여성 작중인물들의 선택과 배제의 논리가 선명하게 드러나 있다. 당대 지배적 담론에 대한 과학적 분석을 통해 여성 작중인물로 양갈보가 배제되는 반면 유한마담과 미혼의 직업여성은 선택되었다. 선택된 여성 작중인물들은 전후 한국사회에서 부상한 새로운 인물형인 동시에 당대 사회의 비판으로부터 자유로울 수 없는 보편적 인물이다. 이렇듯 이 소설에서 현대여성의 설정과 형상화 방식은 작가가 지적했던 인물묘사론, 특히 '선형적 성격'을 지닌 인물들이라 하겠다.

여성 작중인물로 설정된 현대여성에 덧붙여 이 소설의 부수적 서사를 이끄는 한보영의 존재에 주목할 필요가 있다. 한보영은 한국전쟁 전에 남편과 사별한 '미망인'이다. 그런데도 한국전쟁이 양산한 수많은 전쟁미망인의 보편적 존재성은 한보영을 통해 형상화되어 있다. 수많은 전쟁미망인들과 마찬가지로 그녀는 미망인에 대한 지배적 관념에서 자유롭지 못하다. 그녀는 언제나 "껌정 비로오드 긴 치마에 껌정 양단저고리"를 입어 자신이 미망인임을 스스로 표시한다. 기혼여성과 마찬가지로 미망인에게 정조를 강요하고 재혼을 금기시하는 지배적 관념이 한국전쟁기에도 여전이 작동하고 있었던 것이다. 하지만 미망인의 기표인 그녀의 옷차림은 생활난에 허덕이던 전쟁미망인들과는 사뭇 다르다. 오히려 부유함과 고상함을 드러내는 옷차림에서 여느 미망인들과 차별화된 특성을 드러낸다. 이 때문에 손님들은 그녀를 "아름다운 미망인이니 흑의부인이니 하는 대명사"로 명명한다. 한보경은 대한제약주식회사 사장의 딸로 부유함을 갖추었지만 이보다 먼저 사업가로서의 비전과 자질을 갖춘 여성으로 재현된다는 점을 주목해야 한다. 그녀는 시댁에서 완전히 독립하여 "코롬보" 다방을 직접 운영하고, 연이어 양품점을 개업할 만큼 자금 운용능력과 냉철한 판단력을 지닌 여성이다. 이것은 그녀가 당대 전쟁미망인을 비롯한 여성 노동자들과 차별화되는, 보기 드문 여성 사업가임을 드러내는 표지이다. 이를 통해 당대의 지배적 관념에 지배당하지 않을 수 있는, 능력 있는 여성임을 부각시킨다. 미망인이지만 새로운 연애를 꿈꾸고 성취할 만한 여성으로 재현되어 있는 셈이다. 이렇듯 한보영은 시대적 보편성을 근저로 삼는 동시에 그것의 허점을 공략하는 능력과 개성을 지닌, 전형적 성격을 갖춘 여성 인물이라 하겠다.

3. 삼각관계의 방해자 제거하기와 '여성전선'의 허실

정비석은 일찍이 연애는 인생의 가장 중요한 영원의 과제이자 연애처럼 시대에 예민하고 시대를 솔직히 표현하는 것은 없다고 주장한 바 있다. 연애소설을 통해서만 새로운 연애에 대한 제시와 개발, 낡은 남녀관계에 대한 지적과 비판을 할 수 있다고 본다.[28] 연애가 "세속적인 어떤 목적을 떠나서 어느 시대에나 영원성 있는 감격"[29]을

28) 정비석(1937), 앞의 글.
29) 정비석(1949), 앞의 책, 67면.

드러내면서도 "항상 새로운 意義"[30]를 지니는 소설의 주제로 가장 적합하다고 본 것이다. 그리고 연애소설을 통속소설로 폄하하는 지배적 경향을 두고, "독자의 지적 수준이 저하한 우리나라의 현정세로는, 통속소설의 사회 교화적 역할이라는 것은 결코 경멸할 수 없다"[31]고 진단한다. 그러니까 작가는 연애소설이 가지는 보편성만큼이나 시대적 의의와 역할에 가치를 두고 창작에 임했다고 볼 수 있다.

그렇다면 연애소설은 어떻게 창작되어야 하는가. 무엇보다 정비석은 연애라는 보편적 주제를 드러낼 때 도식성을 따르는 것이 작가의 개성을 가능한 한계까지 발휘하게 하여 거기에서 개별성의 아름다움을 감상하도록 한다고 지적한다.[32] 물론 연애소설에서 도식성과 개별성은 적절히 조화를 이루어야 하는데, 특히 인물간의 관계와 심리 묘사가 치밀하고 구체적이어야 한다고 본다.[33] 주지하다시피 연애소설은 애정의 삼각관계라는 도식성을 통해 복잡다단한 이야기를 펼치고 마무리한다. 도식성을 따를 경우, 소설 구성에 변화와 발전이 많은데,[34] 특히 신문에 연재할 때는 그것을 필연적이고[35] 논리

30) 정비석은 주제가 한 작품을 지배하는 통일원리이며, 작품의 가치는 설정된 주제의 품위와 그 주제를 어느 정도로 진실되게 표현하였는가 하는 점으로 결정된다고 본다. 아울러 주제 설정의 주의사항으로 세 가지, 즉 "주제는 항상 새로운 의의를 가져야 할 것, 역량에 맞는 주제를 설정할 것, 관념적인 주제를 피할 것"을 들었다. 이 가운데 '새로운 의의'는 "괴상하고 특이한 제재를 의미하는 것이 아니라 아무리 평범하고 상식적인 사건을 취급하더라도 그것을 새롭게 해석하고, 새로운 각도에서 비판하고 또 거기서 새로운 의미를 확보해야 한다는" 뜻이다. 정비석(1949), 위의 책, 67~69면.

31) 정비석(1949), 위의 책, 234~235면. 나아가 정비석은 순예술소설과 순통속소설을 융합하여 시대가 요구하는 새로운 소설의 경지를 개척하는 것이 현대작가의 과제라고 본다.

32) 정비석(1937), 앞의 글.

33) 정비석(1949), 앞의 책, 231면.

34) 정비석(1949), 위의 책, 83~84면.

적 발전[36]에 따라 빠르게 진행[37]시켜야 한다고 주장한다.

『여성전선』은 중심 인물 윤옥란과 부수적 인물 한보경이 흡족한 결혼 상대자를 찾는 과정을 복잡한 애정의 삼각관계를 통해 드러내고 있다. 윤옥란을 두고 남성 작중인물 강춘배, 유상호, 전우현이 엇갈리는 삼각관계를 전경화할 뿐만 아니라 '현준식－한보경－오강수', '한보경－현준식－이경미'의 삼각관계가 부수적 서사를 떠받치고 있다. 이렇듯 복잡한 애정의 삼각관계가 형성, 발전, 해소되는 과정은 도식성에 익숙한 독자라도 쉽게 이해하고 감상하기 어려울 수 있다. 그러나 이러한 우려는 애정의 삼각관계가 방해자를 제거하는 순차적이고 논리적 방식을 취함으로써 해소되고 있다.

윤옥란을 중심으로 한 애정의 삼각관계부터 살펴보자. 그것은 소설의 앞부분에서 '강춘배－윤옥란－유상호'가 중심에 놓여 있다가 '전우현－윤옥란－강춘배'와 '전우현－윤옥란－유상호'로 겹쳐 나타나고 나중에 '전우현－윤옥란－유상호'로 변화된다. 여기에서 전우현의 개입은 애정의 삼각관계에 큰 영향을 미칠 만큼 윤옥란에게 중대한 변화를 초래한다.

> 그는 몹시 바쁜 사람처럼 불이 낳게 걸어나가다가 네거리에서 꼬오스톱에 걸렸다. 그리자 그는 우뚝 멈처서더니 별안간 무슨 생각에서인지 이편을 한참 동안 돌아다보았다.

35) 정비석(1949), 위의 책, 84~85면.
36) 정비석(1949), 위의 책, 82면.
37) 정비석(1949), 위의 책, 233~234면.

옥란은 별안간 가슴이 설레었다.

'저이는 나를 찾는 것이 아닐까?'

심장이 터질것 같이 격열하게 뛰놀았다.

"전선생님!"

옥란은 저도 모르게 손을 높이 들며 소리쳤다.

그러나 전우현은 듣지도 보지도 못하였는지 그냥 멀거니 바라보고만 있다.

"전선생님!"

옥란은 상반신을 창밖으로 내솟으며 다시 불렀다.

그래도 들리지 않는 모양이었다. 그리자 스톱이 열리며 몰렸던 사람이 밋물처럼 밀려나가는 바람에 전우현도 앞으로 걸어나가기 시작하였다.

옥란은 어쩐지 눈물이 핑 돌며 불현듯 김소월(金素月)의 「진달래」라는 시가 머리에 떠 올랐다.(234~235면)

인용문은 첫 만남을 가진 후 윤옥란이 헤어져 네거리에 서 있는 전우현에게 손짓 몸짓으로 자신을 알리는 대목이다. 건널목에서 멈춰 서서 그가 시선을 이리저리 바꾸는 행위는 의미 없는 습관적 행위일 가능성이 높다. 그러나 윤옥란은 그러한 행동이 자신을 찾는 것이라고 착각한다. 전우현을 부르며 "손을 높이 들고 상반신을 창밖으로 내솟으며", 심지어 자신을 "즈려 밟고" 가는 양 "눈물이 핑" 도는 행위들은 과도할 만큼 그에게 마음이 쏠리고 있음을 보여준다. 이것은 전우현과 만난 후 윤옥란이 밤마다 잠 못 이루고 "전우현이가 보고 싶고, 만나고 싶어 안타깝게 몸이 달아"오르는 부분에서도 확인 가능하다. 그만큼 사랑에 빠진 윤옥란의 내밀한 내적 심리와 이치에 걸맞지 않는 행위들은 상당한 분량을 차지하며 정치하게 묘사되어 있다. 시시때때로 전우현과 부딪힐 기회를 만들거나 주변을 배회하는 등 적극적인 애정 공세를 펼치는 것[38] 또한 같은 맥락에서 이해할 수 있다. 공적 성격을 띤 첫 만남에서 "유한마담이나 허영에 떠있는 직업여성들을 보고 그것이 현대여성이라고 규정하시는 건 인식부족"이므로 "그 인식을 고쳐디려야겠다"며 만남의 빌미를 마련한다. 전우현을 만날 때마다 옥신각신하지만, 이 또한 그들만의 애정표현이다.

윤옥란이 전우현과 관계를 돈독히 하는 것만큼 중요한 것은 그들의 관계를 발전시키는 데 방해가 되는 인물들을 제거하는 것이다. 엄밀히 말하면 윤옥란의 심경 변화가 기존의 애정구도를 흔들어 놓는 주요 원인이지만, 삼각관계의 해소과정은 전우현을 제외한 상대방 남성의 결함을 순차적으로 폭로하는 단계를 밟고 있다.

우선 대상은 강춘배다. 강춘배가 제거되는 결정적인 이유는 과거의 여성 편력과 무책임성 때문이다. 강춘배는 출세 전망이 밝은 은행지배인 대리[39]로 윤옥란과 교제하고 있지만 수차례의 청혼과 스킨십을 거절당한다. 윤옥란이 강춘배에게 다른 여자가 있음을 어렴풋

38) 그것은 현대여성에게서조차 쉽게 찾아볼 수 없는 행동으로 그녀의 개별성을 구성하는 한 자질이다.

39) 강춘배를 출세 전망이 밝은 은행원으로 규정한 것은 능란한 처세술 때문이다. 일본 출장을 다녀온 후 강춘배는 윤옥란에게 악어 핸드백을 선물하면서, 현준식에게 영사기 판매를 주선해 달라고 부탁한다. 나중에 현준식이 윤옥란의 제의를 듣고 "코미션" 삼백만환을 거론하는 대목에 이르러서야 그녀가 관례화된 코미션 없이 영사기 판매 주선에 나섰음을 깨닫는다. 그만큼 강춘배는 세상의 이속에 밝고 이를 능란하게 이용하는 남성으로 형상화되어 있다. 다르게 말하면 그는 자신에게 불리한 선택은 절대로 하지 않는 인물이다.

이 알아차린 후 더욱 그러하다. 이러한 가운데 양품점 점원 심사를 기점으로 강춘배의 여성 편력이 분명하게 밝혀진다. 강춘배는 과거 서울지점에서 함께 근무했던 동료 김성숙과 연인관계였고, 김성숙은 외면하는 그에게 임신 사실을 전하고 평생 연정만으로 살 결심으로 양품점 점원 채용을 신청한다. 이러한 사실은 윤옥란이 강춘배와 거리를 두는 결정적인 계기로 작용한다. 윤옥란은 강춘배와 김성숙의 관계를 회복시키기 위해 힘쓰지만, 강춘배가 이를 외면함으로써 무산되고 만다. 이로써 강춘배는 자신의 사랑에 무책임한 남성으로 부각되고, 자연스럽게 윤옥란의 결혼 상대자에서 배제된다.

다음으로, 유상호는 윤옥란에 대한 집착을 과도하게 표출하다가 스스로 떠남으로써 결혼 상대자에서 배제된다. 그는 사랑 표현에 미숙할 뿐 아니라 결혼자금 마련을 더 중요하게 여기는 "꽁생원"이다. 윤옥란은 그의 성실성을 높이 평가하지만 자신의 주변을 맴도는 그에게 부담감과 구속감을 느낄 뿐이다. 결국 유상호는 전우현에게 이끌리는 윤옥란을 보고 위기를 느끼자 식칼을 앞에 두고 결혼승낙을 종용한다. 결혼자금만 확보되면 당연히 윤옥란이 결혼해 줄 것이라는 믿음[40]이 흔들리는 가운데, 평소답지 않게 종이사업에 투기해 결혼자금을 확보하고 결혼 상대자가 꼭 윤옥란이어야 한다는 집착을

40) 유상호의 믿음은 자신의 생각만을 재구성한 억측에 가깝다. 윤옥란은 유상호의 값비싼 선물에 부담감을 느껴 다른 선물을 집으로 보내는데, 유상호는 그것을 진심의 표현이라 여긴다. 뿐만 아니라 윤옥란이 청혼을 유예한 것을 결혼 의사가 있다고 받아들인다. 하지만 윤옥란은 유상호 앞에서 여느 남성과의 전화나 만남을 공공연하게 밝힌다거나 그에게 애인을 소개시켜 주겠다고 나서는 등 스스로 단념하도록 노력한다. 하지만 이러한 행동들은 유상호의 결혼 의지를 약화시키지 못한다.

과도하게 표출한 것이다. 윤옥란은 식칼이 아닌 눈물 때문에 결혼을 승낙하지만, 오히려 그는 스스로 마카오행을 선택하고 물러난다.

이처럼 윤옥란의 사랑을 방해하는 남성 작중인물들은 자신들의 결정적인 결함이 폭로되거나 스스로 포기하게 되는 논리적 단계를 거쳐 제거되고 있다. 그것은 순차적으로 속도감 있게 전개되고 있어 독자들을 이해시키고 재미를 부여하는 데 효과적이다. 이러한 방해자 제거 과정은 전우현과의 관계를 안정적으로 이끄는 토대가 된다. 현대여성 경멸론자인 전우현이 현대여성을 새롭게 발견하는 일련의 과정은 윤옥란의 노력뿐 아니라 회사 사장이자 윤옥란의 사돈어른인 한형철의 조언도 무시할 수 없다. 그 결과 전우현은 윤옥란에게 경주 여행에 동행할 것을 부탁하기에 이른다. 하지만 그때는 이미 윤옥란이 유상호에게 결혼 승락을 해버린 상태이다. 그들의 관계가 위기에 직면한 셈이다. 하지만 전우현이 경주 여행 대신 유상호를 배웅하는 윤옥란을 찾아 나서고 처음으로 포옹함으로써 행복한 결말을 맞는다. 이렇듯 전우현과 윤옥란의 관계는 여느 연애소설처럼 선남선녀의 결합이라는 점에서 보편적이지만, 전후 부상하는 현대여성에 대한 지배적 관념과의 "투쟁"을 전경화하고 있다는 점에서 당대 새로운 연애소설의 문법을 보여주고 있다.

다음으로 한보경을 중심으로 한 연애의 삼각관계를 살펴보자. 부수적 서사에서 연애의 삼각관계는 '현준식—한보경—오강수'에서 '한보경—현준식—이경미'로 옮아가는데,[41] 각각에 '한보경—오강수—

41) 부수적 서사에 두 개의 삼각관계는 병존한다. 하지만 사건 전개의 순서와 역할을 두고

순자'와 '현준식－이경미－미스터 권'의 삼각관계가 결합되어 있다. 여기에서 중첩되어 있는 삼각관계가 변화를 이끌어내 방해자를 제거한다는 점에서 특징적이다. 그러니까 한보경의 직접적 노력 없이 방해자가 제거되고 있는 셈이다.

우선, '현준식－한보경－오강수'의 삼각관계에서 오강수가 제거되는 결정적 이유는 순자의 자살 소동으로 그와 순자의 관계가 폭로된 데 있다. 오강수는 남해교통회사 전무로 "아내와 자식이 있고, 돈푼도 가진 소위 '장년신사'"이다. 그는 한보경에게 이틀이 멀다하고 연애편지를 보내지만 그것은 "참다운 사회적 명사"가 되기 위해 그녀를 첩으로 삼기 위해서이다. 오강수의 집요한 노력과 달리 한보경은 그를 외면하고 현준식에 대한 연모의 정을 키워 나간다. 현준식을 사업의 조력자로 끊임없이 호출하는 것도 그 때문이다. 그럼에도 애정 갈등을 겪는 것은 미망인에 대한 당대 사회적 통념, 특히 정조론이 지배적으로 작용하기 때문이다.[42] 현준식은 밤늦게 "코롬보" 다방에서 나오는 오강수를 보고 한보경의 정조 관념을 의심한다. 냉랭하게 변한 그의 태도와 그 이유를 직감하면서도 그녀가 굳이 해명하지 않는 까닭 또한 자신이 미망인이라는 사실에 기인한다. 그들의 갈등 관

볼 때 이러한 삼각관계를 '변화'의 과정으로 파악할 수 있다.

42) 한보경의 연애 전 과정을 지배하는 것은 당대 미망인에 대한 사회적 통념이다. 미망인이기 때문에 새로운 연애를 꿈꾸는 것조차 불가능하다고 생각하는, 그녀를 지배하는 사회적 통념에 직·간접적으로 자극을 주는 것은 시누이였던 윤옥란이다. 윤옥란은 미망인에게 강요되는 정조론이 부당하다고 역설할 뿐 아니라 현준식을 연모하는 한보경에게 자신감과 기회를 지속적으로 제공한다. 하지만 윤옥란과 아버지인 한형철을 제외한 어느 작중인물도 미망인의 정조나 재혼에 대해 언급하지 않는다. 작가는 당대 사회적 통념을 한보경에게 엄격하게 적용시켜 애정의 삼각관계에 팽팽한 긴장감을 불러일으키는 요인으로 삼는다.

계를 해소하는 것은 생뚱맞게 터진 다방 점원 순자의 자살 소동이다. 순자의 유서는 오강수가 그녀를 한보경보다 우월한 여성으로 대하며 일확천금을 약속했던 것을 이행하지 않고 외면하는 데 대한 불평불만으로 가득하다. 한보경은 사업 관련 부탁에 덧붙여 이러한 사실을 현준식에게 편지로 알린다. 이로써 그들의 갈등관계는 오강수라는 방해자가 제거되면서 자연스럽게 해소된다. 하지만 그들 사이에서 미망인에 대한 사회적 통념은 여전히 유효하다.

다음으로, '한보경—현준식—이경미'의 삼각관계는 이경미의 애정행각이 현준식에게 발각됨으로써 해소된다. 한보경에게 사랑의 또 다른 장애는 현준식이 유부남이라는 점이다. 그것은 미망인에 대한 사회적 통념보다 극복하기 힘들다. 이러한 장애 때문에 그녀와 현준식은 애정 표현을 삼가고 있다. 미망인과 유부남의 사랑은 당대 사회적 통념상 비윤리적으로 비춰질 가능성이 높다는 점에서 이경미는 그들 사랑의 희생자로 비춰질 수 있다. 그런데도 이 소설에서 한보영과 현준식이 희생자로 간주되는 것은 이경미의 부정성[43]에 힘입는다.

> 그리고 파쟈마 저고리를 버서들고 다시한번 거울을 쳐다보았다.
>
> 탄력 있는 육체요 풍만한 젖무덤이었다. 몸을 움직일 때마다 앞가슴에 부프러오른 두 개의 유방이 무슨 발랄한 생명체처럼 핑핑 튀여오르는 것만 같았다.

43) 『여성전선』은 1950년대 대표적인 베스트셀러인 『자유부인』의 전신(前身)에 해당하는 소설이다. 이 소설에서 이경미는 여성의 경제적 능력을 강조한 점만 제외한다면 『자유부인』의 최윤주와 많은 부분 닮아 있다.

> 경미부인은 육체에만은 자신이 있었다. 몸은 이토록 젊은데 얼굴에 주름살이 웬말인가 싶었다.
>
> 그러나 머지 않아 육체도 늙어가리라.
>
> '이 봄이 다 가기전에…….'
>
> 경미부인은 무심중에 그렇게 중얼거리며 손을 들어 두 개의 유방을 살며시 감싸쥐어 보았다. 그리자 웬일인지 눈가풀이 맥없이 사르르 감겨왔다. 그리고 그와 동시에 눈에 보이지 않는 권청년의 손길이 전신을 간지럽게 어루만져 주는듯한 착각이 느껴져서 야릇한 홍분이 피부의 구석구석에까지 퍼져나갔다.
>
> 지난날 남편이 일본 건너갔을 때 권청년과 함께 이 목욕간에서 에덴동산의 아담과 이브처럼 노골적으로 애욕을 즐기던 장면이 선명하게 떠올라 보이며 말초신경이 이상하게 자려왔다. 일찍이 남편에게서 맛볼 수 없었던 쾌락을 권청년에게서 비로서 맛본듯 했던 것이다.(431~432면)

인용문은 이경미가 자신의 육체를 바라보고 어루만지며 권청년의 손길을 상상하는 대목이다. 목욕탕 거울에 비친 이경미는 삼십이 넘은 여인의 주름진 얼굴을 가릴 수 없다. 그러나 이를 애써 외면하며 자신의 "탄력 있는 육체"와 "풍만한 젖가슴"에 자신감을 드러낸다. 그것은 아직은 "봄"인 그녀의 젊음이자 연하의 권청년을 거닐 수 있는 자격을 표상한다. 여기에서 그녀의 시선은 권청년에게 보여지는 자신을 보는 것이라 할 수 있다. 그것은 여성을 성적 대상물로 간주하는 남성의 지배적 시선에 의해 재구성된 것에 불과하다.[44] 그녀 스스로 자신을 성적 대상물로 간주하고 여성이 지배받아야 된다는 지배적 관습을 따르는 셈이다. 자신의 육체를 어루만지며 권청년의 손길을 상상하고 흥분하는 대목에서는 더욱 그러하다. "난숙한 육체"는 권청년을 통해 생동감을 얻고, "청춘의 최후의 불꽃"과 같은 쾌락을 맛보던 때를 상상한다. 이 대목은 지배적인 성이데올로기 문제를 차지하더라도 어떠한 성적 묘사보다 감각적이고 관능적이다. 성적 환상의 모험적인 꿈을 통해 강렬하고 극적인 체험을 불러일으키고 있기 때문이다. 대중소설의 관능성이 우리의 성행위라기보다는 성에 관한 우리의 생각일 뿐이라는 점[45]을 적극적으로 적용하고 있는 셈이다. 이를 통해 독자들은 일상의 낭패스러운 성적 문제들과 마주함과 동시에 그것의 금기와 배제의 논리에서 해방의 가능성을 찾을 수 있다. 아울러 소설 읽는 재미를 선사하는 만큼이나 질서 감각을 강력하게 요구하고 있는 것이다.[46]

이경미의 노골적인 애정행각은 소설 전개의 긴장감을 불러일으키면서 현준식에게 발각될 시점을 위태롭게 지켜보게 한다. 현준식은 이경미가 평소 자유분방하게 돌아다니며 가정을 등한시하는 것에 불만을 가지고 있다. 하지만 윤옥란조차 눈치 챈 그녀의 부정을 의심하지 않는다. 일본 출장 후 그녀의 핸드백에서 "삼뽕"이라는 피임약을 발견한 후에야 의심을 품게 된다. 결국 "비밀의 집"으로 알려진 요리집 "아방궁"에서 현준식은 이경미의 애정 행각을 발견하고 그 자

---

44) John Berger, *Ways of Seeing*, BBC and Penguin, 1972, p.47.
45) Stefan Morawski, *Inquiries into the Fundamentals of Aesthetics*, Cambridge & London : The MIT Press, 1978, p.386.
46) 박성봉, 『대중예술의 미학』, 동연, 1995, 334~339면.

리에서 이혼을 선언한다. 이렇듯 이경미의 부정성은 가정 파탄의 원인이 되는 동시에 한보영과 현준식의 갈등을 해결할 결정적 요인으로 작용한다. 한보영과 현준식의 사랑은 이경미라는 방해자가 자연스럽게 제거됨으로써 새로운 국면, 즉 현준식의 여성 혐오증을 어떻게 극복하느냐 하는 문제에 직면하게 된다.

한보영을 주축으로 한 애정의 삼각관계에서 방해자를 제거하는 과정은 미망인인 그녀나 유부남인 현준식의 직접적 개입 없이 순차적이고 논리적으로 진행되고 있다. 그러나 최대의 방해물인 당대 사회적 통념은 완전히 제거하지 못한다. 두 작중인물이 술의 힘을 빌지 않는 한 자신의 감정을 표현하는 데 인색한 것도, 방해 인물이 제거되었는데도 쉽사리 결혼을 운운할 수 없는 것도 이 때문이다. 그만큼 당대의 사회적 통념은 그들을 지배하거나, 그들 스스로 이러한 통념에 지배당하고 있는 셈이다. 다르게 말하면 그들은 다른 작중인물들에게 사회적 통념을 엄격하게 적용하는 인물이라 할 수 있다. 특히 현준식의 이혼결단은 이경미를 의심하는 과정에 비해 매우 빠르고 단호하다. 그것은 남성성의 권위에 도전하거나 지배 이데올로기를 무시한 여성에 대한 처벌적 성격을 강하게 시사한다.

이렇듯 유옥라과 한보영을 주축으로 한 애정의 삼각관계는 전후 한국사회의 연애 풍속과 연애관을 전경화하고 있다. 그것은 지배 이데올로기나 사회적 통념에 대한 "투쟁"의 성격을 지닌다. 그러니까 애정 갈등을 통해 본 전후사회는 여전히 전통적인 지배 이데올로기나 사회적 통념을 따르고 있지만 현대여성들이 제기한 새 시대의 정조관과 애정관들이 상당한 파장을 던지면서 갈등을 속출하고 있었던 것이다. 이러한 상황을 가장 잘 대변하는 것이 윤옥란의 '여성전선론'이다.

"아무리 남녀평등이니 민주주의니 해도 여자들이 그런 약점을 스스로 시정해가지 않는 한, 우리들은 언제나 남성의 노예를 면할 수 없고, 따라서 불행도 면할 수도 없을 거애요. 그러기에 우리들은 자기가 행복스럽기 위해서는 스스로 남자들과 싸워나가야 할거애요. 여성전선(女性戰線)을 펴야 한단 말애요. 그 여성전선이란 무기를 들고 싸우는게 아니라 정신적으로 싸우는거애요. 대내적으로는 자기 머릿속에 잠재하는 노예근성과 싸우고, 대외적으로는 우리들의 행복을 유린하는 남성들의 횡폭과 싸우고…… ." (…중략…)

"싸운다는 말을 써서 이상하게 들렸는지 모르지만 성숙씨는 강춘배씨를 만나셔서 정정당당하게 자기 입장을 말씀해 보시는게 좋을거애요. 남자야 배반을 하거나 말거나 나는 나대로 멀리서 그이를 사랑했으면 그만이라는 성숙씨의 태도는 종교자적 아름다움은 있을는지 모르나 내가 보기에는 너무나 봉건적인 것 같아요. 지금까지 얼마나 많은 여성들이 그런 그릇된 아름다움에 속아서 자기 행복을 희생시켜 왔는가를 한번 생각해 보세요! 순교자적 희생은 이 이상 필요가 없어요. 솔직히 말씀드리면 육신을 가진 우리 여성들이 순교자적 희생에 만족을 느낀다는 것은 자기기만(自己欺瞞)이애요. 패배자의 감정유희애요. 여자들이 남자들의 희생물이 되기 위해 이 세상에 태어났다고는 생각지 않아요!"(387~388면)

인용문은 윤옥란이 김성숙에게 강춘배의 만남을 주선하며 건넨

여성전선론이다. "여성전선"이란 여성이 자신의 "노예근성"과 "남성들의 횡폭"에 맞서 "정신적으로 싸우는" 것을 말한다. 윤옥란의 시각에서 김성숙이 강춘배를 사랑했던 기억에 만족하고 "순교자적 희생"을 감내하는 행위는 내재화된 "봉건적 노예근성"에 불과하다. 이에 반해 김성숙을 배반한 강춘배를 만나 "정정당당하게 자기 입장"을 말하는 행위는 "남성들의 횡폭"과 싸우는 여성전선에 해당된다. 그러한 여성전선은 "남녀평등"이나 "민주주의"를 표방하는 전후사회에 걸맞을 뿐 아니라 남성들의 횡포에 적절하게 대응하는 현대여성의 전략이다. 현대여성 윤옥란이 주장하는 남성에 대한 현대적인 대응책인 셈이다.

그렇지만 여성전선은 정신적인 투쟁에 그친다는 점에서 근본적인 한계와 실패를 노정하고 있다. 단 한 번 시도되고 무산된 여성전선은 사회적 약자인 여성이 "남성들의 횡폭"과 그것을 떠받치는, 지배적인 가부장제 이데올로기를 정신적으로만 싸워 이기기 힘들다는 사실을 여실히 보여준다. 조력자를 자처한 윤옥란조차 김성숙과 연대하지 않는다는 사실은 여성 스스로 그리고 혼자 힘으로 이끌어가야 할 여성전선이 실질적인 효과를 발휘할 수 있을지 의심하게 한다. 더욱이 윤옥란이 "아내의 존재같은 것을 다소 무시당해도 좋으니 적어도 자기의 신념을 가지고 세상을 살아 나가려는 그런 씩씩한 남성"을 이상적인 남편상으로 설정하고 있다는 점은 그녀가 "봉건적 노예근성"이라 비판했던 남편의 "무시"를 감내하겠다는 것을 의미한다. 그러니까 여성전선은 현대적인 허울을 쓴 가부장제 이데올로기의 다른 표현일 뿐이다.

이상에서 살펴보았듯이 『여성전선』은 연애소설의 새로운 문법과 전후사회의 이데올로기를 전경화하여 소설적 재미와 새로움을 선사하고 있지만, 그 이면에는 전통적인 지배 이데올로기와 사회적 통념에 따르는 사랑의 행복한 결말을 호소력 있게 전달하고 있다. 그것은 신문소설이 요구하는 상식적인 윤리관[47] 혹은 연애소설이 표방하는 보편성과 영원성에서 결코 벗어나지 않는다. 결국 『여성전선』은 새로운 시대의 새로운 연애관을 전경화하면서도 지배적인 가부장제 이데올로기나 관습을 우위에 둔 연애소설이라 하겠다.

4. 마무리

정비석의 『여성전선』은 전후 한국사회 애정투쟁을 이채롭게 형상화한 연애소설이자 신문소설이다. 이 글은 작가의 『소설작법』에 견주어 한국전쟁기에 발표된 『여성전선』의 창작방법론을 살펴보는 데 목적을 두었다.

우선, 『여성전선』은 전후 사회상을 반영하는 여성 작중인물을 선택하여 전형적 성격을 창조하고 있었다. 이 소설의 애정 투쟁에서 초점화한 것은 여성 작중인물로, 전후 부상한 현대여성인 유한마담과 미혼의 직업여성, 그리고 미망인이 중심에 놓여 있었다. 이러한 현대여성의 선택과 성격화에는 남성 작중인물의 시각이 깊숙이 개입되어

47) 정비석(1949), 앞의 책, 231면.

있었다. 남성 작중인물은 당대 지배적 담론에 따라 양갈보를 배제하고 유한마담과 미혼의 직업여성을 선택하였고, 선택된 여성 작중인물들은 전형적 성격을 지닌 인물들이었다. 아울러 미망인은 당대의 사회문화적 보편성을 근저로 삼고 있으면서도 그것의 허점을 공략하는 개성을 지닌 전형적 인물로 설정되어 있었다.

다음으로, 이 소설은 정비석 특유의 연애소설 문법과 특성을 잘 보여주고 있었다. 연애의 삼각관계라는 연애소설의 도식성을 적극적으로 이용하되, 사건 구성에서 속노삼 있는 변화와 발선을 꾀하고 있었다. 아울러 연애의 방해자를 순차적이고 논리적 방식으로 제거하는 방식을 취하고 있었다. 중심인물 윤옥란의 심경 변화가 기존의 애정구도를 흔들어 놓는 주요 원인이지만, 삼각관계의 해소는 상대방 남성의 결함을 순차적으로 폭로하는 단계를 밟고 있었다. 이때 전우현과 윤옥란의 관계는 선남선녀의 결합이라는 점에서 보편적이었지만, 현대여성에 대한 지배적 통념과의 투쟁을 다루고 있다는 점에서 전후 연애소설의 새로움을 보여주었다. 그리고 부수적 인물 한보경의 경우, 삼각관계에서 방해자 제거하기는 미망인인 그녀나 유부남인 현준식의 직접적 개입 없이 순차적이고 논리적으로 진행되었다. 그러나 그들의 사랑에 최대의 방해물인 당대 사회적 통념을 완전히 제거하지 못하였다.

이렇듯 『여성전선』은 전후 한국사회의 연애 풍속과 신구 연애관의 갈등을 새로운 소설 문법으로 풀어내어 소설적 재미와 새로움을 선사하고 있었다. 특히 윤옥란의 '여성전선론'은 신구 연애관의 갈등과 대응책을 보여준다는 점에서 주목할 만하였다. 그럼에도 이 소설은 전후 지배 이데올로기나 통념을 따르는 사랑의 행복한 결말을 전달하는 한계를 지니고 있었다. 그만큼 이 소설은 새로운 시대의 새로운 연애관을 전경화하면서도 지배적인 가부장제 이데올로기나 관습을 우위에 두었다고 볼 수 있었다.

『여성전선』은 한국전쟁기 피난지에 불어 닥친 전후파적 특성을 전후의 신구 연애 풍속과 연애관의 갈등으로 풀어내고 있었다. 특히 현대여성의 부상을 초점화하여 당대 시대적 분위기를 잘 반영하고 있었다. 그것은 작가가 시의성을 띤 신문소설을 창작할 수 있는, 다작(多作)할 수 있었던 까닭이라 여겨진다. 아울러 독자를 염두에 둔 작가의 문학관 또한 신문소설을 지속적으로 창작할 수 있는 동력이 되었던 것으로 보인다. 1950년대 정비석의 창작 활동이 믿기 힘들만큼 왕성하였다는 사실은 작가의 소설관이나 창작방법론과 깊은 관련이 있는 셈이다.

하지만 아쉬운 점은 정비석이 주장한 연애소설의 사회 교화적 역할이 당대의 사회적 통념에 대한 미세한 균열만 초래하였을 뿐 오히려 지배 이데올로기를 강화하고 있다는 데 있다. 작가는 한국사회를 지배하던 가부장제 이데올로기나 국가 중심주의의 정당성을 근저에 두고 이를 독자들에게 강력하게 내면화하고 있는 셈이다. 이러한 점은 『여성전선』에서 현대여성만을 초점화하여 처벌 대상으로 삼으려 했다는 점에서 쉽게 확인할 수 있었다. 작가의 편파적 시각이 처벌적 대상에게 가해졌을 언어의 폭력성을 간과할 수 없는 이유도 여기에 있다. 그런데도 정비석의 소설이 대중적 인기를 끌었다는 점은 대중소설의 대중성의 근저를 보다 면밀하게, 그리고 넓은 맥락에서 고구

해야 할 필요성을 제기한다. 한국전쟁기와 1950년대 대중소설의 위상을 점검하고, 명망주의 작가 정비석의 소설사적 자리를 제대로 규명하기 위해서는 후속 연구가 지속적으로 이루어져야 할 것이라고 본다.

제4장

손창섭 소설에 나타난 교원과 교원사회

1. 들머리

손창섭은 전후소설을 대표하는 작가로 많은 연구자들의 주목을 받아 왔다. 작가 특유의 인물형 창조나 새로운 기법의 모색 등 전후소설의 특성에 주목한 연구들이 대부분이다. 대체로 1950년대 단편소설, 즉 특정 시대와 양식에 편중되어 있는 까닭에 그의 작품 세계 전반을 밝히려는 연구는 상대적으로 부족한 셈이다. 그 원인을 살펴보면 우선, 연구자들이 1960년대 들어 신문소설의 창작에 전념했던 손창섭의 이력을 부정적으로 평가했던 당대 문단의 주류적 시각을 여전히 수용하고 있다는 점이다. 손창섭은 1959년 『대구일보』에 『세월이 가면』을 발표하면서 본격적으로 신문소설을 창작하였다.[1] 특히 1962년 『동아일보』에 발표한 『부부(夫婦)』는 손창섭을 대중들에게 신문소설가로 각인시킨 소설이었다. 그러나 그것은 결과적으로 손창섭이 당대 문단 주류의 관심에서 벗어나는 계기로 작용하였다. 당대 문단은 "신문소설이 작가로서 외도하는 것이며 타락한 것"[2]이라 평가했다. 신문소설은 통속소설이라는 문단의 지배적 인식이 연구자들 사이에 팽배해 있었음을 보여준 것이다. 이러한 인식이 후대 연구자들에게도 영향을 끼쳐 신문소설[3]까지 연구대상을 확대하지 않는 암묵적인 이유로 작용했던 것이다.

다음으로, 손창섭이 전후소설의 한계를 극복하는 데 성공적이지

1) 손창섭은 『부부(夫婦)』 연재 후 첫 신문소설을 『대구일보』에 발표한 사실을 밝힌 바 있다. 손창섭, 「나는 왜 신문소설을 쓰는가—『부부(夫婦)』의 작가 손창섭씨는 말한다」, 『세대』, 1963년 8월호, 208면. 최근 류동규는 손창섭의 첫 신문소설이 『대구일보』에 1959년 11월부터 1960년 3월까지 연재한 『세월이 가면』임을 분명히 밝힌 바 있다. 류동규, 「손창섭 장편소설 『세월이 가면』에 나타난 윤리문제」, 『국어교육연구』 제38집, 국어교육학회, 2005, 27~48면.

2) 손창섭, 위의 글, 208면.

3) 손창섭의 신문소설을 집중적으로 다룬 연구들을 살펴보면 대략 다음과 같다. 김병익, 「현실의 도형과 검증」, 『현대한국문학의 이론』, 민음사, 1972; 최희영, 「손창섭 장편 '낙서족', '부부'의 작중인물 연구」, 한국외대 석사논문, 1985; 손종업, 「손창섭 후기 소설의 〈여성성〉—전후적 글쓰기의 한 유형」, 『어문논집』 제23집, 중앙어문학회, 1994; 박배식, 「손창섭의 세태소설 분석—『길』을 중심으로」, 『국어국문학』 제113호, 국어국문학회, 1995; 이동하, 「손창섭의 『길』에 대한 한 고찰」, 『작가연구 1—손창섭』, 새미, 1996; 김동환, 「『부부』의 윤리적 권력관계와 그 의미」, 『작가연구 1—손창섭』, 새미, 1996; 김명임, 「손창섭의 『이성연구』—체념의 미학과 통속적 기호들」, 『한국학연구』 제12집, 인하대 한국학연구소, 2003; 최미진, 「대중소설과 몸의 서사화 방식—손창섭의 『부부(夫婦)』를 중심으로」, 『한국 대중소설의 틈새와 심층』, 푸른사상, 2006; 류동규, 「1960년대 손창섭 장편소설에 나타난 가부장제 이데올로기 비판」, 『문학과 언어』 제31집, 문학과언어학회, 2009.

못했다는 지배적 평가가 여전히 유효하다는 점이다. 손창섭은 1950년대 후반부터 이전 소설과 다른 인물형이나 작품에 대한 시각을 보여주었다. 작가 스스로 전후소설의 의미망을 벗어나 사회역사적 현실인식과 전망에 주목하고자 했던 것이다. 그러나 전후소설의 추상적 부정성을 극복하려는 노력 이상의 평가를 받지 못했다.[4] 오히려 평단에서는 이러한 작가의 노력이 서사적 긴장을 약화시키거나 통속적인 성향을 보였다는 비판을 가하고 있다. 그만큼 1960년 이후 문단의 외면을 떨쳐낼 만큼 새로운 인물형을 창조하는 데 성공하지 못한 점이 크게 작용했던 것이다. 다르게 말하면 작가뿐 아니라 문단도 손창섭 특유의 소설적 색채를 잔상 효과처럼 강하게 지니고 있었기에 이러한 시각이 더욱 증폭된 것으로 보인다.

마지막으로, 손창섭 개인에 대한 정보가 턱없이 부족한 상황에서 많은 연구자들이 자전적 소설의 경향에 주목하고 있다는 점이다. 손창섭은 왕성한 창작활동을 보였던 1950~1960년대에도 작가의 사변이나 자평을 극히 자제해 왔다. 특히 1972년 도일 이후로는 작가의 행적조차 구체적으로 알려진 것이 거의 없다.[5] 때문에 작가 개인뿐 아니라 작품 연보도 기워야 할 부분이 많은 실정이다.[6] 이러한 상황

4) 손정수, 「전후세대 작가들의 소설에 나타난 장편화 경향에 대한 고찰」, 『한국현대문학연구』 제17집, 한국현대문학회, 2005, 492~494면.

5) 도일 이후 행적은 『작가연구 1—손창섭』(새미, 1996), 160~164면에 소개되어 있는 것이 거의 전부였다. 그러다가 2009년 2월 그의 생존 사실을 확인한 정도다. 정철훈, 「전후세대 최고작가 손창섭 살아 있다」 (상), 『국민일보』, 2009.2.19, 5면.

6) 특히 1960년 전후부터 손창섭은 일간신문이나 잡지 등 여러 매체에 다양한 양식의 소설을 발표하였다. 홍주영의 목록에 따르면, 기존의 손창섭 작품 연보에서 단편소설 4편과 장편소설 1편, 소년소설 1편, 꽁트 1편이 추가된다. 홍주영, 「손창섭 소설에 나타난 부성비판의 양상 연구」, 서울대 석사논문, 2007, 89~95면. 그리고 최미진은 손창섭이 1950년대

은 연구자들이 "자화상"이라는 부제를 단 「신의 희작」에 주목하는 이유로 작용하였다. 그러나 전기적 사실에 치중할 경우, 손창섭 소설의 다양한 국면들을 놓칠 가능성을 배제할 수 없다.

이상의 한계들은 손창섭 소설의 전모를 파악하는 데 여전히 부정적으로 작용하고 있다. 물론 최근의 연구물들은 이러한 기존의 한계를 극복하기 위한 노력을 경주하고 있다. 방민호는 손창섭 소설들의 영향 관계를 추적하여 자전적 소설의 경향과 특성에 주목한 일련의 연구를 발표한 바 있다.[7] 재일 한인 사회를 재조명한 강진호[8]나 공종구[9]의 논의들도 손창섭 소설의 새로운 일면을 제시하면서 도일 이후 손창섭 소설의 변화에 주목하고 있다. 기존의 한계를 극복하기 위해서는 연구 대상의 확대[10]와 연구 방법의 다변화가 절실하게 요청되는 셈이다. 이 글은 이러한 문제의식에 바탕을 두고, 손창섭의

중반 「비둘기 한 쌍」을 비롯하여 11편의 라디오소설을 창작했음을 밝힌 바 있다. 최미진, 「손창섭의 라디오 단편소설 「비둘기 한 쌍」 연구」, 『현대문학이론연구』 제39집, 현대문학이론학회, 2009. 그러나 아직 발굴되지 않은 작품이 남아 있을 가능성은 충분하다. 그렇기에 현재로서는 손창섭의 정확한 작품 연보가 작성되어 있다고 보기 힘들다.

7) 방민호는 손창섭을 전후세대가 아닌 전쟁세대로 재규정하고 자전적 소설 경향에 주목하여 소설들 간의 영향관계를 재구성하고 있다. 방민호, 「손창섭의 『낙서족』에 관한 일고찰—자전적소설과 세대론의 관점에서」, 『한국현대문학연구』 제13집, 한국현대문학회, 2003; 「손창섭의 자전적 소설 연구—『비오는 날』·「신의 희작」·『낙서족』·『유맹』을 중심으로」, 『국어교육』 제112호, 한국어교육학회, 2003, 531~565면; 「손창섭의 장편소설 『봉술랑』에 대한 일고찰」, 『어문론총』 제40호, 한국문학언어학회, 2004, 185~206면.

8) 강진호, 「재일 한인들의 수난사—손창섭의 『유맹』론」, 『작가연구 1—손창섭』, 새미, 1996, 136~158면.

9) 공종구, 「강요된 디아스포라—손창섭의 『유맹』론」, 『한국문학이론과비평』 제32집, 한국문학이론과비평학회, 2006, 283~305면.

10) 최근 이러한 변화를 보여주는 대표적 연구는 다음과 같다. 안용희, 「손창섭 소설의 서술자 연구」, 서울대 석사논문, 2005; 송수연, 「손창섭 소년소설 연구」, 인하대 석사논문, 2006; 홍주영, 앞의 논문, 2007.

「고독(孤獨)한 영웅(英雄)」과 『통속(通俗)의 벽(壁)』의 상호텍스트성에 주목하여 1950년대 교원과 교원사회의 특성을 고찰하는 데 목적을 둔다.

「고독한 영웅」은 1958년 1월 『현대문학』에 발표된 단편소설이며, 『통속의 벽』은 1960년 6월 15일부터 1961년 1월 31일까지 『세계일보』에 연재되었던 신문소설이다.[11] 그러니까 두 소설은 소설 양식에서 비롯된 차이성이 엄연히 존재한다. 그럼에도 두 소설은 1950년대 교원과 교원사회를 형상화하고 있다는 측면에서 유사성을 지니는데, 그것을 상호텍스트성을 잣대로 고찰하고자 한다.[12] 이때 상호텍스트성은 독자의 텍스트 이해 과정이 다분히 주관적으로 해석될 가능성이 있기 때문에 텍스트 간의 교류 과정과 사회적 맥락화에 국한시켜 논의하고자 한다.

11) 『통속의 벽』은 『세계일보』에 연재될 당시 제목이 『저마다 가슴 속에』 였으나, 1970년 예문관에서 『손창섭대표작선집』을 묶을 때 개제한 소설이다. 아울러 이 소설은 발표매체인 『민국일보』가 1960년 7월 1일부터 『세계일보』로 이름을 바꾼 까닭에 1960년 6월 15일부터 30일까지는 『민국일보』에, 동년 7월 1일부터는 『세계일보』에 연재되었다.

12) 상호텍스트성은 작가 중심주의에서 벗어나 텍스트에 대한 이해가 항상 변화의 과정에 있음을 보여준다. 텍스트는 '주체—객체—맥락'의 3차원 속에서 대화적 요소로서 기능한다. 텍스트의 구성 자체가 이전에 존재하던 다른 텍스트와의 교류 과정을 통해 이루어진다는 점, 텍스트는 그것이 생산된 사회적 맥락과의 접점으로 작용한다는 점, 그리고 텍스트의 이해는 궁극적으로 텍스트와 독자 사이의 대화 속에서 이루어진다는 점 때문에 텍스트의 이해를 둘러싼 다층적 구조를 드러낸다. 김욱동, 『대화적 상상력』, 문학과지성사, 1988; 임영호 편역, 『스튜어트 홀의 문화이론』, 한나래, 1996; 움베르트 에코, 김운찬 역, 『소설 속의 독자』, 열린책들, 1996; 여홍상 편, 『바흐친과 문학이론』, 문학과지성사, 1997.

2. 긍정적 교원상과 불안한 교원의 지위

손창섭 소설에서 작중인물을 교원으로 설정한 경우는 여럿 있다. 「사연기(死緣記)」(1953)의 동식, 「설중행(雪中行)」(1956)의 고선생, 「광야(廣野)」(1956)의 동오, 「사제한(師弟恨)」(1956)의 홍선생, 「소년(少年)」(1957)의 구남영, 「고독한 영웅」(1958)의 차인구, 「잡초(雜草)의 의지(意志)」(1958)의 류선생, 『통속의 벽』(1960~1961)의 천봉우, 「장례식(葬禮式)」(1966)의 양자겸 등이 그것이다. 이렇듯 교원을 작중인물로 내세우는 데에는 1948년 월남한 이후 작가의 교원 체험이 어느 정도 영향을 미쳤을 것으로 여겨진다.[13] "작품은 소설의 형식을 빌린 작자의 정신적 수기(手記)요, 도회(韜晦) 취미를 띤 자기 고백의 과장된 기록"[14]이라는 작가의 발언을 감안하더라도, 교원 체험의 형상화 과정은 다양한 방식의 텍스트 이해 과정과 맞물려 있기 때문에 자전적 성격만을 띤다고 보기 힘들다.

손창섭이 작중인물인 교원을 형상화하는 방식은 1957년 「소년」부터 상당한 변화를 드러낸다. 구남영은 "초년병"이지만 교원으로서 사명감과 의지, 품성을 골고루 지닌 긍정적인 교원상을 보여준다. 그것은 교원을 작중인물로 삼은 여느 소설과 뚜렷하게 구별되는 부분

13) 작품 연보에 따르면, 손창섭은 1948년 월남하여 교사, 잡지 편집기자, 출판사원 등을 전전하였다. 「손창섭 생애 연보」, 『작가연구 1—손창섭』, 새미, 1996, 159면. 손창섭 자신도 중고등학교 교원으로 잠시 재직했음을 밝힌 바 있다. 손창섭, 「나의 작가 수업」, 『현대문학』 1955년 9월호. 그러나 구체적인 재직 학교와 시기, 임용과 사직 이유 등을 밝힌 자료가 소개되어 있지 않으며, 더욱이 그러한 자료를 구하기 어려운 실정이다.

14) 손창섭, 「아마츄어 작가의 변—나의 자전적 소설론」, 『사상계』 1965년 7월호.

이다. 「사연기」의 동식은 삶이 무의미하다고 생각하는 현직 작문 선생이라면, 「설중행」의 고선생은 "이북에서 삼년, 월남해서 삼년, 육년간의 훈장생활"이 "시가(時價)로" 지식을 매매하는 행위였음을 토로할 만큼 사제 관계, 나아가 인간 관계에 대한 의미부여를 조소하는 인물이다. 나아가 「광야」의 동오는 "소학교 교원"이었으나 지금은 마약 중독에 빠져 현실을 부정하는 인물이다. 현실을 부정하지 않는다 하더라도 「사제한」의 홍선생은 "주변이 없고 고지식"해 학교를 비롯한 사회생활에 "너무나 무능한 존재"이다. 이렇듯 전후소설에 드러난 교원은 자신의 삶이나 현실을 스스로 타기하거나 아니면 타협할 여지가 없을 만큼 나약하고 소극적인 인물로 형상화되어 있다.[15] 그러나 「소년」에서 구남영은 색주집에서 계모에게 구박당하는 창훈이 뛰어난 두뇌와 재능을 살리지 못하고 모든 인간을 불신하는 일련의 행위를 깊은 이해와 따뜻한 애정으로 감싸고 계도하려는 긍정적 교원상을 보여준다. 그것은 백선생에게서도 유사하게 드러난다. 이러한 긍정적 교원상은 「고독한 영웅」과 『통속의 벽』[16]에서 마찬가지로 발견할 수 있는데, 두 소설의 상호텍스트성에 주목하여 교원의 형상화 방식과 그 특성을 구체적으로 살펴보기로 하겠다.

15) 이은자는 1950년대 지식인상을 대표하는 '교원'에 주목하여 동시대 다른 작가들과 함께 손창섭의 소설을 다루었다. 그녀에 따르면, 손창섭의 초기 소설에 드러난 교직자상은 교직의 본분에 나름대로 양심을 지키지만 소시민적 삶에서 벗어나지 못하는 유형으로, 1950년대 교육자들이 사회적 영향력을 상실하고 일개인의 현실적 삶에 안주하는 직업인으로 대변되기 시작했음을 보여준다고 분석한 바 있다. 이은자, 「1950년대 소설에 나타난 교직자상」, 『국어국문학』 제109호, 국어국문학회, 1993, 327~330면.

16) 『통속의 벽』은 1950년대 교원사회를 비판적으로 형상화하고 있을 뿐만 아니라 교원의 애정문제를 중요한 화두로 삼고 있다. 그러나 이 글의 목적상 필요한 경우를 제외하고는 후자에 대한 언급은 배제하였다.

첫째, 두 소설의 상호텍스트성은 공통적으로 긍정적 교원상, 특히 부당한 교육현실에 저항하는 교원을 중심인물로 설정하여 형상화하고 있다는 데에서 찾을 수 있다. 「고독한 영웅」의 차인구와 『통속의 벽』의 천봉우 모두 교원으로서의 양심과 지조를 중시하는 인물로, 부당한 교육현실에 저항하는 인물들이다. 물론 긍정적 교원상이 이상적인 교원상과 직결되지는 않는다. 이상적인 교원상은 당대 사회 구성원들의 다양한 견해와 희망, 나아가 사회적 명령의 결합체다.[17] 헌신적이고 이타적인, 그리고 지칠 줄 모르는 존경받는 교원상은 과거 아름다웠던 시절의 향수에 불과할 수 있다.[18]

「고독한 영웅」의 차인구는 지방유지 전기택(全基澤)의 외동아들인 부권(副權)의 "뺨을 몇 대 갈긴 일" 때문에 곤란을 당한다. 실내에 신발을 신고 다니는 부권의 잘못을 시정하려 했던 노력은 그를 학생에게 야만적 폭행을 가한 교원으로 몰아간다. 그러나 그는 선생으로서 너무나 당연한 일을 했을 뿐이라는 점을 당당히 밝히며 부당한 현실에 굴복하지 않는다. 여전히 자조적인 코웃음을 치지만, 그것은 그 자신의 "비굴의 굴레"를 벗어던졌기에 가능한 일이다. 차인구의 긍정적 교원상은 부권의 사건을 계기로 소심했던 이전 모습을 탈피하고 부당한 교육 현실에 저항하는 인물로 상승하고 있는 셈이다.

『통속의 벽』의 천봉우 또한 차인구와 유사하다. 천봉우는 "더 없이 곧고 바른", "실력과 책임감"을 갖춘 교원이지만, 공적인 문제에

17) 최석민, 「듀이의 성장원리와 교사」, 『교육학논총』 제26권 1호, 대경교육학회, 2005, 103면.
18) Susan Moore Johnson, *Teachers in Union*, Temple UP, 1984, p.84.

지나칠 만큼 과단성을 드러내 교원생활이 순탄하지 않다.[19] 그는 이전 시골학교에서 부정 행위를 한 교장과 정면 충돌한 사건 때문에 파면된 이력이 있다. 서울 변두리 학교에 재임용되어서도 부정한 행위를 일삼는 교감과 이를 부추기는 자모회 간사들과 번번이 충돌한다. 특히 파면 위기를 재차 겪으면서 "닥쳐올 실직에 대한 불안감"보다 "신성한 교육"에 종사하는 "양심적인 교육자"여야 한다는 신념으로 자신을 곧추 세운다. 그렇기에 교감의 잘못을 앞장서서 지적하고 부당한 정책을 당당히 거부할 수 있는 것이다. 더욱이 그는 창녀가 된 옛 제자 명순을 이전의 삶으로 되돌려 놓기 위해 물심양면으로 노력하는 "정의와 인정의 모범 교사"로서의 모습을 보여준다. 이것은 차인구의 긍정적 교원상을 드높일 뿐 아니라 부당한 교육현실에 대한 그의 비판 행위를 타당성 있게 한다. 이렇듯 두 소설의 중심인물은 어떠한 외압에도 굴복하지 않고 오히려 그것을 당당하게 비판하는 긍정적 교원으로 형상화되어 있다.

둘째, 긍정적 교원상의 상호텍스트성은 두 소설 모두 부정적인 교원상과의 대립을 통해 강화되고 있다. 중심인물과 대조적인 교원상은 갈등의 주축에 서 있는 상대 교원뿐 아니라 그들 주변에 있는 동료 교원들에게서도 발견 가능하다. 갈등의 중심에 놓인 상대 교원은 교장이나 교감으로 부정적인 교원상을 대표한다. 「고독한 영웅」의 교장과 『통속의 벽』의 이희조 교감은 모두 사십 즈음에 지금의 지위

19) 천봉우는 사적으로는 "사소한 인정에도 쉽사리 얽매어 우유부단"한 성격적 결함을 지니고 있다. 애정문제에서 이러한 성격적 결함이 부각되는데, 그것은 교원의 자질을 의심하는 요소로 작용하고 있다.

에 오를 만큼 처세에 능란한 교원들이라는 점에서 공통적이다.

「고독한 영웅」의 교장은 평소 차인구를 비롯한 일반 교원들에게 "무조건 도도하고 위엄 있고 지배적인 존재"로 각인되어 있다. 그러나 지방 유지인 전기택은 "군주"처럼 모실 뿐 아니라 아들 부권에 대해서도 "특별 취급"을 하는 데 앞장선다. 이것은 교장의 권위주의적 태도가 지니는 위악성을 단적으로 드러낸다. 그것은 차인구 사건을 다루는 데도 그대로 적용되며, 나아가 그의 이기주의적 처세방식을 보여주기까지 한다. 교장은 차인구 사건의 진상이나 경위보다 "그 결과가 내게 유리 하겠느냐 불리 하겠느냐부터 민감히 계산"하고 행동한다. 그는 처음에는 무조건 차인구를 힐책하며 "백배 사죄를 하고 오라"고 종용한다. 차인구가 잘못을 인정하는 것이 교장으로서의 체면과 권위를 잃지 않는 동시에 전기택에게 재차 인정받을 수 있기 때문이다. 그러나 차인구가 그것을 받아들이지 않자 회유하고 심지어 "싹싹 빌듯이" 설득한다. 이렇듯 교장은 사건의 사실 자체보다는 사회적 권력이나 금력에 좌우되어 이기주의적인 처세술을 마다하지 않는 부정적 인물이다.

『통속의 벽』의 이희조 교감 또한 「고독한 영웅」의 교장과 마찬가지 인물형이다. 일반 교원들에게는 "공연히 깔끔거리며 도도하게" 굴다가도 교감 자신보다 높은 사회적 권력과 금력을 지닌 학부모들에게는 비굴할 정도로 자신을 낮춘다. 문제는 이러한 처세술이 학교 내 불법 행위를 정당화하거나 부추기는 데까지 나아가고 있다는 점이다. 이교감은 "초등학교 아동 상식 문답집"을 "교육 위원회에 있는 모주사와 결탁"하고 학생들에게 시중보다 비싼 가격으로 강매하려

했다가 천봉우의 반대로 무산된다. 더욱이 이교감은 장현구 어머니를 비롯한 자모회 간사들의 부탁으로 천봉우에게 학생들의 성적 위조를 부탁하기까지 한다. 이러한 사실은 이교감의 치명적인 인격적 결함을 드러낸다. 불법 행위조차 마다 않는 이교감의 처세술은 「고독한 영웅」의 이교감보다 부정적 교원의 성격을 더 분명히 드러낸다. 이렇듯 두 소설의 상급 교원이 부정적 교원상을 뚜렷이 하면 할수록 대조적으로 중심인물의 긍정적 교원상이 보다 부각되고 있다.

다른 한편으로, 중심인물의 갈등 상황에서 동료 교원들이 보여준 미온적 태도 또한 부정적 교원상과 유사성을 보인다. 동료 교원들은 중심인물과 같은 사회적 지위에 있지만 앞으로 부정적 교원상으로 발전할 가능성이 농후하다.

> ① 그들은 저저끔 자기들이 술을 낸다고 하면서 仁九에게 다투어 잔을 권했다. 취중에도 그들은 자기들의 인생행로에 손해를 가져올 실언을 하지 않으려고 조심하며 仁九의 용감성을 격찬 했다. 누가 仁九를 가리켜 영웅이라고 불렀다. 그러자 모두들 거기에 찬동했다. 연신 그들은 仁九를 현대의 영웅이니, 이십세기의 영웅이니, 하며 야단스레 치켜 세웠다. 그러나 그러한 그들의 언동 속에는 확실히 조소가 섞이어 있었다. 仁九는 더욱 외로워졌다.[20]

> ② 〈이희조〉 교감과 같이, 공연히 깔끔거리며 도도하게 굴거나, 교장과

20) 손창섭, 「고독한 영웅」, 『현대문학』 1958년 1월호(통권 37호), 104면.

〈유창하〉 선생 모양으로 전형적인 비굴형이 아니면, 살살 주위의 눈치만 살피다가 자기에게 유리한 쪽으로 살짝 가 붙어 버리는 약삭빠른 기회주의자들이 태반이었다. 그 밖에는 모두 무골 호인을 표방하는 무사주의자들. 진실로 의기상투할 만한 인물은 없었던 것이다.[21)]

인용문 ①은 「고독한 영웅」의 차인구가 부권의 사건 때문에 불려 다닌 날 저녁, 술집에서 동료 교원들과 만난 대목이다. 동료 교원들은 교장을 비롯한 시도 조사관 앞에서 당당했던 차인구를 "현대의 영웅" 혹은 "이십세기의 영웅"으로 치켜세운다. 그러나 차인구는 그들이 부권의 사건을 "멀찌감치 서서 바라만 보고" "개입하려 들지 않았던" 점을 잊지 않는다. 그들은 "취중에도 자기들의 인생행로에 손해를 가져올 실언"을 삼갈 만큼 "처세에 현명한 족속들"이기 때문이다. 그만큼 동료들은 기회만 주어진다면 얼마든지 교장과 같은 인물이 될 가능성이 농후한 셈이다. 인용문 ②의 『통속의 벽』에서 형상화된 동료 교원들은 「고독한 영웅」보다 구체적으로 세분화되어 있다. 천봉우의 시각에 비친 동료 교원들 대부분은 권력형, 비굴형, 기회주의형, 무사주의형에 속하는 부정적 인물형뿐이다. 그러니까 교원으로서 존경할 만한 인물은 물론이고 "두터운 신뢰를 걸고 친교를 맺을 만한" 긍정적 교원상을 찾아보기 힘든 셈이다. 동료 교원에 대한 이러한 평가는 교원사회의 미래를 부정적으로 내비친다. 이렇듯 동료 교원들은 중심인물과 직접적으로 대립하지 않지만 교원사회의 부정적 미래상을

21) 손창섭, 「통속의 벽」, 『손창섭대표작선집』 5, 예문관, 1970, 27면.

암시하고 있다는 점에서 더욱 문제적이라 하겠다.

셋째, 두 소설은 1950년대 교원의 사회적 지위가 매우 불안하고 약화되어 있다는 사실을 공통적으로 드러내고 있다. 그것은 교원 자신뿐 아니라 교원들 사이에 갈등을 심화시키는 요인으로 작용하고 있으며, 나아가 학생들에게도 부정적인 영향을 미치고 있다.

교원의 불안한 사회적 지위는 1950년대 교원들의 인사 정책이 엄정하고 객관적인 기준에 따라 이루어지지 않았다는 사실에 기인한다. 임용, 승진, 파면 등 교원 인사에 고위 관료의 권력 개입이 강하게 이루어지고 있다. 긍정적 교원상을 보여주는 차인구나 천봉우조차 예외는 아니다. 차인구는 도청의 모국장직에 있는 윤국장의 도움으로 현재 중고교에 발령을 받았다. 파면당한 이력이 있는 천봉우 또한 고상익 국회의원의 도움으로 서울의 변두리 초등학교에 재임용되었으며, 어느 교육관청의 고위 관료인 방병무의 도움으로 사직 후 청주의 초등학교에 재임용될 예정이다. 1950년대 교원의 임용과 발령이 "빽과 돈"을 쥔 고위 행정 관료의 추천서에 좌지우지되고 있었던 것이다. 그것은 광복과 한국전쟁을 차례로 거치면서 부족한 교원을 수급하는 데 급급했던, 엄정하지 못한 교원 양성 및 인사 정책과 무관하지 않다.

광복 후 초등학교의 경우, 일제강점기 때 사범학교를 존속시켜 초등학교 졸업자를 입학자격으로 하는 6년제 본과와 중학교 졸업자를 입학자격으로 하는 1년제 교원양성과정을 설치 운영하였다. 그러나 광복 직후와 한국전쟁 식후 쉽게는 2개월에서 길게는 1년 과정의 단기교원양성소를 운영하고, 이 과정을 수료하면 무자격 교원이 특별

고시를 거쳐 초등교원 자격을 부여받았다. 1958년 단기교원양성소가 완전히 폐지되고, 1962년부터 실행된 2년제 교육대학제도가 토착화되기까지 초등교원의 양성 정책은 혼란 그 자체였다.22) 이러한 교원 양성 정책은 교원의 자질을 떨어뜨리기에 충분했다. 따라서 교원에 대한 사회적 기대치를 충족시키는 데 역부족일 수밖에 없었다. 상대적으로 학부모가 교원보다 자질과 지위 면에서 우위에 있는 경우가 많아지면서 교원의 사회적 지위는 더욱 약화되었다. 그것은 학부모가 학교 일에 무차별적으로 개입하는 빌미를 제공하였다.

한편 교원의 인사 정책마저 교육청 관료들이 마음먹기에 따라 얼마든지 영향력을 행사할 수 있을 만큼 허술했다. 「고독한 영웅」의 교장이나 『통속의 벽』의 교감처럼 마흔이 채 되지 않은 교감이나 교장이 속출하고 차인구처럼 파면당한 교원이 추천서만 있으면 재차 임용되는 등 교원의 인사 정책 또한 혼란스럽기는 매한가지였다. 1950년대 허술한 교원 양성 정책과 인사 정책은 교원사회의 권력형 비리를 배태할 수 있는 빌미를 내장하고 있었다. 1950년대 들어 "성직"에 맞먹는 이상적 교원상이나 교원에 대한 두터운 사회적 신뢰를 기대하기란 더욱 힘들어졌다 하겠다. 「설중행」의 고선생이 보여준 직업인으로서 교원상은 전후 현실의 의미 매김과 무관하게 당대 교원에 대한 사회적 기대지평을 반영했을 가능성이 높다. 이러한 상황에서 교원 스스로 사명감과 실력을 갖추지 않는다면, 그리고 부당한

22) 박행모, 「우리나라 근대 초등교육정책과 초등교원 양성제도의 변천」, 『한국실과교육학회지』 제19권 제3호, 한국실과교육학회, 2006, 76~78면.

교원사회에 대한 비판적 인식과 저항력을 겸비하지 않는다면 학교에서나 사회에서 교원의 사회적 지위를 인정받기 더욱 힘들게 되었다. 그렇기에 교원 스스로 겪는 내적 갈등은 물론 교원들 사이에서 갈등이 속출할 가능성이 이전보다 더 높아진 셈이다.

무엇보다 문제는 실추된 교원의 사회적 지위가 교육 수용자인 학생들에게 그대로 영향을 미쳐 긍정적 교원조차 불신하는 상황으로 치닫고 있다는 점이다. 두 소설에서 권력층 자제인 부권과 현구에게 이러한 양상이 공통적으로 드러난다. 「고독한 영웅」의 부권은 아버지의 영향력에 힘입어 학교에서 "특별 취급"을 받는다. 엉뚱한 일로 자주 말썽을 일으키지만, "선생들의 주의나 훈시 따위는 귓등으로도 듣지 않을" 만큼 "방약무인한 태도"로 일관할 뿐이다. 그렇기에 차인구에게 잘못을 지적받거나 따귀를 맞으면서도 "되바라진 말투"와 "버르쟁일" 일삼는다. 『통속의 벽』의 장현구 또한 아버지의 영향력과 어머니의 치마 바람을 믿고 담임인 천봉우 몰래 돈을 주고 친구 인택에게 당번을 대신 시키지만 죄의식은 없다. 오히려 "선생님은 이제 곧 학교 그만두게 될 테니까" 선생님에게 당번 대신 시킨 일을 "말 안해두 괜찮다구" 청소 책임을 맡은 부반장에게 당당히 말한다. 그리고 천봉우가 모든 사실을 알게 되었을 때 담임의 허락 없이 귀가해 버리고, 어머니가 교감에게 전화해 무마하도록 한다. 이미 현구는 어른들의 권력 구조를 파악하고 그것을 이용하는 영악함까지 보여준다. 이렇듯 긍정적 교원상을 지닌 중심인물들조차 학생들을 지도하는 데 한계를 드러내고 있다.

두 소설의 중심인물이 긍정적 교원상을 표상하고, 특히 부정한 교원과 부당한 학교현실에 저항하는 교원으로 형상화되었다는 점에서 손창섭 소설의 새로운 일면을 보여주었다. 따라서 두 소설은 1950년대 허술한 교원 양성 정책과 인사 정책이 교원사회를 권력형 비리로 물들이는 가운데 교원의 질적 저하와 사회적 지위 약화를 초래하였으며, 더욱이 실질적인 교육 수용자인 학생들이 긍정적인 교원들을 불신하거나 무시하는 일련의 행위들이 교원의 자리매김을 더욱 어렵게 하고 있음을 공통적으로 보여주고 있다.

3. 사건 구성의 반복성과 교원사회의 관료주의

「고독한 영웅」과 『통속의 벽』의 상호텍스트성은 인물의 형상화 방식보다 사건 구성 방식에서 더욱 두드러진다. 『통속의 벽』은 많은 부분 「고독한 영웅」과 유사한 사건들이 재배치되거나 구체적인 형상화를 통해 거듭나고 있다. 이러한 텍스트 교류 양상을 구체적으로 살펴보자.

우선, 두 소설의 상호텍스트성은 「고독한 영웅」에서 차인구의 파면 이후 예상 행로가 『통속의 벽』의 천봉우가 재임용되기 이전의 생활방식과 맞물려 드러나 있다는 점에서 찾을 수 있다. 그러니까 「고독한 영웅」의 결말이 『통속의 벽』의 출발점에 놓여 있는 셈이다.

① 그는 외로우면서도 무서운 것은 없었다. 생활문제도 겁나지 않았다. 인구는 자동차 운전 면허를 가지고 있었다. 내일 부터라도 당장 기름투성

이가 되어 차를 끌리라고 결심했다.[23)]

② 시골 초등학교에서 협잡군 교장과 대판으로 싸우고 파면된 뒤, 분연히 서울로 올라온 그에게 겨우 얻어 걸렸다는 것이 고의원의 운전수였다. 그렁저렁 거기서 오륙개월 지나다가, 정란의 호의와 주선으로 지금 있는 초등학교에 간신히 취직이 되었던 것이다.[24)]

인용문 ①에서 차인구가 파면 직전 생각한 생활 대책은 "기름투성이"의 운전수이다. 인용문 ②에서 보듯 『통속의 벽』의 천봉우는 파면 이후 "고의원의 운전수"를 전전했던 경험이 있다. 천봉우는 그 운전수 생활을 한 계기로 추천받아 지금 교원으로 다시 서게 된 것이다. 이렇게 두 소설의 중심인물은 파면 전후 운전수 생활을 염두에 두거나 실제 경험을 했다는 점에서 공통적이다. 이때 수순을 고려한다면, 『통속의 벽』이 「고독한 영웅」의 후속편일 가능성을 강하게 시사하고 있다.

둘째로, 두 소설은 중심인물의 파면 위기 과정을 구성하는 방식에서 보다 긴밀한 연계성을 드러내고 있다. 중심인물의 파면 위기는 학교에서 빚어진 사소한 사건이 계기가 되지만, 그 파장은 학교에서 사회로 확대되는 점층식 사건 구성 방식을 취하고 있다는 점에서 공통적이다.

「고독한 영웅」에서 차인구의 파면 과정은 단일한 점층식 구성 방

23) 손창섭(1958), 「고독한 영웅」, 앞의 책, 104면.
24) 손창섭(1970), 「통속의 벽」, 앞의 책, 53면.

식을 취하고 있다. 전부권을 꾸중하다 손찌검한 사건 다음날, 차인구는 학교에서 교장을 필두로 시조사관, 도조사관 순으로 고위 교원과 관료들에게 질책을 당한다. 더욱이 차인구의 사건이 신문에 기사화되면서 그 파장은 학교에서 사회로 옮아간다. 차인구가 형사에게 연행되는 것으로 사건이 종결되는데, 이때 차인구의 파면이 이미 정해진 사실임을 독자들에게 전달한다. 이렇듯 차인구의 사건은 질책의 수위가 점층적으로 확대되는 구성 방식을 단일하게 보여주고 있다.

한편 『통속의 벽』에서 천봉우의 파면이나 파면 위기들은 「고독한 영웅」과 유사한 점층식 구성 방식을 취하지만, 그것이 파상적으로 연결되어 있다는 점에서 다르다. 천봉우는 한 번의 파면과 두 번의 파면 위기 과정을 겪는데, 그것을 구체적으로 살펴보자.

먼저, 한 번의 파면은 몇 년 전 시골학교 재직 당시에 일어난 사건에 해당된다. 천봉우는 부교재 강매, 공금 횡령, 사사로운 학생 동원 등을 일삼는 교장과 정면으로 충돌한다. 이 사건을 계기로 장학사들이 조사를 나온다. 그러나 천봉우는 장학사들의 엄정하지 못한 조사에 반발했다가 결국 파면당하고 만다. 즉 천봉우의 파면 과정은 학교에서 빚어질 수 있는 교장과 일반 교원의 갈등이 장학사들의 조사로 이어지고, 나아가 장학사들에 대한 반발이 사건을 확대시켜 결국 파면당하는 점층식 사건 구성방식을 취하고 있다.

다음으로, 천봉우는 복직된 서울의 변두리 초등학교에서 크게 두 차례에 걸쳐 파면 위기에 직면하고 있다. 시골학교의 경우처럼 파면으로 직결되지는 않지만, 두 번에 걸쳐 유사한 사건이 반복되고 있다는 점에서 특징적이다. 천봉우의 파면 위기와 연계된 사건을 살펴보면 대략 다음과 같다.

〈사건 1〉

① 학기 초 천봉우가 장현구 어머니의 호의를 거절하고 수업 참관을 막아 대립하다.

② 교감과 결탁한 자모회 간사들을 중심으로 천봉우의 추방 운동을 벌이다.

③ 자모회에서 천봉우의 파면을 결의하다.

④ 이튿날 직원 종례시간에 천봉우는 자모회 결과를 전해 듣고 분노하다.

⑤ 다음날 천봉우는 교감에게 장국장집 내방을 요청받으나 거절하다.

⑥ 교육청에서 천봉우의 추방 운동에 대한 어떠한 반응도 하지 않다.

⑦ 자모회 간사들이 천봉우와 화해를 시도하다.

〈사건 2〉

① 천봉우는 옛 제자 명순이 창녀가 된 사실을 알게 되다.

② 천봉우는 우여사의 도움으로 명순의 빚을 일부 청산하고 데리고 나오다.

③ 천봉우는 남은 빚을 청산하러 갔다가 깡패들에게 몰매를 맞고 입원하다.

④ 이틀 후 장국장 부인이 학교에 찾아와 교감과 모의하고 돌아가다.

⑤ 한선생이 학교를 찾아온 신문사 기자를 몰래 만나다.

⑥ 다음날 삼류신문에 천선생의 비방 기사가 실리다.

⑦ 긴급 직원회의가 열렸으나 늦게 출근한 천선생은 사건을 눈치 채지

못하다.

⑧ 수업 후 천봉우는 조사관과 멱살잡이를 하다.

⑨ 종례 후 중앙지 석간에 천봉우를 예찬하는 기사가 실리다.

〈사건 1〉에서 천봉우의 파면 위기는 담임반 자모회 간사들이 주축이 된 천봉우 선생의 추방운동이다. 자모회 간사들이 주장하는 담임 천봉우의 추방 이유는 교원으로서의 자격 부족인데, 이때 표면화된 문제는 폭력성과 난잡한 애정관계이다. 천봉우의 폭력성은 파면의 이력과 수업참관의 저지 과정을, 난잡한 애정관계는 학부모와의 금전관계나 편지왕래를 문제 삼은 것이다. 하지만 실제적 이유는 천봉우가 여느 교원과 달리 자모회 간사인 장현구의 어머니(이하 장국장 부인)의 영향력에 휘둘리지 않고 오히려 무시했다는 데 있다. 자모회 간사들은 교감과 결탁하여 표면화된 문제를 크게 부풀려 추방운동을 계획적이고 단계적으로 추진한다. 그것은 점층적인 사건 구성방식을 통해 파면 위기의 긴장감을 고조시키고 있다. 처음에는 추방운동이 은밀한 움직임으로만 포착되지만 곧 담임반 자모회를 소집하고 천봉우의 파면을 결의하는 데에까지 나아간다. 그리고 다음날 직원 종례시간에 그 사실을 공식적으로 발표한다. 여기에서 천봉우와 교감, 그리고 장국장 부인의 갈등이 첨예하게 가시화된다.

그러나 천봉우의 파면은 유보된다. 그것은 천봉우 주변의 여성 인물들의 도움이 절대적으로 작용한 까닭이다. 천봉우를 추천했던 고정란은 정치 깡패인 곽비서에게 추방운동의 부당성을 지적하는가 하면, 동료 교원인 한선생은 고위 교육청 관리인 이모부 방병무에게 사건무마를 부탁한다. 그리고 학부모인 인숙이 자모회 간사들 모르게 제출한 추방반대에 대한 진정서가 결정적인 역할을 한다. 이러한 여성 인물들의 도움으로 천봉우는 파면 위기를 모면할 뿐 아니라 자모회 간사들이 천봉우와 화해 시도를 모색해야 할 만큼 사건이 역전된다. 천봉우의 파면 위기와 극복 과정은 사건의 전모를 밝히려는 노력보다 천봉우에 대한 옹호 세력과 반대 세력 간의 힘 겨루기 성격이 강하다. 권력을 이용하여 자신의 의지를 관철시키려는 세력을 똑같이 권력으로 응수하고 있는 셈이다. 이렇듯 1950년대 교원사회가 본연의 "신성한 교육" 대신 권력 다툼의 장이 되고 있음을 잘 보여주는 대목이라 하겠다.

〈사건 2〉에서 천봉우의 파면 위기는 〈사건 1〉보다 점층식 구성 방식을 잘 보여주고 있다. 〈사건 1〉에서 천봉우의 추방에 실패한 교감과 자모회 간사들은 천봉우가 허점을 드러낼 기회만 엿본다. 그러던 중 빌미를 제공한 것은 천봉우가 창녀가 된 옛 제자 명순을 구출한 데 역심을 품은 깡패들에게 몰매를 맞은 사건이다. 천봉우가 입원해 있는 사이, 교감과 자모회 간사들은 그 사건을 비틀고 부풀려 신문사마다 투서를 넣는 것을 모의하고 실행한다. 천봉우가 퇴원한 날, "저질의 삼류지" 신문은 천봉우 사건을 "교육계를 좀먹는 난봉꾼 교사의 만행"으로 다룬다. 그날 천봉우는 시도 조사관과 "멱살잡이" 다툼을 한다.

조사관과의 다툼은 몇 년 전 시골학교의 경우라면 파면으로 이어질 것이 자명하다. 그러나 이 사건 노한 한선생의 도움으로 중앙지 석간에 다른 성격의 기사, 즉 "메마른 가슴을 적셔주는 인정미담"이라는 제목 아래 "갖은 애로와 중상모략 속에서도 평생을 꿋꿋이 교육에 헌신하겠다는 정의와 인정의 모범 교사 천봉우씨"라는 긴 부제를 단 기사가 사회면 삼분의 일을 차지하며 발표되자 또다시 사건은 역전된다. 그것은 한선생이 학교를 찾아온 권위 있는 중앙지 홍기자를 몰래 만나 정확한 보도를 부탁했기에 가능한 일이었다. 이렇듯 천봉우의 파면 위기는 모의 과정까지 감안한다면 켜켜이 쌓여있는 학교 내부의 문제가 다른 문제를 계기로 사회적 이슈가 되고, 그것을 계기로 학교에 파장을 불러일으킨다. 이상에서 보듯 천봉우의 파면 위기 과정은 점층적 사건 구성 방식을 취했다가 그를 옹호하는 세력의 도움으로 무마되는 파상적 연결 방식을 보여준다.

셋째, 두 소설의 사건 구성 방식은 1950년대 교원사회의 관료주의적 성격을 문맥화하고 있다는 점에서 공통적이다. 교원사회의 관료주의적 성격은 교육의 국가적 통제 방식과 밀접한 상관성을 지닌다. 정부수립 이후 교육법이 제정될 당시부터 교장, 장학관, 교육 연구기관들을 대통령이 임명하도록 하였고, 학교의 교과를 대통령령으로 정하고, 교과용 도서는 문교부가 저작권을 가졌거나 일정한 것에 한하도록 규정함으로써 국가적 통제의 기초를 확립했다.[25] 이러한 국가적 통제 아래 교원사회는 '교육행정관료—교장—교원'의 위계적 서열화를 갖춘다. 그것은 교장의 일반 교원에 대한 통제를 강화하고 학교 내 위계구조를 굳히는 데 조력한다.[26] 이렇게 광복 후 교원사

25) 김동춘, 「교사집단의 계급적 성격과 한국교원노조운동」, 『경제와 사회』 제11권, 한국산업사회학회, 1991, 183면.

26) 광복 이후 한국 사회의 교육 구조는 "학생은 선생에게 복종하고, 선생은 교장에게, 교장

회는 점차 관료주의 체제로 전환되어 갔던 셈이다.[27)]

두 소설에서 학내의 사소한 사건이 확대되는 과정은 당대 교원사회의 위계적 서열화 단계를 밟는 것과 흡사하다. 수직적 명령 체계를 따르는 교원사회에서 일반 교원의 영향력은 허약할 수밖에 없다. 천봉우의 파면 과정에서 드러나듯 장학사들의 조사 여부나 조사 과정에 일반 교원은 거의 영향력을 행사할 수 없다. 수직적 명령 체계를 건너뛴다 하더라도 그것이 받아들여질 확률은 미미하다. 일반 교원인 천봉우의 잦은 조사 요청은 묵살하는 반면 교장의 조사 요청은 바로 반영되는 이유가 거기에 있다. 뿐만 아니라 교장을 비롯해 시도 교육관의 "거만하고 위압적인" 태도는 교원사회의 관료주의적 성격을 단적으로 드러낸다.[28)] 일반 교원은 교장에게 "심신이 위축되어 긴장된 자세"를 보이고, 교장은 시도 교육관에게 "얼굴이 파랗게 질

은 지역 관료에게, 지역 관료는 국가 관료에게 복종하는 관계"로 이루어져 있었다. Horace H. Underwood, "Education in Korea The Situation and Some of the Problem", 1947.8.28; 정태수 편, 『미군정기 한국교육사 자료집』 상권, 1992, 759면; 이상록, 「미군정기 새교육운동과 국민학교 규율연구－일제말기 국민학교 규율과의 비교를 중심으로」, 『역사와 현실』 제35집, 한국역사연구회, 2000.3, 124면. 여기에서 지역 관료는 해당 지역 교육관청의 관리만을 지칭하는 것이다. 하지만 자모회 회원들은 지역 관료인 남편의 지위를 자신의 지위와 동일시하여 학교의 교육 활동에 개입하는 일이 다반사였다. 자모회 회원은 이 즈음부터 교육 활동에서 새로운 갈등의 주체로 부각되기 시작하였다.

27) 교원사회에 대한 국가적 통제는 박정희 정권, 특히 1972년 유신정권을 거치면서 더욱 강화되었다. 주임제 실시를 통해 평교사에 대한 통제를 강화한 것이 단적인 예이다. 김동춘, 앞의 글, 183~184면.이러한 통제력 강화는 교원사회가 관료주의 체제를 굳히는 데 일조한다.

28) 광복 후 결성된 교원단체들, 특히 조선교육연합회는 식민성, 관료성, 근대성을 내재한 준국가기구적 성격이 온존함에도 1950년대 강한 영향력을 발휘하였다. 교원사회의 위계적인 관료주의적 성향은 일선학교, 교육청, 교원단체 등 교원사회 전반에 광범위하게 퍼져 있었던 셈이다. 김성학, 「해방직후 교원단체의 등장과정과 활동을 통해 본 식민지 교육경험의 지속과 변동」, 『교육사회학연구』 제14권 제2호, 한국교육사회학회, 2004, 48면.

리는" 것이 "예의요 법칙"으로 받아들일 만큼 1950년대 교원사회가 관료주의적 성격을 띠었다 하겠다.

넷째, 두 소설은 1950년대 교원사회의 관료주의적 성격을 강화시키는 데 조력한 매개로 신문 매체와 형사의 개입을 들고 있다는 점이 특징적이다. 신문 매체는 학내 사건을 사회적으로 확대시키는 매개체다. 두 소설에서 작중인물을 파면 위기로 내모는 결정적인 계기는 신문기사이다. 이것은 1950년대 당시 신문이 가장 영향력 있는 매체였던 사실과 무관하지 않다. 문화가 사회적 콘텍스트 그 자체라는 제임스 럴의 주장을 따른다면,[29] 당시 신문매체는 교원사회처럼 특정 집단 내부의 갈등을 조장할 수도 무마시킬 수도 있는 강력한 영향력을 행사하였던 것이다.

그러나 신문매체의 역할에 대해서는 두 소설이 상이한 태도를 보인다. 「고독한 영웅」에서 차인구는 자신의 사건을 다룬 신문과 신문기자들에게 매우 비판적이다. "전국적으로 최고 발행 부수를 자랑하고 있는 중앙지"를 비롯한 여러 중앙 신문과 지방 신문이 한결같이 사건의 진상을 파악하려는 노력도 없이 "현직 교원이 학생에게 야만적 폭행"이라는 유사 기사를 싣고 있었기 때문이다. 차인구는 그것을 "전기택의 저택을 문턱이 닳도록 알쭝거리며 드나드는 기자들의 꼬락서니"와 밀접한 연관성이 있다고 직감한다. 그만큼 그는 권력에 야합하는 신문사와 신문기자에 대한 비판적 시각을 견지하고 있는

29) Lull, J. *Media, Communication, Culture,* New York : Columbia University Press, 1995, p.60.

셈이다.

하지만 『통속의 벽』에서는 "저질의 삼류지"만을 문제 삼고 있다. "저질의 삼류지"가 사건의 진상을 파악하려는 노력도 기울이지 않고 교감과 결탁해 자모회 간사들이 보낸 투서 내용 그대로 경솔하게 신문 기사화하여 "무력하고 선량한" 천봉우를 비롯한 국민에게 많은 피해를 입히는 것을 비판한다. 그러나 "권위 있는 몇몇 신문"과 신문기자에 대해서는 관대한 입장을 보인다. "권위 있는 몇몇 신문"은 천봉우의 사건을 "조그만 고십란이나 칼럼에다가 비꼬는 투로 몇 마디 언급"했을 뿐이며, 나아가 "××일보"는 "정당한 보도"를 하고 있기 때문이다. 아울러 "신문이란 언제나 분초를 다투는 시속성을 강요당하구 있기 때문에 간혹 실수가 없을 수 없다"는 신문기자의 발언은 그 고충을 이해하고 관대하게 대해줬으면 하는 바람을 독자들에게 전달하고 있다. "권위 있는 몇몇 신문", 특히 "××일보"에 대한 관대한 태도는 『통속의 벽』이 중앙지인 『세계일보』에 연재되었던 소설이라는 점과 밀접한 상관성이 있다. 그러니까 작가가 발표매체인 신문사에 대해 혹독한 비판을 가하기 힘들었을 정황을 참작해야 할 것이다. 그럼에도 신문의 횡포에 대한 비판적 태도는 당대 신문사와 신문기자들의 부정(不正)이 적지 않았음을 문맥화하고 있다. 특히 관료주의 체제를 이용하여 "협작꾼"이나 "아첨배"로 변질되어 가는 교원사회의 부정적 측면은 "신문의 횡포"와 결합하여 더욱 강화되었을 가능성을 배제할 수 없다.

다음으로, 두 소설에서 경찰의 개입은 교원사회의 관료주의적 성격을 강화하는 또 다른 결정적 매개로 작용한다. 경찰은 강력한 국가적 통제를 받을 뿐 아니라 그것을 행사하는 권력 주체이다. 경찰의 개입은 교원사회에 대한 국가적 통제가 강화되고 있음을 방증한다. 「고독한 영웅」에서 형사의 등장은 신문에 보도된 차인구의 폭행 사건에 기인한다. 그럼에도 차인구가 형사의 등장에 "멈칫 하고 서서 정신을 가다듬어야" 할 만큼 당시 형사의 존재는 일제강점기 순사와 다를 바 없이 위압적인 존재로 받아들였음을 보여준다. 뿐만 아니라 차인구는 "한 시간 이내에 돌아오게 해 주겠노라"는 형사의 발언을 불신한다. 자신의 집 대문 앞에서 연행하면서도 가족들에게 알리지 말라는 형사의 권고는 고문을 당할 지도 모른다는 불안감을 증폭시킬 뿐이다. 차인구는 형사의 존재를 위압적으로 받아들일 뿐 아니라 불신하고 있는 것이다. 그것은 1950년대 형사의 존재가 일반 시민에게 어떻게 비춰졌는가를 시사한다. 『통속의 벽』에서는 이러한 경찰의 개입이 교원사회에 가져올 파장을 구체적으로 보여준다.

> 천선생은 그만 머리를 숙여 버리고 말았다. 그는 사실 언제나 정부나 여당에 대해 이를 갈아왔고, 사석에서는 물론 공석상에서까지, 걸핏하면 불만이나 비난이 튀어나오곤 했기 때문이다.
>
> "대체, 정부를 전복할 공작으루 어떤 수단과 방법을 강구하고 있지?"
>
> "전 정부를 전복할 공작은 하구 있지 않습니다."
>
> "그러니까 정부와 여당에 대해서 극도의 불만과 불평은 가지고 있다. 그러나 당장 정부를 전복할 공작만은 꾸미고 있지 않다, 그런 말이지?"
>
> "뭐 불만이란 것두, 그저 괜히 막연한 겁니다."
>
> 그러자 밖에서,

"아 족쳐야 한다니까 족쳐야."

작은 키가 역정스레 외쳤다.30)

인용문은 천봉우가 경찰에 연행되어 조사를 받는 대목이다. 경찰 조사 과정에서 문제 삼고 있는 것은 정부와 여당에 대한 천봉우의 "불만이나 비난"이 "정부를 전복할 공작"과 연관되어 있지 않은가 하는 부분이다. 여기에서 정부는 소설의 배경이 되는 1959년, 즉 자유당 말기의 이승만 정권이다. 천봉우는 이승만 정권이 국시로 삼았던 반공 이데올로기에 대한 입장을 추궁당하고, 나아가 정부의 전복과 북한 정권의 옹호를 의심받는다.

한국전쟁 후 초등학교의 반공교육은 1955년 제1차 교육과정령이 시행되면서 강화되었다. 문교부는 최소한 연간 35시간에 달하는 반공도의교육을 의무화하여 반공이데올로기를 주입하려는 의도를 노골적으로 드러내었다. 그러나 반공교육은 사회생활과의 내용에 포함되어 이루어졌고, 교과서를 통한 반공교육은 1957년 도덕교과서가 나온 이후에야 가능했다.31) 1955년 이후 강화된 반공교육의 담당 주체인 교원 천봉우가 반공 이데올로기를 의심받고 있는 상황인 것이다. 이는 경찰관이 직접 교원의 사상을 의심하고 검열하는 것이 가능했을 만큼 당대 사회에서 반공 이데올로기의 영향력이 컸음을 보여준다. 권위적인 교원사회조차 경찰의 감시와 통제의 대상이었던

30) 손창섭(1970), 「통속의 벽」, 앞의 책, 245면.

31) 강일국, 「해방 이후 초등학교의 교육개혁운동과 반공교육의 전개과정」, 『교육사회학연구』 제12권 제2호, 한국교육사회학회, 2002, 4~8면.

것이다. 다르게 말하면 반공 이데올로기라는 잣대만으로 교원의 지위를 위협하거나 박탈하는 일이 어렵지 않았던 셈이다. 그것은 교원사회뿐 아니라 정부나 여당의 기존 세력이 부정과 부패의 혐의가 있다하더라도 온존할 수 있는 기반을 제공한다. 천봉우가 자신의 연행이 교감의 "고자질" 때문이라고 추측하는 것도 그 때문이다. 평소 못마땅하게 여겼던 천봉우의 파면이 여의치 않자 교감은 경찰관이 그것을 대신해 주기를 바랐던 것이 사실이다. 천봉우에게 경찰관은 교감과 달리 "자신의 무력이 안타깝고 어이없어" 할 만큼 시달림을 주는 존재로 부각되어 있다. 경찰관이 저항적인 교원을 순종적이게 만드는 훈육 주체의 역할도 담당하고 있다고 볼 수 있다. 결국 경찰관의 개입이 교원사회를 더욱 경직되게 하고 나아가 부패의 온상으로 만들 수 있음을 소설을 통해 문맥화하고 있는 것이다.

이상에서 두 소설의 상호텍스트성을 사건 구성과 문맥화 방식을 통해 살펴본 결과, 『통속의 벽』은 「고독한 영웅」의 후속편으로 확대 재편되었을 가능성이 크다. 물론 『통속의 벽』이 장편소설이기에 「고독한 영웅」보다 다양한 제재와 사건을 다루고 있다. 그러나 1950년대 교원과 교원사회의 특성만을 상호텍스트성에 견주어 살펴보면, 「고독한 영웅」에서 보여주었던 제재와 사건 구성 방식이 크게 변화되지 않았음을 쉽게 알 수 있었다.

4. 마무리

이 글은 손창섭 소설에 나타난 교원과 교원사회의 특성을 「고독한 영웅」과 『통속의 벽』의 상호텍스트성에 근거해 고찰하는 데 목적을 두었다. 두 소설의 상호텍스트성은 중심인물의 설정 방식, 사건의 구성 방식, 당대 교원사회의 문맥화 방식 등에서 유사성을 보였다.

첫째, 두 소설의 중심인물은 공통적으로 긍정적 교원상으로 설정되어 있었다. 그들은 교원으로서의 양심과 지조를 중시하는 인물로서 실력과 책임감을 겸비하고 부당한 교육현실에 반항하는 인물들이었다. 다르게 말하면 '융통성'을 강조하는 교원사회와 타협하지 않는 '고지식함' 때문에 갈등을 일으키는 인물들이었다. 이러한 교원상은 1957년 즈음 손창섭의 변화된 인물 형상화 방식과 맞닿아 있었다.

둘째, 두 소설에서 중심인물과 대립적인 인물은 부정적 교원상으로 형상화되어 있었다. 부정적 교원상은 상급 교원뿐 아니라 동료 교원들까지 포함될 수 있었다. 부정적 교원상을 대표하는 상급 교원은 권위주의적인 태도와 달리 이기적인 처세술을 구사하는 인물형으로 불법 행위까지 마다하지 않는 협작꾼의 면모를 지니고 있었다. 특히 상급 교원과 학부모의 결탁 관계는 일반 교원인 중심인물의 행위를 강압하는 힘으로 작용하고 있었다. 그리고 동료 교원들은 일신의 안전을 위해 부당한 교육현실을 외면하고 있었다. 그들의 무사안일주의가 교육현장의 혼탁상을 부추기는 면도 없지 않았다. 두 소설은 당대 교원의 교육권과 사회적 지위 약화를 반영하면서 학생들이 교원을 불신하는 이유를 문맥화하고 있었다.

셋째, 두 소설의 사건 구성 방식은 교수 과정에서 발생한 사소한 사건이 학교 외부에까지 크게 파급되는 과정을 점층적으로 보여주었다. 교원이 학생의 잘못을 지적하거나 체벌한 일이 상급 교원뿐 아니라 시도(市道) 조사관의 질책으로 이어지고 나아가 신문기사화되어 사회적 파장을 불러일으키고 있었다. 이러한 점층식 구성 방식은 관료주의적 교원사회를 드러내는 동시에 당대 교원에 대한 불신 풍조를 대변해 주고 있었다. 특히 관료주의적 교원사회는 신문 매체와 경찰을 일반 교원을 강압하는 수단으로 활용하고 있었다.

『통속의 벽』은 1960년 6월부터 『세계일보』에 연재된 신문소설로, 1958년 1월 현대문학에 발표된 「고독한 영웅」을 확대 재편한 소설이었다. 두 소설의 상호텍스트성은 1950년대의 교원상과 관료주의적 교원사회의 구조적 문제를 문맥화하고 있었다. 그것은 당대 한국사회의 교육 문제에 대한 작가의 비판적 시각을 여실히 보여주고 있었다.

제2부

근대소설과 여성, 몸

제1장

한국 근대소설과 연애담론

1. 머리말

한국 근대소설사 연구에서 연애가 본격적인 화두로 등장한 것은 1990년대 중반부터이다. 소설이 인간의 삶을 둘러싼 제반 문제들을 재현하는 문학양식이고 보면, 연애는 정서적 측면뿐 아니라 사회제도적 문제들과 길항하여 소설 속에서 차지하는 비중이 적지 않다. 그렇지만 연애는 본격소설보다 대중소설, 그리고 당대의 이념이나 사상보다 대중의 미적 취향이라는 측면에서 간과되거나 폄하되는 경우가 대부분이었다. 이러한 상황은 1990년대 들어 근대성 담론의 새로운 접근방식과 연구풍토, 특히 풍속 · 문화사적 연구[1]나 미시사적 연구[2] 등에 힘입어 변화되고 있다. 연애가 한국 문학사에서 논쟁적인 근대성 문제를 역동적으로 접근하는 방식의 일부로 여겨지면서 새롭게 주목받고 있는 것이다.

연애는 주지하다시피 서양의 'love'의 일본식 번역어인 채로 식민지 조선에 전해졌다. 연애는 1910년대 근대적인 남녀 관계를 일컫는 독립적 용어로 정의되기보다 이미 존재했던 결혼[3]이나 사랑의 감정[4]의 동의어로 사용되었다. 그만큼 연애는 낯설었기에 정의되는 것조차 혼란스러웠던 용어다. 하지만 1920년대 전반기 식민지 조선사회에서 "실제로 모두를 지배하지는 않았지만 가능성으로서는 모든 사람을 지배했을 만큼"[5] 강력한 영향력을 발휘하며 유행하였다. 식민지 조선사회에서 연애는 외래적인 영향으로 들어왔으나 사회의

1) 한국 근대문학에서 풍속 · 문화사적 연구물들을 대략 살펴보면 다음과 같다. 신명직, 『모던 뽀이, 경성을 거닐다』, 현실문화연구, 2003; 권보드래, 『연애의 시대 : 1920년대 초반의 문화와 유행』, 현실문화연구, 2003; 천정환, 『근대의 책읽기 : 독자의 탄생과 한국 근대문학』, 푸른역사, 2003; 이경훈, 『오빠의 탄생 : 한국 근대문학의 풍속사』, 문학과지성사, 2003; 이승원, 『학교의 탄생』, 휴머니스트, 2005; 전봉관, 『황금광 시대』, 살림, 2005; 강심호, 『대중적 감수성의 탄생』, 살림, 2005; 김미지, 『누가 하이카라 여성을 데리고 사누』, 살림, 2005; 김주리, 『모던 걸, 여우목도리를 버려라』, 살림, 2005; 백지혜, 『스위트홈의 기원』, 살림, 2005; 소래섭, 『에로 그로 넌센스』, 살림, 2005; 이승원, 『소리가 만들어 낸 근대의 풍경』, 살림, 2005.

2) 연애를 근대적 표상으로 간주하고 역사적 맥락에서 담론적 의미를 살핀 대표적 논문은 다음과 같다. 서영채, 「한국 근대소설에 나타난 사랑의 양상과 의미에 관한 연구—이광수, 염상섭, 이상을 중심으로」, 서울대 박사논문, 2002; 김지영, 「근대문학 형성기 '연애' 표상 연구」, 고려대 박사논문, 2004; 임정연, 「1920년대 연애담론 연구—지식인의 식민성을 중심으로」, 이화여대 박사논문, 2006.

3) 송진우, 「사상개혁론」, 『학지광』 5호, 재일본동경조선유학생학우회, 1915.

4) 이광수, 「혼인에 대한 관견(管見)」, 『이광수전집』 제17권, 삼중당, 1962, 52~61면.

5) 권보드래, 앞의 책, 17~18면.

내재적인 요구가 뒤따르면서 활성화되었던 셈이다. 특히 소설은 연애에 대한 사회적 관심과 그 갈망을 이끌어내는 중요한 매개자로 작용한다.

1920년대 연애를 다룬 소설은 이전 시기보다 다양한 매체를 통해 대중들에게 다가섰다. 식민정책의 변화로 출판 · 언론 분야의 제재가 완화되자 단행본뿐 아니라 다양한 이념을 내세운 잡지들과 여러 일간신문 등으로 발표지면이 대폭 확대되었기 때문이다. 1920년대 동인지 문학은 당대 변화의 물결 속에서 근대소설의 형성을 주도했지만, 문학에 대한 소양과 열정을 지녔던 소수 지식인들만의 소통 이상으로 보기 힘들다. 그만큼 당대 대중들의 갈망과 갈등을 읽어내는 데에는 역부족일 수밖에 없다. 이러한 한계를 어느 정도 극복하고 있는 매체가 바로 일간신문이다. 가독성과 경제성을 고려한다면 구독인구의 비중이 크지 않으나, 동인지들의 소통 방식이나 유통 경로에 비해 파급효과가 크다고 보아야 할 것이다. 당시 친일기관지 『매일신보』가 번역 혹은 번안 소설을 통해 오락성과 상업성에 치중했던 것도 이러한 대중적 소통을 감안한 결과라 볼 수 있다.

『동아일보』는 같은 시기 『매일신보』의 소통 방식과 격을 달리 한다. 『동아일보』는 1920년 4월 1일, 민족주의 · 민주주의 · 문화주의를 내세우고 창간된 유일한 민족진영 신문이다.6) 때문에 신문 주주모

6) 『동아일보』는 이상협(李相協) 명의로 발행 허가되었으며, 발기인 대표 재벌가 김성수(金性洙)를 위시하여 민족주의 진영의 인사로만 구성되었다. 이에 반해 예종석(芮宗錫) 명의로 발행 허가를 받은 『조선일보』는 초대 사장인 조선산업은행 두취 조진태(趙鎭泰) 등 주요 인사들이 한일 동화주의 단체인 대정실업친목회 일원들이었다. 그리고 이동우(李東雨) · 민원식(閔元植) 명의로 허가한 『시사신문』은 친일본주의를 표방하는 국민협회의 기

집과정부터 대중적인 호응을 받았던 『동아일보』는 적어도 1920년대 전반기 독보적인 공적 담론의 장으로 자리매김하였다.[7] 『동아일보』에 연재된 신문소설 또한 유일한 민족진영 일간지의 막중한 책무를 간과할 수 없었다. 『동아일보』는 오락성 짙은 번역 작품보다는 보도성과 지도성의 기능에 보다 다가선 작품들, 특히 순수 창작품을 싣기 위해 애썼다. 기성 작가들뿐 아니라 새로운 작가층, 나아가 두터운 독자층 확보를 위해 현상공모나 독자문단을 활용하는 데 적극적이었다.[8] 이러한 과정에서 다양한 제재의 소설들이 선보였는데, 특히 연애 문제가 큰 비중을 차지했다.

1920년대 소설에서 연애담은 단순히 대중들의 미적 취향의 문제에 그치지 않는다. 김남천의 지적처럼 연애담 그 자체가 개인이 속한 사회계층의 사상이나 관습 등의 집약적 표현[9]이라는 점에서 접근할

관지였다. 이렇듯 창간 당시부터 민족진영의 신문은 『동아일보』뿐이었다. 최준, 『한국신문사』, 일조각, 1990, 184~188면.

7) 1924년 3월 31일 최남선이 민족주의 민간신문 『시대일보』를 창간하고, 같은 해 9월 13일 『조선일보』가 민족진영의 신문으로 거듭날 때까지 『동아일보』의 영향력은 독보적이었다. 이렇게 『동아일보』가 공적 담론의 장으로 대중에게 각광받은데 큰 공헌을 했던 대표적인 인물이 이상협이다. 그는 1924년 『조선일보』로 자리를 옮겨 대개혁을 감행, 독자 몰이에 성공하였고, 1925년 9월 『시대일보』를 넘겨받아 『중외일보』를 창간, 주재하기에 이른다. 이러한 그의 이력은 『동아일보』의 인지도에도 영향을 미쳐 처음에는 『조선일보』와, 다음에는 『중외일보』와 독자들을 이분, 삼분하는 데 조력한다. 따라서 『동아일보』가 독보적으로 대중적인 공적 담론의 장 역할을 담당했던 시기는 1924년까지로 보아야 할 것이다. 최준, 위의 책, 200~259면 참조.

8) 1920년대 『동아일보』의 신문소설에서 단편소설의 비중은 적지 않다. 현상공모나 독자문단의 소설들, 특히 3회분 이하의 짧은 소설을 모두 포괄한다면 90여 편을 상회한다. 이들 단편소설들은 질적 수준이 떨어진다는 단점이 있으나, 당대 대중들의 기대지평과 취향, 나아가 헤게모니의 역학관계를 고찰할 수 있는 유효한 지표가 된다는 점에서 주목할 만하다.

9) 김남천, 「조선문학과 연애문제」, 『신세기』, 1939.8.

필요가 있다. 소설에서 연애담은 개개인의 생활 속에서 경험되는 주관적인 감정의 내밀한 변화를 통해 당대의 다양한 제도와 이념, 관습들이 충돌하고 조율되는 과정을 총체적으로 드러내는 것이다.[10] 당시 연애가 많은 청춘 남녀들에게 선망의 기제였지만 전통적인 제도와 규범, 관습들로부터 자유롭지 못했고, 식민지 지배를 받고 있던 조선사회에서 실천되고 있었다는 점을 감안해야 한다. 특히 여성이 연애의 주체로 당당히 나서 유행을 주도한다는 사실은 세인들의 주목을 받을 만한 일대 사건이었다. 따라서 1920년대 소설에서 연애담은 3·1운동 이후 변화된 사회상과 다양한 이념들의 갈등 양상을 함께 껴안고 있었던 셈이다.

이 글은 『동아일보』가 공적 담론의 장으로 역할을 담당했던 1920년대 전반기에 발표된 신문소설, 특히 창작 장편소설을 대상으로[11] 당대 연애 담론의 특성을 고찰하고자 한다. 여기에서 장편소설만을 대상으로 삼은 까닭은 공적 담론의 장에서 다양한 독자층의 관점들을 수렴할 수 있기 때문이다. 신문소설의 연애담론을 살필 때는 담론의 제반적 특성, 그러니까 담론이 단순한 기호의 체계가 아니라 말하고 있는 대상을 체계적으로 형성시키는 일종의 실천이며, 동일한 전략 내에 다양하고 모순된 담론들이 존재할 수 있다는 푸코의 관점을

10) 이선옥, 「돈, 성, 사랑 문제의 복합성에 대한 인식과 한계─『사랑과 죄』」, 『연애소설이란 무엇인가』(대중문학연구회 편), 국학자료원, 1998, 72~73면.

11) 1920년대 『동아일보』에 연재된 중·장편소설은 총 20편이지만, 연애 문제를 다룬 창작소설은 8편이다. 그러나 당대 『동아일보』의 역할을 문제 삼을 때 연구 대상은 총 3편으로 국한되며, 구체적인 작가와 작품은 다음과 같다. 나도향의 『환희(幻戲)』(1922.11.21~1923.3.21), 이희철의 『읍혈조(泣血鳥)』(1923.6.2~10.28), 염상섭의 『너희들은 무엇을 어덧느냐』(1923.8.27~1924.2.5).

따른다.[12] 그러니까 소설양식을 통해 드러난 연애담론의 일정한 효과들에 주목할 것이다. 신문소설에서 연애를 구성하는 대상과 조건을 표상하는 방식을 통해 당대 사회의 지배적 담론과 갈등하거나 교류하는 대중의 사상과 행위를 엿볼 수 있으리라 기대한다.

2. 『동아일보』와 여성 담론

『동아일보』는 1920년 4월 1일 사지(社指)에서 조선민중의 표현기관으로 자임하는 데 주저하지 않았을 만큼 열렬한 지지를 얻었던 신문이다. 3·1운동 이후 식민지 조선의 당면 과제들과 향방을 공론화하는 데 효과적인, 유일한 민족적 매체였던 것이다.

1920년대 『동아일보』는 주로 석간 4면으로 발행되었다.[13] 당시 1면은 조선사회에 새롭게 요청되거나 개선해야 할 제도뿐 아니라 외국의 정치나 사상 동향을 소개하는 기획기사를, 2면과 3면은 조선의 사회적 흐름을 다룬 보도기사나 광고를, 4면은 문화 관련 보도기사나 신문소설과 같은 교양물들을 주로 싣고 있었다. 1920년대 전반기에 여성교육과 여성해방운동에 관련된 기사들이 부쩍 늘었다는 점

12) 미셸 푸코, 이규현 역, 『성의 역사』, 나남, 1995; 미셸 푸코, 이정우 역, 『지식의 고고학』, 민음사, 2000. 제1장 참조.

13) 『동아일보』는 1924년 11월 24일부터 일대 쇄신을 단행한 『조선일보』가 석간 4면, 조간 2면으로 조석간 6면제를 시행한 것에 자극받아 1925년 8월 1일부터 조간 4면 석간 2면으로 조석간 6면제를 시도하였으나 열흘 후 석간 4면제로 다시 되돌아갔다. 이 시기를 제외하면 석간 4면제를 계속 유지하였다.

은 주목할 만하다. 이때 신문지면의 구성과 기능이 신문소설의 성격을 결정할 수 있다는 점을 충분히 감안한다면,[14] 『동아일보』의 신문기사들이 조선사회의 여성 담론을 어떻게 형성하고 있었냐는 문제는 신문소설의 연애담론과 긴밀한 연관관계를 지닌다고 볼 수 있다.

먼저, 여성 교육과 관련된 기사들은 창간 이후 지속적으로 다루어졌으며, 대부분 여성 교육의 필요성을 역설하는 계몽적 성격이 짙다. 당시 여성 교육에 대한 관심은 동경 유학생의 졸업[15]을 비롯한 여학교의 졸업식과 입학식이 기사화될 만큼 지대하였다. 이러한 관심은 유학생들이나 조선여자교육회가 중심이 된 강연회들이 성황을 이루었던 데에서도 찾을 수 있는데, 여기에서 거액의 기부금이 모일 만큼 여성 교육에 대한 반향은 매우 컸던 것으로 보인다.[16] 그렇다면 당시 여성 교육은 어떻게 담론화되었는가.

> 그러면女子의分이란것은무엇인가요—完全한人格우에슨 賢母良妻라는것이곳이것이겟숩니다. 이갓치말숨하면너머抽象的일뿐만아니라時代에뒤진말이라하겟스나우리女子로서內助의 策을나타내이고一國의 將來運命을 占할第二國民 卽子女敎育의 責任을 다함이 엇지 우리女子의不名譽한賤役이요 奴隷的奉仕라하겟숩닛가, 今日의우리程度로서男子를도옵고子女의敎育을完全히하야家運의振興을計할만도 莿恐不及이겟거

14) 천정환, 앞의 책, 276면.
15) 「금춘학창(今春學窓)을 출한 동경유학의 여학생」, 『동아일보』, 1921.4.8, 4면.
16) 「신여자의 교육열—십일일 녀자강연회의 성황 즉셕에서 긔부가 륙빅원」, 『동아일보』, 1920.6.13, 3면.

늘이것도다하지못하고歐米婦人界의風潮만쏘치랴함은俗諺에촉새가황새를싸라가는格이아니겟숨니까.[17]

인용문은 당시 여성 교육의 목표가 "完全한 人格우에슨 賢母良妻"라는 점을 분명히 하고 있다. 그러니까 개인의 인격자각을 바탕으로 현모양처를 교육하는 데 목적을 둔 셈이다. 이때 현모양처라는 목표는 "男子를도옵고子女의教育을完全히하야" "家運의振興"뿐 아니라 "一國의 將來 運命"을 온전히 하는 데 있다. 특히 "第二國民"이 될 자녀교육에 대한 강조를 통해 현모양처라는 교육 목표가 여성의 "不名譽한 賤役"이나 "奴隷的奉仕"가 아니라 당연한 소임이라고 주장한다.

이러한 교육론이 식민지 조선의 여성 지도자에게서 거론되었다는 점을 주목할 필요가 있다. 현모양처의 여성관은 당시 민족주의 진영의 교육 목표인 동시에 일제의 식민지 여성교육의 목표이기도 했기 때문이다. 민족주의 진영에서 여성의 교육 목표를 현모양처에 두었던 것은 민족독립국가의 근간이 될 가정과 그것의 온존을 위한 여성의 책무를 강조하기 위해서였다. 여기에서 현모양처라는 목표는 전통적인 유교적 여성관에서 비롯되었을 가능성이 높다. 이에 반해 일제는 현모양처 여성관을 근대 국민 형성 이데올로기로 강제하였다. 교육제도를 통해 여성을 의식으로 무장된 정신적 근대 국민으로 개조하려 했던 것이다.[18] 이것은 1920년 '고등여학교 개정' 제1조에서

17) 이일정, 「남녀의 동권(同權)은 인격의 대립」, 『동아일보』, 1920.4.3, 3면.
18) 일제가 근대 국민 형성 이데올로기를 강제한 방식은 두 가지로 나눌 수 있다. 하나는 '통혼민적수속법'(1926년 6월 7일 실시)과 같은 법제화된 호주 가족제도를 마련하여 식민지 조

국민도덕의 양성과 부덕 함양을 들어 일제 본국의 여성들에게 현모양처의 여성관을 강제했던 것과 유사한 양상을 띠고 있다.[19] 일제는 여성이 국민이 되는 규준을 현모양처에 두었던 것이다. 이러한 여성관은 일본에서 심한 반발을 낳았으나, 식민지 조선에서는 인용문에서 보듯 당연한 소임으로 정당화되는 경우가 많았다. 그것은 일제의 숨겨진 책략에 의식적이든 무의식적이든 동조할 가능성이 높았음을 의미한다.

다음으로, 외국의 여성해방운동과 관련된 기사들은 1920년 선반기에 집중되어 있었는데, 여성의 인격 자각과 함께 권리의 올바른 주장과 실행들을 주요 내용으로 하고 있었다. 「자기(自己)로 사는 부인」,[20] 「인류사의 이채(異彩)」,[21] 「부인문제의 개관」[22]들이 대표적이다. 특히 「부인문제의 개관」은 생전장강(生田長江) · 본간구웅(本間久雄)의 『사회문제』 12강 중에서 수집 소개한 글로, 총9장 전19회에 걸쳐 부인을 둘러싼 다양한 문제를 다루고 있다.[23] 여기에서 주목할

선인을 형식상의 근대 국민으로 재창조하는 것이었다. 그 시도는 법적 구속력 때문에 대체로 성공적이었다. 다른 하나는 교육제도를 통해 정신적으로 무장하거나 내면화시키는 것이었다. 그러나 당대 조선 여성들이 천황에 대한 충성 이데올로기로 받아들이거나 유교적 여성관과 동일시하는 경우가 많았기 때문에 그다지 효과적이지는 못했다. 홍양희, 「현모양처론과 식민지 '국민' 만들기」, 『역사비평』 2000년 가을(제52호), 역사비평사, 2000, 372면.

19) 가와모토 아야, 「양처현모사상의 등장과 '부인개방론'」, 위의 책, 361~362면.

20) 이 기사는 "大阪每日新聞에與謝野晶子氏가 執筆한글"을 재기고한 것으로, 특히 부인들에게 "個性의解放을要求하고 人格의 圓滿을高唱하라"고 요구하고 있는 점은 주목할 만하다. 「자기(自己)로 사는 부인」 1~4, 『동아일보』, 1920. 6.20~21, 6.23 ~24.

21) 이 기사는 "女流革命家列傳"이라는 가제에서 보듯, "헬프만", "찻쑤릭"들과 같은 외국의 유명 여성혁명가의 삶과 주장들을 다루고 있다. 「인류사의 이채(異彩)」, 『동아일보』, 1921.4.2~4.10.

22) 「부인문제의 개관」, 『동아일보』, 1922.6.13~6.29.

23) 각 장은 1.부인운동의 유래, 2.부인운동의 신도덕, 3.자유이혼론의 시비, 4.참정권문제

만한 점은 부인 문제들 중 "부인운동의 신도덕", "자유이혼론", "모성보호론"에서 엘렌 케이(Ellen Key)가 집중적으로 거론되고 있다는 것이다. 당시 엘렌 케이의 자유연애론과 자유이혼론이 조선이나 일본뿐 아니라 서구에서도 논쟁거리가 되고 있었음을 엿볼 수 있게 한다.

조선사회에서 여성해방운동은 엘렌 케이를 비롯한 여성해방론자들이 표방했던 이념과 사회적 실천 사이에서 사회 전반적으로 문제를 제기하고 있었다. 한편에서는 여성의 인격 자각과 남녀평등의 필요성이 주장되면서 여성과 관련된 사회 전반의 제도적 개선의 필요성과 방향이 논의되고 있었다. 예를 들면, 「가정생활의 개조」[24]는 육아법, 의복제도, 취미나 오락의 측면에서 여성의 생활개선 문제를 논의하고 있으며, 「신진여류의 의염(懿焰)」[25]은 조선 여성의 제반 문제, 즉 교육, 연애, 결혼, 문화, 육아 등에서 겪는 현실적인 문제들과 개선 방향을 밝히고 있다. 그리고 「남자가 여자로=여자가 남자로」[26]에서는 조선의 남녀 저명인사들을 필자로 하여 성역할을 달리 했을 때 남녀평등의 방향과 소신을 다루고 있다. 이렇듯 남녀동등권의 입장에서 여성의 인격 자각의 문제는 부인이나 어머니로서의 존재를 껴안고 이루어질 수 있는 현실적인 방안이 논의되고 있다는 점에서 긍정적인 평가를 얻고 있었다.

다른 한편에서는 자유연애나 연애결혼과 관련된 상반된 담론들이

와 그 운동의 각 양태, 5.참정권운동의 이론적 근거, 6.부인과 직업문제, 7.직업문제의 반대론, 8.모성보호론, 9.서구대전과 부인문제로 구성되어 있다.

24) 『동아일보』, 1921, 4.7~4.13.

25) 『동아일보』, 1921.2.21~3.10.

26) 『동아일보』, 1922.1.1~1.8.

양산되고 있었다. 특히 신여성의 자유연애 문제는 논쟁의 초점에 놓여 있었다. 신여성의 자유연애는 여성 지식인 내부에서도 입장이 양분되고 있는데, 대표적으로 김원주(金元周)와 이일정(李一貞)의 경우를 들 수 있다. 김원주는 신여성의 자유연애 시비가 서구와 "가튼快活하고健全한社會"에 비해 "그러한女子를理解하고活用할만콤우리社會"나 가정이 성숙되지 못했다는 데 그 원인이 있다고 진단한다.[27] 그러면서 신여성의 자유연애에 대해 "함부로올타그르다고말할수가업는큰문뎨"라고 입장을 유보하고 있다.[28] 이에 비해 이일정은 신여성의 자유연애는 "촉새가황새를짜라가는格"으로, 특히 "貞操觀念이地를一蹩하야女子의神聖을賣買하고品位를低下케한點에이르러서新女子는一大罪跡을씻첫다"고 강력히 비판한다.[29] 이러한 여성계 내부의 입장 차이는 결국 신여성의 자유연애 사상을 경계하고 비판하는 방향으로 귀결된다.

연애의 자유나 자유연애 문제는 무엇보다 조선사회를 떠받들던 전통적인 결혼제도와 충돌할 수밖에 없었기 때문이다. 특히 기존의 결혼제도가 껴안고 있던 조혼의 관습,[30] 축첩의 방임,[31] 위압적 부

27) 김원주, 「녀자교육의 필요」, 『동아일보』, 1920.4.6, 4면.
28) 김원주, 「근래의 연애문제」, 『동아일보』, 1921.2.24, 2면.
29) 이일정, 앞의 글, 3면.
30) 「본처를 독살하얏다는—청주계집 허성녀의 공소공판 이런 일이모다 조혼의 큰 폐해」, 『동아일보』, 1921.7.18. 이러한 폐해를 없애고자 법령이 시행되었으나 시행 전후(「근래 유행되는 조혼열—사월 일일부터 법령이 난다고 각처에서 불야불야 남채성례」, 『동아일보』, 1922. 3. 8.)를 비롯한 그 이후에도 조혼의 풍습은 쉽게 없어지지 않았다.
31) 당시 축첩으로 인한 처첩 간의 갈등은 살인 등 사회적 문제를 낳고 있었다. 「애정에 연하는 질투의 화(火)」, 『동아일보』, 1921.7.24; 「질투 끗헤 본처를 참살」, 『동아일보』, 1921.8.22; 「본처를 구타살해」, 『동아일보』, 1922.5.30.

부관계[32]들과 맞물려 사회적 파장이 컸다. 여성의 인격 자각은 여성이 남편의 낮은 신분이나 무식을 들어 이혼소송을 제기하는[33] 등 이혼율의 증가로 표면화되거나[34] 자살 사건[35]을 일으키기도 했다. 뿐만 아니라 연애 자체가 화류병[36]이나 자살 사건[37] 등의 사회 문제로 비화되고 있었다. 이러한 기사들을 두고 볼 때 조선사회 내부에서 자유연애뿐 아니라 연애의 자유에 대한 비판적 담론이 강하게 형성되고 있었음을 알 수 있다.

이상의 『동아일보』 기사들은 조선사회에서 여성교육과 여성해방운동을 둘러싼 상이한 담론들의 탐색과 충돌 과정을 보여주고 있었다. 당대 독자들이 이러한 담론들의 영향을 주고받았을 가능성은 농후하다. 이때 1920년대에 이르면 신문매체가 아니더라도 여러 매체를 통해 다양한 층위의 두터운 독자층이 형성되고 있었다는 사실을 간과해서는 안 된다. 『동아일보』의 한 기사에 따르면, "근릐에 우리 조선사회에도 지식을 요구함이 젼에 배하게되야 청년학싱은 물론하

32) 당시 권위적이고 위계적인 부부관계가 살인이나 자살의 원인이 되고 있었다. 「아처(我妻)를 구타치사—허락업시 친정에 간 것이 원인」, 『동아일보』, 1921.9.6; 「부부간 불화로 자살하랴한 녀자」, 『동아일보』, 1922.5.23.

33) 「유행성의 이혼소송—대기는 남편의 부족을 들어 여자편에서 고소함이 다수」, 『동아일보』, 1921.9.30; 「유행성의 이혼소—경성에서 금년 임의 오십여 건 원인은 자각업는 일시 류힝병」, 『동아일보』, 1922.6.10; 「신분이 비천하다고 여자가 리혼청구」, 『동아일보』, 1922.6.16.

34) 결혼수에 대비한 이혼율은 1923년 3.4%이었던 것이 1932년에는 5.18%로 매년 상승하였다. 「최근 10년간의 혼인 이혼수」, 『신여성』, 1933.9, 54~57면.

35) 「남편의 무식을 비관하야 자살」, 『동아일보』, 1922.6.10.

36) 「청춘남녀의 위기—신구사상이 밧귀는 이때 청년남녀의 주의할 화류병 야소교회에서 일졔히 션뎐」, 『동아일보』, 1921.5.15.

37) 「연애자살도 일풍조—십사일 밤중 삼청동 솔밧헤서 련애에 실패한 자의 자살소동」, 『동아일보』, 1922.6.16.

고 중년로년과 부녀자까지도 새로운 지식을 만히 요구하는동시에 외국서적을 만히보"며, "세계뎍문호가지은 걸작"에 대한 선호도가 높다고 밝히고 있다.[38] 여기에서 보듯 당시 독자층은 "청년학싱"에만 집중되지 않고 연령과 성(性)을 불문하고 확대되고 있었다.[39] 1920년에서 1925년 사이 사회적 변화에 발맞춰 독서인구가 급증하고, 이들의 독서열은 교과서나 수험서 중심의 기능적 독서뿐 아니라 취미로서의 독서현상을 배태하기 시작하였다.[40] 특히 후자는 "세계뎍문호가지은걸작"에 대한 선호에서 보듯 근대적 문명화에 대한 강한 욕망을 반영하고 있었다. 교양적 측면에서 보자면, 당시 조선사회에는 진화론, 기독교, 맑시즘, 엘렌 케이와 콜론타이(A.Kollontai)의 연애론 등의 서구의 사상이나 이념을 다룬 서적[41]뿐 아니라 와일드(O.Wilde), 뒤마(A.Dumas fils), 톨스토이(L.N.Tolstoy), 투르게네프(I.S.Turgenev), 세익스피어(W.Shakespeare), 입센(H.Ibsen), 고리키(M.Gorky) 등의 문학작품들이 번역 · 소개되어 많이 읽혔다.[42] 그것은 문화계의 중심이 연극에서 문학, 특히 소설로 변화되고 있음을 보여 준다. 당시 다변화된 독자층

38) 「독서계의 경향—문예사조서류가 중심」, 『동아일보』, 1920.5.12.

39) 천정환은 1920~1930년대 독자층을 전통적 독자층, 근대적 대중독자, 엘리트적 독자층으로 삼분하고 있다. 천정환, 앞의 책, 272~279면 참조. 그의 논의에 덧붙여 근대적 대중독자와 엘리트 독자층의 교집합은 「독자문단」을 통해 등단한 신문소설의 창작층에서도 확인할 수 있는 바, 그들의 존재 또한 고려해야 한다. 김말봉이 『동아일보』의 「독자문단」의 "신춘문단"에 노초(露草)라는 필명으로 단편 「싀집사리」(1925.4.18~4.25)를 발표했다는 점만 보더라도 「독자문단」은 신문매체를 매개로 근대적 대중독자뿐 아니라 엘리트 독자층까지 두루 포섭하고 있었음을 알 수 있다.

40) 천정환, 위의 책, 171~202면.

41) 김지영, 「'연애'의 형성과 초기 근대소설」, 『현대소설연구』 제27호, 한국현대소설학회, 2005, 56~57면.

42) 권보드래, 앞의 책, 91~119면과 천정환, 앞의 책, 186~187면, 285~302면.

과 독서열은 특히 연애의 자유나 자유연애에 대한 비판적 담론에도 불구하고 연애의 유행을 이끌어내는 밑바탕이 되었다. 이러한 점을 고려하여 『동아일보』에 연재된 신문소설을 통해 형성된 연애 담론과 그 특성을 살펴보기로 하자.

3. 근대적 연애 모델과 연애의 환상성 – 『환희』의 경우

나도향의 『환희』는 1922년 11월 21일부터 1923년 3월 21일까지 전 117회에 걸쳐 『동아일보』에 연재된 첫 창작 장편소설이다. 1921년 『신청년(新青年)』과 『백조(白潮)』 동인으로 문단 활동을 시작한 지 불과 1여 년만에 20세의 나도향이 대표적인 일간지 『동아일보』에 신문소설을 연재한 것은 문단으로나 신문사로서나 파격적인 일이었다. 그가 "쓴 지가 일년이나 된" 작품이었으나 "터 잡히지" 못하고 "시시각각으로 달라"지는 "내면적 변화"를 두고 볼 때 "미숙한 작품"이라는 겸양의 자세를 보인 것도 연재 전후의 상황 때문이라 여겨진다.[43)] 하지만 작가의 발언 마냥 『환희』에 대한 평가는 '미숙함'라는 미망에서 쉽게 놓여나지 못했으며,[44)] 1990년대에 들어서야 개인의 발견과

43) 주종연 · 김상태 · 유남옥 편, 「환희」, 『나도향 전집』 하, 집문당, 1988, 102면.
44) 조연현은 『환희』를 20세에 불과한 작가의 "치기만만한 애상적 감상적" "습작"이라고 부정적으로 평가한 바 있다. 조연현, 『한국현대문학사』, 성문각, 1969, 421~423면. 이러한 관점은 감상적 낭만주의 계열의 소설로 평가한 백철의 논의(백 철, 『신문학사조사』, 백양당, 1949)나 과도한 감상성, 문장 표현의 미숙성, 사건 전개의 작위성 등 미적 완성도가 떨어진 작품으로 평가한 김우종의 글에서도 마찬가지로 발견된다. 김우종, 『한국 현대소설사』, 성문각, 1978, 189~195면.

근대적 사랑에 대한 문제제기라는 관점에서 새롭게 평가받기 시작했다.[45)]

『환희』는 첩의 딸 이혜숙과 동경 유학생 김선용, 재산가의 아들 이영철과 기생 설화 사이에 중앙은행 사장의 아들 백우영이 개입하면서 벌어지는 연애 사건을 전면화하고 있는 소설이다.

우선, 이 소설에서 온전한 연애의 주체이자 대상은 근대 교육을 받은 지식인으로 설정되어 있다. 그러니까 연애의 첫째 요건은 남녀 모두 당시 새로운 권력층으로 부상하던 근대적 지식인이다. 특히 연애 대상을 구성하는 방식은 근대적인 낭만적 사랑의 환상과 밀접하게 관련되어 있는데, 이 점은 이혜숙과 김선용에게서 잘 드러나 있다.

이혜숙은 "사랑하였으면 하는 생각"을 품고 있는 여학생으로, 자신이 욕망하는 '신식' 연애와 결혼의 청사진을 어머니를 통해 간접적으로 드러내고 있다. "학교만 졸업하면 어떠한 양복 입고 모자 쓰고 외국에 가서 공부하고 온 얌전하고 재조있고 돈 많고 명망있는 젊은 사람하고 혼인을 하게 될" 것이라는 막연한 기대가 바로 그것이다. 즉 그녀가 욕망하는 연애 대상은 지적 능력뿐 아니라 외양, 품성, 재력 어느 하나도 빠지지 않는 근대적 지식인, 특히 일본 유학생이다. 이러한 욕망 때문에 오빠 이영철이 소개한 일본 유학생 김선용이 "얼

45) 나도향의 『환희』를 다룬 최근의 대표적인 글은 다음과 같다. 진정석, 「나도향의 『환희』연구」, 『한국학보』 제76호, 일지사, 1994; 장수익, 「나도향 소설과 낭만적 사랑의 문제」, 『한국 근대소설사의 탐색』, 월인, 1999; 황 경, 「나도향 소설의 사랑에 대한 고찰」, 『작가연구』 제9호, 새미, 2000; 김윤선, 「나도향 소설에 나타나는 '낭만적 사랑'의 문제」, 『한국문학과 낭만성』(우리어문학회 편), 국학자료원, 2002; 정혜영, 「나도향의 〈환희〉 연구」, 『한국문학논총』 제32집, 한국문학회, 2002; 임주탁, 「1920년대 초반 소설의 근대적 특성 연구」, 『한국문학논총』 제42집, 한국문학회, 2006.

굴 검고 머리 길고 아무렇게나 지은 조선옷을 입고 시골 냄새가 도는, 보기에 아름답다 할 수 없는 청년"이라 낙망하는 반면, "어떤 고운 양복 입고 하얀 칼라에 자주 넥타이를 한 얼굴도 어여쁘게 생긴" 백우영에게 이끌린다. 그럼에도 이혜숙은 김선용을 연애 대상으로 여기고 '스위트 홈'을 상상한다. 여기에서 '스위트 홈'은 낭만적 사랑의 이상인 근대적 결혼생활을 표상하는데, 그것은 그녀가 서구의 연애와 결혼 모델을 이상화하여 모방하고 있음을 보여준다. 김선용이 동경 유학생이라는 사실만으로도 낭만적 이상을 자극하는 동기가 되었던 셈이다.

근대 자본주의 사회가 차별화된 성역할을 구조화할 때, 낭만적 사랑은 여성이 근대적 가정을 형성하고 존속시키는 규범적인 사랑으로 자리매김한다.[46] 그런 까닭에 낭만적 사랑과 그 이상으로서 '스위트 홈'은 '근대'라는 허울 속에서 여성이 스스로 가부장제 이데올로기에 동의하도록 추동한다. 따라서 이혜숙이 연애 자체를 욕망하는 가운데 연애 대상을 구성한 행위는 구체적인 실체와 감각을 뒤로 한 채 이상적인 이념형를 정형화하고[47] 지배 이데올로기를 내면화한 것이다. 그만큼 그녀는 근대적 연애와 상상적 관계, 즉 나르시시즘에 빠져 있는 셈이다. 그래서 현실세계에서 연애 과정은 매우 단조롭지만 급진전하는 양상을 띨 수밖에 없다.

이러한 점은 김선용에게서도 마찬가지로 확인된다. 김선용은 "청

46) 재크린 살스비, 박찬길 역, 『낭만적 사랑과 사회』, 민음사, 1985, 223~239면 참조.
47) 박형지 · 설혜심, 『제국주의와 남성성』, 아카넷, 2004, 128~129면.

춘의 타오르는 열정의 불길"로 형상화되는 연애 충동을 지닌 동경 유학생이다. 하지만 "돈 없고 학식 없고 인물 곱지 못한 자기에게 어떠한 어리석은 여자가 참사랑을 구하여 따라오리요"라는 열등한 자기인식 끝에 "이상적인 아내"나 "신성한 연애"가 자신에게는 이루어질 수 없는 "공상"에 불과하다고 단정 짓는다. 이러한 자기인식은 구체적인 대상이 부재함에도 불구하고 연애 대상의 시선으로 자신을 대상화하여 자격과 조건을 앞서 탐색하고 열등감을 가중시킨다. 그것은 낭만적 사랑을 상정하고 구축한 자기세계가 허약함을 폭로하는 것인데,[48] 이혜숙을 소개받고서도 백우영이 개입하자 그녀에게 쉽게 다가서지 못하는 이유가 된다. 그런데도 청순한 여학생 이혜숙이 그에게 사랑을 고백했을 때, 그는 자신이 열망한 낭만적 사랑이 곧 현실화될 듯 여긴다.

이렇듯 이혜숙과 김선용은 모두 구체적인 연애 대상이나 연애 감정 이전에 연애에 대한 욕망이나 충동을 앞세우고 있다. "사랑의 감정이 생기기 전에 사랑하고자 하는 욕망이 먼저 자라나고"[49] 있는 형국이다. 그만큼 그들이 욕망하는 연애 대상은 지극히 이상적인 환영의 형태를 띤다. 때문에 실제 현실에서 겪는 갈등은 심각한 국면에 으로 치닫을 가능성이 높다. 이혜숙이 김선용 대신 백우영에게 마음을 내비쳤다가 순결을 상실하는 것이나 김선용이 이혜숙의 배신으로 자살을 시도하는 것은 극단적인 갈등 국면을 보여주는 것이다. 여

48) 소영현, 「근대소설과 낭만주의」, 『한국 근대문학 양식의 형성과 전개』(상허학회), 깊은샘, 2003, 79면.
49) 권보드래, 앞의 책, 100면.

기에서 연애 대상에 덧씌운 이상형은 근대적인 서구 문명에 대한 선망을 절대화한 결과다. 그것은 필연적으로 전통적인 결혼제도에 대한 배제와 열패의식을 담보로 할 뿐 아니라 서구적 '문명'을 통한 내부 식민주의[50]의 가능성에 노출되어 있다.

다음으로, 이 소설의 여성 작중인물들이 연애의 주체이고자 할 때 육체적 순결은 제일 조건으로 작용한다. 낭만적 사랑은 사랑의 주체로 개인을 호출하고 정신적 교감을 통해 완전한 주체로 거듭나게 하는 근대적 사랑의 대표적 양상이다. 그것은 성과 결혼을 사랑 아래 통합시킴으로써 사랑한다는 사실 자체를 사회적으로 정당화하는 기제다.[51] 특히 낭만적 사랑이 자기준거로 삼는 숭고함은 여성의 순결에 대한 강조로 드러난다. 때문에 낭만적 사랑을 연애 모델로 삼는 이 소설에서 여성의 순결 여부는 연애의 중요한 변수이다.

이영철과 설화가 근대적인 연인 관계를 형성하지 못하는 이유는 설화가 기생이라는 사실에 기인한다. 여기에서 기생은 육체적 순결을 상실한, 타락한 여성임을 표상한다. "얼굴에 분칠하고 입술에 연지바른 더러운 계집"이라는 설화의 자기인식은 스스로 낭만적 사랑을 추구할 자격이 없음을 인정하는 것이다. 그럼에도 그녀는 "참사랑"을 욕망하는데, 그것은 "여자도 사람"이며 "더러운 계집의 가슴 속

50) 내부 식민주의는 외부 식민주의—규범적 식민주의의 지배질서가 내면화된 상태를 의미하는 용어이다. 해롤드 월프, 염홍철 역, 『제3세계와 종속이론』, 한길사, 1988, 255~282면. 1920년대 식민지 조선에서 내부 식민주의는 서구 근대를 절대적 보편으로 추종하고 조선 내부에 그것을 재생산하는, 식민주의의 모방과 내면화를 거쳐 형성되었다. 임정연, 앞의 글, 3면.

51) 앤소니 기든스, 배은경 · 황정미 역, 『현대사회의 성 · 사랑 · 에로티시즘』, 새물결, 1996, 85~91면.

에도 참사랑이 있는 것"을 인정해 주기를 요구하는 것이다. 기생이 아닌 인격적 주체로서 자신을 대해 주기를 요구하는 셈이다. 그러나 이영철은 설화를 "사랑할 만한 사람"이라기보다 "세상에서 가장 불쌍한 사람"으로 여기고 배려한다. 기생과의 감정적 교감이 사랑보다 연민이나 동정에 기반하고 있는 것이다.

한편 결혼한 이혜숙과 귀국한 김선용 사이에서 연애에 대한 열망은 서로 다른 대상으로 전이되는데, 거기에는 육체의 순결 여부가 크게 작용하고 있다. 결혼 후 이혜숙은 "정월(晶月)"로 개명하는데, 그것은 이름 바꾸기를 통해 그녀가 순결한 마음과 몸을 지닌 존재로 거듭났음을 의미한다. 즉 이혜숙이 다시 연애의 주체이자 대상이기를 욕망하는 것이다. 그녀는 귀국한 김선용과 다시 연애를 꿈꾸는데, 문제는 김선용이 그녀를 연애 대상으로 여기지 않는다는 점이다. 그녀에게는 이름 바꾸기를 통해서도 회복될 수 없는 순결성 상실이 지워지지 않는 상흔처럼 남아 있으며, 그래서 "정월(晶月)"은 더욱 현실적인 존재감이 없는, "소복(素服)한 천녀(天女)"나 "귀신 같은" 존재로 다가서고 있다. 김선용은 정월을 만날 때마다 "일본에서 두 주일동안 보살펴주었던 여학생"을 대상으로 상상적 연애를 한다. 그 여학생은 예전의 이혜숙처럼 선용의 이상형, 즉 순결을 간직한 근대적 여성을 표상한다. 그렇기에 그 여학생과 한 번도 만난 적이 없음에도 그녀에게 과도한 열정과 기대를 품는다. 그는 과거의 기억을 지우고 자신이 선망하는 연애를 연애하며, 이를 실현할 수 있는 이상적 공간인 동경으로 떠난다. 이렇듯 두 작중인물은 구체적 현실이나 실현가능성을 전혀 문제 삼지 않고 연애에 대한 욕망을 끊임없이 욕망하는, 그야말로 꿈같은 장난[幻戱]을 지속하고 있다 하겠다.

이혜숙의 죽음은 현실에서 실패한, 근대적 연애 모델과의 상상적 연애에 환상성을 부여하고 있다. 그것은 설화의 죽음이 이영철에게 인격적 존재로 승인받기 위한 극단적 선택이었던 것과 구별된다. 결혼 전후를 통틀어 혜숙이 지닌 연애 열망은 사회적으로 용인하기 힘든 현실을 욕망한 혐의가 짙다. 결혼 전에는 첩의 딸이라는 멍에를 지우고 순결한 여학생이라는 표상만을 내세우며 낭만적 사랑의 이상을 욕망했다면, 결혼 후에는 개명행위를 통해 훼손된 육체적 순결뿐 아니라 백우영이 제공한 물질적 풍요를 향유한 흔적을 숨기고 순수하고 순결한 여성이 되어 연애를 다시 욕망한다. 그러나 그녀의 욕망은 현실세계에서 구체적인 타자나 대타자의 실체와 맞부딪혔을 때 실패할 수밖에 없다. 때문에 그녀는 죽음이라는 낭만적 승화의 형식을 통해 그 사랑의 환상성을 끝까지 유지하려 한다. 환상성은 순수한 상상의 발현으로서 비합리적인 성격을 띠지만 정서적으로 그것이 실제로 일어난 것처럼 포장한다.52) 혜숙의 죽음은 현실 속에서 겪었던 열패감과 절망감, 그리고 죄책감을 '정월(晶月)'이 표상하는 순수성과 순결성만을 간직한 "이름 곱고 아름다운 역사"로 승화시킨다. 이로써 그녀가 욕망했던 낭만적 사랑에 대한 환상을 고스란히 간직한다. 이러한 과정은 독자들에게 낭만적 사랑에 대한 기대감을 지속시키면서도 연애 주체인 여성이 순결해야 한다는 점을 강하게 주지시킨다. 여성의 순결성 강조는 전통적인 유교적 가치관을 넘어 선망

52) 로즈메리 잭슨, 서강여성문학연구회 역, 『환상성－전복의 문학』, 문학동네, 2001.

의 대상인 낭만적 사랑의 모델에서도 마찬가지로 적용된다는 점에서 보편타당한 진리로 간주될 가능성이 높다. 더욱이 일제강점기 여성 교육의 이념과도 합일된다는 점에서 근대적 연애 모델은 내부의 식민성을 가속화시킬 혐의가 다분하다.

마지막으로, 이 소설에서 전지적 작가를 대변하는 담론주체는 남성 작중인물인 이영철이 담당하고 있다. 그가 당대 조선사회의 연애 열풍에 연루되어 있으면서도 연애 문제에 어느 정도 거리를 유지하고 있기 때문이다. 이때 그는 연애 문제를 둘러싼 신구세대의 갈등, 다르게 말하면 전근대적 이데올로기와 형성 중인 자유 이데올로기 사이의 충돌을 문제 삼는다.

> 그의 아버지는 아담 이브를 자기의 또한 온 인류의 시조로 믿었지만 우리의 몇만 년 전에는 사람이 모두 원숭이와 같았겠다는 다아윈의 진화론을 배운 그는 그렇게 모순되는 전설을 믿지 못하였다. 천문학에서 성무설을 배운 그는 하나님의 말씀 한 마디로 이 세상이 되었다는 것을 부인 아니치 못하였다. 그리고 어떻게 나서 죽어지면 어떻게 되나 하는 자기 아버지와 똑같은 의심을 품기는 품었으나 영혼이란 참으로 사람이 죽어서 단독으로 어디로 가 버리는가? 의심하는 그는 그렇게 쉽게 천당과 지옥을 믿지 못하였다. 그리고 하나님이란 무엇인가를 참으로 철저하게 알고 싶었다.[53)]

인용문은 이영철이 다윈(C.R.Darwin)의 진화론을 들어 기독교의 창

53) 주종연 · 김상태 · 유남옥 편, 「환희」, 앞의 책, 124~125면.

조론에 대해 의문을 제기하고 있다. 여기에서 다윈의 진화론은 근대적 지식을, 기독교[54]의 창조론은 중세적 이념을 각각 표상하며 이항대립하고 있다. 다윈의 진화론에 견주어 기독교의 창조론은 "모순되는 전설"로 격하되거나 불신된다. 다윈의 진화론이 조선사회에서 생물학상의 논의보다는 사회학적 입장에서 인류 사회를 생존경쟁과 적자생존이라는 단순한 공식으로 이해하려는 경향을 지니고 있었다는 점을 감안한다면,[55] 이영철의 근대적 사유방식은 기독교의 중세적 이념에 대한 의심이나 불신에 그치지 않을 것임은 자명하다.

기독교에 대한 불신은 개인적으로 아버지인 이상국의 삶의 방식에 대한 부정으로 드러난다.[56] 그것은 이영철의 가출을 비롯한 신구세대의 갈등으로 표면화된다. 그는 아버지로 상징되는 조선사회의 전통적 제도와 이념을 부정하는 대신 근대적인 연애와 가족제도를 내세우며 정당화시키고 있다. 신구 세대의 갈등은 조선사회의 가족이나 사회 제도적 측면에서 전통적인 것과 근대적인 것의 충돌을 보여주는 동시에 근대적인 제도와 이념에 대한 선망을 시사한다. 이러한 사유방식을 식민지 상황에 놓고 본다면, 식민지 조선과 식민지 모국 일본의 대립을 후자에 대한 긍정으로 의미화할 가능성이 높다. 그만큼 일제의 식민성[57]에 노출될 위험이 농후하다 하겠다.

54) 『환희』에서 '기독교'에 접근하는 방식은 상이하다. 기독교의 창조론을 중세적인 지식 또는 지식과 동궤에 놓을 때 기독교는 부정의 대상이다. 하지만 근대적 연애의 사상적 근저로서 기독교는 긍정의 대상이 된다.

55) 이성규, 「목적론과 다윈의 진화론」, 성균관대 박사논문, 1993, 116면.

56) 이상국이 기독교에 귀의하는 행위는 "죽어 천당으로 가려는" 지극히 개인적인 동기에서 비롯되었을 뿐이다. 기독교 귀의만으로 전통적이고 동양적인 세계관을 근대 서구적 세계관으로 대체했다고 보기 힘들다.

이상에서 살펴보았듯이 『환희』는 식민지 조선사회에서 낭만적 사랑의 형식과 이념을 둘러싼 갈등을 전면화하고 있었다. 이 소설은 근대적 지식인이 연애의 주체로 전면에 나서기 시작하는 양상을 뚜렷하게 보여주는 동시에 남녀 작중인물들 모두 연애에 대한 열망에 몰입되어 있는 특성을 드러내고 있었다. 그들이 선망하는 연애는 '꿈같은 장난[幻戲]'으로 감지될 만큼 당대 사회적 현실과 선망했던 이념 사이에서 갈등을 내장하고 있었다. 특히 여성 작중인물이 선택한 타협의 접점이 자살이라는 점은 그 환상성에도 불구하고 사회적 문제로 표면화되기에 충분해 보인다.

4. 연애의 신성과 타락한 연애의 지표들 – 『읍혈조』의 경우

이희철의 『읍혈조』는 1923년 6월 2일부터 10월 28일까지 총140회에 걸쳐 연재되었다. 나도향의 『환희』가 성공을 거두고 이광수의 『선각자(先覺者)』가 연재 중단된 후 발표된 소설이다. 나도향의 『환희』가 연애를 통해 근대적인 문명에 대한 갈망을 그려내었다면, 이광수의 『선각자』는 도산 안창호 선생을 모델로 민족국가 수립에 대한 주체적인 의지와 기대감을 불러일으켰다. 그러나 『선각자』의 연재 중단은 식민지 사회에서 문학 담론의 장에서조차 민족적 열망을 담

57) 식민성은 식민주의 정책이 식민지인의 의식과 생활을 통제하고 규율하는 과정에서 내면화하는 식민 담론적 특성을 의미한다. 김성국, 「식민지성과 한국사회이론」, 『사회와 이론』 창간호, 이학사, 2002, 140면.

아내는 것이 불가능해졌음을 의미한다. 이러한 절망적 현실인식의 뒷자리를 이어받고 있는 것이 다름 아닌 이희철의 『읍혈조』다.

『읍혈조』는 일본 유학생 서병호와 김선희의 삶, 특히 연애를 둘러싼 문제를 다각도로 전면화한 소설이다. 우선, 이 소설에서 주인공들의 유학 체험은 선망의 대상이 되기보다 그들의 정체성을 혼란시키는 부정적인 기제로 작용하고 있다. 서병호는 동경의 "'텬뎐(淺田)대학" "야학부 법학과 전문부"를, 김선희는 횡빈의 "전문뎡도 성경학원"을 수학한 근대적 지식인이다. 1920년 전후 일본 유학은 식민지 청년들의 현실 탈출구이자 사회적 성공의 디딤돌로 기능한다. 그러나 유학 체험은 식민지 유학생들에게 일본인의 위계적이고 배타적인 시선 속에 갇혀 열등감을 강화시키는 절망적인 기제가 된다. 이것은 남성 주인공 서병호의 유학 체험을 통해 잘 드러난다. 서병호는 구별짓기[58]를 통해 자신의 존재를 식민지 조선인과 차별화 하지만, 식민지 모국 일본과 일본인에게 배제당하고 만다. 결국 그는 식민지 모국과 조국 어디에도 뿌리를 내리지 못한다.

이러한 측면에서 전지적 작가는 비판적 태도를 견지하는데, 그것은 우선 서병호가 뚜렷한 목적의식 없이 유행에 휘말리고 있다는 점에 원인을 둔다. 서병호에게 동경은 "조선에서는 맛보지못할" 선망의 대상이다. 이때 동경은 '문명'의 장소로 인식되는 반면 조선의 현

58) 부르디외는 구별짓기 방식이 행동과 인지, 감지와 판단의 성향체계로서 개인의 역사 속에서 개인들에 의해서 내면화되고 육화되며 또한 일상적 실천들을 구조화하는 양면적 메커니즘으로 개념화한다. 특히 문화자본을 기반으로 타 계급과 구별짓기를 하는 개인의 실천감각이나 성향을 의미하는 용어로 국한되어 사용되기도 한다. 부르디외, 최종철 역, 『구별짓기 : 문화와 취향의 사회학』 상, 새물결, 1995.

실은 '야만'의 공간으로 그의 열등감을 자극한다. 그렇기에 "일본에 만가면무슨별수가나는 듯이" 막연한 기대감으로 유학을 결행한다. 일본 유학이 식민지 청년들 사이에서 신청년의 표식으로 추구되던 유행을 따르는 것이기도 했다. 그러니까 일본 유학은 그 자체로 선험적인 열망이고 실체를 지니지 못한 관념으로 자리매김하고 있었던 셈이다. 이러한 점에서 전지적 작가는 서병호를 비롯한 식민지 청년들의 일본 유학 열풍을 "폐풍"으로 규정지으며 이를 경계하고 있다.

그리고 전지적 작가는 서병호의 유학체험이 근대적 문물을 피상적으로 수용하고 있다는 데에서 비판적 태도를 강화시키고 있다. 서병호는 유학생 사회에서 명예욕을 과시하는 데 급급한다. 동경 유학생들 가운데 상당수를 차지하는 부호 자제들의 유학 체험 또한 근대의 실체에 접근하기보다 추상적이고 관념적으로 받아들이며, 나아가 그것을 소비적인 형태로 향유되고 있었다. 전지적 작가는 서병호를 비롯한 동경 유학생들의 이러한 지적 허영과 향락적 행태에 대해 비판적 목소리를 견지한다. 서병호의 행위들이 내부적 식민지성에 그대로 노출되어 있을 뿐 아니라 그것을 내면화하는 단계에까지 이르고 있다는 점에서 더욱 그러하다.

둘째, 주인공들은 연애의 주체로 전면에 나서지만, 그들의 연애는 근대적인 사랑의 형식인 낭만적 사랑을 이상적인 관념의 형태로 향유하거나 그것을 호도한다. 때문에 그들의 연애 관계에서 상호간의 정서적 유대감이 약화되거나 단절되고 있다.

어제저녁서뎜에가서『긔독교연애관』이란책을보고하도자미가잇슬　뜻하기에쏘그것이얼마큼우리의연애를리해하는데도움이될듯하기에사서 「선물」로라는것보다도 제의 변치안는진심으로보내드립니다. 그러면 영각씨! 저는쏘말합니다. 우리는부유(浮遊)의련애를짜르지말고그리스도가 가르치신 썩지안는련애를차저갑시다.—그는정신병자를 련애하엿습니다 문둥병자를련애하고안즌방이를 련애하엿습니다 소경이 그를사모하고 그는 소경을 사모하엿습니다 아니 간음을행한녀자 트식하는 세리(稅吏)까지도그는사랑하엿습니다 원수까지도 입마초아사랑하엿습니다 아아! 겟세마비의피눈물—그것은 나를리해못하는 수억만의애인을위하야 최후의 긔도하였습니다 그러나 그는 십자가의 피로써 모든 것을 엇엇습니다—나의애인들을도루찻게되엇습니다……[59]

인용문은 김선희가 『긔독교 연애관』에 감명을 받고 그것을 애인 영각에게 선물로 보낸다는 편지의 한 대목이다. 여기에서 『긔독교 연애관』은 실제 출판된 서적을 일컫기보다 작중인물의 연애관에 미친 기독교의 영향을 표상한다. 1920년대 들어 기독교 관련 출판은 선교사보다 유학을 거친 한국인 교계 지도자들이 주축이 되어 내놓은 기독교 교리와 사상에 대한 본격적인 연구서와 종교 교육서적에 집중되었다. 조선의 식민지적 상황이나 제반 현실을 문제 삼는 등 당시 기독교의 영향력이 종교적 측면에 국한되지 않았다.[60] 이 소설에서 언급된 『긔독교 연애관』은 성경학원에 유학 중인 선희가 말하는 "그리스도가 가리치신 썩지안는련애"를 통해 면면이 드러나 있다.

59) 이희철, 『읍혈조』, 『동아일보』, 1923.7.14, 4면.
60) 윤춘병, 『한국기독교 신문 · 잡지백년사 1885~1945』, 대한기독교출판사, 1984, 46~191면.

이 소설에서 “그리스도가 가르치신 썩지안는련애”는 박애주의를 바탕으로 한다. “정신병자”나 “문둥병자”처럼 정신적 · 육체적 병을 앓는 사람, “간음”이나 “트식”과 같은 사회적 해악을 끼치는 사람, “나를리해못하는” 사람 등 서로 다른 조건과 상황에 처해 있더라도 모두를 포용하고 평등하게 사랑하는 사상을 일컫는다. 이러한 사상은 연애에도 영향을 미치는데, 한편으로 그것은 식민지 조국과 민족적 현실에 도움이 될 수 있는 “훌륭한 인격자”가 되는 일에 우월한 가치를 둔다. 영각이 귀국을 독촉할 때, 선희는 “책한권더사서 일고 배”우는 것이 “인생의 큰련애”라고 주장한다. 즉 영각이 갈망하는 연애는 박애주의에 미치지 못하는 “부유(浮遊)의련애”이자 “속된사랑”에 불과하다는 것이다. 이러한 기독교의 연애관은 당시 민족적 현실에 대한 자각과 방향을 제시하는 계몽적 성격과 맞닿아 있다. 이러한 계몽적 주체의 모습은 선희가 3 · 1운동에 참여했다가 6개월 동안 감옥생활을 하는 데에서도 확인 가능하다.

다른 한편으로 “그리스도가 가리치신 썩지안는련애”는 “령덕”에만 치우신 연애의 “신성”으로 이상화되고 있다. 연애가 낭만적 사랑의 형식과 이데올로기를 내장한 근대적인 남녀 관계를 일컫는다 할 때, 선희에게 연애는 낭만적 사랑이 상층 규율로 삼는 “숭고함”, 즉 “육체적 욕망을 넘어서는 정신적 교감”만을 의미한다. 나아가 그것은 “자긔의생명의 전부”로 도약하고 있다. 이것은 영성을 강조하는 종교적 특성을 고스란히 껴안고 있다. 이렇듯 “그리스도가 가리치신 썩지안는련애”는 계몽성과 영성을 상소하는 당시 기독교의 연애관을 맥락화한 결과다. 그것은 그녀에게 연애의 규준이자 이상으로 자리매김한다.

하지만 김선희의 연애관은 연애 대상인 남성 지식인들에게 수렴되지 못한다는 점에서 비극적이다. 첫 연인인 신영각은 조선에서 고등교육을 받은 지식인이다. 그는 처음에는 연애편지를 통해 그녀의 연애관에 동조한다. 하지만 3 · 1운동 즈음, 귀국한 선희에게 "련애라는 것은 전혀 육뎍이라할수잇다"는 입장을 강요하고, 그것을 거부한 그녀에게 일방적으로 결별을 통보한다. 나아가 두 번째 연인인 홍순일은 그녀의 연애관에 치명적인 상흔을 남긴다. 홍순일은 3 · 1운동 때 만난 부유한 지식인이다. 그는 선희가 자신을 스스로 믿게 만든 다음 성적 욕망을 성취하는 데 성공한다. 그것은 첫사랑의 실패 후 그녀가 연애의 신성을 의심한 결과이다. 그러니까 그녀는 홍순일과의 관계에서 영각의 주장처럼 연애의 신성에 육체적 사랑을 접목시키고자 했던 것이다. 하지만 홍순일은 다른 여성과 결혼하여 미국 유학을 떠나 버린다. 이렇듯 신학문을 배우는 두 남성은 선희가 염원했던 연애의 이상과 배리되는 성적 욕망을 성취하는 데 더 큰 관심을 가지고 있으며, 그 결과 그녀가 추구하는 연애는 현실적으로 실패하고 만다. 이것은 그녀의 연애관이 점층적으로 쇠모(衰耗)하는 과정을 보여준다.

한편 서병호의 연애는 신영각이나 홍순일처럼 낭만적 사랑의 형식과 이념을 호도하는 과정을 보여준다. 고학생이었던 그는 일본인 하전희삼랑(河田喜三郞)의 전폭적인 도움과 지지로 학업을 마친다. 하지만 하전희삼랑이 그가 딸 융자(隆子)와 연인관계라는 사실을 알게 되었을 때, 그는 식민지 조선인이라는 사실만으로 집에서 쫓겨나는 신세가 된다.[61] 문제는 서병호와 융자의 관계가 낭만적인 사랑을 추구할 만큼 정서적인 친밀감을 돈독히 하고 있지 못하다는 데 있다. 융자는 여학교를 졸업할 무렵부터 서병호를 대상으로 낭만적 사랑을 꿈꾸지만, 서병호는 융자를 일본 여성 자체에 대한 호기심과 성적 욕망의 대상으로 바라보았을 뿐이다. 그렇기에 서병호는 성적 관계를 가진 후 융자에 대한 배려보다 하전희삼랑의 시선을 더 의식한다. 이러한 점은 융자의 어머니의 제안으로 횡빈의 고모집에 있는 동안 임신한 융자를 친밀하게 대하지만, 하전희삼랑의 간접적 지원으로 독립한 이후 융자와 딸 노리꼬를 방기하거나 냉대하는 데에서도 확인 가능하다. 즉 서병호는 하전희삼랑의 물적 지원을 받을 수 있을 때에만 융자를 살갑게 대하는 것이다. 그만큼 그의 연애는 낭만적 사랑과 유리된 이해타산적이고 이기적인 면모를 보여준다.

셋째, 당대 지식인의 특징인 '무전유식(無錢有識)'[62]이 간직한 기생성이 주인공들의 윤리적 타락을 가속화시키는 역할을 한다는 점이다. 김선희는 고아이지만 미국인 아다손 부인의 도움으로 횡빈의 "전문뎐도 성경학원"까지 수학한다. 그러나 아다손 부인이 환국한 까닭에 출옥한 후 물적 지원을 받을 수 없게 된다. 이때 그녀가 선택한 길은 서병호의 첩이 되는 것이다. 이러한 선택은 그녀가 이미 순

61) 식민지 조선인인 서병호를 동거인으로는 인정하지만 가족 구성원으로는 배제하는 것이다. 이것은 조선인을 일본인과 동등하게 대우해야 한다는 하전희삼랑의 평소 주장과 신념에 배리되는 것이기도 하다. 이러한 배제의 논리는 하전희삼랑을 비롯한 일본인 대부분이 지니고 있었다는 점에서 동경은 일본 유학생에게 선망과 함께 절망을 환기하는 장소가 된다.

62) 별 뫼, 「중산계급의 장래」, 『개벽』, 1926.2, 21면.

결을 상실했다는 사실에 많은 부분 기인한다. 훼손된 육체는 그 자체로 타락한 연애의 표지가 되며, 그것만으로도 연애의 대상에서 배제된다. 처녀성 상실이 한 여성의 과거 한 시점을 근거로 삼아 미래를 온통 기형적이고 불완전한 것으로 이끌고 가는 동인으로 작용하는 셈이다.[63] 첩이 된 김선희는 서병호를 비롯한 일본 유학생들의 과시적인 소비행태에 염증을 느끼고 비판하지만, 그녀를 대하는 유학생들의 따가운 시선보다 효력을 발휘하지 못한다. 순결을 상실하고 첩이 된 현실은 그녀가 유학생들보다 더 부도덕함을 의미하기 때문이다. 김선희의 윤리적 타락은 경성에서 강원도 부호의 아들 이기상의 현지처가 되는 것으로 다시 드러난다. 그녀는 신성한 연애에 좌절당하고 취약한 생활적 기반에 부대끼다 "매음녀"와 같은 생활을 한다. 이러한 그녀의 타락은 출옥한 서병호와 공모하여 이기상을 사기하는 범죄행각으로까지 치닫는다.

한편 서병호의 사기행각은 출옥 후 향락적인 소비습관에 비해 생활기반이 전무한 상황에서 빚어진다. 그는 생산적인 생활기반을 마련하기보다 사기행각에 골몰하고, 결국 김선희를 이용하여 이기상의 재산을 상당 부분 빼돌리는 데 어느 정도 성공한다. 인물됨 마냥 그는 빼돌린 이기상의 재산 대부분을 자신이 챙기고, 그것을 기생집을 오가며 향락하는 데 소비한다. 결국 사기 사실을 알게 된 이기상에게 서병호는 고소당하고 김선희는 무지막지하게 폭력을 당한 후 자살하고 만다.

63) 임정연, 앞의 글, 93면.

이러한 두 인물의 파국은 생활적 기반이 허약한 그들의 기생성[64]이 윤리적 타락을 가속화한 결과물이다. 근대적 지식을 소유하였다고는 하나 피상적으로 수용한 지식이고, 더욱이 근대적 교양 측면에 치우친 것이고 보면 식민지적 상황에서 현실적 기반을 마련하기는 더욱 힘들다. 그러니까 그들의 유학체험은 식민지 모국이나 조국에서 생산적인 활동기반을 마련하는 데 조력하지 못한다. 더욱이 그들의 기생성은 윤리적 타락을 가속화시키는 원인으로 작용한다.

이때 윤리적 타락은 성차에 따라 다르게 의미화 된다. 서병호가 유학생의 정체성 혼란의 연장선에 놓여 있다면, 김선희는 순결을 상실한 여성의 삶을 문제 삼는다. 서병호의 구속은 식민지 조국과 민족의 현실에 대한 자각이나 근대 문명 자체에 대한 성찰 없이 유행에 휩쓸려 근대적 지식을 과시적으로 소비하며 내부의 식민지성을 강하게 드러내 온 지난 행적에 대한 단죄라 볼 수 있다. 이에 비해 김선희의 자살은 연애의 신성을 이념 차원에서 재확인하기 위한 속죄 형식에 가깝다. 연애의 순결을 민족적 순수성으로 전이시키고, 이를 성윤리와 결부시킴으로써 연애의 도덕적 규범을 만들고 있는 셈이다. 여기에서 전지적 작가는 뚜렷한 목적의식도 생활기반도 부재한 채 일본 유학의 열풍에 휩쓸리고 있는 식민지 청년들에 대한 경계와 비판의 목소리를 낮추지 않는다. 특히 여성 고학생의 타락이 사회적 문제로 대두되고 있었던 점을 감안한다면,[65] 전지적 작가는 '피를 토하

64) 이러한 점에서 별뫼는 당대 지식인들을 '기생계급(寄生階級)'이라고 비판한 바 있다. 별뫼, 앞의 글, 21면.

65) '여성고학생상조회'의 결성 동기는 여성 고학생들이 학업을 위해 물질적 지원을 받는 대

며 우는 새(泣血鳥)'처럼 이러한 당대 유학생의 타락한 현실을 강도 높게 비판하고 있는 것이다.

5. 연애의 지식모델과 자유연애론의 진단들

–『너희들은 무엇을 어덧느냐』의 경우

염상섭의 『너희들은 무엇을 어덧느냐』는 1923년 8월 27일부터 1924년 2월 5일까지 총 129회에 걸쳐 연재된 장편소설로, 중편 『해바라기』(1923.7.18~8.26, 전40회)와 『진주(眞珠)는 주엇스나』(1925.10.17~1926.1.17, 전86회) 사이에 발표되었다. 이 소설은 김덕순 집에 모였던 남녀 지식인들의 복잡한 연애 사건을 당대 유행하던 연애열에 견주어 작중인물들의 서로 다른 연애관을 담아내고 있다.

첫째, 이 소설에서도 연애 주체는 일본 유학을 거쳤거나 경성에서 고등 교육을 받은 남녀 지식인들인데, 그들의 연애가 외국의 문학작품을 규준으로 삼는다는 점에서 특징적이다. 작중인물들이 표상하는 '지식'은 연애의 조건이자 근대적 교양을 향유할 자격을 의미한다. 특히 외국작품에 대한 독서는 연애의 선험적인 규준으로 작용한다. 독서 경험 자체가 다른 어떤 경험에 앞서서 삶의 활동을 규율하는 원

신 성적 타락을 방임하거나 폭력에 의해 성적 위협에 내몰리게 되는 상황을 막는 데 있었다. 「여자고학생 상조회」, 『동아일보』, 1922.7.9. 이러한 여성 고학생의 문제들은 김선희의 윤리적 타락을 그린 『읍혈조』뿐 아니라 염상섭의 소설들, 특히 『너희들은 무엇을 어덧느냐』와 『진주는 주엇스나』에 등장하는 신여성의 공통적 문제이기도 하다. 이러한 점에서 당시 신문소설은 시의성을 확보하고 있었다고 볼 수 있다.

리가 되고 있는 것이다.[66] 동경 청산학원 유학생인 경애와 일본 유학생 한규의 경우, 그들의 연애는 오스카 와일드의 일본 번역 작품인 『살로메』[67]를 매개로 그들의 관계를 재정립하고 있다. 그들의 대화는 『살로메』에 빗대어 사랑과 돈의 문제를 둘러싼 자신들의 연애관을 피력하고 있다. 한규는 사랑을 돈으로 구매하는 것에 대해 부정적이다. "돈에 눈이 어두워서 사랑을 하고 몸을 내던지는" 여성을 비난하면서 기생이나 갈보와 동급으로 전락시킨다. 그만큼 그는 사랑의 요건으로 여성의 순결성을 강조한다. 이에 반해 경애는 "논하고 사랑이 한 덩어리"가 되기를 원하고 있다. 그러나 그녀는 정면에서 그의 주장을 반박하지 못한다. 이미 순결을 상실하였기 때문에 그러하다. 여기에서 『살로메』는 자신들을 비추어 보는 일종의 거울 역할과 상대방의 의중을 떠보는 일종의 심리테스트의 모형 역할을 하고 있다.[68] 그 결과 이들의 연애는 상호 충돌을 피할 수 없으며, 결국 덕순의 개입으로 파국에 이른다.[69]

이처럼 외국소설이 선험적 범주로 연애의 규준이 되는 데에는 작가 염상섭의 독서체험이 소설화되는 과정에 많은 부분 반영되었기

66) 천정환, 앞의 책, 353면.

67) 그들은 오스카 와일드뿐 아니라 엘렌 케이와 입센을 근대적 연애의 모델로 상정하여 자신들의 연애를 성립해 가려 했다.

68) 김경수, 「횡보의 독서체험과 초기소설의 구조」, 『염상섭 장편소설 연구』, 일조각, 1999, 31면.

69) 이들 외에도 외국소설을 읽은 경험은 명수와 마리아 사이에 연애 관계를 형성하는 데도 모델 역할을 한다. 마리아가 애인인 안석태를 두고 명수에게 마음이 옮아가는 징표 역시 외국소설의 내용에 빗대 배신에 관한 의견을 교환하는 과정에서 드러난다. 소설의 내용이 애인을 버리고 폐병에 걸린 다른 남성을 선택한 여자의 이야기라는 점은 세 작중인물을 둘러싼 현실적인 관계 변화를 예측하는 기능까지 겸하고 있다.

때문이다. 염상섭은 1912년부터 1920년까지 일본 유학을 다녀왔다. 유학 당시 일본은 대정 교양주의, 즉 서구의 개인주의적 근대사상에 대담하게 기울어진 시기이다.[70] 이 시기 일본 문단이 외국문학과의 교류를 활발히 했던 점은 식민지 유학생들에게 전공분야 외에 교양을 위한 독서에 심취할 기회를 제공했다. 염상섭 또한 풍부한 독서경험을 바탕으로 연애의 문법을 구축하였는데, 그것은 외국소설을 규준으로 한 모방적 연애의 형태를 띠고 있다.[71] 이러한 모방적 연애는 당대 현실에서 차용하는 모델 소설 형태로 변주되어 드러나기도 한다. 『너희들은 무엇을 어덧느냐』는 실존인물인 일엽 김원주를 모델로 삼아 오스카 와일드의 작품을 모방한 소설이다. 이 소설에 앞서 발표된 『해바라기』는 실존인물 나혜석을 모델로 삼은 소설이며,[72] 이후에 발표된 『진주는 주엇스나』는 오스카 와일드의 『살로메』를 소설화한 작품이다.[73] 이렇듯 1920년대 초반에 쓰여진 작가의 소설들은 외국소설이나 당대 신여성의 연애담을 끌어와 서사화하는 경향이 짙다. 이것은 서사화되는 과정이 농익지 못하고 서구의 '지식' 자체를 관념적 형태로 거칠게 전달하는 초기 소설의 특성과도 무관하지 않다.

70) 김윤식, 『염상섭 연구』, 서울대출판부, 1987, 81면.
71) 염상섭의 연애담론은 연애에 대한 서구적 지식에서 비롯된 것이기 때문에 지식인만의 특권적인 소통으로 전도될 가능성이 높았다. 그것은 염상섭 소설이 당대 대중들에게 가장 인기가 없었던 이유로 작용한다. 다른 한편으로 일본을 경유한 서구의 지식을 바탕으로 한다는 점에서 그의 연애 담론은 식민성의 혐의로부터 자유롭지 못하다
72) 김동인의 『김연실전』은 신여성 김명순을 모델로 한 소설인데, 여기에서 송안나의 행적은 『해바라기』의 내용과 일치한다. 『해바라기』는 염상섭이 앞서 발표한 단편 「신혼기」를 재구성하여 확대했다는 점은 주지의 사실이다.
73) 김경수, 「염상섭 소설과 연극」, 『현대소설연구』 제31호, 한국현대소설학회, 2006, 80~85면.

둘째, 이 소설에서 신여성[74]의 연애관은 앞선 두 소설과 달리 엘렌 케이의 연애론과 입센의 노라이즘(Noraism)을 규준으로 삼고 있다. "엘렌 케이나 노라"의 이름은 이 소설뿐만 아니라 『해바라기』에서 확인할 수 있을 만큼 신여성의 연애관을 표상하고 그 연애의 근저로 작용한다. 엘렌 케이[75]와 입센[76]의 저작들은 여성해방사상 측면에서 1920년대 조선사회 여성에게 커다란 영향을 미쳤다. 당시 조선

74) 이 소설의 여성 작중인물들은 당시 근대적 교육을 받은 신여성을 표상한다는 측면에서 이하 '신여성'으로 명명하기로 하겠다.

75) 엘렌 케이의 연애론은 1920년 전후 이중 번역으로 조선에 전해졌다. 엘렌 케이의 핵심적 논지는 '우생학적 연애진화론'이다. 인간의 진화와 함께 미래의 사랑은 성욕이 정화되면서 나타나는 윤리의 정신현상이라는 점을 전제하면서, 인종의 개량이라는 목적 아래 연애, 결혼, 이혼 등의 문제를 다룬다. 연애는 인종의 개량에 유리한 조건, 즉 건강, 경제력, 교육을 갖춘 남녀가 연애의 감정을 느끼고 영혼과 육체의 합일의 경지를 주장하고 헌신하는 것이다. 이러한 연애를 기초로 한 결혼은 감정과 영혼, 욕망과 의무, 자기주장과 자기헌신으로 완성되어야 한다고 본다. "戀愛업는 結婚生活을 繼續하는 것은 (…중략…) 一種의 罪惡이다"라고 주장하며 이혼 또한 인종의 개량에 불리한 조건에서 이루어지는 생식의 자유에 제한을 가하는 것을 정당화하였다. 엘렌 케이의 연애론은 근대적 개인의 인격적 독립, 정체성의 확립을 강조하는 근대적 시민사상의 이론적 기반으로서 의미를 지닐 뿐만 아니라 국민국가 형성에 이론적으로 복무할 수 있는 가능성도 충분히 지니고 있었다. 하지만 당시 엘렌 케이의 연애론은 인종개량이나 국민국가 형성의 문제가 축소 혹은 결락된 채 소개되었다. 뿐만 아니라 '자유연애'와 '연애의 자유'의 개념이나 가치를 준별하는 것에 깊은 관심을 나타내지 않았다. 1920년대 식민지 조선에서는 영육일치의 연애관과 자유이혼론이 가장 매력적으로 다가섰으며, 그러한 측면에서 그녀의 연애론은 연애지상주의를 이끌어내는 이론적 기저로 수용되었다. 구인모, 「한일(韓日) 근대문학과 엘렌 케이」, 『여성문학연구』 제12호, 한국여성문학학회, 2004, 69~94면.

76) 헨릭 입센의 『인형의 집』은 1921년 1월 25일부터 4월 2일까지 『매일신보』(백화(白華)·계강(桂岡) 합역(合譯)으로 연재되면서 본격적으로 수용되었으며, 1922년 양백화가 번역한 『노라』와 이상수가 번역한 『인형(人形)의 가(家)』가 각각 단행본으로 출간되어 독자들의 적극적인 호응을 받았다. 하지만 조선사회에 입센의 근대극은 『인형의 집』을 위시한 여성 소재의 일부 문제극만 소개되었다. 특히 『인형의 집』은 현실 문제를 가정 내부의 남녀 문제, 특히 남편에 대한 아내의 인격문제로 주제가 축소되어 이입된다. 하지만 인간으로서의 여성의 지위를 확립하려고 하는 진보적인 여성을 '노라이즘'이라는 신생어로 일컫을 만큼 조선사회에 강력한 영향을 미쳤다. 안미영, 「한국 근대소설에서 헨릭 입센의 「인형의 집」 수용」, 『비교문학』 제30집, 한국비교문학회, 2003, 109~131면.

사회의 결혼제도와 이혼제도의 개혁을 주장할 때, 특히 엘렌 케이의 자유연애론과 자유이혼론은 강력한 이론적 근거가 되었다. 이러한 연애관들이 소개되는 가운데 신여성들 사이에는 결혼의 전제로 연애를 이상화하는 풍조가 강해지고 신여성과 지식계층의 남성에게 연애가 긍정적인 가치로 간주되었다.

이 소설에서 신여성들이 엘렌 케이의 연애관에 경도되는 것은 당대 사회의 분위기를 반영하는 것인 동시에 그녀들이 처한 상황, 그러니까 연애 대상이 거의 기혼자라는 사실에 많은 부분 기인한다. 남성들은 조선사회의 조혼 풍습에 따라 결혼하고 나서 상급학교에 진학하거나 유학하는 경우가 많았다. 따라서 신여성이 기혼 남성과 연애하는 경우가 많을 수밖에 없었는데, 그것은 조선사회의 조혼 풍습과 전통적인 결혼제도에 전적으로 배리되는 것이었다. 특히 이혼문제로 확대될 때, 조혼하여 근대교육으로부터 방치된 구여성과 갈등을 초래하여 사회적 파장이 컸다. 정옥의 경우, 서양화가인 한씨와 지난한 연애과정을 거쳐 결혼했다. 기혼자였던 한씨가 신문기사화될 만큼 시끌벅적한 이혼소송을 거쳐 본부인과 이혼하고 그녀와 재혼했기 때문이다. 덕순의 집에 모인 남녀 작중인물들이 정옥의 이름만 거론해도 이혼소송사건을 떠올릴 만큼 정옥은 결혼 후에도 유쾌하지 않은 유명세를 치루고 있다. 이러한 기혼 남성과의 연애는 희숙이나 마리아의 경우에도 마찬가지로 확인 가능하다.

그럼에도 이 소설에서 신여성들은 연애를 해방의 관념으로 인식하고 있다. 그들에게 연애는 무조건적이고 당위적인 추구의 대상이다. 그것은 김덕순에게서 가장 잘 드러나 있다. 김덕순은 학업을 마치기 위해 응화의 도움을 받은 대신 그의 후실이 된다. 3·1운동 이후 그녀는 응화의 재정적 도움을 받아 『탈각(脫殼)』이라는 잡지를 창간하였으나, "글짜나 쓰는 사람들"하고 교류를 하게 되면서 나이 많고 다리 불편한 응화를 홀대하기 시작한다. 결국 그녀는 잡지를 종간하고 일본 유학을 가는데, 근대적인 문물을 체험하고 배우려는 것은 표면적 이유에 불과하다. 이미 그녀는 일본의 B여사의 사건, 그러니까 "일본사회에서 써들든 녀류 문학자로 얼마쯤 유명하게 된 B라는 여자가 어써한 신문 긔자하고 련애관계가 생기어서 아이까지 늘게 된 뒤에 남편의 집을 쒸어나온 사건"을 동조하는 글을 발표한 바 있다. 그것은 "사랑 업는 결혼은 강간(强姦)"이라는 엘렌 케이의 자유이혼론에 동조하는 것이지만, 그 이면에는 그녀의 결혼생활이 파경에 이르렀음을 함축하고 있다. 동시에 그녀가 새로운 자유연애를 갈망하고 있음을 의미하는데, 이는 일본에서 한규와의 연애 사건으로 구체화된다. 이렇듯 그녀는 엘렌 케이의 자유연애론과 자유이혼론에 기대어 연애를 결혼생활의 속박으로부터 벗어나는 해방의 관념이자 인격적 주체로서 그녀가 추구해야 할 당위적 대상으로 간주하고 있다. 연애를 대하는 그녀의 태도는 『해바라기』에서 최영희가 연애를 예술과 동일시하여 신성한 관념으로 무장하는 것에서 한 단계 더 나아간 것이다.

셋째, 이 소설에서 신여성들은 자유연애를 욕망하고 실천하는 동시에 돈이라는 물질성에 쉽게 경도되고 있다. 신여성들은 연애의 자유뿐 아니라 자유연애를 실천한다. 그들은 영육일치의 연애관을 몸소 실천한 인물들이다. 경애는 한규와 연애하기 이전에 이미 순결을 상실한 상황이고, 마리아 역시 명수에게 연애감정의 진정성을 호소하면서도 기혼자인 안석태의 아이를 임신한다. 평탄하지 않은 결혼 과정을 두고 볼 때, 정옥이나 희숙, 그리고 덕순도 순결 상실의 혐의가 짙다. 이렇듯 신여성들은 순결 상실과 무관하게 연애를 꿈꾸는 여성들이다. 그것은 엘렌 케이의 자유연애론을 추구한 결과물이라 할 수 있다. 하지만 그 연애관은 식민지 조선사회에 강하게 작용하고 있는 전통적인 유교적 세계관뿐 아니라 근대적인 낭만적 사랑의 형식이나 이념, 나아가 현모양처라는 여성의 교육 목표 등 어느 것에도 배리된다는 점에서 충돌이 불가피하다. 앞서 『동아일보』의 기사들에서 보았듯이, 당대 조선사회에서 신여성의 연애관에 대한 비판적 담론이 지배적이었던 것도 그 때문이다.

더욱이 신여성들은 사랑보다 돈을 선택하거나 둘 다를 합일시키려 한다는 점에서 부정적으로 형상화되고 있다. 마리아는 순결성을 상징하는 이름과 달리 기혼자인 안석태의 재력에 이끌려 임신까지 하고, 희숙은 교사임에도 불구하고 명수를 감정적으로 희롱하려다 실업가 현장환과 혼인한다. 이처럼 신여성들은 연애를 절대적인 가치로 내세우면서도 이해타산적인 일면을 드러내고 있다.

이렇듯 신여성의 연애가 지닌 지표들, 즉 순결 상실과 이해타산성은 연애의 순수성에 위배되고 있다. 그것은 연애관의 근저로 작용하고 있는 엘렌 케이의 자유연애론을 피상적으로 수용한 결과로 보인다. 엘렌 케이의 연애론은 인종의 개량에 목적을 둔 '우생학적 연애진화론'의 성격을 띤다. 즉 연애는 인종의 개량에 유리한 건강, 경제력, 교육을 갖춘 남녀가 연애의 감정을 느끼고 영혼과 육체의 합일의 경지를 주장하며 헌신해야 한다는 것이다.[77] 이러한 관점에 기대어 본다면, 신여성들은 연애의 요건들 중 경제력을 갖추고 있지 못한 경우가 대부분이다. 그리고 연애에 접근하는 태도가 헌신적이지 못하고 이중적이거나 이해타산적이다. 영육합일의 연애 방식 또한 그 목적과 전제에 대한 이해가 전무한 상태에서 이루어지고 있다. 그러니까 신여성들은 자신들이 규준으로 삼은 자유연애론을 표피적으로 이해하고 실현하려 한 셈이다. 그것은 엘렌 케이의 자유연애론이 식민지 조선사회에 수용되는 과정에서 빚어진 문제이기도 하다. 그 결과 신여성들의 연애는 조선사회의 윤리적 질서나 사회적 통념과 충돌하여 타락의 지표로 부각되는 측면이 강했다.

넷째, 이 소설에서 남성 작중인물들은 신여성의 연애 문제를 진단하는 담론주체로 전면에 나서고 있다. 남성 작중인물들은 자신들의 결함에도 불구하고 신여성들처럼 연애에 몰입하기보다 거리두기를 하고 있다. 이러한 면모들은 신문기자 김중환과 유학생 명수의 대화 부분이나 장홍진의 주장에서 잘 드러난다.

중환과 명수는 요리집과 자취방을 오가며 곧잘 조선의 연애 현실을 진단하는 인물들이다. 중환은 조선의 연애 유행에 대해 "무지(無知)라는 돈으로 산 본능뎍 생식(本能的 生殖)"이라고 강도 높게 비난한다. 춘향을 열녀로 간주할 만큼 신여성의 연애에 대해 비판적이다. 더욱이 비판의 화살은 조선인 전체에게 확대되는데, 조선 사람은 "불순(不純)"과 "무감각(無感覺)"을 숙명적으로 타고난 "련애 업는 민족"인

77) 구인모, 앞의 글, 74면.

데도 "련애를 찾고" 있다며 비관적이고 자조적인 결론을 내린다. 이에 동조하고 있는 명수는 그 원인을 희망이 부재하는 식민지 상황에서 조선인들이 "영원을 바라보는 아름다운 삶"처럼 연애에 접근하고 있기 때문이라고 파악한다. 그들은 조선민족에게는 연애를 할 만한 조건적 성숙이 부재하다는 점에 의견의 일치를 본다.78) 그 과정에서 중환은 명수와 일본말로 대화를 진행하고 있으며, 특히 명수는 조혼한 경험이 있음에도 불구하고 동경 유학시절 일본의 귀족 딸과의 연애를 순결한 첫사랑으로 간주한다. 이것은 그들의 진단 행위에 식민지 모국 일본과 일본 여성을 비교 우위로 삼고 있음을 잘 드러낸다. 이러한 점에서 본다면 그들의 논리는, 식민지 모국 일본은 연애의 조건이 성숙한 우월한 민족이고 식민지 조선은 그것이 부재한 열등한 민족이라는 비관론적 성격을 지니는 셈이다. 그것은 근대 지식인인 그들이 식민주의적 의식뿐 아니라 이를 내재화한 식민주의적 무의식에 사로잡혀 있음을 보여준다. 지식인들 스스로가 일제의 식민정책에 동화되고 있음을 드러낸다 하겠다. 따라서 남성 작중인물들의 이러한 결함은 당대 신여성의 연애론에 대한 진단에 부정적으로 작용할 가능성이 높다.

그럼에도 장홍진은 그들이 진단한, 조선 민족에게 부재하는 연애의 조건을 구체적으로 밝힌다. 그에 따르면, 이상적 연애를 위해서는 자아의 발견, 절대성 혹은 교환불가능성, 도덕성을 두루 갖추어야 한

78) 이것은 홍진의 경우도 마찬가지인데, 이들의 논지는 2절에서 살펴본 김원주의 논지와 일치한다는 점에서 주목할 필요가 있다.

다. 첫째, 자아의 발견이란 연애를 통해 각자의 인격을 수양하고 상대자의 인격을 존중하는 결합에 의해 자아를 발견하고 새롭게 하는 것이다. 둘째, 절대성 혹은 교환불가능성은 한 명의 연애 대상에 대해 절대적이고 전일(全日)한 연애를 바쳐야 한다는 것이다. 셋째, 연애의 도덕성은 연애가 "교양"으로 "퇴폐적 · 성적 타락을 구제"하는 "윤리적 의의를 동반"하는 것이다. 여기에는 "향락적 행복보다 심각한 인간고의 세례"를 느끼기 위해 "맹목의 감정에 복종하지 말고 명철한 이지의 성별에 힘"을 빌리라는 엄숙한 주문이 뒤따르기도 한다.

이러한 관점은 전지적 작가의 목소리를 통해 다시 강조된다. 전지적 작가는 "련애라는 심덕 현상(心的 現象)을 일으키는 원동력(原動力)이 생명톄(生命體)의 뎨일 밋층에서 굿세게 움즉이는 성욕에 잇다"고 전제하면서도 성욕에만 편벽되면 남녀 관계가 추악하고 오래가지 못한다고 본다. 그러면서 "성욕의 충족만이 련애의 전뎨로 아는 천박한 남녀에게는 성욕을 충족식힐 긔회가 업시 그 련애관계가 쌔트러질 쌔에는 피차의 인상(印象)이 아름답고 깁게 남을 수 잇는 것"이라며, 여성의 순결이 연애 관계에 중요한 지표가 된다는 점을 부각시킨다. 이렇듯 이상적인 연애를 위해서는 무엇보다 연애주체의 교양과 수양이 절대적으로 요구된다. 여기에서 제시된 연애의 조건이 선험적인 기준으로 작용하여 연애의 본질을 규정한다고 할 때, 첫 번째 희생양은 신여성이었다. 신여성은 무지와 자각 없음으로 인해 부박한 연애 유행을 선도하며 연애를 대중화하고 있다는 점에서 비판의 꼭지점에 놓인다. 이런 점에서 '너희늘', 신여성은 비판의 뭇매외에 '얻은 것'은 정말 아무것도 없었던 셈이다.

6. 마무리

이상에서 『동아일보』가 공적 담론의 장으로 역할을 담당했던 1920년대 중반까지 발표된 장편 신문소설들, 즉 나도향의 『환희』, 이희철의 『읍혈조』, 염상섭의 『너희들은 무엇을 어덧느냐』을 대상으로 연애 담론의 특성을 고찰해 보았다. 신문소설의 시의성을 고려하여 당시 『동아일보』에 활성화되었던 여성담론을 우선 살폈다. 여성교육담론은 현모양처의 여성관이 지배적이었던 반면, 여성해방담론은 여성의 인격 자각과 남녀평등을 주장하는 온건한 입장과 전통적인 결혼제도와 관습에 배리되는 자유연애와 연애결혼을 요구하는 급진적 입장이 갈등을 겪고 있었다. 이러한 담론들이 식민지 상황에서 이루어졌다는 점에서 복잡한 국면들을 껴안고 있었는데, 신문소설의 연애담론도 이와 유사한 성격을 띠고 있었다.

우선, 연애의 주체이자 대상은 근대적 지식인이라는 공통점을 지녔다. 근대적 지식이 연애의 조건이면서 근대적 교양을 향유할 자격을 의미하였다. 근대적 지식인이 새로운 권력층으로 대두되었던 당대 현실과도 무관하지 않았다. 『환희』에서는 남녀 작중인물들 모두 연애에 대한 욕망이나 충동이 앞서고 있었다. 그들은 연애 대상을 우상화된 이념형이나 극단적인 환영태로 상정하고 있었는데, 그것은 근대적 문명에 대한 선망을 절대화한 결과였다. 이러한 점은 그들의 연애가 실제 현실에서 심각한 갈등을 겪는 원인을 제공하였다. 그리고 『읍혈조』에서 남녀 작중인물들은 일본 유학생이라는 공통점을 지니고 있었다. 연애의 주체에 앞서 이들은 당시 식민지 유학생들의 정체성 문제를 제기하고 있었는데, 특히 남성 주인공이 부박한 유행을 따라 지식을 피상적으로 수용하고 소비하고 있다는 점에서 부정적인 결과를 낳았다. 마지막으로 『너희들은 무엇을 어덧느냐』에서는 작중인물들의 연애가 외국의 문학작품을 규준으로 삼고 있다는 점에서 특징적이었다. 외국작품에 대한 독서경험이 연애와 같은 삶의 활동을 규율하는 원리가 되고 있었다. 이것은 작가 염상섭의 독서체험이 소설화되는 과정과 밀접한 연관성이 있었다. 세 소설 모두 연애 주체들이 근대적 지식을 수용하는 과정에서 내부의 식민지성을 껴안고 있었다는 점에서 문제적이었다.

둘째, 세 소설 모두 서구의 근대적인 연애의 모델을 규준으로 삼아 이상화시키고 있었다. 『환희』는 서구의 낭만적 사랑을 모델로 삼고 있었는데, 작중인물들의 연애는 자신이 선망한 낭만적 사랑의 이념형을 현실에 부합시키려는 시도로 볼 수 있었다. 『읍혈조』에서는 성차에 따라 다르게 드러났다. 여성 작중인물은 기독교의 박애주의적 세계관에 근간하여 낭만적 사랑을 신성으로 도약시켜 욕망하고 있었다면, 남성 작중인물들은 낭만적 사랑의 형식에 성적 욕망을 결합시키려 하였다. 작중인물들의 갈등은 여기에서 비롯되었으며, 그 결과 여성의 현실적인 실패를 보여주었다. 그리고 『너희들은 무엇을 어덧느냐』에서는 엘렌 케이의 자유연애론과 입센의 노라이즘이 신여성들에게 연애관의 규준으로 작용하고 있었다. 엘렌 케이의 자유연애론에 대한 경도는 신여성들의 연애 대상이 거의 기혼자라는 사실에 많은 부분 기인하고 있었다. 신여성들은 연애를 해방의 관념으로 받아들이고 있었는데, 당대 사회적 상황과 곱지 않은 시선에 응전하기 위한 의도로 보였다.

셋째, 연애 주체인 여성이 갖추어야 할 제일 요건으로 육체적 순결이 강조되고 있었다. 『환희』에서 여성 작중인물이 시도한 연애의 현실적 실패는 육체적 순결의 상실이 주요한 원인이었다. 순결 상실은 그 자체로 타락한 연애의 표지가 되기 때문에 연애 대상에서 배제되었다. 죽음이라는 낭만적 승화의 형식을 통해서만이 낭만적 사랑에 대한 환상성을 지속시킬 수 있었다. 『읍혈조』에서 순결을 상실한 여성 작중인물은 어김없이 연애에 실패하였으며, 그후 첩이나 현지처로 급격하게 타락하는 이유가 되었다. 『너희들은 무엇을 어덧느냐』에서 신여성들은 순결 상실과 무관하게 새로운 연애를 갈망하고 있었다. 그 결과 연애를 실패하는 경우도 있었으나 새로운 가정을 형성하는 경우도 없지 않았다. 후자의 경우 신여성들이 첩이나 후실이 되고 있었다는 점에서 여전히 여성의 순결은 당대 여성들의 삶의 향방을 결정짓는 절대적인 규준으로 볼 수 있었다. 이러한 점은 여성교육의 목표를 현모양처에 두었던 당대 현실을 맥락화한 결과라 하겠다.

넷째, 연애 관계에서 '돈'이라는 물질성이 주요 변수로 작용하고 있었다. 이것은 1910년대 『장한몽』에서 드러났던 '사랑이냐 돈이냐'의 논리가 변주되고 있는 것이라 여겨진다. 『환희』에서 물질성은 여성 작중인물이 연인 대신 다른 남성 작중인물을 선택하는 근거로 작용하고 있었다. 『읍혈조』에서 고학생이었던 작중인물들은 유학생활이나 연애가 타인의 물적 지원으로 유지된다는 점에서 기생성을 강하게 드러내고 있었다. 그렇기에 기생처를 상실했을 때 작중인물들은 윤리적으로 급격하게 타락하고 있었다. 특히 여성 작중인물의 죽음은 당대 여성 고학생들의 문제를 문맥화하면서 윤리적 타락에 대한 서사적 속죄 형식을 띠고 있었다. 『너희들은 무엇을 어덧느냐』에서 신여성들은 순결 상실과 더불어 물질성에 쉽게 경도되고 있었다. 그것은 연애의 순수성에 위배된다는 점에서 비판적 담론을 형성시키고 있었다.

다섯째, 『읍혈조』를 제외한 두 소설에서 비판적 담론주체는 작가의 시선을 견지한 남성 작중인물들이 담당하고 있었다. 『환희』에서는 이영철의 목소리를 빌어 연애 문제를 둘러싼 신구세대의 갈등을 부각시키고 있는데, 여기에서 근대적인 문명의 승리가 정당화되고 있었다. 그것은 전통적인 결혼제도에 대한 근대적인 연애와 연애결혼의 승리에 다름 아니었다. 그리고 『너희들은 무엇을 어덧느냐』에서는 남성 작중인물들이 신여성의 연애관을 비판적으로 진단하는 주체로 등장하고 있었다. 그들은 조선민족에게는 연애를 할 만한 조건적 성숙이 부재하다고 진단하고 있었으며, 비교우위적 대상으로 일본과 일본 여성을 들고 있었다. 두 소설의 담론주체들은 근대적 사유체계를 작동시키고 있었지만, 그 결과 일제의 식민성에 노출되고 나아가 동화될 위험이 컸다.

이상의 논의를 두고 볼 때, 1920년대 전반기 소설의 연애 담론은 당시 조선사회를 지배했던 연애의 유행이 일본을 거쳐 들어온 서구의 근대적 연애나 연애관에 경도되어 있었다. 그것은 전통적인 유교적 세계관 뿐 아니라 식민지 여성의 교육정책이나 민족주의 진영의 교육목표였던 현모양처 여성관과 맞물려 복잡한 갈등 양상을 보여주고 있었다. 특히 일본의 식민성에 노출될 위험을 간과하고 있었다는 점은 주목을 요한다. 그럼에도 당시 연애 과정에서 주요한 시비거리는 여성의 순결문제나 전도된 물질성의 문제였다. 그것을 비판하는 담론주체가 남성이라는 점은 세 소설이 남성 작가라는 점에서도 기인하겠지만, 연애 문제에서도 남성 중심주의가 강하게 작용하고 있었다고 볼 수 있다.

제
2
장

1950년대 신문소설에 나타난 아프레 걸

1. 1950년대와 아프레 걸

1950년대는 한국전쟁과 그 상흔으로 점철된 시대이다. 한국전쟁은 인구의 대이동과 변동, 계층 이동, 사회조직의 교란, 가치관의 혼란 등을 초래하였다. 전쟁을 거치면서 한국은 "정치, 군사, 경제, 문화 등 어느 측면에서도 독자성과 자주성을 제대로 갖지"1) 못하였을

1) 강인철, 「한국전쟁과 사회의식 및 문화의 변화」, 『한국전쟁과 사회구조의 변화』(한국정

뿐만 아니라 막대한 원조 물량과 더불어 유입된 미국식 문물에 무방비하게 노출되었다. 반공 이데올로기를 국시로 내세운 이승만 정권의 독재 속에서 한국의 근대화가 미국을 모델로 삼는 것은 정해진 수순이었다. 더욱이 한국전쟁을 계기로 팽배해진 미국에 대한 극단적인 우호감은 미국식 문물을 선망의 대상으로 삼는 데 조력하였다. 하지만 미국의 문물은 오컴의 칼날처럼 이중성을 지니고 있었고, 특히 미국식 향락문화는 한국사회에서 부정적 영향을 미칠 수밖에 없었다. 그럼에도 한국사회가 문제 삼은 것은 저급한 미국 문화가 아니라 그것을 모방하는 여성이었다.

두루 알다시피 한국전쟁은 여성에게 이전에는 생각할 수 없었던 책임과 독립성을 부여하였다. 여성은 한국전쟁을 직접 체험하거나 남성의 부재와 부족한 남성 노동력을 대신하여 경제전의 전사로 일하도록 요구받았다.[2] 그렇지 않다면 남성을 대신하여 “집안을 유지해야 하고 가계를 세워야 하고 자녀를 가르쳐야 하고, 백전불굴의 정신으로 살아가야 한다는 인생의 경험을 체험”[3]해야 했다. 그 결과 한국전쟁은 가정과 사회에서 여성의 경제적 지위를 향상시켰을

신문화연구원), 백산서당, 1999, 264~282면.

2) 이임하에 따르면 한국전쟁에서 여성동원은 크게 세 가지 유형으로 구분된다. 첫째, ‘여성의용군’으로 행정이나 정훈 등 비전투행위를 전제로 참전한 경우이다. 1950년 8월에 모집되었다가 1951년 이후 유명무실화되었다. 둘째, ‘경제전의 전사’로 활동하면서 병사들을 ‘위문’하는 경우이다. 공공기관이나 공장에서 남성을 대신한 경제적 활동에 동원되는 동시에 병사들을 위한 노력봉사, 금전이나 물품, 편지 등을 통해 지원하는 것이다. 셋째, 성(性)을 포함한 다양한 형태의 오락과 유흥을 제공하여 병사들의 노고를 ‘위안’하는 경우이다. 국가와 미국이 이러한 ‘위안형 주체’ 양산에 직접적으로 개입했다. 이임하, 「한국전쟁과 여성성의 동원」, 『역사연구』 제14호, 역사학연구소, 2004, 107~148면.

3) 박종화, 「해방 후의 한국여성」, 『여원』 1959년 8월호, 73면.

뿐 아니라 자기 성장과 자신에 대한 자부심을 각성시키는 새로운 계기로 작용하였다. 반면 1950년대 제기된 남성 위기론은 전후 상대적으로 약화된 남성의 지위와 남성성 상실에 대한 불안감의 표현이었다. 근대화의 주체도, 전통적인 가부장도 될 수 없는, 변화된 시대의 흐름을 남성성의 위기로 규정지었던 것이다. 그런데도 남성 위기론이 문제 삼은 것은 여성의 약진이었고,[4] 나아가 아프레 걸의 등장이었다.

아프레 걸 혹은 아프레로 명명되었던 여성들과 관련된 연구는 최근에 이르러 본격화되었다.[5] 이 연구들은 1950년대 정부 기관지나 여성 잡지들을 대상으로 여성 담론을 여성주의적 시각에서 비판적으로 조망하고 있다. 특집 기사나 비평을 중심으로 아프레 걸을 위험한 여성으로 내모는 당대 여성 담론의 단면을 잘 보여 준다. 아프레 걸은 불어 아프레게르(après-gurre)에서 파생된 말이다. 원래 아프레게르는 세계대전을 거치면서 불어 닥친 새로운 움직임, 그러니까 "구질서에 반항하고 방황하는 젊은 세대"[6] 혹은 "모라리티의 여성"[7]을 일

4) 전후 여성의 사회적 진출은 생활난 극복을 위해 권장되는가 하면 다른 한편으로 "가정"의 중요성을 강조하며 "실업자가 많은 우리 형편으로서 남성 근로자들에게 더욱 큰 위협을 가져올 뿐"이라는 부정적 시각도 만만치 않았다. 이혜복, 「한국매춘문제」, 『여성계』 1958년 3월호, 77면. 이러한 시각은 세계대전 이후 서구에서도 마찬가지로 드러난 바 있다. 메릴린 옐롬, 이호영 역, 『아내—순종 혹은 반항의 역사』, 시공사, 2003, 578~581면.

5) 1950년대 아프레 걸 관련 대표적인 논저는 다음과 같다. 이임하, 『여성, 전쟁을 넘어서다』, 서해문집, 2004; 이정희, 「전후의 성담론 연구—종전에서 4 · 19이전 시기의 여성잡지와 전후세대 여성작가의 소설을 중심으로」, 『담론 201』 제8권 제2호, 한국사회역사학회, 2005; 김은하, 「전후 국가 근대화와 '아프레 걸(전후 여성)' 표상의 의미—여성잡지 『여성계』, 『여원』, 『주부생활』을 중심으로」, 『여성문학연구』 제16호, 한국여성문학학회, 2006; 강소연, 「1950년대 여성잡지에 표상된 미국문화와 여성담론」, 『상허학보』 제18집, 상허학회, 2006.

6) 조풍연, 「아프레게르와 처녀성」, 『주부생활』 1959년 4월호, 224면.

컬었다. 전쟁을 겪은 후 기존의 질서나 가치관으로 해결할 수 없는 인생이나 운명에 대한 질문과 자학 혹은 거침없는 행동들을 표출하는 전후 세대, 특히 아프레 걸의 새로움에 주목하였던 것이다. 그러나 한국사회에서 아프레 걸은 그 새로움보다 전통적 범주를 벗어난 여성 젠더의 부정성에 주목하였다.

주목할 만한 점은 아프레 걸 혹은 아프레로 명명된 여성들 사이의 경계가 뚜렷하지 않다는 것이다. 아프레 걸은 특정한 여성을 지칭하는 용어인가 하면 불특정 여성의 부정적인 일면을 강조하는 용어로도 사용된 혐의가 짙다.[8] 그렇기에 아프레 걸은 부정적인 여성을 호출하는 다양한 명명들과 병존하거나 혼용되었을 가능성이 높다. 이를테면 자유부인, 유한마담, 현대여성, 계부인, 알바이트 여성, 양공주, 미망인, 독신여성 등 1950년대 여성에 대한 다양한 명명들이 아프레 걸과 동일하거나 유사하게 취급되었던 것이다. 아프레 걸이 특정 여성뿐 아니라 전통적인 여성 젠더에서 벗어난 모든 여성으로 외연을 확장하여 비판의 대상이 되었을 가능성을 충분히 시사한다.

이 글은 1950년대 신문소설을 대상으로 아프레 걸로 호출된 여성들을 범주화하고 그 재현 방식을 살펴보는 데 목적을 둔다.[9] 1950년대 신문소설을 대상으로 삼은 까닭은 당대 대표적 매체인 신문이 공적 담론의 역할

7) 이명온, 「민주여성의 진로」, 『신천지』 1954년 7월호, 94면.
8) 김은하는 1950년대 아프레 걸이 "객관적인 지시대상이 뚜렷하기보다는, 소문과 상상 속에서 가공되고 부풀려진 존재"였거나 "불건전한 사조"로 취급되었음을 지적하였다. 김은하, 앞의 글, 191면.
9) 이 글에서는 1950년대 대표적인 아프레 걸로 간주되어 온 "자유부인"의 논의는 제외한다. 그간 정비석의 『자유부인』이 다양한 관점에서 상당 부분 논의가 집적되어 온 까닭이다.

을 충분히 수행했음을 감안했기 때문이다. 그리고 전중기와 전후에 걸쳐 신문매체에 소설을 다수 발표했던 작가들을 우선 연구대상으로 삼았다. 연구대상인 신문소설은 최태응의 『전후파(戰後派)』(『평화신문』, 1951.11~1952.4), 정비석의 『여성전선(女性戰線)』(『영남일보』, 1952.1.1~7.9), 김내성의 『실락원(失樂園)의 별』(『경향신문』, 1956.6.1~1957.2.25), 장덕조의 『백조흑조(白潮黑潮)』(『국제신보』, 1958.5.14~12.31)이다.10)

2. 팜므 파탈로서 성매매 여성의 변전(變轉)

1) 부정한 여성의 표상, 양갈보

한국사회에서 처음으로 부각된 아프레 걸은 외국군인, 특히 미군 상대 성매매 여성이다. 1948년 2월 14일 남조선과도정부 법률 제7호 '공창제도등 폐지령'을 시행하여 제도로서의 공창을 폐지했던 행정 책임기관이 바로 미군정이었다. 그러나 미군정이 사창의 창궐을 묵인했음은 주지의 사실이다.11) 한국전쟁으로 미군의 주둔이 장기화

10) 연구대상의 출처는 다음과 같다. 최태응, 『전후파』, 정음사, 1953; 정비석, 『여성전선』, 한국출판사, 1952; 김내성, 『김내성대표문학전집』 3~5, 삼성문화사, 1983; 장덕조, 『백조흑조』, 『국제신보』, 1958. 5.14~12.31.

11) 미군정기 성매매 여성과 관련된 대표적 논저는 다음과 같다. 한국부인회 총본부, 『한국여성운동 약사』, 한국부인회 총본부, 1985; 송연옥, 「조선부녀총동맹-8·15 해방직후의 여성운동」, 『조선민족운동사연구』 제2호, 조선민족운동사연구회, 1985; 문경란, 「미군정기 한국여성운동에 관한 연구」, 이화여대 석사논문, 1989; 이승희, 『한국현대여성운동사』,

되면서 국가와 미국은 미군을 상대하는 성매매 여성의 확산을 좌시하였다.12) 이러한 가운데 1950년대 한국사회에서 미군을 상대하는 성매매 여성은 "양공주", "유엔 마담", "유엔 사모님", "양갈보" 등으로 명명되었다.

『전후파』는 최태응13)이 1951년 5월 창설된 육군종군작가단으로 활동하면서 『평화신문』14)에 연재한 첫 장편소설이다. 소설 제목처럼 '전후파'는 한국전쟁기에 이미 거론되기 시작한 화두였다. 이 소설에서 "아푸레게르"는 "전후" 혹은 "전후파"와 함께 명명되는 용어로 "일종의 누림(亭標)속에 빠져 있는 인간들"을 지칭한다. 그들은 "국외(國外)에서 스며 들어온 사치품"으로 "오색(五色) 어지러운 화장과 복장"을 하고 "야시(夜市)를 이룬 일본 서적들"과 "골목마다 취흥을 타고 흘러 나오는 일본 노래들"을 향유한다. 휴전회담을 한국전쟁의 종식으로 간주하고 후방에 안주하여 흥청거리는 사람들인 것이다. 이 소

백산서당, 1994; 양동숙, 「해방 후 공창제 폐지과정 연구」, 『역사연구』 제9호, 역사학연구소, 2001.

12) 이임하에 따르면 1950년대 미군 상대 성매매 여성의 증감은 전쟁 및 미군 주둔과 밀접한 관계를 갖는다. 휴전회담이 시작된 1951년 7월 이후 미군 상대 성매매 여성의 수가 크게 급증했던 반면, 미군이 본격적으로 철수하기 시작한 1956년 이후에는 내국인 상대 성매매 여성보다 줄어드는 경향을 보였다. 이임하, 『여성, 전쟁을 넘어서다』, 서해문집, 2004, 131~137면.

13) 황해도 장연 출신인 최태응은 한국전쟁기 육군종군작가로 왕성한 활동을 보여주었다. 신영덕, 『한국전쟁과 종군작가』, 국학자료원, 2002, 136~142면. 특히 그는 1950년 11월 1일부터 12월 30일까지 정훈국 기관지로 평양에서 발간된 『평양일보』의 편집 겸 발행인으로도 활동했다. 최 준, 『한국신문사』, 일조각, 1990, 362면. 이러한 이력은 그가 당대 지배 이데올로기를 적극적으로 수렴하고 전달하였을 가능성을 시사한다.

14) 『평화신문』은 한국전쟁으로 중앙지들이 휴간되었던 1950년 7월 3일부터 대전 · 대구에서 임시 호외 형식으로 발간을 계속하였고, 특히 공산군에게 점령당한 서울 시민들을 위해 바깥소식을 비행기로 공중에서 살포한 바 있다. 최 준, 위의 책, 361면.

설이 "將次 必然的으로 창궐할 戰後派에 對한 一種의 事前警告"[15] 라는 작가의 말처럼 아푸레게르의 표상은 다분히 부정적이다.

여기에서 주목할 만한 점은 부정적 표상인 아푸레게르의 구성방식이다. 우선, 아푸레게르를 통해 비판하는 대상은 일본의 퇴폐적 향락 문화라는 점이다. 아푸레게르는 "난잡하고 저속한 일본 잡지들"에서 "가장 썩어진 면과 가장 음란한 면"을 모방하여 활보하는 인물로 형상화되어 있다. 모방의 주체를 차치한다면 모방의 대상인 일본의 퇴폐적 향락 문화를 비판하고 있는 셈이다. 그런데 한국전쟁기 후방에서 향락문화의 모델이 과연 외교가 단절된 일본뿐일까라는 점은 의문이다. 식민지 잔재로 간주하더라도 일본의 향락문화를 강조하여 비판하는 것은 작위적인 경향이 농후하다. 그것은 장동규가 양갈보를 찾아온 미군을 『모파상』을 읽을 만큼 교양을 갖춘 "신사"로 형상화한 것과 비교할 때 더욱 그러하다. 그만큼 한국전쟁기 미국에 대한 극단적인 우호감 혹은 예우가 불러온 결과물이자 작가의 편향적 서술태도가 빚어낸 결과라 여겨진다.

다음으로, 아푸레게르가 사치와 향락을 즐기는 남녀 모두를 비판의 대상으로 삼고 있는 듯하나,[16] 정작 초점화한 것은 여성, 특히 미군 상대 성매매여성이라는 점이다. 이 소설에서 여성 작중인물들 대부분은 미군 상대 성매매여성인데, 그들이 아푸레게르가 표상하는

15) 최태응, 앞의 책, 304면.

16) 부정적인 남성 작중인물은 김민섭이 대표적이다. 그는 "마카오 양복에 값비싼 중절모에 번쩍거리는 칠피 구두에 나이는 삼십도 못되어 보이나 지나치게 차린" 청년 실업가이다. 아편 밀수단 괴수로 체포되는 이력에서 드러나듯, 그는 아푸레게르의 특성보다 부정적인 실업가, 나아가 부패한 현실을 재현하는 인물에 가깝다.

부정적 여성상을 재현하고 있다.

> 내용인즉 해방 전에 중국일대를 다 돌아다니던 땐서요, 한국에 돌아와서는 그날부터 허영에 떠서 옷을 벗고 나선 양갈보로 안나를 규정해 놓은 다음, 가기 어려운 일선지구까지 남보다 먼저 기어 들어가, 할 짓 못할 짓 다 해가며 적지 않은 물질과 달라를 단단히 긁어 가지고 부산으로 내려온 안나가, 어리석고도 염치 없이 지난 날의 정부(情夫)를 찾아 와서, 그에게 달라 교환을 맡기고 그와의 단꿈을 그리는 동안에 남자는 어디로인지 종적을 감추고 말았다는 것이었다.
>
> 설상가상으로 고리짝 세 개에 그득찬 미군 물품을 몇 가지 팔지도 못하고 송두리째 압수를 당하고 말아서 거리마다 골목마다 반미치광이가 되어 울부짖으며 헤매이던 끝에 영도 뒷기슭 깊은 물에 뛰어들고 만 것이라 했다.
>
> 일러 '허영에 뜬 매춘부의 말로'라고 만담조로 결론을 맺은 기사를 읽고 동규는 다시 한 번 안나의 이름과 아울러 그가 살아서 울고 웃고 움직이던 날의 모습들을 그려 보았다.
>
> 변명이 아니라 그도 그렇게 째어진 운명의 고랑을 고스란히 걸어온데 지나지 않은 다만 하나의 인간이었으며 기구하고도 슬픈 생애의 여인이었다는 생각만이 동규의 머릿속에 떠 올랐다.[17]

인용문은 미군 상대 성매매 여성인 안나에 대한 신문기사와 그것에 대한 장동규의 태도를 보여주는 대목이다. 신문기사는 무엇보다

17) 최태응, 앞의 책, 259면.

한국전쟁기 안나와 같은 미군 상대 성매매 여성을 양갈보로 폄하하면서 그 선택이 자의적임을 분명히 드러낸다. 양갈보라는 명명은 순결성을 잃은, 오염된 육체를 지닌 부정적 여성을 의미한다. 여기에서 오염된 육체는 민족의 치욕스러운 현실의 기호로 읽히기보다 팜므 파탈로 재현된다. 안나가 일제강점기 중국에서 활동했던 댄서로 "지난 날의 정부(情夫)"가 있었다는 사실은 광복 후 양갈보의 선택이 타락한 여성의 정해진 행로임을 환기시킨다. 이때 양갈보는 자발적으로 남성을 유혹하는 여성, 팜므 파탈(femme fatale)로 전이된다.

더욱이 신문기사는 안나의 죽음을 양갈보 개인의 "허영"에 원인을 둠으로써 팜므 파탈의 이미지를 강화시키는 한편 아푸레게르의 특성을 분명히 하고 있다. 안나가 전선을 누비며 미군 상대 성매매를 통해 "적지 않은 물품과 달라"를 모은 것에 자족하지 않고, "고리짝 세 개에 그득찬 미군 물품" 장사를 통해 부를 축적하려 했다는 점과 과거 정부(情夫)의 사랑을 되찾으려 했다는 점은 양갈보의 허영으로 간주된다. 안나는 사치와 향락을 누리는 아푸레게르의 전형인 셈이다. 그러나 신문기사는 허영의 원인을 지운 채 그 과정만을 문제 삼고 있다. 안나의 허영은 양갈보인 자신을 여느 평범한 여성과 동일하다고 믿으려는 경향에서 비롯된 것이다. 안나는 양갈보의 삶을 실패로 간주하는 타인의 시선을 의식하기에 부의 축적과 새로운 사랑 추구를 통해 그 실패에 동의하지 않으려 한다. 하지만 그것은 안나가 구축한 '가상적인 사회적 정체성'일 뿐이다. 그녀는 정부(情夫)의 배신과 물품 압수라는 구체적인 현실을 통해 양갈보인 자신의 '실제적인 사회적 정체성'을 확인해야만 했고, 그것이 자살의 동기를 제공한다.[18] 하지만 신문기사는 안나를 고약한 아푸레게르이자 팜므 파탈로 강조하고 있을 뿐이다. 양갈보 안나를 "어리석고도 염치 없는", "허영에 뜬" 팜므 파탈로 규정하는 것이다. 이제 양갈보라는 명명은 순결성과 순수성을 지니지 못한 여성에서 나아가 그러한 수치와 죄악을 모르고 허영에 들뜬 팜므 파탈, 아푸레게르를 표상한다.

신문기사를 한국전쟁기 미군 상대 성매매여성에 대한 사회적 담론의 알레고리로 본다면, 당대 사회에서 미군 상대 성매매여성이 얼마나 부정적으로 담론화되었는지 쉽게 알 수 있다. 그것은 장동규에게도 예외가 아니다. 장동규는[19] 신문기사로 접한 안나의 죽음을 감상적으로 접근하고 있다. 안나가 동료였던 시인 김유악의 전처였으며 서울에서 잠시 같은 집에서 기숙했던 정리(情理)에서 "기구하고도 슬픈 생애의 여인"으로 대하고 있을 뿐이다. 그녀가 미군 상대 성매매여성으로 전락한 이유가 많은 여성들처럼 생활난에 있었다는 점[20]뿐 아니라 "허영"이라 몰아세운 사건의 이면을 애써 들춰내려 하지 않는다. 장동규 또한 은연중에 안나를 팜므 파탈로 간주하고 있는 셈이다.

이 소설에서는 미군 상대 성매매 여성의 성매매 동기가 생활난보

18) 크리스 쉴링, 임인숙 역, 『몸의 사회학』, 나남, 1999, 130~131면.

19) 이 소설은 주인공인 장동규가 소설가로 설정되어 있는 점, 시간적 배경이 1951년 겨울에서 다음해 봄으로 발표시기와 맞물려 있다는 점, 종군작가로 강원도 일대 최전선을 돌며 전사들과 노동자들을 위로하는 한편 그 체험을 부산에서 강연하고 있는 점 등에서 한국전쟁기 최태응의 행적과 시각을 장동규를 통해 전달하고 있다고 볼 수 있다.

20) 안나가 미군 상대 성매매 여성으로 전락한 것은 광복기 전재민으로서 생활난을 이기지 못했기 때문이었다. 그것은 광복기와 한국전쟁기 미군 상대 성매매 여성 대부분 성매매 행위의 동기가 생활난이었음을 문맥화하고 있다. 이임하, 『여성, 전쟁을 넘어서다』, 서해문집, 2004, 137~141면.

다 여성의 사치와 허영에 있다고 간주함으로써 아푸레게르의 부정성을 부각시키고 있다. 그것은 미군 상대 성매매 여성을 일방적으로 폄하하는 신문기사, 미군에 대한 극단적 우호감을 표현했던 장동규, 그리고 미군상대 성매매 여성의 집을 "양갈보의 소굴"로 폄하하는 작가 모두의 관점에서 공통적으로 확인 가능한 것이다. 이러한 관점은 부수적 인물인 안나보다 주인공 여옥의 순수성과 순결성을 강조하기 위한 작가의 전략과 맞물려 있다. 여옥은 과거 장동규가 가르쳤던 여학교 제자로, 미군 상대 성매매 여성들의 통역을 하고 있지만, "아낄 것은 아끼고 깨끗한 것을 깨끗한 채 부여안고 있는" 여성이다. 그러나 성장(盛裝)한 여옥의 외양이 유한마담이나 양갈보와 다를 바 없다는 점과 스승인 장동규를 유혹하여 애인으로 삼은 여성이라는 점에서 여옥 또한 팜므 파탈의 혐의를 벗어나기 힘들다. 그런데도 여옥이 안나와 견주어 고평되는 것은 악조건 속에서도 순결을 지켰다는 점과 희생적이고 순종적인 사랑의 자세 때문이다. 여옥은 점차 팜므 파탈의 이미지를 지우고 가부장제 질서가 요구하는 전통적인 여성상을 재현하고 있다. 이렇듯 한국전쟁기 지배적 담론은 전통적인 여성상을 요구하는 만큼 미군 상대 성매매 여성을 사회적 악으로 간주하고 있었다. 양갈보는 사치와 향락을 즐기는 아푸레게르를 대표하는 팜므 파탈로 호출되어 비난받았던 것이다.

2) 전후 팜므 파탈의 호출, 다방 마담

1950년대 신문소설에서 팜므 파탈의 재현 방식은 전후 다른 유형의 성매매 여성으로 전이되는 경향이 지배적이다. 미군 상대 성매매 여성이 기지촌 문화를 형성하며 사회적으로 격리되었던 반면 근대 도시에 새롭게 형성된 공간, 이를테면 다방, 댄스홀, 고급 요정이나 음식점 등을 중심으로 새로운 성매매 여성이 등장한다. 특히 1950년대 다방은 도시에서 "한 집 건너 한 집" 있을 만큼 창궐했는데, 당대 신문소설에서 음성적인 성매매 여성으로 다방 마담이나 점원이 새롭게 부각되고 있다. 장덕조의 『백조흑조』에서 나미 다방의 호나미가 그 대표적인 예이다.

"(…전략…) 대개 남자와 여자의 쾌락이란 애정위에서 비로소 이루어지는걸텐데."

"그건 묵은 관념이 예요. 구 사상이야."

"그럴까"

"그런 사고방식은 옛날생각이야. 난 애정을 떠나서 육체만으로 어떤 남성이건 정복할수 있다고 생각해요."

(…중략…)

"난 내몸을 한 개 상품이라고 생각하고 있어요. 비취나 다이아몬드가 상품인듯이 호나미의 몸도 상품이야. 그 사람은 물건을 아직 못 보았으니 내 생각을 이행하거나 어떻게 거래(去來)를 승낙할수가 있겠어요?"

(…중략…)

"(…전략…) 나는굶어죽이건제 자살하겠다는 거예요. 상품가치의 상실과 함께 그상인이 깨끗이 세상을 단념하고 죽을수 있다면 미담(美談)이지만 그렇게 하지 못한다면 추태지요."[21]

인용문은 호나미와 최종필이 성행위를 끝내고 대화하는 장면이다. 최종필은 태창기업 주식회사 전무로 "여자를 상대루 놀아는 게" 전문인 남성이다. 그럼에도 그는 사랑이 "애정"을 기반으로 해야 한다는 입장을 견지하는 반면, 호나미는 정신적인 애정을 "구사상"이라고 반박하며 사랑은 "육체만"으로 충분하다고 주장하고 있다. 호나미에게 사랑은 곧 성(性)이라는 논리가 우월한 가치를 지닌 새로운 사상으로 간주되는 셈이다.

나미 다방은 여느 다방처럼 "정치인들의 음모 장소구 실업가들의 계집 꾀는" 공간으로 표상된다.[22] 이러한 공간에서 호나미는 자신의 미모나 육체를 이용하여 남성을 유혹하는 전형적인 팜므 파탈로 재현되어 있다. 팜므 파탈로서 호나미의 재현방식은 앞선 미군 상대 성매매여성과 사뭇 다른 양상을 보여준다.

우선, 호나미는 남성 중심적 시각의 틈새를 공략하는 팜므 파탈이다. 그녀는 생활난 때문에 전적으로 성매매 행위에 의존하는 여성이 아니다. 그녀는 다방 손님이 생활유지를 위해 필요한 존재임을 인정하면서도 자신을 "먹고 살게 해주는 도구" 정도로 간주한다. 나아가 다방손님을 자신의 미모나 육체를 맛보기 위해 찾아오는 "무책임한 사람"이라 비판한다. 그러니까 호나미에게 다방 손님은 사회적으로나 가정적으로 무책임한 존재로 격하되고 나아가 생활 유지의 수단

21) 장덕조, 『백조흑조』, 『국제신보』, 1958.7.8, 4면.

22) 이 소설의 다른 다방, 특히 화워 다방은 나미 다방과 같은 역할을 담당하지만 상류층만 이용하는 다방으로 구별되어 있다. 이러한 다방 간의 구별 짓기는 당대 다방을 이용하는 고객에 따라 계층화 양상을 드러냈음을 보여준다. 이러한 점에서 1950년대 다방이라는 표상 공간의 특성은 다각적으로 고찰해 볼 필요가 있다.

으로 간주된다. 그것은 남성중심주의적 시각에서 성매매 여성을 폄하하고 대상화하였던 것과 대조적이다.

다음으로, 호나미는 자신의 미모와 육체를 당당하게 "상품"으로 현시하고 남성중심주의적 시각을 효과적으로 이용하는 팜므 파탈이다. 이 소설에서 그녀의 육체는 최종필과 그의 친구인 의사 이윤진의 시선을 통해 재현되는데, 여기에 여성을 성적 대상물로 간주하는 남성중심주의적 관점이 작용하고 있다. 이윤진의 시선에서 호나미의 육체는 인간이 아닌 "야성의 매력이 꿈틀거리는" "동물적" 감각을 지닌 대상이라면, 성적 경험까지 한 최종필에게는 "모든 것이 남성의 쾌락만을 위하여 가장 적합 미묘하게 구성된 놀라운 생물"이다. 이렇듯 두 남성 작중인물의 시선에서 호나미는 여성이라기보다 "동물"이나 "생물"에 가까운 성적 대상물로 간주된다. 하지만 호나미는 자신의 육체를 응시하는 이러한 남성의 시선을 만족해할 뿐 아니라 적극적으로 이용하기까지 한다.

호나미에게 육체는 "성(性)이고 사랑"인 동시에 "상품"이다. 그녀의 육체는 탐구 대상일 뿐 아니라 자신감을 통해 구성되는 자기 존재의 근거이다. 그녀는 "우리나라에서 가장 멋진 육체"를 만들겠다는 욕망을 피력하는데, 그 육체는 "젊음과 기교와 매력"을 지닌 것이어야 한다. 그녀가 그러한 육체의 조건을 갖춘 소유자라는 자신감의 표현에 다름 아니다. 그러나 그녀의 자신감은 자신을 삶의 주체 혹은 자유로운 육체를 가진 인간으로 자리매김시키는 것과는 거리가 멀다.[23] 오히려 그것은 육체의 아름다움을 규범으로 삼아 소외의 메커니즘을 강화하는 남성의 은밀하지만 지배적인 메커니즘을 재현한 것이다.[24] 그러니까 그녀의 육체는 전후 한국사회에서 남성이 새롭게 요구하는, 여성의 육체의 아름다움에 대한 지배적 관점을 적극적으로 재구성한 지점인 것이다. 이미 그녀의 육체는 남성중심주의적 관점이 지배하는 물적 대상에 불과하다.

하지만 호나미는 자신의 육체를 남성들 앞에 당당하게 "상품"으로 현시하고, 그 가치를 통해 자신의 존재를 확인하며 자신감을 획득하고 있다. 그녀는 "자기 육체를 한번 경험한 사람은 누구든지 거기서 헤어나지 못하는줄로" 믿을 만큼 "상품"의 가치에 대한 자신감으로 충만하다. 이러한 자신감은 성관계 후 "자기 육체의 값을 평가하고" 당당하게 "물질적 급여"를 요구하는 행위에서도 드러난다. 남성이 자신을 물적 대상으로 대하든 연인으로 대하든 상관없이 호나미는 스스로 자신의 육체를 "상품"으로 간주하고 그 가치를 "금전의 응수(應酬)"를 통해 거듭 확인한다. 사회통념상 호나미는 "매춘부"에 해당하지만 그녀는 그것을 인정하지 않는다. 오히려 상품의 가치를 정당하게 교환하고 요구했을 뿐이라고 여긴다. 뿐만 아니라 "상품"의 가치를 곧 자신의 생명으로 간주한다. "상품가치의 상실"이 죽음을 의미할 만큼 그녀는 육체, 곧 성(性)을 통해서만 삶의 의미를 획득하고 있는 것이다.

마지막으로, 호나미는 육체를 이용하여 여러 남성을 유혹하고 파

23) 서구의 육체해방운동은 거추장스러운 의복으로부터의 해방과 지배받는 성(性)으로부터의 해방을 통해 여성이 삶의 주체이자 자유로운 육체를 가진 인간임을 분명히 한 바 있다. 장 클로드 코프만, 김정은 역, 『여자의 육체 남자의 시선』, 한국경제신문사, 1996, 39면.

24) 장 클로드 코프만, 위의 책, 40면.

괴하는 일에 스릴을 즐기는 팜므 파탈이다. 뇌쇄적인 미모와 육체로 남성을 유혹하여 파멸로 이끄는 팜므 파탈인 것이다.[25] 그녀는 이윤진의 전시대적 관념이 변화하는 것을 보고 싶다는 생각에서 그를 유혹하기 시작한다. 점차 이윤진에게 이끌리면서 "구애(求愛)의 말을 듣고 싶어" 하는데, 그것은 결혼부정론자인 그녀의 호기에 불과하다. 하지만 그것이 여의치 않자 백명 박사를 이용한다. 백명은 외과의사로서 사회적 명예와 지위, 인품을 갖춘 노학자이다. 그녀는 이윤진에게 그가 존경하는 백명을 유혹하지 않는 대가로 결혼 약속을 받아내지만, 결혼이 지지부진하자 다시 백명을 유혹하기 시작한다. 그녀는 백명에게 전혀 매력을 느끼지 않는데도 그를 "황홀한 쾌락"의 세계에 빠뜨려 사회적 명예를 실추시키고 가정을 파괴하며 도덕의식까지 마비시킨다.[26] 또한 이윤진이 애인 연경채와 결별 위기를 맞고 병원을 스스로 사퇴하게 하는 직접적 원인을 제공한다. 호나미는 남성을 유혹하여 파멸로 이끄는 전형적인 팜므 파탈인 것이다.

이렇듯 호나미는 남성중심주의적 시각을 이용하거나 그 틈새를 공략하고 나아가 파괴하는 팜므 파탈로 재현된다. 제인 빌링허스트(Jane Billinghurst)에 따르면, 요부는 남성이 여성에게 투사한 하나의 이미지 혹은 공유된 욕망의 모험담으로, 남성의 우월성에 얼마나 자신감을 갖고 있느냐에 따라 재현방식이 달라진다. 남성지배적 사회질

25) 김인철, 「영화 영상 이미지의 '전형'에 관한 연구—팜므 파탈 이미지를 중심으로」, 『한국디자인포름』 제10호, 한국비쥬얼디자인학회, 2004, 211면.

26) 백명은 호나미와의 "황홀한 쾌락"을 위해 병원에서 몰래 몰핀을 구해 스스로 주사한다. 또한 비합법적인 유산수술을 반대하던 그가 호나미의 유산 집도를 했다가 실패해 곤경에 처하기까지 한다. 이렇듯 그는 호나미로 인해 의사의 위신과 도덕성을 상실하고 있다.

서가 안정적이거나 우월할 때 요부는 순진해 보이는 매혹적인 여성이나 성적 즐거움을 제공하는 백치미의 여성으로 재현된다. 그러나 남성지배적 사회질서가 교란되어 있을 때, 그러니까 남성은 질서를 부과하려 하는 반면 여성은 그 질서를 뒤엎으려는 의식이 만연되어 있을 때 치명적인 여인, 팜므 파탈이 등장한다.[27] 그런 점에서 팜므 파탈로서 호나미의 재현방식은 전후 한국의 남성지배적 사회질서가 불안정하였음을 방증하고 있는 것이다. 그것은 1950년대 제기된 남성위기론과 맞닿아 있는 지점이기도 하다.

다른 한편으로 팜므 파탈인 호나미는 당대 사회에서 "아프레" 여성으로 호출된다. "명동에서 유명한 근대적 마담"이자 "일류 마담"인 호나미는 "근대적인 미모와 육체"를 가지고 아프레적 애정관계를 구현하는 여성이다. 이때 "근대적"은 긍정과 부정, 선망과 경멸을 함께 머금고 있다. 하지만 "아프레"로 명명되는 순간, "근대적"은 아프레와 동격이 되면서 부정적 의미로 변전된다. 여기에서 아프레는 "애정문제에 대해서 전연무책임"한 현대여성을 일컫는 말이다. 아프레 여성은 남녀 간의 애정문제를 "아주 예사롭게" "곧 좋아졌다가 금새 헤어"질 만큼 대수롭지 않게 여긴다. "어느 한편이 「굳바이」를 부른다면 그만"일 뿐이다. 현대 남녀관계를 즉흥적이고 감각적인 것으로 간주하는 것이다. 다분한 "불량성"을 인정하고 오히려 즐긴다. 호나미는 이러한 남녀관계를 "육체의 문제"로 보고 아프레의 극단적인 전형을 재현하고 있다. 따라서 호나미에게 뒤따르는 명명들, "음녀(淫女), 요

27) 제인 빌링허스트, 석기용 역, 『요부, 그 이미지의 역사』, 이마고, 2005, 17~30면.

녀(妖女), 악녀(惡女), 독화(毒禍)" 등은 "아프레" 만큼이나 매우 부정적일 수밖에 없다.

이상에서 살펴보았듯이 『백조흑조』에서 호나미는 1950년대 다방을 경영하는 음성적인 성매매 여성이다. 그녀는 인정하지 않지만 그의 행위는 "매춘부"이기를 자처하고 있다. 근대적 미모와 육체를 통해 아프레적 애정관계를 극단화하는 팜므 파탈의 전형을 재현한다. 그것은 호나미와 정반대의 여성, 그러니까 "아프레를 싫어"하고 "봉건적인 도덕"을 "아름다운 지주"로 여기는 여성 이경채를 곧추세우기 위한 작가적 전략으로 독자들의 바람을 이경채에게 자연스럽게 옮겨가도록 한다. 그럼에도 눈여겨 볼만한 점은, 이 소설에서 아프레적 애정관계를 재현하는 여성이 다방 마담에 국한되지 않는다는 사실이다. 특히 "매춘부 아닌 직업이나 신분이 뚜렷한 여자들", 그러니까 여자 사무원, 여대생, 여염집 유부녀, 초등학교 선생, 발레리나 등이 자발적으로 매춘행위를 하는 "서대문집"이나 "필동"의 요정들은 당대 사회의 변화된 성문화를 전경화하고 있다. 그들의 매춘행위는 "현대" 혹은 "아프레"라는 이름으로 합리화되고 있다. 그만큼 아프레가 당대 사회에서 근대의 선망이 아닌 부정으로 명명되고 담론화되었던 셈이다.

3. 현대여성이라는 미망(迷妄) 넘나들기

1) 양가적 여성으로서 직업여성

1950년대 신문소설에는 "현대여성"이라는 명명이 부쩍 많이 등장한다. 현대여성을 문면 그대로 해석한다면 근대적 문물을 교육받았거나 향유하는 여성을 말한다. 한국전쟁을 거치면서 '근대=미국'으로 인식하고 선망하였음을 감안한다면, 현대여성의 '현대'는 곧 미국을 가리킨다. 문제는 미국 문물을 수용한 현대여성의 정체는 무엇인가 하는 것이다. 다르게 말하면 현대여성으로 명명되고 재현되는 여성들은 어떠한 여성들인가를 살펴볼 필요가 있다.

당대 신문소설에서 현대여성으로 명명되는 대표적 여성으로 직업여성을 들 수 있다. 『여성전선』의 윤옥란이 대표적인 예이다. 정비석의 『여성전선』은 "청춘남녀 사이에서 일어나는 애정투쟁"[28]을 복잡다단하게 형상화하고 있는 연애소설이다. 이 소설은 한국전쟁기에 발표되었지만 전후를 시대적 배경으로 삼고 있다. 그리고 애정투쟁에서 초점화된 것은 전후에 새롭게 등장한 여성, 즉 현대여성으로 명명되거나 재현되는 여성에 있다. 아푸레게르가 아닌 현대여성으로 명명되고 있는 셈이다. 이 소설에서 현대여성으로 호출되는 여성은 양갈보, 유한마담, 직업여성인데, 여기에서는 직업여성 윤옥란을 통

28) 정비석, 앞의 책, 3면.

해 현대여성의 재현방식을 살펴보기로 하겠다.

> ① (…전략…) 남성들에게 절대복종하는 여성들은 화초로서의 아름다움은 있을지언정 인간으로서의 아름다움은 있을 수 없었다.
>
> 그런데 현준식이가 보기에 옥란은 그런 여성들과는 소질이 전연 다른 것 같았다. 옥란은 자신의 주관(主觀)을 가졌고, 또 그것을 서슴지 않고 주장하였다. 그것은 현대 여성들의 새로운 기질인지도 모른다 싶었다.[29]

> ② "현대 여성이란 모두가 그렇지 않습니까? 굶으면 굶었지, 점심을 먹자면 꼭 그릴이나 레스토랑이라야 하구, 엄동설한에 몸을 오들오들 떨면서두 나이롱 양말에 하이힐을 꼭 신어야만 맛이구…… 허영을 위해서는 그처럼 인내심(忍耐心)이 흔한 것이 현대여성의 특징이 아니던가요?" (…중략…)
>
> "돈을 가지고 있으면서도 혼자 이런 음식점에 들어올 만한 분이라면 존경할 만한 여성이니까요!"[30]

인용문 ①은 지미양행 전무 현준식이, ②는 약제사 전우현이 현대여성 윤옥란을 평가해 놓은 대목이다. ①에서 윤옥란은 "자신의 주관(主觀)을 가졌고, 또 그것을 서슴지 않고 주장"할 줄 아는 여성으로 평가된다. "절대복종"하는 전통적인 여성과 달리 "인간으로서의 아름다움"을 간직한 현대여성인 것이다. 이러한 현대여성은 남성의 문학

29) 정비석, 위의 책, 31면.
30) 정비석, 위의 책, 171면.

에서 상속된 마녀의 이미지에 가깝다. 마녀는 헌신적이기를 거부하고 자신의 주체성에 따라 행동하는 여성이며 말할 이야기거리가 있는 여성이다. 다르게 말하면 가부장제가 마련해 준 순종적 역할을 거부하는 여성인 셈이다.[31] 현준식은 윤옥란의 마녀적 "언동"에서 "현대여성들의 새로운 기질"을 간파하고 "신선미"를 느낀다. 여기에서 현대여성은 '새로움'과 '신선함'을 환기하는 긍정적 이미지로 재현된다. 아울러 ②에서 윤옥란은 전우현에게 예외적인 현대여성으로 간주된다. 전우현은 윤옥란이 포장마차 호떡집에 혼자 들어와 식사를 해결하는 것을 보고 감명 받아 존경할 만한 대상으로 추켜세운다. 윤옥란이 허영을 부리지 않는 현대여성으로 보였기 때문이다.

여기에서 전우현이 피력하는 현대여성론을 눈여겨 볼 필요가 있다. 그의 눈에 비친 현대여성은 한마디로 허영덩어리이다. 추운 겨울에도 "나일롱 양말에 하이힐"을 신어야 하고, 점심은 반드시 "그릴이나 레스토랑"에서 해야 하며, "춤이나 추러 다니고 영화구경이나 다니면서 고도의 소비생활"을 가능하게 해 줄 남편을 얻으려 결혼을 하는 것이 현대여성이다. 그는 현대여성의 "허영"과 "경박성"을 경멸하고 있는 셈이다. 이때 허영을 구성하는 자질들이 모두 미국 문물을 향유하는 것과 연관이 있다는 점은 주목할 만하다. "그릴이나 레스토랑"이라는 식문화 공간, "나일롱 양말에 하이힐" 등의 서양식 의복, 왈츠에 따라 추는 춤, 미국영화가 지배적이었던 외국영화의 관람 등

31) Sandra M. Gilbert and Susan Gubar, *The Madwoman in the Attic : The Woman Writer and the Nineteenth-Century Literary Imagination,* New Haven : Yale University Press, 1970, p.76.

은 양풍 모방으로 볼 수 있다. 그것은 현대여성이 갖추어야 할 요건으로 자리매김할 만큼 한국전쟁기에 이미 한국사회의 일상 깊숙이 침투해 있었던 것이다. 그런데도 전우현이 비판하는 대상은 향유의 대상이 아니라 주체이다. 즉 미국의 문물과 향락문화 자체보다 그것을 향유하는 여성을 문제 삼고 있다. 한국전쟁기 미국문화에 대한 선망과 무차별적 수용이 빚어낸 한국 사회의 갈등을 문제적 여성으로 명명된 현대여성을 호출하여 비판하고 경계하고 있는 것이다. 그것은 전우현의 시각에 국한되지 않는 당시 지배적 담론과 맞닿아 있다는 점에서 다분히 문제적이다.

두 남성의 시각에 비친 현대여성 윤옥란은 긍정적인 여성이다. 하지만 그들의 시각을 염두에 두지 않는다면 그녀 또한 현대여성의 부정적 자질을 충분히 가지고 있다. 무엇보다 남녀 간의 애정관계에서 그러하다. 윤옥란은 현대여성의 자질로 연애를 든다. 그녀는 "사랑이란 한쌍의 남녀가 동등한 위치에서 정신적으로 결합함으로써 하나의 새로운 세계를 이루려는 창조정신"이라는 점을 충분히 인식하고 있음에도 강춘배와 애정 없이 연애 자체를 즐긴다. 강춘배와 연애하는 동안 윤옥란은 레스토랑에서 식사하고, 악어백을 선물 받으며, 파티에서 댄스를 즐긴다. 그리고 강춘배에게 미인계를 써서 은행에서 부정대부를 받아내기까지 한다. 이때 그녀는 양심의 거리낌보다 "처녀라는 조건만 가지면" 남성을 지배할 수 있다는 자신감으로 충만하다. 결국 그녀의 연애는 남성을 유혹하여 자신의 이속을 챙기는 행위에 지나지 않는다. 전우현이 그토록 비판했던 현대여성의 "허영"과 "경박성"이 그녀와 무관하지 않은 셈이다.

그럼에도 윤옥란은 여성전선론을 개진한다. 여성전선이란 진정한 남녀평등과 민주주의를 위해서 "대내적으로는 자기 머릿속에 잠재하는 노예근성과 싸우고, 대외적으로는 우리들의 행복을 유린하는 남성들의 횡폭"(195면)과 "정신적으로 싸우는" 것을 말한다. 그녀가 말하는 여성전선론은 말할 거리를 가지고 있는 동시에 말하지 않거나 다른 이야기를 할 가능성을 가지고 있는 마녀의 이중적 담론[32]으로 볼 수 있다. 그것을 통해 남성적 사유를 벗어나 여성 주체로 거듭나고자 하는 것이다. 그러나 여성전선론이 여성들의 연대를 간과한, 개별적이고 정신적인 투쟁이라는 점과 윤옥란이 내재화된 남성지배적 세계관을 여전히 노정하고 있다는 점에서 여성전선론의 실패는 불가피하다.[33]

이 소설에서 직업여성은 부정적으로 명명되는 현대여성의 한 부류이다. 한국전쟁기 현대여성은 허영, 경박성, 양풍 모방을 덧씌운 부정적 여성의 표상이다. 하지만 이 소설에서 직업여성 윤옥란은 양가적인 현대여성이다. 그녀는 연애, 양풍 모방, 허영을 재현하는 동시에 전통적인 여성과 달리 자신의 주장을 개진할 줄 아는 새로움과 신선함을 지닌 현대여성이다. 더욱이 남성중심주의에 반항하여 주

32) Toril Moi, 임옥희 · 이명호 · 정경심 역, 『성과 텍스트의 정치학』, 한신문화사, 1994, 67~70면.

33) 여성전선론의 실패는 정비석의 남성중심주의적 시각과 무관하지 않다. 이에 대해서는 다음의 글을 참조하기 바란다. 김복순, 「반공주의의 젠더 전유양상과 "젠더화된 읽기"－〈자유부인〉을 중심으로」, 『문학과 영상』 제5권 제1호, 문학과영상학회, 2004, 27~54면; 김영애, 「〈자유부인〉에 나타난 인물형상화에 관한 연구」, 『현대소설연구』 제28집, 한국현대소설학회, 2005, 207~226면; 최미진, 「부인명(夫人名) 대중소설과 여성의식－정비석의 『自由夫人』과 전병순의 『賢夫人』을 중심으로」, 『한국 대중소설의 틈새와 심층』, 푸른사상, 2006, 70~89면.

체 정립을 모색하는 여성이기도 하다. 이 소설에서 직업여성은 여느 현대여성과 달리 부정적인 표상만으로 간주될 수 없는 이유가 거기에 있다. 이것은 한국전쟁기 한국 사회에서 요구되었던 직업여성의 존재이유와 맞물려 이해 가능하다. 남성의 부재와 남성 노동력의 부족을 직업여성이 일정 정도 충당했음을 감안한다면, 직업여성을 부정적인 여성으로만 표상할 수 없었을 것이다. 그것은 양갈보와 유한마담의 표상과 사뭇 다른 부분이기도 하다.

2) 아프레라는 이름의 여대생 구별 짓기

1950년대 신문소설에서 여대생은 여성 주인공으로 자주 등장한다.[34] 그것은 당시 한국사회에서 여대생이 드물었다는 점, 신문소설의 과반수가 애정소설이었다는 점, 대학생과 가정주부가 신문소설의 주요 독자층이라는 점과 맞물려 있다.[35] 때문에 당시 여대생은 그 기호 자체만으로도 선망의 기의를 충분히 환기하고 있었던 것이다. 다른 한편으로 여대생이 전후 새로운 세대의 변화된 의식과 행동양식을 반영하기에 적절한 인물군이었다는 점을 간과해서는 안 될 것이다.[36] 이른바 아프레 걸로서 여대생의 존재를 확인할 수 있는데, 그 대표적인 예로 『실락원의 별』의 고영림을 들 수 있다.

34) 1950년대 신문소설에서 주요 작중인물로서 여대생의 비율이 23.2%로 높은 분포를 보였다. 김동윤, 『신문소설의 재조명』, 예림기획, 2001, 65면.

35) 김동윤, 위의 책, 71~75면.

36) 박철우, 「1970년대 신문연재소설 연구」, 중앙대 박사논문, 1996, 33면.

고영림은 영문과 4학년에 재학 중인 여대생이다. 아프레 걸로서 그녀는 고영림이 아닌 "칸나"로 호명되며, 칸나가 겪는 애정의 방황을 전경화한다.

> "칸나의 의욕(意慾)」은 과거 고영림이가 사귀어 본 남성들의 기록을 중심으로 하여 영림 자신의 솔직 대담한 생태 묘사(生態描寫)로써 일관되어 있었다. 그 적나라한 묘사 가운데는 섹슈얼 미스테리(性的神秘)에 대한 과하적인 규명과 아울러 철하적인 당위성(當爲性)에 까지 언급되어 있었다." (…중략…)
>
> "(…전략…) 그렇건만 칸나는 슬펐다. 불행히도 칸나에게는 요기(妖氣)가 부족했는지 모른다. 보이프랜드들의 젊음은 좋았으나 그것은 태반이 다 풋 병아리의 비린내를 지닌 치졸(稚拙)의 영역에서 멋 없이 우쭐댔고 지긋한 사회인들의 분별(分別)은 좋았으나 그것은 언제나 세속의 누룩으로 말미암아 발효(醱酵)해 버린 술찌꺼기처럼 텁텁했다. 독도 되지 않고 약도 되지 않는 이미 알맹이를 상실한 분별이었다. 영롱한 애정을 발견하지 못하고 칸나는 그들의 세계에서 뛰쳐 나왔다……"[37]

인용문은 고영림이 소설가 강석운에게 전달한 〈칸나의 의욕(意慾)〉의 내략적인 줄거리와 내용의 일부이다. 〈칸나의 의욕〉은 여대생 칸나의 "솔직 대담"한 애정편력기이다.[38] 그 내용은 칸나가 어떠한 남

37) 김내성, 앞의 책, 132~134면.
38) 『실락원의 별』의 연재가 완료된 2년 후, 최희숙이라는 여대생이 자신의 애정의 방황을 그린 일기책 『슬픔은 강물처럼』(신태양사, 1959)을 발간해 사회에 큰 파문을 일으켰던 적이 있었다. 김동윤, 『신문소설의 재조명』, 예림기획, 2001, 126~127면. 『실락원의 별』 연재 후 단행본으로 발간되고 곧 영화로 제작되었을 만큼 당대의 대중적 인기를 끌었다는

성에게서도 "영롱한 애정을 발견하지" 못했다는 것이다. 그녀에게 "영롱한 애정"은 존경을 전제로 한 것이므로, 그것이 없는 애정은 "육체의 발화(發火)일 뿐"이다. 따라서 "칸나의 비애"는 "육체와 정신의 분열"에 있다.

문제는 고영림이 〈칸나의 의욕〉이라는 글을 왜 강석운에게 보냈는가 하는 점이다. 강석운에게는 자신의 글을 평가받기 위해서라고 말하고 있지만, 이면에는 애정의 대상으로 강석운을 선택하였음을 알리는 의도가 내재되어 있다. 물론 강석운은 그것을 간파하지 못한 채 "좋은 소질을 가진 여자"로만 여긴다. 그러나 두 중심인물의 애정관계는 〈칸나의 의욕〉을 매개로 반전을 거듭하며 급속하게 발전해 나간다.

이 소설에서 특이한 점은 남녀 중심인물이 펼치는 애정의 방황이 글쓰기 행위에서 구체적인 애정행위로 발전하고 있다는 것이다. 고영림의 겪는 애정의 방황은 〈칸나의 의욕〉에 이은 〈칸나의 저항〉이라는 글쓰기 행위와 겹쳐지다가 결국 소설의 소제목 "칸나의 해방" 이후 애정을 실현하는 "고영림"의 행위만이 존재한다. 마찬가지로 칸나의 연인인 소설가 강석운도 애정의 방황이 〈유혹의 강〉[39]이라는 신문소설 연재와 맞물려 있다가 소설의 소제목 "유혹의 강"을 기점으로 글쓰기가 지지부진하고, 결국 이애리의 댄스홀 개업 축하파

점에서 최희숙의 행위는 고영림의 행위를 모방한 것이라 추정할 수 있다.

39) 강석운이 연재하는 〈유혹의 강〉은 이십 년 동안 평온한 가정생활을 영위해 온 진실한 기독교인 박목사가 중년의 위기를 맞아 결국 유혹의 물결에 휩쓸리게 되는 과정을 그리고 있는 소설이다.

티를 기점으로 중단된다. 이때부터 소설 쓰기는 강석운의 애정 행각으로 대체되면서 마무리되고 있다.

이 소설에서 두 중심인물의 글쓰기 행위는 매체나 독자의 개입을 상정하고 있다는 점에서 순수한 자기현존의 이상을 파괴할 수밖에 없다.[40] 고영림은 강석운이라는 독자를, 강석운은 신문매체의 개입을 감안한 글쓰기를 하지만 고영림의 글은 강석운에서 아내 김옥영으로, 강석운의 소설은 신문매체를 매개로 한 수많은 구독자, 특히 뜻하지 않았던 고영해나 황산옥, 이애리와 같은 독자의 개입과 그 독특한 독법을 감안해야 하기에 수많은 텍스트의 산종은 필연적이다. 그만큼 고영림과 강석운의 글쓰기는 공적 매체나 사회적 규범에서 자유롭지 못하다. 그들의 글쓰기 행위는 원하든 원하지 않든 '남성적인' 리비도의 경제를 따른다.[41] 그들의 애정 관계가 반전을 거듭하는 까닭은, 특히 사회적 규범과 본능적 욕망 사이에서 벌어지는 강석운

40) 데리다에 따르면, 글쓰기는 진리와 진정성, 그리고 스스로 현존하는 '살아 있는' 발화의 이상을 파괴하는 부차적인 것이다. 그것은 자기현존과 '자연' 언어를 진리와 연결시키고 그 안에서 진리가 자기 표현을 찾는다는 전통적인 견해를 위협한다. Christopher Norris, *Deconstruction, Theory and Practice*, London : Methuen, 1982, p.28. Toril Moi, 앞의 책, 126면 재인용.

41) 엘렌 식수스(Hélène Cixous)는 글쓰기의 차이를 자극시키고 추구하며 승대시키는 여성적 글쓰기를 개념화한 바 있다. 그녀는 글쓰기 행위를 '남성적인' 리비도의 경제와 '여성적인' 리비도의 경제로 구별한다. '남성적인' 리비도의 경제는 '고유성'의 경제에 따라 구조화되는 남성성 혹은 남성적인 가치체계를 말한다. 고유성과 관련된 단어들은 자기동일성, 자기증식, 월권적 지배를 강조하는데, 그 고유성과 고유한 귀속을 고집하게 되면 분류화, 체계화, 위계질서화라는 남성적인 집착으로 귀결된다. 이에 반하여 '여성적인' 리비도의 경제는 '허여성'의 영역의 특징을 지니는데, 특히 되돌려 받는다는 생각 없이 준다는, 자발적으로 우러나는 '관대함'으로 기꺼이 타자와 교통하려 한다. 그것은 타자와 함께 쾌락과 오르가즘을 상호 교환하는 해체적 공간이다. Toril Moi, 위의 책, 123~133면과 엘렌 식수, 박혜영 역, 『메두사의 웃음 / 출구』, 동문선, 2004, 111~131면 참조.

의 갈등 때문이다. 그것은 강석운이 고영림을 아내 김옥영이나 영림의 친구 이애리와 계속 견주어 보고 머뭇거리는 행위로 드러나는데, 신문소설에서도 박목사의 애정 방황과 겹쳐서 재현된다. 글쓰기를 멈추는 순간은 두 중심인물이 애정과 바람을 상호 인정하는 때이다. 고영림은 가족들에게 강석운에 대한 애정이 폭로되는 순간 "칸나의 해방"을 맛보며, 강석운은 호텔방에서 밤을 보내다가 사회적 규범을 벗어던진다. 그 순간부터 그들은 '여성적인' 리비도의 경제 논리를 보다 적극적으로 따른다. '남성적인' 리비도의 경제가 끊임없이 그들을 견제하지만 한동안 그들은 자신들의 선택을 긍정하고 만족하며 즐긴다.

두 중심인물의 애정 방황에서 유혹의 주체는 여대생 고영림이다. 고영림은 〈칸나의 의욕〉이라는 글을 통해서, 그리고 "선생님을 한 번 유혹해 보고 싶다"는 직접적인 언설을 통해 강석운을 유혹한다. 그녀는 "칸나"라는 이름이 환기하듯 "의욕과 정열"이 "왕성하게 불타오르는" 적극적인 여성이다. 강석운은 그러한 적극성에서 "발랄한 미"를 감취하고 "교양의 뿌리를 지닌 강렬한 순수성의 약동"이자 "현대여성이 지녀야만 할 하나의 미덕인 동시에 한 송이 지성의 꽃"으로 의미화한다. 하지만 그것은 동전의 양면처럼 "시정의 사기꾼보다" 더한, "교양의 발판을 상실한 현대적 총명의 심볼"인 "전형적인 아푸레 학생"으로 간주되기도 한다. 고영림의 적극성은 행동 주체와 판단 주체 사이의 거리두기에 따라 "미덕"과 "악덕"으로 의미화되고 있는 것이다. 강석운을 제외하면 고영림은 대부분 후자에 가까운 아프레 여성을 맥락화한다. 그것은 당대 아프레 걸로 거론되는 여대생이 "명랑 활발"[42]을 양풍 모방, 속물적 연애, 성적 개방성 등과 혼동하는 "기괴한 타입의 여성"[43]으로 간주되었던 것과 맞닿아 있다. 이러한 아프레 여성은 구별 짓기를 통해 그 성격을 분명히 제시하고 있다.

"전후파"의 첫 번째 구별 짓기는 "전전파"의 전형인 올케 한혜련을 통해서다. 한혜련은 영림의 오빠이자 남편인 고영해의 바람을 좌시한 채 옛 연인 돌구름의 기억만으로 살아가는 폐병환자다. 고영림은 적극적이고 대담한 행동주의자, "개방주의", "눈부신 햇빛", "칸나", "불타는 의욕"으로, 한혜련은 소극적이고 "못난 페시미스트[悲觀論者]", "비밀주의", "그늘진 응달", "봉선화", "애수", "프라우조르게[憂愁夫人]"로 명명되거나 비유된다. 특히 한혜련은 봉선화가 환기하는 "일편단심의 열녀"로 의미화되는데, 그것은 정숙하고 순종적인 전통적 여성상과 맞닿아 있다. 이에 반해 전후파인 고영림은 현대적 여성상에 가깝다. 여기에는 '마녀'처럼 말할 거리가 있는 여성으로서 남성중심주의적 논리를 이용하고 교란시키는 팜므 파탈의 이미지가 겹쳐져 있다.

이러한 고영림의 두 번째 구별 짓기 대상은 같은 "전후파" 이애리다. 이애리는 대학시절 계부에게 겁탈당한 후 학교를 중퇴하고 한성양조 홍보부 직원이자 사진모델로 생계를 잇고 있는 가장이다. 그녀는 고영해의 도움으로 댄스홀을 경영하면서 고영해의 금권과 자신의 육체권을 당당하게 교환하는 전후파 여성이다. 이애리 스스로 자

42) 곽종원, 「명랑 활발을 아프레와 혼동하고 있지 않은가」, 『여원』 1956년 10월호.
43) 이명온, 「민주여성의 진로」, 『신천지』 1954년 7월호, 94면.

신의 육체를 물적 대상화하여 교환가치를 매기고 있는 셈이다. 전후파로서 이애리가 "육체파"라면 고영림은 "정신파"라는 점에서 대조적이다. 그럼에도 두 여성을 응시하는 사회적 시선은 "양공주"와 별 차이가 없다.

이렇듯 고영림을 전후파로 구별짓는 타인과 사회적 시선은 "악덕"이 지배적이다. 그럼에도 그녀 스스로 전후파를 성실성과 불량성의 비율로 계산하는 일을 서슴지 않는데, 결과적으로 그것은 전후파의 불량성을 보다 강화하는 데 조력한다. 더욱이 그녀가 애정의 문제에서 유혹자를 자처하고 있으며, 이애리와 다른 방식으로 "육체파"를 수용한다는 점에서 그에게 덧씌워진 불량성은 "양공주"와 동격으로 간주될 만큼 "악덕"의 잣대를 유효하게 만든다. 그것은 강석운의 도덕성을 흐리게 하지만 가정으로 돌아갈 근거를 제공하는 것이기도 하다.

4. 신문소설 속의 아프레 걸과 남은 과제

이상에서 1950년대 발표된 신문소설을 대상으로 당대 아프레 걸의 범주와 재현방식을 살펴보았다. 무엇보다 1950년대 신문소설에서 아프레 걸 혹은 아프레라는 명명은 1950년대 중반 이후 두드러지게 드러났다. 한국전쟁기 최태응의 『전후파』에서는 '아푸레게르'로 명명되며, 전쟁 중에 후방에서 사치와 향락을 즐기는 남녀 모두를 지칭하였다. 같은 시기 정비석의 『여성전선』에서는 '현대여성'이라는 명명이 대신 드러났다. 현대여성은 양갈보, 유한마담, 미혼의 직업여성을 일컫는다는 점에서 『전후파』와 다르다. 한편 전후 발표된 『실락원의 별』과 『백조흑조』는 모두 '아프레' 혹은 '아프레 걸'이라는 용어가 구체적으로 사용되었다. 특히 『실락원의 별』은 아프레 걸, 아프레, 전후파, 현대여성이 혼용되고 있는 양상을 보여주었다. 이러한 명명 방식에서 아프레 걸 혹은 아프레가 전후 여성의 특정한 경향을 일컫는 말로 더 많이 사용되었음을 알 수 있었다.

다음으로, 아프레로 명명되거나 범주화된 여성은 대체로 전통적인 여성 젠더에서 벗어난 부정적 여성으로 재현되고 있었다. 한국전쟁기 양갈보는 순수성과 순결성을 상실한 팜므 파탈로, 유한마담은 가정을 방기하고 허영으로 가득 찬 타락한 여성으로, 그리고 전후 새로운 성매매 여성인 다방마담은 전형적인 팜므 파탈로 부정적인 여성상을 재현하고 있다는 점에서 공통적이었다. 다만 한국전쟁기 직업여성은 허영도 없지 않지만 자기 주관이 있는 양가적 여성으로, 그리고 전후 대표적 아프레 걸인 여대생은 적극적인 발랄함과 개방성이 미덕과 악덕을 오가는 이중적 여성으로 재현되고 있었다. 그렇지만 전후 새롭게 호명된 여성들은 순결과 순종을 미덕으로 삼는 전통적인 여성상과 분명하게 차별화되어 있었다. 여전히 전통적인 가부장제 이데올로기가 아프레 걸 혹은 아프레로 명명된 여성들을 비판하는 잣대로 작용하고 있었던 셈이었다.

마지막으로 1950년대 신문소설에서 아프레로 명명되거나 범주화된 여성은 대립되는 여성상을 설정해 두고 있었다. 대립되는 여성상은 전통적인 여성상, 그러니까 순결하고 정숙하며 순종적이고 희생적인 여성상이었다. 결국 아프레로 명명되거나 범주화된 여성의 부정성은 대부분 전통적 여성의 승리의 서사로 귀결된다. 그것은 당대 사회에서 아프레 걸을 사회적 규율통제의 수단으로 삼으려 했던 지배 이데올로기를 반영할 뿐만 아니라 그것에 부응하는 신문소설의 타협적 면모를 보여주는 것이었다.

이 글은 1950년대 신문소설을 대상으로 한 아프레 걸 혹은 아프레 여성 연구의 시론(試論)에 해당된다. 당시 신문소설 네 편만을 대상으로 하고 있다는 점, 그리고 신문소설에서 나타난 아프레 걸의 범주와 재현방식만을 다루고 있다는 점에서 그러하다. 앞으로 연구대상의 확대와 연구방법의 다양화, 신문매체를 비롯한 관련 자료의 확보 등을 통해 더욱 보완해야 할 일이다.

제 3 장

1950년대 장덕조 소설에 나타난 연애와 결혼

1. 들머리

장덕조는 1932년 8월 『제일선(第一線)』에 단편 「저회(低徊)」를 발표하면서 작품 활동을 시작하여 120여 편의 단편소설과 90여 편의 장편소설[1]을 내놓았다. 그녀는 소설뿐 아니라 희곡, 수필 창작에도 힘을 기울였으며, 잡지, 신문, 라디오, TV, 영화 등에 두루 작품을 발표

1) 「벽오동 심은 뜻은」 원로소설가 장덕조씨 별세, 『조선일보』, 2003.2.18, 25면.

하였다. 현대사의 질곡을 거쳐 오면서 다양한 장르와 매체를 넘나들며 많은 작품을 발표한 셈이다.

그러나 장덕조의 소설에 대한 평가는 지금껏 냉담했다. "다작(多作)의 작가"라는 평가 뒤에 '여류문학',[2] '국가주의 동원문학',[3] '대중문학'이라는 부정적 시각이 뒤엉켜 있었기 때문이다. 그러한 가운데 선집류에 묶이거나 논의되는 작품들은 「저회(低徊)」, 「어머니와 딸」, 「자장가」와 같은 초기 단편들과 광복기에 창작된 「함성(喊聲)」 정도에 그친다.[4] 정전의 기준이 시대정신과 미적 형식에 놓여 있었던 문학풍토에서 장덕조 소설은 한국 현대소설사에서 널리 주목받지 못한 채 연구의 사각지대에 놓여 있었던 셈이다. 그 틈이 가장 두드러진 것은 1950년대부터 창작된 대중소설이다.

장덕조는 1950년대부터 대중소설 창작에 힘을 기울여 『여자 삼십대(女子三十代)』, 『다정(多情)도 병(病)이런가』, 『누가 죄인(罪人)이냐』,

2) 장덕조 소설은 초기부터 개인적 정서나 내면세계에 경도되는 가운데 사회나 역사에 대한 통찰이 부족하고 통속적인 경향을 띤다고 비판받아 왔다. 백철, 「10월 창작평(5)–금일의 문학적 수준–한인택과 장덕조」, 『조선일보』, 1938.10.5, 5면; 임순득, 「불효기에 처한 조선여류작가론」, 『여성』 제5권 제9호, 1940.9. 이는 남성중심의 문학관과 리얼리즘의 비평잣대에 견주어 여류문학을 수준 이하로 평가 절하하는 이유와 맞닿아 있다. 그것은 당대를 지나 후대 비평가들에게도 오랫동안 영향을 미쳤다.

3) 작가의 일제말기와 한국전쟁기 문학활동은 국가주의에 협력한 문학이라는 관점에서 비판적으로 고찰되고 있다. 일제말기 문학활동에 대한 연구는 송민경의 「일제하 방송소설 연구」(연세대 석사논문, 2003)와 김양선의 「일제말기 여성작가들의 친일담론 연구」(『어문연구』 제33집 제3호, 한국어문교육연구회, 2005)가 대표적이다. 그리고 한국전쟁기 문학 활동은 신영덕의 『한국전쟁과 종군작가』(국학자료원, 2002), 박정애의 「동원되는 여성작가–한국전과 베트남전의 경우」(『여성문학연구』 제10호, 한국여성문학회, 2003), 김양선의 「반공주의의 전략적 수용과 여성문단–한국전쟁기 여성문학 장을 중심으로」(『어문학』 제101집, 한국어문학회, 2008) 등에서 다루어진바 있다.

4) 조리, 「장덕조 소설 연구」, 전북대 박사논문, 2007, 1~2면과 48면.

『낙화암(落花巖)』, 『벽오동(碧梧桐) 심은 뜻은』, 『이조(李朝)의 여인들』 등 많은 작품을 발표하였다.[5] 장덕조가 대중소설가로 위상을 확립했던 것도 1950년대부터다. 그러나 본격소설에 비해 대중소설이 주변화되고 평가 절하되었던 비평 관행이 쉽게 해소되지 못했던 만큼 장덕조의 대중소설은 양적 부담감과 더불어 오랫동안 연구자들의 주목을 받기 힘들었다.

2000년 이후에야 장덕조 소설에 대한 연구가 약간씩 진행되고 있는데, 특히 1950년대 신문소설에 집중된 양상을 띤다. 남금희는 1950년대 『대구매일신문』에 발표한 신문소설 연구를 통해 이 시기 장덕조가 신문소설의 일회적 단절성과 연속성을 잘 살려 1950년대 세태와 성 풍속을 애정의 삼각관계로 흥미 있게 그려내고 있다고 평가하

5) 1950년대에 국한하더라도 장덕조는 여러 대중매체를 통해 20여 편의 장편소설을 발표하였다. 단편소설을 차치하고서도 1년에 2편 내외의 장편소설을 창작한 셈이다. 먼저 신문매체를 통해 발표한 장편소설은 10편을 상회하는데, 지금까지 확인 가능한 작품은 다음과 같다. 『여자삼십대(女子三十代)』(『매일신문』, 1953), 『광풍(狂風)』(『동아일보』, 1953~1954), 『여인상(女人像)』(『매일신문』, 1954), 『허영(虛榮)의 풍속(風俗)』(『경향신문』, 1955), 『정염(情炎)의 강물』(『국제신문』, 1956), 『낙화암(洛花巖)』(『동아일보』, 1956~1957), 『누가 죄인(罪人)이냐』(『연합신문』, 1957), 『격랑(激浪)』(『경향신문』, 1957~1958), 『백조흑조(白潮黑潮)』(『국제신문』, 1958), 『만종(晩鐘)이 운다』(『매일신문』, 1958), 『원색지대(原色地帶)』(『서울신문』, 1958~1959), 『대신라기(大新羅記)』(『연합신문』, 1959), 『열대어(熱帶魚)』(『국제신문』, 1959~1960), 『역류(逆流) 속에서』(『매일신문』, 1960), 이들 중에서 연재 후 단행본으로 출간된 것은 『여자 삼십대』(인화출판사, 1954), 『광풍』(인화출판사, 1954), 『낙화암』(신태양사, 1959), 『격랑』(신태양사, 1959)으로 4편 내외다. 한원영, 『한국현대신문연재소설연구』 하, 국학자료원, 1999, 1185~1259면.
다음으로, 대중잡지 연재를 통해 발표된 소설은 현재까지 6편이 확인 가능하다. 『비가 온다』(『희망』, 1953), 『다정(多情)도 병(病)이련가』(『신태양, 1954.2~9), 『사랑의 풍속(風俗)』(『주간희망』, 1957), 『푸른 상사수(相思樹)』(『명랑』, 1957), 『현가(絃歌)』(『여원』, 1957), 『정옥(情獄)』(『대중문예』, 1957)이 바로 그것인데, 서지 확인과정에서 더 많은 작품들을 만나볼 수 있으리라 여긴다. 마지막으로, 라디오를 통해 방송된 소설을 단행본으로 묶인 것은 『장미(薔薇)는 슬프다』(희망출판사, 1957)가 있다. 장덕조, 『한국문학전집』 제16집, 민중서관, 1972, '장덕조연보' 참조.

면서 그 한계로 현실도피적 속성과 보수적 가치관의 지향을 지적하고 있다.[6] 시의성과 결합하여 대중성을 확보하는 신문소설의 장단점에 주목한 셈이다. 그리고 한명환은 1950년대 장덕조의 글쓰기, 특히 다작 현상을 탈식민주의적 관점에서 고찰한 바 있다. 장덕조가 탈식민 현실에서 하위주체인 '지역' 출신의 '여성' 작가로서 신문 매체와 공모하여 여성담론을 주도하였지만, 그것은 "흉내내기의 애정담론"인 동시에 "가부장적 낡은 구조로부터 빌어온 자승자박"에 그친 측면이 있다고 본다.[7] 이는 1950년대 장덕조의 다작 동기와 작품들이 주목받지 못한 이유를 풀어갈 새로운 관점을 제시한다. 그러나 하위주체로서 장덕조의 글쓰기 한계가 '여성'보다 '지역' 출신 작가라는 사실과 얼마나 더 밀접한 관련이 있는지 불분명하다.[8] 아울러 "흉내내기의 애정담론을 서구의 댄디즘으로 풀어가려 했다"는 주장에 비해 탈식민 현실에서 신식민주의적 요소들이 개입되는 방식을 분명하게 규명하지 않은 채 대략적인 한계로만 제시되고 있다. 장덕조의 소설연구가 일천한 가운데[9] 최근 조 리는 장덕조의 작가적 행보와

6) 남금희, 「1950년대 장덕조 신문소설 연구—『대구매일신문』을 중심으로」, 『현대소설연구』 제20호, 한국현대소설학회, 2003, 305~324면.

7) 한명환, 「1950년대 지역신문에 나타난 여성담론 양상연구—영남지역 신문소설의 '여성주체' 개념을 중심으로」, 『어문연구』 제47호, 어문연구학회, 2005, 398~422면.

8) 장덕조가 문단 등단 이래 다른 작가들(특히 여성 작가들)보다 활발했다는 점, 1930년대 여성문단이 특정 지역보다 장덕조처럼 대부분 이화여대 출신 작가들로 구성되었다는 점, 한국전쟁기 대구는 그녀에게 고향인 동시에 다른 작가들과 마찬가지로 피난지였다는 점, 한국전쟁기 종군작가단에서 여성 작가로는 이례적으로 활발하게 활동했다는 점 등에서 하위주체로서 그녀는 '지역' 출신의 '중앙' '여성' 작가라는 중층성 속에서 다작 행위가 재고되어야 한다.

9) 장덕조 소설에 대한 다른 연구 성과로는 김동윤의 『신문소설의 재조명』(예림기획, 2001)과 최미진의 「1950년대 신문소설에 나타난 아프레걸」(『대중서사연구』 제18호, 대중서사

방대한 전작의 면면을 처음으로 일별한 바 있다. 종래의 이중적 비평잣대에서 벗어나 장덕조의 전작을 새롭게 접근하고자 했다는 점에서 유의미하다. 그럼에도 불구하고 장덕조의 방대한 소설에 대한 비판적 접근은 여전히 시작 단계에 놓여 있다.

이 글은 1950년대 장덕조의 연애소설 『다정(多情)도 병(病)이련가』를 중심으로 대중성의 확보방식과 그 저변에 작용하는 여성의식을 살펴보기로 하겠다. 1950년대 장덕조의 창작활동이 1960년대에 비해 연애소설에 집중되었고, 그 소설들이 다양한 매체와 매체 간의 전이양상을 뚜렷하게 드러내면서 그녀를 대중적인 여성소설가로 각인시켰다고 본다. 그 대표적인 작품이 『다정도 병이련가』다. 『다정도 병이련가』는 1954년 2월부터 9월까지 종합잡지 『신태양』에 연재된 후 1956년 세문사에서 단행본으로 간행되었고, 이듬해 윤봉춘 감독이 영화화하여 또 다시 인기몰이에 성공한 작품이다.[10] 특히 영화 〈다정도 병이련가〉는 동남아로 수출되면서 세간의 이목을 집중시켰다.[11] 그러니까 이 소설은 매체 전이를 통해 당대 대중 독자들에게 장덕조를 새롭게 각인시키는 계기가 된 작품이다.[12] 이러한 점에서

학회, 2007) 등이 있다.

10) 영화 〈다정도 병이련가〉는 1957년 7월 2일 단성사에서 개봉된 이래 5만 명 내외의 관람객을 유치하였다.

11) 〈다정도 병이련가〉의 해외수출은 당시 국내 주요 일간지에서 주목할 만한 대단한 사건이었다. 주요 기사를 보면 다음과 같다. 「동남아에 수출결정－영화 「다정도 병이련가」」, 『동아일보』, 1957.7.5; 「동남아에 수출 상영, 「다정도 병이련가」」, 『한국일보』, 1957.7.6; 「우리 영화의 해외진출을 격려」, 『한국일보』, 1957.7.7; 「영화 「다정도 병이련가」 향항 등지에 수출」, 『경향신문』, 1957.7.9.

12) 그러나 세간의 평가는 여느 대중소설이 그러하듯 대중성의 확보와는 별개였다. 대표적 기사로는 「현대여성풍속도 "다정도 병이련가"」(『한국일보』, 1957.7.2, 4면)와 황영빈, 「영

이 글은 1950년대 장덕조 소설의 대중성을 『다정도 병이련가』[13]에 두고 그것의 특징과 한계를 읽어내고자 한다. 이를 통해 장덕조가 당대 대중적인 여성소설가로 자리매김한 근저를 검토할 수 있으리라 본다.

2. 연애소설의 느슨한 문법과 사랑의 낭만성

『다정도 병이련가』는 정혼자가 있는 여대생 신정란과 남미리가 친구 고옥경의 사촌오빠인 고영훈을 사랑하면서 겪는 지난한 갈등을 전경화한 연애소설이다. 그것은 대중들에게 친숙한 연애소설의 문법, 즉 작중인물의 설정방식, 연애관계의 발전단계, 결말의 처리방식을 따르면서도 작가 나름의 변형된 문법적 특성과 작가의식을 보여주고 있다.

첫째, 남녀 주인공은 당대 독자들이 선망하는 인물형을 성차에 따라 위계적으로 설정하고 있다. 두루 알다시피 연애소설의 작중인물들은 현실세계에서 찾아보기 힘든 선남선녀로 독자들의 기대지평을 충족시킨다. 이 소설의 남녀 주인공들 또한 그러하지만, 남성 주인공은 소망의 기제를, 여성 주인공은 소망과 현실성의 기제를 결합하는 특성을 보여주고 있다.[14] 『다정도 병이련가』의 남성 주인공 고영훈

화 「다정도 병이련가」를 보고—홍미본위에 치중」(『조선일보』, 1957.7.8, 4면)이 있다.

13) 이 글에서는 1956년 세문사에서 발간된 초판본 『다정(多情)도 병(病)이련가』를 텍스트로 삼았으며, 이하 인용은 면수만을 밝히기로 하겠다.

은 실력 있는 외과의사로 설정되어 있는데, 수려한 외모, 안정된 생활기반, 뛰어난 실력, 순수한 열정을 두루 갖춘 인물이다. 대립적인 남성 작중인물 강일해가 여성편력이 심하고 몰인정한 사업가로 설정된 것과는 대조적이다. 이는 당대 독자들이 선망하는 남성의 직업과 성격을 반영하면서 기대지평을 충족시키는 요건이다. 한편 여성 주인공들은 여대생이다. 전후 사회현실과 학력수준을 고려한다면, 여대생은 여전히 희소가치를 지닌 존재다. 더욱이 수려한 외모를 지닌 여성이라는 점에서 독자들에게 선망의 대상이 되기에 충분하다. 그러나 여성 주인공들은 생활기반이 흔들리거나 허약한 상황에 놓여 있는 인물들이다. 신정란은 대구의 원동양행 사장 딸이지만 회사가 파산의 위험에 놓여 있고, 남미리는 아버지의 신병으로 생계유지가 악화일로에 있다. 그러니까 여성 주인공의 설정방식은 수려한 외모와 지적 능력을 갖춘 대학생이라는 소망의 기제와 더불어 당대 생활기반의 허약성을 반영하는 현실성의 기제가 결합되어 있다. 이렇듯 남녀 주인공들은 전후 한국사회에서 선망하는 인물형으로 설정되어 있지만[15] 성차에 따라 위계적인 방식을 취하고 있다.

둘째, 연애관계의 발전단계는 애정의 삼각관계를 통해 전면화되

14) 연애소설에 작동하는 공식의 즐거움은 소망의 기제와 현실성의 기제에 의해 작동된다. 소망의 기제가 현실세계에서 이루기 힘든 독자의 소망이 명시되는 과정에서 비롯된다면, 현실성의 기제는 연애소설의 세계가 불확정적인 현실세계의 복잡다단한 형태들과 다르지 않음을 확인하는 과정에서 비롯된다. 최미진, 『1960년대 대중소설의 서사전략 연구』, 푸른사상, 2006, 45~46면.

15) 김동윤은 1950년대 대중소설에서 남녀 주인공들이 상류층으로 설정된 것을 대중들의 계층상승 욕구와 관련된다고 설명한 바 있다. 김동윤, 앞의 책, 74면. 그러나 이러한 대중소설의 주인공 설정방식이 1950년대에 국한되지 않는다는 점에서 이는 대중에게 친숙한 장르의 문법에 더 좌우된다고 볼 수 있다.

는데, 이때 애정의 삼각관계는 그 복잡성에 비해 느슨한 갈등관계를 보여주고 있다. 『다정도 병이련가』는 '신정란—고영훈—남미리'라는 애정의 삼각관계를 주구성으로 하고, 여기에 '고영훈—신정란—강일해', '신정란—강일해—남미리', '신정란—고영훈—민헬른', '고영훈—남미리—한병준'이라는 부구성이 복잡하게 얽혀 있다. 애정의 삼각관계는 연애소설의 구성적 공식성에 해당되는 것으로, 독자들의 관습적인 패턴을 포함하는 전체 세계에 대한 감각을 만들기 위해 많은 행동과 배경을 조합하고 부구성을 늘여 독자를 운명의 복합체로 끌어들이는 복잡한 사건구성 방식이다.[16] 그것은 대중소설의 공식성에 따라 애정갈등을 보다 풍부하고 흥미진진하게 하여 대중 독자들에게 읽는 재미를 선사한다.

그러나 이 소설은 애정의 삼각관계가 지닌 복잡한 양상에 비해 팽팽한 긴장관계를 형성하고 있지 않다. 특히 남성 작중인물들 사이에서는 경쟁 관계가 미미하거나 부재한다. 고영훈은 신정란의 정혼자이자 남편인 강일해의 존재를 묵인하고 있으며, 한병준은 남미리의 연인 고영훈이나 강일해의 존재를 문제 삼기보다 모든 애정행각을 청산하고 결혼해주기만을 하염없이 기다리고 있을 뿐이다. 강일해만이 아내 신정란의 옛 연인을 문제 삼지만 그것이 누구인지 알아내려 하지 않는다. 이렇듯 애정의 삼각관계에서 남성 작중인물들은 뚜렷한 갈등국면을 지니지 않은 채 매우 느슨하게 형성되어 있다. 그것

16) John G. Cawelti, *Adventrue, Mystrey, and Romance : Formula Stories as Art and Popular Culture*, Chicago and London : The University of Chicago Press, 1976, pp.102~103.

은 작가가 애정갈등의 국면을 천착하기보다 부구성을 늘려 애정갈등을 다각화하는 데 치중하고 있음을 반증한다. 그러니까 복잡하지만 느슨한 애정의 삼각관계는 독자의 관심과 재미를 이끌어내는 데 한계를 지닐 수밖에 없다. 이는 장덕조의 소설에서 치명적 약점인 안이한 구성방식과 맞닿아 있는 부분이기도 하다.

셋째, 여성 작중인물들이 애정갈등의 주체로 초점화되어 있지만, 갈등을 내면화하고 운명적으로 받아들이는 소극적인 대상임을 역설적으로 드러내고 있다. 이 소설에서 남성 작중인물을 둘러싼 여성 작중인물들의 시기와 질투, 모략은 남미리에 집중되어 있다. 남미리는 고영훈이 친구인 신정란을 사랑한다는 사실을 알고서도 그에게 일부러 접근해 신정란의 오해를 사는가 하면, 강일해가 신정란의 남편임을 뻔히 알면서도 접근해 결국 그들 부부를 헤어지게 한다. 남미리는 고영훈의 사랑과 강일해의 돈을 쟁취하기 위해 사사건건 신정란과 경쟁관계에 놓인다.

그러나 주인공 신정란의 갈등은 남미리의 돌발적이고 적극적인 행위들에 비해 모두 내면화되어 있다. 신정란은 고영훈과 남미리의 관계를 오해하든 강일해에서 오해를 받든 칩거해 엎치락뒤치락 고민할 뿐이다. 그녀의 내적 갈등은 장황하고 많은 분량이 그 심각성을 대체하고 있을 뿐 갈등의 원인이나 과정, 해결방식에 대한 진지한 탐색으로 이어지지 못한다. 게다가 그녀는 남미리와 경쟁하기보다 그것을 자신의 운명으로 받아들이는 데 더 많은 노력을 경주한다. 심지어 남미리도 자신과 같은 "사랑의 수난자"라며 동병상련을 느낀다. 그녀는 애정갈등의 주체일 뿐 삶이나 사랑에 당당한 주체는 아니다.

첨예한 갈등국면에 놓인 그녀의 사랑과 삶을 운명으로 내면화시키는 소극적이고 수동적인 대상인 것이다. 이는 여성을 무기력한 존재로 부각시킬 위험을 내장하고 있다. 그런데도 작가는 남미리와 대비되는 신정란의 태도를 여성의 당연한 삶의 방식으로 긍정하고 있다. 결국 현대여성보다 전통적인 여성상에 더 가치를 부여하고 있는 셈이다.

넷째, 애정소설의 결말 처리방식은 비극적이지만 영원한 사랑의 승화를 보여준다. 이 소설의 결말은 고영훈과 신정란이 재결합하지 못하고 결별하여 각자의 삶을 찾아 떠난다는 점에서 비극적이다. 그러나 신정란이 고영훈의 곁을 떠나는 것은 "아름다운 사랑 영원히 아름다운 것을 남기기 위해서"라는 점에서 일종의 도약으로 설정된다. 그것은 별거 중인 신정란과 미혼인 고영훈의 결합이 초래할 사회적 비난을 피하는 방편임을 인식하면서도 그것을 슬쩍 숨기고 사랑의 영원성을 내세운다. 비극적 결말이 영원한 사랑으로 도약, 승화되고 있는 셈이다. 이러한 방식은 여성 주인공들의 선택 자체가 지니는 몰주체성과 그 선택이 환기하는 사회적 문제를 감상적으로 봉합하는 성격이 짙다.

다른 한편으로, 결말의 비극성은 가부장제 이데올로기를 강화시키는 데 조력하고 있다. 여성 작중인물들은 이혼녀나 현대여성으로 명명되듯 평탄치 못한 삶의 이력을 지니고 있다. 이는 평범한 가정에서 평범한 여성의 삶이 중요하다는 사실을 설득력 있게 내세우는 근거로 작용한다. 신정란은 도미하는 고영훈을 배웅하러 갔다가 만난 고옥경의 "진중한 태도와 불룩하게 부풀어 오른 배"를 바라보며 그것이

"여성이 걸어가야할 대도(大道)"라고 깨닫는다. 자의적이든 타의적이든 신정란과 남미리가 그것과 배리된 삶을 살았던 까닭에 사회적 비난의 대상이 되었다. 이는 그들이 평범한 여성의 삶을 존중하지 못했다는 사실을 부각시킨다. 결국 결말의 비극성은 여성의 "대도"가 가부장제 질서에 편입된 전통적인 여성의 삶에 있음을 환기시키며 이를 강화하고 있는 셈이다. 이는 대중소설의 결말방식과 결합한 특징으로 부각되어 있지만, 가부장제 이데올로기에 동의하고 존중하도록 유도하고 있는 작가의 여성의식은 여전히 한계라 하겠다.

『다정도 병이련가』는 탄탄한 구성력과 흡인력 있는 장르소설의 문법을 구사하고 있다고 보기 힘들다. 오히려 거칠고 느슨한 연애소설의 문법을 보여주고 있다. 다만 장덕조 소설은 친숙한 연애소설의 문법을 활용하고 있다는 점에서 대중성 확보의 여지를 열어놓고 있을 뿐이다. 1950년대 장덕조가 대중적인 여성작가로 부상한 것은 연애소설의 문법 이외의 요소가 더 큰 비중을 차지하는 셈이다.

3. 전후 연애문화의 코드화와 현대여성의 부상

대중소설은 근대적인 문학 형식으로, 대중의 기호나 취향에 부응하며 나름의 가치체계를 보여준다. 대중적인 기호나 취향을 문맥화한 대중소설은 근대 산업사회의 세밀한 부분까지 반영하면서 대중의 문화성신을 대변하는 것이다. 그런 점에서 1950년대 장덕조 소설의 대중성은 친숙한 연애소설의 문법뿐만 아니라 당대 대중적인 기호나 취향을 어떻게 호출하고 또 문맥화하였는가라는 부분이 중요한 요건이 된다. 이를 『다정도 병이련가』에서 호출된 전후 한국사회와 그 연애문화의 키워드를 통해 살펴보기로 하자.

1) 새로운 향락문화의 만연과 '현대여성'의 부상

『다정도 병이련가』에서 연애는 한국전쟁기 대구에서 서울로 공간을 옮겨가고 있다. 특히 한국전쟁 후 서울은 대표적인 근대도시로 재편되면서 부상한 대중적인 기호와 특성을 고스란히 안고 있다. 작가가 전후사회를 어떤 방식으로 형상화하고 있는지 살펴보자.

우선, 전후 서울은 작중인물의 성차에 따라 인지방식에 뚜렷한 차이를 드러내고 있다. 고영훈의 눈에 비친 전후 서울이 "뭉어진 잿덤이. 경계도 분명치 않은 내집터위에서 땅을 치며 통곡하는 마나님들"이 기생하는 폐허의 도시공간이라면, 신정원에게는 사람들의 부산한 움직임이나 "다방(茶房)을 비롯해서 그릴이니 클럽이니 하는 영업장소가 신장을 하고 나선" 소비도시다. 한국전쟁 후 삶의 터전을 잃은 민족의 비극적 현실을 직시하는 것이 남성 작중인물이라면, 여성 작중인물은 전후 달라진 서울의 사회문화적 풍경에 눈길을 보낸다. 결국 젠더 차이가 동일 공간을 인식하는 기준과 방식을 결정짓는 셈이다. 이러한 시각은 작가가 한국사회에 팽배한 차별적인 젠더 이데올로기를 반영하는 동시에 그것을 강화하는 데 조력하고 있다.

둘째, 전후 서울이 향락문화의 중심지로 부상하고 있으며, 이때 향락문화를 대표하는 장소가 위계적으로 이분화되어 있다. 이 소설은 전후 서울에서 상류층 향락문화를 대변하는 장소가 급속도로 증가하는 현상을 여실하게 드러낸다. 특히 서양식 유흥장소인 캬바레, 클럽, 나인클럽의 급증은 주목할 만하다.

> "당신은 그래 날 아내라기 보다 돈으로 사온 여자루 생각하는 모양이지요. 기생이나 그런것들허구 꼭 같이."
>
> "기생? 누가 기생허구 같대? 그깐년들은 이제 진력이 났어."
>
> "어머나"
>
> "요세는 캬바레—나 나인클럽같이 고급으루 노신다는 사실을 알어."(203~204면)

인용문은 신정원과 강일해 부부의 대화 장면이다. 강일해는 전후 남성들의 취향이 요리집이나 요정에서 "캬바레—나 나인클럽"으로 변화되고 있음을 역설한다. 이때 강일해로 대표되는 당대 남성은 서양식 "캬바레—나 나인클럽"의 여성을 "기생"보다 "고급"으로 구분짓는다. 이러한 위계적인 구별짓기는 전통적인 가치를 폄하하고 서구적인 가치를 선호하는 취향과 의식을 반영하고 있다. 이는 서구식 유흥업소의 급증을 초래하는 요인과 맞물려 있다.

셋째, 전후 현대여성의 부상을 직시하면서 그녀들에 대한 세간의 부정적 인식을 보다 강화하고 있다. 남미리와 민헬른은 소설에서 "현대여성"으로 명명된다. 그들은 나인클럽을 드나들거나 종사하는 여성이라는 공통점을 지닌다. 이때 "빠—와 땐스홀과 다방을 겸한" 나인클럽이나 호텔은 본질적 의미가 변질된 공간, 즉 성적 교환의 장소나 그 매개 장소로 의미화되고 있다.

> 강일해는 요정을자주 드나드는 동안 늙수그레한 기생들 가운데 흔히 이런소리 저런소리 객과 더부러 응수(應酬)를 잘하는 여자가 있는것을 더러보았다.
>
> 그러나 이같이 아름다운 여학교출신이 단 한번본 남자와 더부러 예사롭게 가진 수작을 주고받을수 있다는것은 처음으로 발견한 새로운 사실이었다.
>
> "재미있는 여자다."
>
> 강일해는 사변이후 한국의 여성들 가운데 새삼스레 나타나기 시작한 청신한 매력과 감각을 이여자에게서 얼마던지 느낄수가 있었다.(226면)

인용문은 강일해가 나인클럽에서 만난 남미리에 대한 감상 부분이다. 강일해는 남미리를 한국전쟁 후 새롭게 등장한 아프레 걸, 즉 "현대여성"으로 규정한다. 그는 남미리가 클럽을 드나드는 "기생이나 다방레지나 그밖에 유한 매담"과 달리 "여학교출신"으로, "청신한 매력과 감각"을 소유한 적극적인 여성임을 간파한다. 그는 이러한 남미리의 새로움에 빠져들면서도 클럽을 드나드는 다른 여성들처럼 그녀를 "불량자"로 간주한다.

남미리의 부정성은 클럽을 드나드는 사실에 그치지 않는다는 점에서 보다 강화된다. 남미리는 "한번 결심하면 어떤 일이든지 성공하고야 마는" "자아(自我)가 강한" 여성으로 성격화되어 있다. 이러한 기질적 문제를 차치하더라도 남미리의 부정성은 친구 신정원의 연인 고영훈에 이어 남편 강일해를 의도적으로 유혹하여 파경에 이르게 한 점, 강일해의 돈과 자신의 몸을 교환조건으로 내세워 나인클럽을 경영한 점, 그리고 부모와 정혼자 한병준의 충고를 끝까지 외면한 점 등에서 잘 드러난다. 그 부정성은 소설에서 현대여성에 대한 처벌을 설득력 있게 담론화한다. 강일해의 폭행으로 얼굴에 심한 외상을 입은 사건과 자살의 선택은 소설적 처벌의 방식이다. 더욱이 신문에서 "말이 많던 치정의 여왕", "전락녀"의 당연한 "말로"로 보도하는 것은 현대여성 남미리의 부정성에 대한 지배적 담론들이다. 이렇듯 전후 현대여성을 그 새로움보다 여성 젠더의 전통적 범주에 벗어난 부정성에 주목하고 비판의 대상으로 삼았던 셈이다. 작가는 남미리를 통해 전후 현대여성에 대한 지배적 담론을 반영하고 나아가 강화시키고 있다.

이 소설은 전후 서울을 중심으로 한 향락문화의 급증과 위계화된 재편 양상을 드러냄으로써 동시대인과의 공감대 형성에 조력하고 있다. 그 이면에는 현대여성의 부상을 경계하는 가부장제 이데올로기와 차별적인 젠더 이데올로기가 부정적 담론을 주도하고 있다. 그것은 곱지 않은 세간의 시선을 보다 강화하면서 처벌적 담론을 양산할 가능성을 내장하고 있다.

2) 1950년대 연애문화의 표상들과 취향의 위계화

『다정도 병이련가』는 전후 서울을 중심으로 재편되는 향락문화를 반영하는 한편 당대 연애문화의 표상들을 전면 배치시키고 있다. 그

연애문화의 대표적 표상은 극장공연, 음악회, 영화관람이다. 이는 문화자본의 소비패턴을 통해 연애를 인지할 수 있는 구별짓기의 방식을 따르고 있다. 구별짓기는 사회적 계층화에 따른 소비측면의 개념이다. 대중 취향은 소비할 수 있는 대상의 문제에, 부르주아 취향은 소비하는 방식 내지 태도에 각각 무게를 둔다. 즉 계층에 따라 필요로서의 취향과 사치로서의 취향이 구분되는 것이다.[17] 그러나 전후 연애문화는 피폐한 사회상황과 대중의 삶에 깊숙이 연루된 필요로서의 취향과는 괴리된다. 연애의 표상들은 작중인물들의 취향을 통해 사회적 계층화 방식을 드러내고 당대 연애문화를 새롭게 맥락화한다.

먼저, 극장공연은 저급한 연애문화의 표상으로 폄하되며 작중인물들 간의 관계 악화를 암시한다. 강일해는 신혼시절 아내 신정원과 함께 극장공연, 음악회, 영화관람 등을 두루 즐긴다. 그는 "지루한" 음악회보다 "홍도야 울지 마라"와 같은 "통속연극을 하고 있는" 극장공연을 선호한다. 이는 그가 즐기는 "B라는 사람의 탐정소설번역물"과 결합하여 그의 문화 취향을 표상한다.

문제는 강일해의 취향에 대한 신정원의 평가방식이다. 신정원은 강일해의 문화 취향을 저급하다고 폄하하고 "남편을 얎우이 역이는 감정"이 점차 심각해진다. 그녀는 서구적인 음악회나 미국영화에 비해 신파적 전통의 한국 연극을 저급 문화로 폄하하고, 그러한 문화를

17) 강준만, 「피에르 부르디외, 왜 중요한가?」, 『한국사회와 언론』 제5호, 1995, 한국언론정보학회, 287~290면.

향유하는 사람까지 폄하의 대상으로 삼는다. 이러한 취향의 위계화는 지식, 교양, 성품을 포괄하는 동시에 서구적인 것을 고급과 교양의 이름으로 선망하는 당대 지식계층의 사고방식을 대변한다.[18] 신정원과 강일해의 취향 차이와 그녀의 위계적 인식은 그들 부부의 불화를 예고하고 있다. 그리고 "통속연극을 하고 있는 C극장" 공연 관람을 계기로 신정원이 강일해의 기생 편력을 알게 됨으로써 부부 관계에 틈이 벌어진다. 이렇듯 작중인물들의 취향 문제가 그들의 관계 악화를 암시하고 나아가 현실화되고 있다.

다음으로, 장덕조 소설에서 대표적인 연애문화의 표상은 미국영화 관람이다. 1950년대 영화는 대표적인 대중문화로 자리매김하였다. 한국 영화의 제작붐이 일어나는 한편 외국영화의 수입과 배급이 활성화되었던 시기가 1950년대다. 특히 미국영화는 1950년대 대중적인 문화향유의 표상으로 급부상하였다. 『다정도 병이련가』에서 고영훈과 간호사 민헬른이 〈캬라반〉을 보러 가는가 하면, 영화 제목이 드러나지 않지만 신정원과 강일해는 영화관람을 하러 다녔다고 기술되어 있다. 이러한 영화관람은 연인들뿐 아니라 지인들과 함께 즐기는 당대 대중문화의 표상으로 등장하고 있다.

다른 한편으로 영화관람은 작중인물들 간의 관계를 상징적으로 드러낸다. 영화 〈캬라반〉은 헤어진 연인을 잊지 못하는 남성 주인공과 그를 사랑하는 집시의 사랑과 죽음을 다룬 영화라고 소개되어 있

18) 음악회 또한 신정원 강일해 부부의 취향 차이와 위계적 인식을 보여주는 표상으로 작용한다.

다. 이는 결혼한 신정원을 잊지 못하는 고영훈과 그를 사랑하는 민헬른의 엇갈린 관계와 그녀의 내적 갈등을 암시한다. 이렇듯 미국영화는 당대 연애문화를 반영하는 동시에 작중인물의 관계를 간접화하는 주요한 표상으로 자리매김하고 있는 셈이다.

『다정도 병이련가』에서 연애문화의 표상들은 전후 서울을 중심으로 한 향락문화의 재편과정과 맞물려 있으나 그 의미항은 사뭇 다르다. 연애문화의 표상에서 취향의 위계화를 통해 남성 폄하의 근거로 작용하고 있는 것은 미국중심주의다. 이때 미국중심주의에 편향된 주체가 여성이라는 점은 당대 여성에 대한 비판적 담론을 강화시킬 빌미를 제공하고 있다.

이렇듯 『다정도 병이련가』는 전후 변화된 향락문화와 연애문화의 키워드를 통해 당대 사회문화적 흐름을 반영하면서 작중인물들의 관계구도를 설득력있게 제시하고 있다. 물론 그 근저에 작용하는 차별적인 젠더 이데올로기와 미국중심주의, 그리고 여성담론에 대한 작가의 편파적 시각은 여전히 문제적이다.

4. 신구 결혼풍습의 착종과 이상적 여성상

1) 정혼한 여성의 선택과 낭만적인 자유연애사상

『다정도 병이련가』에서 특기할 만한 사실은 전후 한국사회에서 풍미한 신구 결혼풍습의 착종현상이 작중인물들의 연애와 결혼생활에 깊숙히 연루되어 있다는 점이다. 우선 눈길을 끄는 것은 여성 작중인물들이 정혼자가 있다는 사실이다. 이는 당대 강제결혼과 자유연애 풍습이 공존하고 있었음을 보여준다. 여대 졸업반이었던 신정란과 남미리는 이미 각각 강일해, 한병준이라는 정혼자가 있는 상태이다. 그러한 가운데 여성 작중인물들은 새로운 사랑의 대상, 고영훈을 둘러싸고 갈등을 겪고 있다.

> 연애에서 오는 감격! 연애가 가져다 주는 황홀—그것을 이렇듯 갈망하면서 범범한 남자와 범범한 결혼생활에 들어가지 않으면 안 될 운명을 원망 하기도 했다.
>
> 그러나 어떤 때에는 또 즐겨 마음을 돌리기도 한다.
>
> 부모를 이 이상 더 괴롭혀서는 안 된다고 생각하는 것이다. 미리가 끝내 고집을 부릴때 닥쳐올 여러 가지 파란곡절이 귀찮기도 했다.
>
> "죽게된 부친의 마음을 편안하게 하기 위해서 덮어놓고 그 뜻을 좇는다."
>
> 그것은 시비(是非)를 막론하고 예로부터 있어온 일이었다. 불가능한 연애를 단념하고 가능한 결혼을 취한다는 것은 스물 세살이나 된 처녀로서는 오히려 현실에 적합한 처사인지도 모른다.
>
> 타오르는 사랑의 불낄과 구비치는 정열의 물결을 거쳐 결혼에 돌입 하는 것은 한 개의 이상이요 특별한 환경에 처해 있는 남녀의 특권이었다. 다만 한남자의 곁에 한 여자를 앉혀보아 별로 부자연 스러움을 느끼지 않으면 그것은 곧 결혼에 도달할 수 있는 중요한 조건이 아닐까.
>
> 상대방의 건강, 학식, 직업, 그리고 취미, 이같은 조건이 아직도 젊은 남

녀의 결합을 규정짓고 있는 것이라면 한병준은 미리에게 가장 합당한 배우자인지도 몰랐다.(58면)

인용문은 대학졸업 즈음 남미리가 투병 중인 아버지가 정해준 정혼자와의 결혼을 고심하는 대목이다. 그녀의 고민에는 자유연애에 대한 갈망, 부모에 대한 자식된 도리, 결혼 상대자의 조건들이 뒤섞여 있다.

여기에서 주목할 만한 사실은 첫째, 1950년대 한국사회에 전통적인 정혼 풍습이 잔존하고 있지만 결혼 결정권이 여성에게 있다는 점이다. 그것은 정혼이 곧 결혼을 의미하지는 않았다는 사실을 환기하고 있다. 정혼은 이미 조선조부터 결혼성립의 전제로 매우 중요시되었던 결혼풍습의 일종으로 한번 정혼을 하면 이를 변경하거나 취소하지 못했다. 예식을 갖추지 않았을 뿐 정혼은 곧 결혼으로 간주하였던 것이다. 조혼제도와 결합하면서 정혼의 시기와 의미 또한 시대적 흐름에 따라 변해갔지만 정혼의 풍습과 인식은 1950년대에도 여전히 잔여적인 가치로 자리매김하고 있었다. 그러나 전후 정혼의 풍습은 부모의 결정에 대한 여성의 절대적인 순종 형태를 띠지 않는다. 소설에서 여성 작중인물의 정혼은 결혼과정에 중요한 변수로 작용하고 있을 뿐이다. 이는 여성이 최종적인 결혼의사를 결정할 수 있을 만큼 사회적 지위가 상승했음을 보여준다. 정혼을 둘러싼 사회적 인식과 여성의 지위 변화는 역설적으로 결혼을 둘러싼 여성의 갈등 요인으로 작용하고 있다.

다음으로, 전후 정혼 풍습에는 집안의 경제력이 중요한 변수로 작용하면서 여성의 갈등이 전통적인 유교적 관념과 맞물려 증폭되고 있다. 부모가 자식의 결혼을 자신의 권세와 문벌을 높이는 수단으로 삼는 것은 조혼이나 정혼풍습에서 종종 발견될 수 있는 것이었다. 이 소설에서 정혼풍습은 여성의 결혼이 집안에 당면한 경제적 문제해결의 수단임을 분명하게 보여주고 있다. 부모가 자식의 결혼을 열악한 경제상황의 극복 수단으로 삼고 있는 것이다. 남미리의 아버지는 일제식민지기에는 해외 독립운동가로, 광복기에는 감옥살이를 전전했던 인물이었던 만큼 "이해가 없는 사람이" 아니다. 그럼에도 남미리에게 "가장 합당한 배우자"로서 정혼자의 조건에 아버지의 투병비용과 집안의 생계비, 그리고 남미리의 학자금 등을 떠맡아 줄 수 있는 경제력을 중요한 변수로 둔다. 신정원의 아버지 또한 그가 총수로 있는 원동양행의 경영난을 해결해줄 수 있는 사업 파트너 집안의 아들 강일해를 정혼자로 내정하고 있다.

이렇듯 그녀들이 문맥화한 당대 정혼 풍습에는 결혼 상대자나 그 집안의 경제력이 중요한 변수로 작용하고 있다. 때문에 여성이 정혼자와 결혼을 거부할 경우 부모와 집안에 상당한 경제적 타격을 초래할 것임은 자명하다. 정혼자를 받아들이는 것이 자식된 도리를 의미한다면, 그 아래에는 결혼으로 부모와 집안이 열악한 경제상황을 다결하는 것도 함께 포함되어 있다. 여성이 표면적으로 결혼여부에 대한 결정권을 가지고 있는 것처럼 보이지만 이면에는 부모의 결정에 따를 수밖에 없도록 옭죄는 경제적 조건이 결합되어 있는 것이다. 이러한 상황에서 남미리가 나인 클럽 경영을 통해 직접 집안의 경제문제를 해결하려 한다면, 신정원은 고영훈을 오해하고 스스로 부모가

정한 정혼자와의 결혼을 선택한다.

마지막으로, 여성 작중인물들이 궁극적으로 갈망하는 것은 전후 결혼 상대자의 제반조건을 뛰어넘는 낭만적인 자유연애다. 1920년대 초반 엘렌 케이류의 자유연애사상이 조혼과 강제결혼 풍습을 반대하는 근저로 작용하면서 식민지 조선사회에 자유연애가 풍미하기 시작하였음은 주지의 사실이다. 장덕조의 소설에서도 자유연애는 변질되어가는 정혼풍습에 반대하며, "타오르는 사랑의 불낄과 구비치는 정열의 물결을 거쳐 결혼에 돌입"하기를 내세우고 있다. 이때 자유연애는 "연애에서 오는 감격! 연애가 가져다 주는 황홀"로 표현되는 낭만적인 사랑 자체에 대한 갈구에 가깝다. 이는 여성 작중인물들이 자유연애에 대한 실제적 접근 이전에 근대문물의 간접체험이나 머릿속으로 상상한 자유연애 자체에 대한 갈망의 형태를 띤다. "특별한" 청춘남녀만의 "특권"으로 규정될 만큼 여성 작중인물들에게 꼭 일어났으면 하고 또 일어나야만 한다는 절실한 바람을 담고 있다. 이러한 여성 작중인물들의 바람을 구성한 자유연애는 낭만적이고 이상적인 사랑의 형태를 띤다. 그만큼 여성 작중인물들은 연애 자체에 대한 갈망이 크고 기대치가 높았던 셈이다. 이는 여성 작중인물들이 생각하는 결혼 상대자의 조건들, 그러니까 "건강, 학식, 직업, 그리고 취미"보다 앞설 수밖에 없다. 실제 현실에서 일어날 확률이 그만큼 적은 셈이지만, 소설적 장치 속에서 여성 작중인물들은 모두 자유연애의 "감격"과 "황홀경"을 체험하고 있다.

여기에서 특기할 만한 점은 결혼 상대자의 조건에서 정혼자가 지닌 경제력 대신 취미가 강조되고 있다는 사실이다. 부모는 결혼 상대자의 선택에 경제력을 중요한 변수로 취급하는 반면, 미혼여성은 그것을 배제하거나 폄하한다. 여성 작중인물들은 정혼자의 경제력이 결혼의 중요 변수임을 알면서도 그것을 애써 외면하거나 거부하려 한다. 여기에는 여성 작중인물이 정혼자의 경제력에 좌지우지되는, 수동적이고 열등한 존재로 비춰지지 않기를 바라는 심리가 깔려 있다. 다른 한편으로는 1950년대 이상적인 남성상이 전통사회에서 내세운 문사적이고 균형잡힌 인간상, 즉 선비형 인물이었다는 사실과도 배리되는 것이다.[19] 이러한 가운데 결혼 조건에 '취미'의 공유가 중요한 변수로 작용하고 있다. 결혼 상대자와의 정신적 교류와 공감대 형성에 중요한 변수로 취미를 들고 있는 것이다. 신정란과 강일해의 경우에서 보듯 서로 다른 취미와 그것에 대한 거부와 폄하의 태도가 그들의 파경에 크게 작용하고 있다. 이렇듯 여성 작중인물들은 결혼할 집안보다 낭만적 자유연애를 우선 순위에 놓고 있으며 사회경제적 여건보다 취향을 중요하게 여기고 있었던 셈이다.

『다정도 병이런가』는 1950년대 한국사회에서 전통적인 정혼제도와 자유연애사상이 착종하고 있는 결혼 풍토를 전경화하고 있다. 여성의 결혼 의사결정권이 강해졌음에도 불구하고 정혼자의 경제력이 중요한 변수로 작용하는가 하면 낭만적인 자유연애에 대한 갈망이 강력하게 피력되는 양상을 띤다. 자유연애의 낭만성은 결혼 상대자의 여러 조건에 앞서는 절대적 준거로 작용하고 있었지만, 현실적으

19) 조혜정, 『한국의 여성과 남성』, 문학과지성사, 1988, 250~251면과 장은미, 「1950년대 한국 신문의 제도화와 남성의 재공간화 과정」, 서강대 박사논문, 2006, 100~102면 참조.

로 여성은 거부하고 싶은 경제력이라는 변수에 흔들리고 있었다. 연애나 결혼의 제 과정이 여성 자신보다 부모나 집안의 문제와 결합되면서 여성 작중인물들에게 갈등을 심화시키고 있었던 것이다. 그런데도 여성 작중인물들이 정혼 풍습을 구시대의 유물로 인식하고 직접적으로 반박하는 모습은 눈에 띠지 않는다. 뿐만 아니라 여성이 삶의 주체로서 결혼이 아닌 새로운 삶을 개척할 의지를 크게 부각시키지 않는다. 남미리처럼 새로운 삶의 선택이 나인 클럽 운영이라는 부정적 성격을 띤 것이어서 여성의 최고의 선택은 결혼이라는 점을 오히려 강화하는 효과를 낳고 있다. 1970년대에도 여성 대학졸업자 대부분이 결혼의 조건으로 대학진학을 선택하고 현모양처를 꿈꾸었다는 점을 감안한다면,[20] 당대 지식층에 속하는 여성의 사회적 인식과 삶의 태도가 얼마나 소극적이고 수동적이었는가를 확인할 수 있다. 이는 장덕조의 작가의식과 맞물려 소설의 일정한 한계라 할 수 있다.

2) 재혼 풍습과 사랑의 수난자론

이 소설에서 전후 한국사회에서 풍미한 신구 결혼풍습의 착종현상은 여성의 재혼을 둘러싼 작중인물들의 갈등을 통해서도 드러난다. 여성의 재혼은 고려 말부터 금하기 시작하였는데, 그 법은 명부

20) 1960년대 이화여대를 졸업한 기혼자들을 대상으로 한 설문조사를 보면, 여성의 역할이 가정에 충실한 어머니 역할이라고 생각하고 자족하는 비율이 46.6%에 달하며 30.3%가 일시적인 경험으로 직업이 필요하다고 생각하고 있었다. '대학교육 무용론'이 제기될 만큼 여성의 대학진학이 상류층의 결혼 준비과정으로 비춰졌음은 물론이다. 이효재, 『여성과 사회』, 정우사, 1989, 227~231면.

(命婦)나 판사 이하 육품 벼슬아치의 처가 과부가 되었을 경우로 제한하였다. 조선시대 여성의 재혼은 직접 금지한 것은 아니지만 실행(失行)으로 간주하였고, 재혼한 여성의 직계뿐 아니라 후대 자손까지 관계진출을 차단하는 간접적 방법을 사용하였다. 때문에 조선시대 이후 여성은 일단 결혼하면 어떤 사정이 있더라도 재혼해서는 안 된다는 관습이 고착화되어 갔다. 1894년 갑오경장을 거치면서 '과부재가무론유천임기자유사(寡婦再嫁無論貴賤任其自由事)' 규정이 공포되면서 과부의 재혼을 전면 자유화하였다. 그러나 한국사회에서 열녀불경양부(烈女不更兩夫)를 숭배하는 경향은 쉽게 사라지지 않았다.[21] 이 소설에서 여성의 재혼 문제는 이러한 맥락의 연장선에 놓여 있다.

『다정도 병이련가』에서 여성의 재혼 문제는 신정란과 고영훈의 재결합 여부와 관련된다. 사실상 이혼상태인 신정란과 미혼인 고영훈의 결합이 과연 가능할 것인가에 집중되어 있는 것이다. 신정란이 남편 강일해에게 결별선언을 하고 친정으로 오는 한편 고영훈은 신정란 아버지의 위암 검진을 한다. 그 과정에서 신정란과 고영훈의 만남이 이루어진다.

> "전 죄인이예요. 한번결혼한 몸이구"
>
> "결혼하신게 어때요? 그게무슨 험이예요?"
>
> "그럼 험이 아니라구 생각하세요?"

21) 정광현, 『한국친족상속법』 상, 위성문화사, 1957, 120~121면; 정효섭, 「이조시대에 있어서 여성의 사회적 위치」, 『아세아여성연구』 제3호, 숙명여대 아세아여성문제연구소, 1964, 65~66면.

"애정의 힘은 그런것쯤 넉넉히 덮어버립니다." (…중략…)

"후일 다시 찾아뵙겠습니다. 찾아 뵙고 그예 정원씨의 응락을 받겠습니다."

영훈은 일어섰다.

정원은 쓸쓸하게

"그런말슴 다시 하지 마시라니깐요. 우리 두사람은 결국 결합할수없는 사이예요. 도덕이라든지 보통 여러 가지 관념을 떠나서라도 운명적으로 서로 떠날수밖에 없는 사인걸요, 뭐"(294~296면)

인용문은 고영훈이 왕진하러 왔다가 신정란과 나눈 대화 부분이다. 고영훈은 연인 신정란이 결혼한 후 자신의 본분에만 충실하여 위암수술의 권위자가 된다. 그렇지만 신정란 앞에서는 그녀의 선택을 기다리는 남성일 뿐이다. 이때 그는 신정란의 결혼 이력도 집안의 위암 병력도 문제 삼지 않는다. "애정의 힘"으로 신정란의 모든 것을 포용하려 한다. 하지만 신정란은 "도덕"을 선택한다. 그녀는 그들의 결합이 도덕적으로 "영혼의 아름답도록 순수한 사랑"을 모독할 수 있다고 여긴다. 결혼 결정 과정에서 그러했듯 그녀의 도덕의식이 그들의 결합을 가로막고 있다.

신정란의 도덕의식은 가부장제 이데올로기를 내재화한 결과다. 그녀는 스스로를 '죄인'이라 여기고 고영훈 앞에 나설 용기조차 내지 못한다. 그것은 몸의 순수성이 훼손되면 순수 혈통의 승계자를 출산할 자격이 없는 여성으로 간주하여 사회적 비난의 대상으로 삼은 가부장제 이데올로기와 관련된다. 이러한 이데올로기가 여전히 지배적인 전후 한국사회와 그것을 내면화한 신정란인 만큼 고영훈이 말하는 "애정의 힘" 하나로 결혼을 선택할 수 없었던 것이다. 결국 신정란은 경남 언양의 산골 초등학교 교사를 자청해서 떠나고, 고영훈 또한 미국 유학을 결정하고 만다. 두 작중인물의 결별은 지배 이데올로기에 대한 순응의 방식이었던 셈이다. 이러한 가운데 부상한 것이 '사랑의 수난자론'이다.

> 사랑은 수난자(受難者)를 낳는다.
>
> 남자에세 내한 사랑의 수난자가 정원과 미리라면 여자에게 대한 사랑의 수난자는 고영훈과 한병준이 었다. 불행한 수난자들은 어떤때는 원수와 같이 서로 미워하는 일도 있으나 어떤때는 동병상린(同病相憐)하는 이해자가 될수도 있는것이다.(330면)

인용문은 신정원이 언양까지 찾아와 용서를 구하는 남미리에 대한 감상, 즉 '사랑의 수난자론'을 피력한 부분이다. 신정원은 흉하게 변한 남미리의 얼굴과 참회의 언행을 보며 그들 사이의 갈등을 무화시킨다. 그 과정에서 내린 결론이 "사랑은 수난자(受難者)를 낳는다"는 것이다. 그것은 사랑하는 '사람'이 아니라 '사랑' 자체가 "수난자"를 만들어 낸다는 논리다. 수난자는 사랑의 속성 자체가 배태한 것이기에 남녀 구분조차 따로 없다.[22] 때문에 그들은 서로 "원수"가 아닌 동병상련의 "이해자"들이다. 사랑이라는 동병상련의 경험을 내세워

22) 장덕조 소설에서 사랑의 수난자론은 1957년 발간된 『장미는 슬프다』에서도 반복된다. 그러나 『장미는 슬프다』에서는 『다정도 병이련가』와 달리 사랑의 수난자론에 젠더의 차이를 상정하고 있다.

상호간의 유대와 이해를 구하고 있는 셈이다. 신정원이 사랑과 삶을 운명으로 간주했다는 점을 감안한다면, 사랑의 수난자론은 또 다른 운명론으로 해석할 수 있다. 사랑이 운명이듯 사랑이 빚어낸 수난도 운명이므로 이를 함께 포용하고 인내해야 하는 것이다. 결국 사랑의 수난자론은 운명을 내세운 지배 이데올로기의 순응 논리다. 때문에 가부장제 이데올로기를 따르는 전통적인 여성의 삶이 자연스럽게 긍정적 가치를 부여받고 있다. 반면 그렇지 못한 여성의 삶은 현실세계에서 쉽게 자리매김하지 못한다. 남미리의 자살이 대표적 사례다. 남미리의 자살로 신정원은 자신이 남미리를 용서할 자격도, "헬른이나 한병준이나 강일해에 대해 비평할 자격"도 없다는 사실을 깨닫는다. 그 과정에서 오직 사랑, 다르게 말하면 "다정(多情)이야말로 병"이었다는 사실을 부각시킨다. 이는 사랑 자체에 절대적인 가치를 부여함으로써 현실세계의 여성 문제를 낭만적으로 봉합하는 대중소설의 결말처리 방식뿐 아니라 작가의식과도 맞닿아 있다. 장덕조는 전후사회 여성들이 갈구하는 사랑에 절대적인 가치를 부여하면서도 그것이 가부장제 이데올로기에 순응할 때만 실현가능한 것이라는 사실을 독자들에게 환기시키고 있다. 이는 1950년대 전통담론의 부상과 더불어 보수적 여성담론을 강화하는 데 조력했을 가능성을 시사한다.

5. 마무리

1950년대 장덕조의 대표적 연애소설 『다정도 병이련가』를 중심으로 대중성의 확보방식과 그 저변에 작용하는 여성의식을 고찰해 보았다.

무엇보다, 이 소설은 복잡하고 느슨한 연애소설의 문법을 통해 대중성 확보의 여지를 열어놓고 있었다. 복잡한 애정의 삼각관계에서 갈등주체는 여성이었다. 남성들 간의 갈등은 느슨하거나 부재하였으며, 여성들의 갈등 또한 운명으로 내면화하는 경향이 농후하였다. 작중인물들의 갈등을 다각화하지 못한 채 손쉽게 영원한 사랑으로 승화시켜 가부장제 질서에 동의한 점은 대중소설의 특징이자 작가의 한계로 지적할 수 있었다.

다음으로, 이 소설은 전후 재편된 향락문화와 새로운 연애문화를 맥락화하여 대중성을 확보하고 있었다. 전후 다방, 클럽, 호텔을 중심으로 급증한 향락문화는 성적 교환의 장소로 변질되고 있었으며, 특히 현대여성의 등장은 가부장제 이데올로기를 강화시켜 그 부정성에 대한 처벌적 담론을 유도하고 있었다. 아울러 전후 연애문화는 극장, 음악회, 미국영화 관람 등을 통해 재현되고 있었다. 이때 위계화된 취향의 차이가 작중인물들의 관계 변화를 암시하였는데, 여기에는 미국중심주의가 강하게 개입되어 있었다. 연애소설의 특징을 차치하더라도 작가가 구성한 젠더 이데올로기와 가부장제 이데올로기, 그리고 미국중심주의는 여전히 문제적이었다.

마지막으로, 이 소설에서 특징적인 점은 결혼이나 재혼을 둘러싼 신구 결혼풍습의 착종 현상을 아우름으로써 전후 달라진 결혼풍속을 전경화하고 있다는 사실이었다. 여성이 신구 결혼풍습을 둘러싼 갈등주체로 나서고 있었지만, 사랑의 수난자론을 내세우며 갈등을 무화하고 전통적인 규범에 가치를 부여하고 있었다. 결국 가부장제 이데올로기에 대한 동의로 귀결하고 있었던 셈이다.

이렇듯 『다정도 병이련가』는 결혼을 둘러싼 여성의 애정갈등을 전후 신구문물의 범람과 가치체계의 혼란을 맥락화하여 풀어내고 있었다. 사랑으로 새로운 도약을 꿈꾸는 여성들은 전통적 여성담론 아래 좌절하였으며, 작가는 당대 사회현실이나 가부장제 이데올로기를 직시하면서도 이를 낭만적으로 봉합하고 있었다. 이는 당대 여성담론을 주도했던 장덕조가 대중적인 여성소설가로 자리매김한 근저로 볼 수 있다. 파란만장한 서사만큼이나 안이하지만 낭만화된 봉합 방식은 장덕조의 애정소설이 지니는 대중성의 특질이면서도 한계라 할 수 있다.

제 4 장

로맨스소설에 나타난 '아름다운 몸'의 도전과 한계

1. 들머리

지금 한국사회는 몸에 대한 지대한 관심과 열정을 쏟아 붓고 있다. 웰빙을 외치며 유기농 먹을거리와 건강보조 식품들을 기웃거리는 일이 우리의 일상을 파고든 지 이미 오래다. S라인 몸매를 만들기 위해 피트니스 클럽에서 종합적인 관리를 받거나 44사이즈 옷을 입기 위해 요요현상을 감수하면서도 각종 다이어트를 시도하고, 동안(童顔)을 만들기 위해 경락 마사지, 피부과, 성형외과 등을 두루 섭렵하기도 한다. 게다가 개성 있는 몸을 연출하기 위해 차밍스쿨에 가입하고 의상, 화장, 액세서리 등을 조언 받는다. 우리의 일상적 삶이 건강한 몸을 유지하는 데에서 나아가 이상적인 몸을 가꾸고 변형하는, 다양한 몸의 실천에서 완전히 자유롭지 못한 셈이다.[1)]

이즈음 미용성형산업의 확대와 사회적 인식의 변화는 급격한 양상을 보이고 있다. 임인숙의 연구에 따르면, 1975년에서 2000년까지 25년 사이에 성형 전문의 수는 의료 전 분야의 전문의 수 증가율의 7.8배를 5배나 웃도는 42.1배나 증가했다. 여성잡지 『여성중앙』에 실린 미용성형 광고 비율 또한 1971년 4.6%에 불과하던 것이 2001년 1월호에는 18%에 달한다.[2)] 특히 1995년 이후 미용성형산업의 확대는 기하급수적인데, 이것은 사회적 인식에도 영향을 미치고 있다. 한국 갤럽이 1994년 실시한 조사에서 '성형수술을 고려해 본 적이 있다'는 응답이 13.9%에 불과했으나, 1999년 조사에서는 59%로 4배 이상 늘었다. 뿐만 아니라 1996년 여대생을 대상으로 한 조사에서는 '성형수술을 받는다면 다른 사람에게 떳떳이 그 사실을 밝힐 수 있는가'란 질문에 76.5%가 '굳이 숨기지 않겠다'고 응답할 정도로 성형은 더 이상 비밀스런 일탈이나 병리적인 자아도취의 산물로 간주되지 않는다.[3)]

이러한 몸에 대한 대중적 실천과 인식은 몸의 정체성을 자아의 정체성으로 인식하는, 후기 근대사회의 특성을 띠고 있다. 기든스에 따

1) 심광현, 「육체, 무엇이 문제인가?」, 『문화과학』 제4호, 문화과학사, 199.9, 148면.
2) 임인숙, 「한국사회의 몸 프로젝트 : 미용성형 산업의 팽창을 중심으로」, 『한국사회학』 제36권 제3호, 한국사회학회, 2002, 190면과 195~196면.
3) 임인숙, 위의 글, 184면.

르면, 후기 근대사회에서 몸은 억압당하는 수동적 대상이 아니라 성찰적인 행위체계의 일부다.[4] 몸은 신뢰할 만한 자아감을 구성할 수 있는 토대로 개인의 내적 기질과 태도를 상징적으로 체현한다. 이때 몸 관리 양식은 개인이 선택한 특정한 생활양식(lifestyle)에 따라 형성된다. 그것은 자아 성찰적 기획의 결과물이지만 현대사회를 표준화하는 영향력들과 상호관련성이 있다.[5] 후기 근대사회에서 몸은 근대사회에 비해 능동적이지만 여전히 그 사회문화적 조건들에 깊이 연루되어 있다. 개인의 몸 관리 양식은 사회적 불평등을 재생산하는 사회적인 몸 프로젝트의 함정을 내재하고 있는 것이다.

부르디외는 유사한 맥락에서 몸 관리가 계급에 따라 차별적이라고 지적한 바 있다. 그는 몸을 개인이 속한 사회계급의 육체적 성향과 습성이 체현되어 있는 문화자본의 한 형태, 즉 육체자본으로 본다. 그러나 육체자본을 생산하는 몸 관리 양식은 민중계급일수록 몸과 도구적 관계를 맺는다. 민중계급에게 육체자본은 곧 경제자본으로 전환되는, 목적달성의 수단이지만 그 전환은 제한적이다.[6] 이에 비해 지배계급은 육체자본에 대한 가치를 부여하며 다양한 몸 프로젝트를 선택하고 있다.[7] 그리고 경제자본이나 사회자본으로 쉽게

4) 앤소니 기든스, 권기돈 역, 『현대성과 자아정체성』, 새물결, 1997, 146~147면.
5) 앤소니 기든스, 위의 책, 43~44면.
6) 피에르 부르디외, 최종철 역, 『구별짓기 : 문화와 취향의 사회학』 상권, 새물결, 1995, 342~343면.
7) 지배계급 내부에서도 실천의 내재적 · 외재적 이익이나 비용을 어떻게 지각하고 평가하느냐에 따라 몸 자체의 관계는 다르게 나타난다. 교수 층의 귀족적 금욕주의는 '자기 자신의 몸을 정복하고 있다는 느낌'에 집중한다. 이에 반해 물질적 · 문화적 수단을 소유한 현대 관리직은 '속물적인 대중들이 근접할 수 없는 경치를 향유한다는 느낌'을 중시하는 건강한 쾌락주의를 드러내는데, 경영자 층은 건강한 쾌락주의와 함께 별도의 외재적인 이

전환된다. 이렇듯 몸의 실천은 사회 공간상의 위치와 궤적뿐 아니라 계급 내부에서도 육체자본의 양과 질의 정도, 성(性), 연령 등에 따라 차별적으로 적용된다.

그렇다면 한국사회에서 몸 프로젝트는 어떻게 작동되는가. 한국사회의 몸 관리 유행을 분석한 최근 연구들[8)]은 몸 프로젝트의 대표적 변수로 대중매체, 외모중시의 사회풍조, 소비자본주의 문화 등을 꼽는다. 이들 연구에 따르면, 남녀 간의 불평등한 권력관계를 규범화하는 한국의 가부장제 사회에서 몸 관리 유행에 민감하게 영향을 받고 있는 것은 대부분 여성이다. 여성이 '아름다운 몸'을 가꾸고 유지하기 위해 노력하는 일은 육체자본의 효과가 직접적인 한국의 사회문화적 조건에 힘입은 바 크다. 외모중시의 사회풍조는 아름다운 외

익, 예를 들어 사회자본을 축적하고자 한다. 피에르 부르디외, 위의 책, 352~353면.

8) 몸 관리 유행과 관련된 연구들은 2000년 이후 급증하였으며, 대표적 논의들은 다음과 같다. 유창조 · 정혜은, 「소비자의 아름다움 추구행위에 관한 탐색적 연구—남성의 치장과 여성의 화장, 성형 및 피트니스를 중심으로」, 『소비자학연구』 제13권 제1호, 한국소비자학회, 2002; 윤태일 · 이명천, 「텔레비전 시청이 육체이미지 혼란에 미치는 영향 : "성별"의 조절역할과 "육체이미지 처리"의 매개역할」, 『한국방송학보』 제16권 제3호, 한국방송학회, 2002; 임인숙, 「한국사회의 몸 프로젝트 : 미용성형 산업의 팽창을 중심으로」, 『한국사회학』 제36권 제3호, 한국사회학회, 2002; 임인숙, 「다이어트의 사회문화적 환경 : 여대생의 외모차별 경험과 대중매체의 몸 이미지 수용도를 중심으로」, 『한국사회학』 제38권 제2호, 한국사회학회, 2004; 윤태일, 「여성의 날씬한 몸에 관한 미디어 담론 분석」, 『한국언론학보』 제48권 제4호, 한국언론학회, 2004; 최옥선, 「여성잡지에 나타난 몸담론 연구—성형의료산업과의 관련성을 중심으로」, 『한국출판학연구』 제46집, 한국출판학회, 2004; 정희준 · 박수정, 「소비자본주의적 몸의 등장과 운동의 사회문화적 의미의 변화」, 『한국스포츠사회학회지』 제18권 제1호, 한국스포츠사회학회, 2005; 정주원, 「몸의 소비문화적 의미와 현상에 대한 고찰」, 『소비문화연구』 제9권 제1호, 한국소비문화학회, 2006; 황유지 · 이상훈, 「육체관리행위와 여성 정체성—스포츠센터 여성이용자에 대한 참여관찰을 중심으로」, 『언론과학연구』 제7권 제3호, 한국지역언론학회, 2007; 정재철, 「한국의 여성 몸담론에 관한 비판적 연구 : "몸의 시대, 살빼기와 성형 열풍"을 중심으로」, 『언론과학연구』 제7권 제1호, 한국지역언론학연합회, 2007.

모나 몸이 경제자본이나 사회자본으로 쉽게 전환하도록 한다. 이와 맞물려 몸 관리 산업은 각종 소비재를 개발하여 그 영역을 확장시키고 있다.[9] 특히 대중매체는 여성이 몸 관리에 자발적으로 나서도록 부추기고 있다. 대중매체는 현대인의 일상 깊숙이 파고들어 아름다운 외모와 이상화된 몸 이미지를 획일적으로 유포한다. 대중매체에 대한 수용자의 관심이나 내면화 정도에 차이가 있다 하더라도,[10] 가공된 대중매체 속의 몸 이미지는 여성이 자신의 몸을 평가하는 준거로 자리매김하고 있다. 여성들은 대중매체가 유포한 몸 이미지를 만들기 위해 자신의 몸을 가꾸고 변형하는 일에 자발적이고 적극적으로 뛰어들고 있는 셈이다. 이러한 상황을 보여주는 대표적인 예가 리얼리티 프로그램 〈도전, 신데렐라〉이다.

여성전문 케이블 방송인 동아 TV에서 방영 중인 〈도전, 신데렐라〉는 공개 선발된 시청자에게 성형수술을 해주는 리얼리티 프로그램이다. 이 프로그램은 여성들의 모자란 '미(美)'를 채워주어 자신감 있는 인생을 살게 해 주겠다는 기획 아래 2003년 12월 8일에 첫 방송을 보낸 이후 현재 제5기를 맞고 있다.[11] 도전자를 선발할 때마다 높은 경쟁률을 기록할 만큼 이 프로그램에 대한 관심은 매우 높다. 프로그

9) 특히 남성이 외모 관리의 새로운 주체로 떠오르고 있는 현상은 주목할 만하다. 이에 대한 연구는 임인숙, 「남성의 외모관리 허용수위와 외모불안지대」, 『한국사회학』 제39집 제6호, 한국사회학회, 2005, 87~118면을 참고할 것.

10) 맥퀘일 · 윈달, 임상원 · 유종원 역, 『커뮤니케이션 모델 : 매스커뮤니케이션의 이해』, 나남, 2001; 임인숙(2004), 앞의 글, 170쪽.

11) 제5기를 방송중인 2008년 현재 〈도전, 신데렐라〉는 〈New 도전, 신데렐라&미니변신〉으로 변화 발전하였는데, "일상에서 소외된 사람들의 유리구두가 되어 한걸음씩 세상을 나올 수 있도록 도와"준다는 의도로 대상을 확대하고, 방식을 다양화하고 있다. http : //www.dongahtv.com / program / cinderella /

램 신설 당시부터 여러 여성단체뿐만 아니라 방송위원회로부터 '시청자에 대한 사과', '방송편성 책임자에 대한 징계' 등의 조치를 여러 차례 받았으나 현재까지도 여러 시즌이 제작되고 있다.[12] 이러한 비난과 관심은 한국의 몸 관리 열풍과 사회문화적 분위기를 반영하면서 하위문화 텍스트의 창작과 수용에도 일정한 영향을 미치고 있다는 점에서 주목할 만하다.

이 글은 동아 TV의 〈도전, 신데렐라〉를 패러디한 김경화의 창작 로맨스 소설 『성형 신데렐라』[13]를 대상으로 몸의 서사화방식을 로맨스 소설의 장르적 규범 및 소통방식과 관련지어 고찰하는 데 목적을 둔다. 이를 통해 후기 근대사회를 살아가는 한국 여성의 위상과 이면을 드러낼 수 있으리라 본다.

2. 〈도전, 신데렐라〉의 패러디와 가부장적 소비자본주의 문화

『성형 신데렐라』는 미국 사회를 배경으로 한 국내 창작 로맨스 소설이다. 이민 2세 이유진이 「도전! 신데렐라」 프로그램에 참여하여 성형을 한 후 재벌인 로건 알렉산더를 우연히 만나 우여곡절 끝에 결혼에 성공한다는 이야기이다. 국내 창작 로맨스는 1990년대 초반 이래 여중 · 고생들에게 인기를 누렸던 할리퀸 문고나 순정만화의 독서

12) 김정현, 「리얼리티 프로그램의 수용 특성에 관한 연구-〈도전, 신데렐라〉를 중심으로」, 서강대 석사논문, 2005, 3~4면.

13) 김경화, 『성형 신데렐라』, 문진미디어, 2006. 이하 인용은 면수만 밝히기로 하겠다.

체험, 트랜디 드라마의 시청 경험 등을 토대로 창작된 성인용 로맨스 소설이다. 인터넷 소설로 불리는 하이틴 로맨스 소설과 달리 20대에서 30대 초반 여성을 주된 독자층으로 삼는 창작 로맨스 소설은 "사랑을 이야기하는 것이 아니라 결혼을 이야기하는 보수적인 소설"이다.[14] 이 소설은 모험적인 연애에 뛰어든 여성이 돈과 권력을 가진 멋진 남자라는 솔깃할 만한 세속적 가치 위에 사랑받는다는 로맨스 소설의 공식성을 따르고 있다.[15]

『성형 신데렐라』는 여성 주인공 이유진의 성형이라는 낯선 사건이 서사를 추동하면서 독자들의 관심을 환기시키고 있다. 로맨스 소설에 친숙한 독자들은 '사건을 어떻게 보여줄 것인가'보다 '어떤 사건을 보여줄 것인가'에 관심을 둔다.[16] 그러니까 로맨스 소설의 선택과 독서행위는 독자들의 관심을 끌 만한 새로운 사건의 설정 여부에 좌우되는 것이다. 이 소설은 이유진의 '성형'을 새로운 사건으로 설정하고 그것을 둘러싼 작중인물들의 내외적 갈등을 서사의 전면에 내세우고 있다.

『성형 신데렐라』는 미국 ABC에서 방영된 'Extreme Makeover'를 모태로 삼은 동아 TV의 〈도전, 신데렐라〉을 패러디하여 이유진의 '성형' 제 과정을 보여주고 있다. 이유진이 「도전! 신데렐라」에 참여하여 선정된 것은 인터넷 사이트를 통해서이다. 「도전! 신데렐라」는

14) 한미화, 「여성에 의한, 여성을 위한 장르소설-국내 창작 로맨스 소설의 현황」, 『북페뎀』 2004년 여름호(제5호), 한국출판마케팅연구소, 2004.8, 193~196면.
15) 우지연, 「꿈꾸는 세계가 있는 자만이 장르를 지지한다」, 위의 책, 46면.
16) 송경아, 「장르문학과 순문학의 벽을 넘어서」, 위의 책, 54면.

인터넷 사이트를 통해 시청자들의 사진과 사연을 받고, 방송국 측에서 수술이 가장 많이 필요한 사람을 추첨하는 방식을 취한다. 이것은 〈도전, 신데렐라〉가 독자적인 홈페이지를 개설하여 시청자들의 참가 신청을 받고 있는 것과 동일하다. 그러나 선발 방식은 상이하다. 〈도전, 신데렐라〉는 매 기수별 5명의 출연자를 2단계 면접을 통해 선발하고, 매주 출연자의 변신모습을 시청자의 '포인트 점수' 이벤트와 연계하여 매 기수 최고의 성형미인을 선정한다.[17] 그러나 이유진이 「도전! 신데렐라」에 신청한 "오만 명이 넘는" 경쟁자를 물리치고 선정된 것은 그녀 앞에 갑작스럽게 카메라를 비추는 순간이었다.[18] 소설 『성형 신데렐라』는 〈도전, 신데렐라〉보다 극적인 선발방식을 선택하고 있는 셈이다. 그것은 지리멸렬한 선발과정 자체보다 선발 이후의 과정에 보다 초점을 맞추었기 때문이다.

「도전! 신데렐라」는 〈도전, 신데렐라〉처럼 3개월 동안 이유진의 성형 과정을 밀착 취재한다. 이유진은 3개월이라는 짧은 기간 동안 다양한 분야의 의학적 도움을 받아 변신을 꾀한다. 그녀는 "성형외과, 피부과, 치과, 안과 의사들, 헬스클럽 코치와 정신과 의사"의 도움을 받아 수술을 위한 식이요법을 시작으로 안면 성형, 가슴 축조수술, 허리와 엉덩이 그리고 허벅지의 지방 제거수술을 받는다. 이는 동일 기간에 다이어트, 피부 케어, 치아성형 등과 병행한 전신 성형수술뿐 아니라 패션, 헤어, 화장법 등을 통해 머리부터 발끝까지 "최

17) http : //www.dongahtv.com / program / cinderella / program.asp
18) 이유진은 메일을 통해 「도전! 신데렐라」 예비 후보자 10명 중 한 명이라는 사실과 사연 확인을 위한 방문 일정을 통보받았으나 선정자 확정 사실을 알지 못한 상태였다.

고의 변신"을 꾀하는 〈도전, 신데렐라〉에는 미치지 못한다.[19] 문제는 이러한 성형이 과연 3개월 만에 현실적으로 가능한가라는 점이다. 짧은 기간에 이루어지는 변신 성공은 〈도전, 신데렐라〉의 선발자 선정과정에서 여전히 변수로 작용하고 있다는 점을 감안한다면,[20] 100㎏의 이유진이 성형의 흔적을 지우고 60㎏으로 감량하여 변신에 성공하는 것은 말 그대로 소설이기 때문에 가능한 일, 즉 허구에 기댄 환상 만들기 쯤으로 비춰진다. 그런데도 독자들이 성형 수술의 혁신적인 발전에 경탄할 가능성은 높은 편이다.

이유진의 성형 과정은 '先체험 後방송'의 형식을 취하는데, 이것은 「도전! 신데렐라」와 〈도전, 신데렐라〉가 유사하다. 다만 소설에서는 「도전! 신데렐라」의 마지막 생방송 촬영분을 초점화하여 제시하고 있다. 3개월이 끝난 날, 이유진은 「도전! 신데렐라」의 출연진과 성형에 참여한 의료진, 그리고 관중들이 모여 있는 방송에 처음으로 출연하여 변화된 자신의 모습을 보여준다. "대회에 뽑혔을 때의 반응과 성형수술 과정을 거친 석 달간의 모습"을 짤막한 영상으로 다시 확인한 후, 이유진이 전신거울을 통해 처음으로 자신의 변신을 확인하는 과정은 방송 로비에 들어섰을 때 관중들의 "경악에 찬 환호성"에 버금가는 극적 감동을 전달한다. 자신의 몸을 내려다보며 변화된 몸매

19) 동아 TV의 〈도전, 신데렐라〉는 'Extreme Makeover'가 성형수술, 운동요법, 헤어미용, 의상법 수준에서 행한 것보다 전면적인 변신을 꾀하고 있다.

20) 〈도전, 신데렐라〉 1회분에서는 도전자의 선발기준을 '노력을 통해 거듭날 수 있는 그런 방송 취지에 부합되는 사람', '끼가 많아 방송에 적절한 사람', '3개월 동안 방송 효과가 날 수 있는 사람'이라 언급하고 있다. 다분히 제작진의 의도에 따른 선발과정에 대해 시청자들은 "도전자들이 정말 성형수술이 필요한 사람들이냐"라는 비판적 목소리와 함께 "정말 구원의 손길이 필요한 분들"에 대한 참여를 요구하고 있다. 김정현, 앞의 글, 66~67면.

를 확인하고 가뿐함을 느끼는 것과 달리 이유진이 거울을 통해 정면으로 자신의 몸을 보는 행위는 성형 과정에서 가중된 불안감과 고통을 한꺼번에 해소할 뿐만 아니라 기대감에 더한 만족감으로 전환시킨다. "눈가가 촉촉이 젖어드는" 감동은 초청된 가족들에게 새로운 인정과 사랑을 확인하면서 보다 강화된다. 그것은 성형을 한 이유진 자신과 그녀에 대한 상호 인정을 자연스럽게 확보하고 있다.

이렇듯 『성형 신데렐라』는 리얼리티 프로그램 〈도전, 신데렐라〉를 패러디하여 주인공 이유진의 성형을 보다 극적이고 감동적으로 재현하고 있다. 그럼에도 간과할 수 없는 사실은 패러디한 대중매체 자체가 환기하는 지배적 해독의 가능성에 여전히 노출되어 있다는 점이다.

첫째, 이유진의 성형은 대중매체가 유포하는 여성의 아름다움에 대한 획일화된 이미지를 따르고 있다는 점에서 몸의 식민화를 가중시킬 가능성이 높다. 이유진은 성형을 통해 "웨이브 진 윤기 나는 흑단 같은 머리카락, 턱이 조금 각이 졌지만 갸름한 얼굴, 짙은 눈썹, 동양인 특유의 쌍꺼풀이 없는 눈매, 오뚝한 콧날, 그리고 약간은 도톰한 입술에 이어진 적당한 가슴과 잘록한 허리선에 이어진 긴 다리"(35면)를 지닌 성형미인으로 거듭난다. 그것은 "코도 낮고, 쌍꺼풀이 없는 찢어진 눈에 동그스름한 이목구비"(146면)를 지닌 동양 여성의 외모를 배제하고 이목구비가 뚜렷하고 늘씬한 키와 몸매를 지닌 서양여성을 닮아 있다. 성형의 기준이 서양여성의 아름다운 미모와 이상적인 몸인 셈이다. 리얼리티 프로그램을 통해 이러한 표준화된 몸 이미지가 전면적으로 유포된다는 점은 여성의 아름다운 몸에 대한 기준을 사회적으로 승인하고 미적 압력을 행사할 가능성을 시사한다. 가부장제 사회에서 여성의 몸이 열등하고 수동적인 대상으로 억압되거나 남성의 볼거리로 취급되어 왔다는 점을 감안한다면, 사회적인 미적 기준에 부합되는 성형은 여성의 몸이 남성의 식민화를 자처하고 있다고 볼 수 있다. 뿐만 아니라 그 여성의 몸은 동양적인 가치를 배제하고 서양적인 아름다움을 따른다는 점에서 식민화에 순응하고 있다. 미국사회를 배경으로 하지만 한국에서 뽑은 미스코리아도 서양여성의 미적 기준을 따르고 있다는 이유진의 지적을 감안한다면, 이유진의 성형은 남성과 서양에 대한 이중적인 식민화를 체현하고 있는 셈이다. 이러한 몸의 식민화는 대중매체를 통해 여성의 의식과 무의식에 파고들어 가는 비가시적인 통제라는 점에서 근대사회보다 더 큰 위력을 지닌 상징적 폭력이 될 수 있다.

둘째, 이유진의 성형은 TV 방송과 다양한 의료진 등이 결탁한 소비자본주의의 결과물이라는 점이다. 성형은 몸의 물적 대상화와 억압을 필연적으로 수반한다. 이유진의 몸은 수술대 위에서 무력한 물적 대상일 뿐 아니라 수술 후유증과 다이어트[21]의 고통 등을 스스로 감내해야 하는 열등한 것이다. 그러나 재미에 대한 시청자의 요구와 산업적 필요가 결합하여 탄생된 리얼리티 프로그램 「도전! 신데렐라」는 이유진의 몸을 몸 해방의 새로운 실험을 탐색하는 것으로 우

---

21) 여성의 다이어트는 자신의 신체를 최소화하려는 노력이다. 이러한 노력의 근거에는 신체는 열등한 것이며 따라서 정신의 조종과 통제를 받아야 한다는 이성 중심의 위계적 미학이 작동하고 있다. 김주현, 「여성의 몸과 외모 꾸미기–금욕주의와 나르시시즘을 넘어서」, 『미학』 제47집, 한국미학회, 2006, 40면.

상화한다. 이 프로그램이 내건 〈미운 오리 백조 되기〉라는 슬로건은 "누구든 행복을 얻기 위해 자신을 개조할 수 있다"는 계몽주의적 이념[22]을 기반으로 한다. 이러한 이념은 방송 제작진과 의료진들이 공모하여 시청자들에게 반복적으로 제시된다. 다양한 선발자들의 성공 사례들을 통해 시청자들은 자신들의 욕망을 진작하고 확대시킨다. 성형에 성공한 이유진의 몸은 시청자들에게 몸 해방의 가능성을 보여주는 물질적 대상이자 그들 자신의 욕망을 추동할 유용한 소비재인 것이다. 이유진의 몸은 소비자본주의가 설정한 몸 해방의 우상화된 논리를 체현하는 소비상품으로 물상화되어 있는 셈이다.

이러한 지배적 해독은 여성의 성형이 가부장적인 소비자본주의 이데올로기에서 완전히 자유로울 수 없음을 보여준다. 그런데도 지배적 해독이 단선적인 해석과 비판으로 치달아서는 곤란하다. 독자들은 「도전! 신데렐라」를 통해 공론화된 지배적 현실을 직시하고 그러한 현실에 대한 재정의와 개선을 모색할 가능성이 없지 않기 때문이다.[23] 적어도 다른 해독의 가능성을 엿볼 수는 있을 것이다.

3. 성형미인이라는 육체자본과 참조적 서사 전략

『성형 신데렐라』에서는 로맨스 소설의 공식성에 따라 성형한 이

22) 샌더 L. 길먼, 곽재은 역, 『성형수술의 문화사』, 이소출판사, 2003, 39면.
23) 김정현, 앞의 글, 53면.

유진이 겪는 삶과 사랑을 전경화하고 있다. 그것은 「도전! 신데렐라」에 참여한 후 사뭇 달라진 그녀의 현실과 욕망 사이의 갈등을 보여주는데, 성형 이전의 모습을 참조하는 서사전략이 두드러진다. 성형 이전과 이후를 비교하는 전략은 미용성형 광고에서 성형수술의 필요성을 설득하기 위해 곧잘 사용하는 것이다. 광고에서 성형 전후의 모습을 비교한 사진들은 성형수술의 긍정적 효과를 부각시키기 위해 성형 전의 모습을 부정적으로 묘사한다. 부정되어야 할 성형 전의 모습과 달리 성형 이후의 모습은 여성의 아름다움과 연결되면서 자신감의 회복과 행복한 삶을 약속한다.[24] 이러한 광고 전략처럼 『성형 신데렐라』는 성형 이후 이유진의 달라진 삶이 이전 삶을 참조하면서 전경화되어 있다.

무엇보다 이유진의 달라진 삶은 성형미인이라는 육체자본을 토대로 한다. 서사를 추동하는 토대는 성형미인인 이유진의 '아름다운 몸'이다. 아름다운 몸은 이제 사회적으로 유용한 여성의 육체자본이나 권력으로 작용한다. 그것은 이유진이 성형 이전에 상상하지 못했던 일들을 현실로 맞닥뜨리는 사건들을 통해 드러난다. 이 소설에서는 크게 두 측면에서 육체자본이 서사를 추동하고 있다.

첫째, 성형미인이라는 육체자본을 토대로 이유진이 욕망해 왔던 가수의 꿈을 실현시키는 과정을 서사화하고 있다. 그녀는 「도전! 신데렐라」를 계기로 자신의 꿈이 가수임을 가시화하고 적극적인 노력을 통해 현실화한다. 성형 이전 그녀가 음악을 좋아하고 "한 번 들은

24) 임인숙(2002), 앞의 글, 197~199면.

곡은 그대로 따라 부를 수" 있으며 작곡 · 작사의 자질까지 갖추고 있다는 점은 가족조차 몰랐던 사실이다. 그러나 「도전! 신데렐라」에 참여한 후 그녀는 그 꿈을 실현시키기 위해 혼자 LA에 가서 오디션을 본다거나 클럽 가수를 지망하는 등 도전을 시도한다.

이때 달라진 점은 성형미인이라는 육체자본이 그녀 자신뿐 아니라 주변 사람과의 관계를 변화시키고 있다는 점이다. 우선, 그녀는 이전보다 적극적으로 도전하고 실패에 대한 두려움을 앞세우지 않는다. 오디션에 떨어져도 언젠가 가능할 것이라는 긍정적인 시각과 꼭 해내리라는 자신감은 그녀가 실패를 두려워하지 않는 '당당한' 여성으로 자리매김시킨다. 그것은 "오디오형이지 비디오 형 가수가 아니라고 가능성이 없다"는 절망적인 평가 속에서 포기했던 과거의 도전과는 뚜렷하게 대비된다.

그리고 주변 사람과의 관계에서 본다면, 성형미인인 육체자본은 어렵지 않게 경제자본이나 사회자본으로 확대되고 있다. 그녀의 아름다운 몸은 주변 사람들의 이목을 끌고 원만한 관계를 형성한다. 특히 주변 사람들은 그녀에게 음악적 재질을 평가받을 기회를 제공하는 데에도 호의적이다. 뮤지컬 오디션에서 만난 요아나는 가수 데뷔 기회를 얻을 수 있는 루비아나 클럽 가수 오디션을 제의하고, 그 클럽의 매니저 스테판은 싼 방을 임대해 주며 용기를 북돋워준다. 클럽을 찾은 YN 음반기획사 사장 토니 또한 성형사실을 알고도 신비주의 전략을 동원하여 가수 데뷔를 추진하는 등 그녀의 주변 사람들은 대부분 호의적인 조력자이다. 그들은 과거에 상상할 수 없었던 '친구'들이기도 하다. 성형 이전 그녀가 학교뿐 아니라 가족에게 "괴물" 취급을 받으며 외면 당하거나 주변인으로 숨죽이고 겉돌았던 것과는 판이하게 다르다 하겠다. 이렇듯 성형미인이라는 육체자본은 그녀 자신뿐 아니라 주변 사람과의 관계까지 긍정적인 변화를 이끌어낸다.

이러한 육체자본의 효과는 외모중시적 사회풍토를 문맥화하면서도 성형을 통한 여성의 자기효능감을 강조하고 있다. 한편으로 "예쁘면 모든 것이 용서된다"는 세간의 인식처럼 외모지상주의를 양산시킬 위험을 내장하고 있으면서도, 다른 한편으로는 성형을 통해 자기효능감을 회복하고 있는 것이다. 주목할 점은 이유진의 꿈이 달라진 외모만으로 실현된 것이 아니라는 데 있다. 이유진은 뚱뚱한 동양 여성의 외모와 소극적인 성격 등이 결합된, 심각한 외모 콤플렉스를 시달리면서도 가수, 작곡, 작사를 겸비할 수 있는 엔터테인먼트의 자질을 쉼 없이 갈고 닦으며 도전해왔다. 「도전! 신데렐라」를 계기로 이유진은 자신의 꿈을 실현하는 데 당당함과 자신감을 드러내는 자기효능감을 보여준 것뿐이다. 이를 통해 독자들은 한국사회에서 피해갈 수 없는 외모지상주의를 인정함과 동시에 당당한 주체로서 자신의 꿈을 실현하는 그녀에게 공감대를 형성할 수 있을 것이다. 소설에서 '얼굴 없는 가수' 이유진의 노래가 대중들에게 회자되고 개인 콘서트를 성공적으로 끝맺는 것도 성형을 통한 자기효능감에 대한 확인이자 기대심리의 반영이다.

둘째, 성형미인이라는 육체자본을 토대로 이유진이 로건 알렉산더와 사랑을 꿈꾸고 실현하는 과정을 서사화하고 있다. 『성형 신데렐라』는 로맨스 소설의 장르적 공식성, 그러니까 이상적인 남성과 아름다운 여성의 우연한 만남, 극적 갈등, 그리고 행복한 결말[25]을 따르고 있다. 여기에서 이유진이 사랑을 실현하는 과정은 성형 이전과 대조되는 양상을 참조하며 전경화되어 있다.

이유진과 로건 알렉산더는 로맨스 소설에서 친숙한 주인공, 이상적인 남성과 아름다운 여성에 해당된다. 로건은 185㎝가 넘는 키에 단단한 근육질 몸매를 지닌 매력적인 이태리계 남성일 뿐 아니라 젊은 나이에 R&C 투자사의 사장에 오를 만큼 사업적 수완과 재력을 겸비한 인물이다. 이유진은 그보다 열등한 사회적 지위에 있지만, 성형미인이라는 육체자본과 이국적 매력이 그녀를 사랑의 주인공으로 만든다. 두 주인공의 만남은 차량접촉사고라는 우연한 사건에서 비롯된다. 하지만 로건은 이유진의 외모에서 "묘한 이끌림"을 느끼고 이례적으로 그녀를 임시 가정부로 채용한다. 여기에서 "묘한 이끌림"은 자신의 의지와는 무관하게, 설명할 수 없는 어떤 힘에 사로잡히는 열정을 의미한다. 열정은 사랑에 있어서 대상 선택의 자유를 정당화시킨다.[26] 로건이 열등한 지위에 있는 이유진을 선택하고, 그것을 납득할 만하게 만드는 것도 그 열정 때문이다.

이러한 선남선녀의 우연한 만남은 성형 이전 이유진의 사랑 이야기와는 대조적이다. 고등학교 시절, 학교에서 "분홍 돼지"로 불렸던 그녀는 출중한 외모와 단단한 몸매를 과시했던 라틴계 남성 안드레 크루즈를 짝사랑하다 퇴짜를 당한 경험이 있다. 안드레가 이상적인

25) 행복한 결말은 육체자본 자체보다 그 '통과'에 초점을 두고 있기 때문에 4절에서 함께 논의하기로 하겠다.

26) Niklas Luhmann, *Love as Passion : The Codification of Intimacy*, trans., Jeremy Gaines and Doris L. Johns, Standford UP, 1998, pp.58~75.

몸의 소유자였다면, 그녀는 아름다운 여성과는 거리가 멀었기 때문이다. 4년 동안 짝사랑하고 용기를 내어 고백하는 것도 전적으로 그녀 몫이었다. 결과는 안드레에게 "너도 여자야?"(22면), "너라는 가시네한테 좋아한다는 말을 듣는 건 내 인생의 최대의 수치야"(23면) 등의 힐난조의 경멸을 받는 것이었다. 결국 "분홍 돼지"라는 육체자본은 상대에게 먼저 다가서는 것조차 거부되는, 그래서 짝사랑만 허락한다는 사실을 환기한다. 그것은 성형미인이라는 육체자본이 로건으로 하여금 먼저 다가오게 하는 것과는 대조적이다. 이 소설에서 로건과의 사랑이 발전되는 과정은 과거의 실연을 참조하는 서사 전략을 취하고 있다.

『성형 신데렐라』에서 이유진과 로건의 이끌림은 '아름다운 몸'에서 출발하고, 성적 매력과 성경험의 기억이 그들의 관계를 지탱해나가는 원동력이다. 그들은 상대의 성적 매력과 육체적 이끌림 속에서 긴장감과 즐거움을 동반하는 열정적 사랑을 보여준다. 루만에 따르면, 열정적 사랑은 프랑스 고전주의 시대 귀족들의 혼외정사를 원형으로 하는데, 쾌락과 관능은 수용하지만 결혼과는 분리된다. 열정적 사랑이 지닌 이중성과 역설을 결혼제도로 봉합한 자기 준거적 사랑이 낭만적 사랑이다. 이 소설에서 이유진의 사랑은 열정을 수반하고 있지만 대상 선택의 자유로 제한되지 않는다. 그들의 열정은 성과 결합하여 쾌락과 관능을 재현한다. 그것은 자기 준거적 사랑을 지지하는 낭만적 사랑과 노골적인 성적 묘사로 도배한 음란 소설의 중간쯤에 놓여 있다. 이유진이 처녀성을 간직한 여성이었다는 점은 낭만적 사랑의 가능성을 슬쩍 걸쳐 놓고, 그들의 열정적 사랑을 아슬아슬하게 재현하는 것은 음란 소설적 혐의를 얕게 드리우고 있다. 열정적 사랑은 독자들에게 사회적 금기로부터 일탈과 해방감을 만끽하게 하면서도 질서와 안정을 엄격하게 요구한다. 이유진과 로건의 관계가 단속적인 이유도 거기에 있다. 로맨스 소설이 늘 그렇듯 그들은 서로 다른 상황과 기대, 그리고 오해로 말미암아 갈등을 겪지만,[27] 갈등의 꼭짓점에는 육체자본이 환기하는 성적 매력과 성경험의 기억이 자리매김하고 있다. 로건이 집안문제로 파혼을 하고, '얼굴 없는 가수' 이유진의 소속사 YN 엔터테인먼트 회사를 인수할 정도로 그녀를 쉽게 잊지 못하며, 이유진 또한 제이슨과 사귀면서도 모멸감을 준 로건을 잊지 못한다. 그렇기에 그들의 재회는 서로에게 상처를 주는 언쟁에도 불구하고 육체적 이끌림을 확인하는 것으로 끝난다. 단속적인 그들의 관계가 위태롭게 유지되는 것도 이 때문이다.

이상에서 보듯 성형미인이라는 육체자본은 개인이나 사회적으로 유용하다. 개인적으로는 성공적인 수술결과를 차치하더라도 가수라는 꿈에 도전할 용기를 북돋우고 자아효능감을 높이며, 사회적으로

27) 첫 번째 갈등은 그들이 상대에 대한 태도와 기대가 어긋나 있다는 점이다. 로건은 재벌가 출신의 약혼녀와 파혼을 할 의사가 없는 상황에서 성적 본능과 호기심을 해결할 대상으로 이유진을 곁에 두고 싶어 한다. 이에 반해 이유진은 로건을 "실습대상"으로 삼아 성형미인이라는 육체자본의 효과와 남성 심리를 알아가려 하지만, 정작 사랑에 빠지면서 성형미인임이 들통날까봐 불안해한다. 그들의 갈등은 첫 번째 성관계를 한 다음날 이유진이 집을 나가는 것으로 끝난다. 두 번째 갈등은 로건이 사라진 이유진의 행선지를 추적하다 동거 중인 스테판을 동성애자인 줄 모르고 애인으로 오해하는 데서 빚어진다. 그가 이유진을 창녀로 취급하는 순간 그들의 관계는 소원해진다. 로건은 결혼을 서두르고, 이유진은 제이슨이라는 새 연인이 생겼기에 더욱 그러하다. 세 번째 갈등은 로건이 '얼굴 없는 가수' 이유진의 소속사를 인수하는 과정에서 그녀가 성형미인이라는 사실이 밝혀진 데 따른다. 이유진은 로건에게 "인조인간" 취급을 당하고, 대중을 피해 기약 없이 한국으로 도피하고 만다.

는 경제자본과 사회자본으로 확대되는 양상을 보여준다. 뿐만 아니라 성형미인이라는 육체자본은 새로운 사랑을 꿈꿀 수 있는 토대가 된다. 그것은 성형미인 이전의 이유진이 상상하지도 못했던 과거와 대비되면서 외모지상주의적 사회풍조를 여실하게 반영하고 있다.

4. 신데렐라의 '통과' 양상과 자기 정체성의 혼란

로맨스 소설의 독자들은 작중인물의 내면에 자신을 이입하고 위태위태한 사건에 몰입하면서 마침내 감동받기를 기대한다.[28] 통찰과 지성을 요구하는 정교한 플롯과 세련된 문체 등에 크게 영향 받지 않는다. 오히려 단순한 스토리, 안이한 갈등해소 방식, 단조로운 서술기법, 심지어 서사 과정의 오류까지도 질끈 눈감아 준다. 그만큼 독자들은 주인공에게 몰입하고 감동받기를 기대하는 셈이다. 이것은 지배적 해독 대신 대안적이고 저항적인 해독의 가능성을 높여주는 부분이기도 하다. 『성형 신데렐라』는 독자들의 관심과 기대가 이유진을 향하도록 서사화되어 있다. 그것은 성형을 선택하고 꿈을 실현하는 과정에서 부딪히는 그녀만의 고민들을 독자들과 공유하는 것에 다름 아니다. 소설 제목처럼 성형이 한 여성을 신데렐라로 만들 수 있느냐에 초점이 맞추어져 있다.

성형은 자연으로서의 몸을 거부하고 변형하는 행위이다. 외모 차

28) 송경아, 앞의 글, 55~56면.

별적 경험이나 풍토 등 외적인 속박을 거부하고 인간의 역할을 최대한 실행하고자 하는 바람을 자율적으로 선택하고 통과하려는 수단이 성형이다.[29] 즉 성형은 "내가 알고 있는 나의 실체와 내가 옮겨 가고 싶은 이상적 범주" 사이에 배제와 포함이 존재하는 '통과'로서 의미를 지닌다.[30] 그 통과는 현실적 범주와 이상적 범주를 이항대립시키고 위계화하는 과정의 산물이다. 거기에는 개인적이고도 사회적인 편견, 통념, 인식 등이 뒤섞여 있다.[31] 그리고 성형이 수반하는 기술적 한계와 미적 기준의 변화는 존재의 불안을 가중시키는 요인으로 작용할 수 있다. 그렇기에 성형수술과 그 이후 전 과정에 걸쳐 현실과 환상 사이를 위험하게 통과하고 있다. 그것은 육체자본이 형성되고 개인과 사회에 통과되는 양상을 두루 포함한다. 『성형 신데렐라』에서 이유진이 미국사회에서 신데렐라로 통과하는 양상을 세 가지 측면으로 나누어 살펴보기로 하자.

첫째, 외양적인 '통과'는 성형의 신화를 재현하는 듯하지만 결국 자아 정체성의 혼란을 초래한다. 성형은 외양에 있어 "못생긴 뚱뚱한" 이유진을 완벽한 성형미인으로 만드는, 성공적인 통과를 보여준다. 그 통과는 신체적 약점을 치료하여 자신감을 회복하고 나아가 삶

29) 샌더 L. 길먼, 앞의 책, 48면.
30) 샌더 L. 길먼, 위의 책, 43면.
31) 윤태일은 이영자 살빼기 파문을 둘러싼 미디어 담론 분석을 통해 '날씬한 몸'과 '뚱뚱한 몸'의 이항대립이 함축적인 가치평가를 포함하는 또 다른 이항대립들, '아름다움 : 추함', '건강함 : 허약함', '자부심 : 부끄러움', '여성성 : 비여성성', '운동, 식이요법 : 성형수술, 약물', '부지런함 : 게으름', '절제 : 방종', '자율성 : 타율성', '권능 : 복속', '영웅 : 악당', '행복 : 불행' 등으로 변형되고, 그것은 한국사회에서 날씬한 몸의 의미가 신화의 수준으로 상승하면서 사회적 통과하기 욕망을 충족시킨다고 밝히고 있다. 윤태일(2004), 앞의 글, 5~31면.

의 질을 높일 수 있다는 성형수술의 신화에 바탕을 둔다.

성형은 신체적 약점 때문에 개인이 속하거나 귀속되기를 바라는 사회나 집단에서 배제되었다는 믿음에 근거한다. 이유진은 그 믿음의 원인을 외모중시적 사회풍토에서 찾고 있다. "여자를 판단할 때 세상의 잣대는 외모를 기준으로"(155면) "예쁘면 착하고, 못생기면 성격도 개차반이라고"(155면) 여기는 사회 풍토를 내세운다. 킴벌리 엘리나 버그먼(Kimberly Ellena Bergman)에 따르면, 여성이 성형을 선택한 것은 가부장제 사회 내의 여성 이미지가 낳은 반응, 즉 자기 비하와 그것이 초래한 결과, 외모에 대한 강박적 관심, 자신의 자질과 적성에 대한 폄하, 그리고 미모를 통해 얻으려는 보상에 직접적으로 접근할 수 있는 다른 종류의 사회적 성취에 대한 낮은 기대 수준이 낳은 결과이다. 가부장제 사회의 젠더 정치가 여성이 성형을 선택하게 하는 이유를 제공하는 것이다.[32] 이유진이 파악한 외모중시적 사회풍토, 그러니까 몸이 영혼의 가치를 반영한다는 통념은 그녀의 편견일 가능성을 염두에 둘 만큼 단순하고 소박하다. 그러한 사회풍토에 대한 통찰 대신 그녀는 대인관계의 예민성, 우울증, 열등감, 자살 충동 등으로 발전했던 자신의 외모 차별적 경험을 초점화하여 토로하고 있다.[33] 그것만으로도 그녀가 성형을 선택한 이유를 정당화하고,[34] 독자들의 감성을 자극하여 그녀의 내면세계를 공유하도록 이

32) 샌더 L. 길먼, 앞의 책, 58면.

33) 변금순 외, 『신경정신의학』 제38권 제1호, 대한신경정신의학회, 1999, 94~103면

34) 여기에서 성형은 외모 콤플렉스를 유포할 위험을 내장하고 있다. "분홍 돼지" 이유진이 성형미인으로 거듭나고 그 후 당당하게 자신의 꿈에 도전하는 과정만 초점화해서 읽는다면, 성형이 외모 콤플렉스를 '완벽하게' 치유한다는 대중적 믿음을 유포하고 역으로 외모

끌고 있다. 성형 과정의 고통과 고민들이 선택 과정의 것들과 겹쳐 있어 독자들의 공감대를 두텁게 형성하고 있다.

아울러 성형의 신화를 뒷받침하는 것은 의료진에 대한 이유진의 믿음이 수술 이후에도 건재하다는 점이다. 과학기술의 발전이 성형의 부작용을 줄이고 자연스러운 아름다움을 표현할 수 있다 하더라도, 성형에 뒤따르는 위험을 완전히 해결하지 못한다. 때문에 성형 전후 망설임과 두려움이 잔존할 수밖에 없다. 그러나 이 소설에서는 그러한 고민들이 의료진들에 대한 믿음과 환상으로 채워지면서 생략되어 있다. 그녀는 성형수술의 부작용을 걱정하는 언니 유희에게 "방송에 나올 정도면 최고수준"(34면)이라고 "검증된 분"이라며 의료진에 대한 믿음을 강하게 내비친다. 그것이 대중매체에 대한 대중들의 환상이 결합된 믿음이라는 사실을 간과한 채 그녀는 기대 이상의 수술 결과를 보고 의료진에 대한 믿음과 고마움을 눈물로 화답한다. 수술 이후에도 성형의 부작용을 의심하기보다 주변인들의 찬사에 당혹스러워할 정도이다. 그만큼 의료진들에 대한 이유진의 믿음은 성형의 신화를 뒷받침한다 하겠다. 이러한 점은 독자들에게 성형에 대한 유혹 혹은 의존을 양산할 위험을 안고 있다.

문제적인 것은 성형의 신화를 재현하는 성형미인 이유진이 겪는 자아 정체성의 혼란이다. 성형미인 이유진은 변화된 몸의 정체성에 비해 자아 정체성을 쉽게 변화시키지 못하고 있다. "외모는 그녀가 원하던 모습보다 훨씬 아름다워졌지만, 내면은 옛날 그대로 아직도

콤플렉스를 조장할 가능성이 높다.

자신감이 결여된 소심한 성격 그대로"(41면)인 그녀는 성형 이전의 이유진과 이후의 이유진이 결합되어 있다. 더욱이 "다시 옛날 모습으로 돌아가는"(41면) 악몽은 그녀가 성형 이전의 이유진을 거부할수록 오히려 거부당하는 성형 이후의 이유진을 발견할 뿐이라는 사실을 환기한다. 그렇기에 동생 유호에게 "예전 모습이 애벌레라면 지금은 아름다운 나비인데도 아직 깨닫지 못하고"(41면) 있는 것으로, 로건에게는 "어떤 남자도 해코지 하지 않을 것"이라 믿기 어려운 확신을 드러내는 것으로 드러난다. 성형 이전의 이유진과 이후의 이유진의 혼재 속에서 그녀는 어느 것도 진짜 이유진의 실체를 갖지 못한다. 성형 이전의 이유진도 성형 이후의 이유진도 진짜 '나'의 행세를 하는 가짜 '나', 시뮬라크르를 보여 줄 뿐이다. 특히 성형미인이라는 사실이 밝혀질까 두려워하는 심리는 자아 정체성의 혼란과 겹쳐 존재에 대한 불안을 가중시키고 있다. 이렇게 본다면 이유진은 외양만 성형의 신화를 통과했을 뿐 내면은 통과했다고 볼 수 없는 셈이다.

둘째, 가수로서 '통과'는 성형미인이라는 육체자본의 접근성을 용이하게 하지만, 결정적인 장애요소로 작용하여 절반의 성공으로 끝맺고 있다. 이유진이 「도전! 신데렐라」에 참여한 이유 중 하나는 "스포트라이트를 받으며 수많은 관중들에게 자신의 노래를 들려주고, 환호성을 받는 그런 황홀한 꿈"(17면)을 실현시키기 위해서였다. 성형미인 이유진은 "분홍 돼지"였던 과거에 비해 그 꿈에 한 걸음 다가서는 데 유리하다. 그녀가 루비아나 클럽가수가 되고 YN 음반기획사의 오디션 제의를 받은 것은 실력 이전에 미모 때문이다. 그만큼 '성형미인'이라는 기표는 가수의 꿈을 실현시키는 데 중요한 가치를 지

니고 있는 것이다.[35]

그러나 성형미인이라는 육체자본은 수많은 관중들의 가수로서 통과하는 데 걸림돌이 된다. 그것은 미용성형에 대한 젠더화된 시각에 기인한다. 성형을 여성적인 행위로 규정짓는 사회적 인식은[36] 그러한 여성을 허영에 찬 존재, 진정성을 결여한 위선자, 부도덕한 존재 등으로 낙인찍는 행위와 결합되어 있다.[37] 이러한 시각 탓에 이유진은 성형 사실을 밝히는 순간 고향 사람들에게 "경멸조로 내려다보는 눈빛"(43면)을 받아야 했다. 그리고 성형미인이라는 "타이틀을 달게 되면 구획정리를 당해"(34면) 가수로 성공하는 데 한계가 있음을 예감하고 있다. 때문에 그녀는 지인들뿐 아니라 대중들에게 성형 사실을 숨기며 그것이 밝혀졌을 때의 반응을 두려워한다. 그러면서도 실력으로 인정받을 수 있다는 기대감을 버리지 않는다. 결국 이유진은 성형 사실에 대한 그들의 반응이 확인되기까지 두려움과 기대감 사이를 오갈 수밖에 없다. 그것은 독자들에게 그녀의 고민을 함께 하기를 기대하고 성형에 대해 동의를 구하는 과정에 다름 아니다.

"안티가 곳곳에 생겼어. 노래하나 잘 부른다고 모든 게 용서는 안 된다고. 인간성도 중요하다나. 모든 걸 공짜로 해결하려는 심보가 맘에 안 든다는

35) 3절에서 밝혔던 육체자본이 경제자본과 사회자본으로 전환되는 지점과 맞물려 있다.
36) 미용성형에 대한 젠더화된 시각은 성차와 무관하게 여성의 성형에 대해서는 너그러운 반면 남성의 성형에 대해서는 엄격하다는 최근의 한 연구결과에서도 확인 가능하다. 그것은 여성은 육체적 아름다움을 가꾸어야 하는 존재라는 젠더 이데올로기에 기인하는 바 크다. 임인숙(2005), 앞의 글, 105면.
37) 임인숙(2002), 앞의 글, 194~195면; 샌더 L. 길먼, 앞의 책, 58~61면 : 서정희, 「여자 대학생 소비자의 허영과 성형요구—부산, 울산 및 김해를 중심으로」, 『소비문화연구』 제8권 제1호, 한국소비문화학회, 2005, 1~13면.

등 여러 가지 유언비어까지 돌고 있어. (…중략…)[38] 이유진이 나한테 성형 수술을 밝혔을 때 신비주의 컨셉을 잡지 말고 직접 그대로 보여 줬어야하는 건데. 그럼. 이렇게까지 큰 타격을 받지는 않았을 거야."(332~333면)

인용문은 이유진의 성형 사실이 대중들에게 알려진 후의 반응을 보여주는 대목이다. 대중들의 반응은 "인간성"이나 "모든 걸 공짜로 해결하려는 심보" 등 이유진을 비판하는 것 일색이다. '얼굴 없는 가수'라는 신비주의 컨셉도 대중들에게 성형 사실을 눈가림하기 위한 수단으로 비춰졌기에 더욱 그러하다. 이러한 반응은 진정성, 도덕성, 허영을 문제 삼는 미용성형에 대한 젠더화된 시각을 다시 확인시켜 준다. "가수는 노래만 잘 부르면 됐지"라고 이해해줬던 토니 사장의 말이나 그것에 일말의 기대감을 지녔던 이유진과 달리 당면한 현실은 냉혹한 것이다. 결국 "어쩌면 영영 가수로서의 생명이 끝날지도 모른다는 생각"(332면)은 현실화되고 만다. 이유진은 작곡가로서 활동하며, 로건의 도움으로 자신만의 팬들을 위한 무대에만 나설 수 있을 뿐이다. 대중들은 성형미인이라는 사실 때문에 가수로서 통과를 허용하지 않은 셈이다.

이러한 결과는 이 소설이 미국사회를 배경으로 하고 있다는 점에

38) 중략 부분은 가수로서 '통과'가 동양인에 대한 인종차별적 시각과도 관련이 있음을 지적하고 있다. 그것은 미국사회가 동양인에 대한 인종차별이 심하다는 인식을 전제로 한다. 그 전제는 가수로서뿐 아니라 연인으로서 '통과'에도 한계 요소로 작용한다. 그러나 이 소설에서는 단편적인 인식 수준에서 언급되거나 이유진의 남매에게 적용되지 않는 등 그 전제가 허약하게 설정되어 있다. 그것은 미국사회라는 특수성을 보여주기 위한 작가적 전략으로 보이지만, 효과적으로 제시되어 있지 않은 셈이다. 오히려 이 소설은 미국사회를 통해 한국의 외모지상주의적 사회풍토를 가늠하는 반사적 효과에 초점을 맞추고 있다. 때문에 인종차별적 전제는 소설 분석에서 꼭 필요한 경우를 제외하고는 생략하였다.

어느 정도 기인한다. 작가는 미국사회가 한국사회보다 성형에 대해 엄격하고 보수적이라는 시각을 견지하고 있다. 소설에서 한국사회를 "성형천국"으로 꼬집은 〈오프라 윈프리 쇼〉[39]를 직접적으로 언급하여 미국사회와 차별화하고 있는 것도 그 때문이다. 이것은 한국사회와 거리두기를 통해 비판적 태도를 드러내는 대목이기도 하다.

셋째, 결혼으로 '통과'는 성형미인이라는 '사실'이 장애요소로 작용하지만 그것을 극복하는 성공적인 양상을 보여준다. 그것은 험난한 장애요소를 극복할수록 사랑의 영원성과 낭만성을 강조하는 로맨스 소설의 장르적 특성과 무관하지 않다. 그런 점에서 이유진과 로건의 사랑에 계급적이고 인종적 차이는 큰 갈등을 낳지 않는다. 그들의 사랑에 결정적인 장애요소로 부각되는 것은 이유진이 성형미인이라는 '사실'이다. 성형미인이라는 육체자본이 이유진이 로건과 사랑을 꿈꾸고 그들의 관계를 단속적으로 이끌어내고 있음은 주지의 사실이다. 이때 그 관계는 이유진이 성형미인이라는 사실을 감춘 상황에서 이루어지고 있다. 때문에 이유진은 로건에게 성형미인이라는 사실이 들통날까봐 전전긍긍한다. 동생 테드가 그것을 알아채자 위기감을 느끼고, 로건의 단호한 입장을 에둘러 확인한 후 절망감을 맛보기도 한다. 이유진은 엎치락뒤치락하며 심각한 내적 갈등을 보여주는데, 그녀에게 몰입한 독자들은 조마조마한 그녀의 감정을 함께 공유하며 상황의 추이를 지켜볼 수밖에 없다.

39) 2004년 10월 6일 미국 CBS TV에서 방송된 〈오프라 윈프리 쇼〉는 세계 17개국 30세 여성의 삶을 비교하면서 한국 여성들에 대해 '서구적인 미모를 갖고 싶어 하는 열등성을 지녔고 한국은 성형수술의 천국'이라고 소개했다. 김정현, 앞의 글, 26면.

"온몸을 성형수술 했다는 소리이군. 완전히 싹 바꾼 다음에 나 같은 부유한 남자를 잡고 싶었던 거야? 아무리 성형수술이 유행한다고 해도 그렇지. 어떻게 180도로 사람의 외모가 바뀔 수 있는 거야? 완전히 딴 인물이군. 코 하나도 아니고 이건…… 완전히 모두 뜯어고친 성형수술인데. 한 마디로 '인조인간'이군."

이유진의 얼굴이 창백해지다 못해 파랗게 질렸다. 그녀의 성형수술을 알게 되면 그가 놀란 반응을 보일 거라고 예상은 했지만 이렇게까지 적대적인 모습으로 바뀔 거라고는 미처 몰랐다. 그녀가 사람을 죽인 살인마도 아니고, 남의 등을 친 사기꾼도 아니고, 정치범도 아닌 단순히 외모를 성형수술한 것뿐이었다. 그리고 왜 성형수술을 결심했는지에 대해서는 묻지 않는 걸까. 그녀의 가슴이 무너져 내렸다.(327면)

인용문은 로건이 이유진의 성형 사실을 안 직후의 반응을 보여주는 대목이다. 로건은 이유진이 성형미인이라는 사실을 속였다는 점에 크게 분노한다. 그는 성형수술 자체나 그것을 알리지 않은 것 모두 "사기"로 간주하며, 그녀를 "비정상적인" "인조인간"에 불과하다고 비난한다. 이때 오해로 빚어진 그녀의 이미지, 즉 "돈과 성공이라면 물불을 안 가리는 악녀"(328면)의 이미지는 보다 적대적으로 변한다. 더 이상 그녀는 매력적인 성적 대상도, 어렴풋하게나마 사랑의 감정을 일깨웠던 대상도 아니다. 그런 로건에게 이유진은 "왜 성형수술을 결심했는지" 물어주고 이로써 이해해주기를 기대한다. 하지만 현실은 전혀 그럴 가능성이 없음을 잠담하게 인식하는 것뿐이다. 성형미인이라는 '사실'이 로건에게 '통과'될 수 없는 현실임을 극명하게 드러내는 셈이다.

그러나 로맨스 소설은 거의 행복한 결말을 보여준다. 그리고 그 결말의 주도권이 남성에게 있다는 점은 쉽게 바뀌지 않는다. 결국 결혼의 '통과'는 전적으로 로건에게 좌우된다. 로건이 그토록 혐오하는 성형미인인 그녀를 받아들이느냐의 여부가 결혼의 통과를 결정짓는다. 그는 이유진이 행방을 감춘 후에야 「도전! 신데렐라」 방송을 찾아본다. 그토록 그녀가 바랐던 "왜 성형수술을 결심했는지"를 지켜보기 위해서이다. 그는 「도전! 신데렐라」를 보며 그녀의 과거 상처들에 가슴 아파하고, 그녀의 행선지를 추적해 한국행을 결행한다. 그것도 그가 이유진을 사랑한다는 사실을 인정하고 어떻게 고백할 것인가를 고민하면서 말이다. 결말에 와서야 사랑한다는 사실 자체가 사랑의 정당화의 기재로 존재하는 낭만적 사랑이 결혼 제도와 결합하고 있다. 로맨스 소설이 "가부장적 텍스트"라는 래드웨이의 지적은[40] 이 소설에서도 예외적이지 않다. 따라서 이 소설은 육체자본을 토대로 한 열정적 사랑과 자기준거적인 낭만적 사랑을 위태롭게 결합시키고 있다 하겠다.

여기에서 주목할 만한 점은 로건의 내면적 변화이다. 이유진을 만나기 이전 그는 "결혼은 사업"(163면)이며, "여자는 단순히 필요에 의한 존재"(191면)에 불과하다고 여길 만큼 여성을 사물화하고 대상화하던 남성이다. 이는 사업가로서 "냉혈한"의 이미지와 결합되어 마초

40) Janice Radway, *Reading the Romance : Women, Patriarchy, and Popular Literature*, London : Verso, 1987, p.217.

적 남성상을 강하게 드러낸다. 그러나 로건이 성형미인인 그녀를 받아들이고 결혼하는 순간, 이러한 마초적 남성상은 사업에만 국한되고 자상한 남성상으로 변화한다. 그것은 여성이 멋진 남성에게 사랑받는다는 대리만족을 충족시키기 위한 로맨스 소설의 장르적 특성이기도 하다. 이때 장르 독자들은 '멋진' 남성의 외부적 조건보다 '사랑받는다는 느낌'을 초점화한다.[41] 남성이 "냉혈한"의 이미지를 벗어버리고 여성을 자상하게 대하는 태도에 감동받는 것이다.

이상에서 살펴보았듯이 성형수술과 그 이후 보여준 '통과'의 여러 양상은 외양적인 측면에서 '신데렐라'로 거듭나는 것을 제외하면 그다지 성공적이지 못하다. 성형의 신화, 특히 자신감을 회복하고 당당한 여성 주체로 자리매김할 것이라는 신화는 말 그대로 신화에 불과하다는 사실을 분명하게 드러내고 있다. 소극적이고 뚱뚱한 이유진이 외양적으로 '신데렐라'로 변신하지만, 자아정체성의 혼란을 심각하게 겪을 뿐 아니라 가수의 '통과'가 좌절되고 가까스로 결혼을 '통과'하는 과정은 '신데렐라'가 아닌 '신데렐라 콤플렉스'[42]를 가진 여성에 가깝기 때문이다. 결국 결혼의 '통과'는 신데렐라 콤플렉스를 지닌 여성의 재생산을 보여주고 있는 셈이다. 소설의 제목과 달리 성형이 '신데렐라'를 만든다는 것은 현실을 유보하고 환상에 기댈 때만 가능하다는 사실을 환기시켜 준다. 이러한 점은 독자들의 해독이 지

41) 정이원, 「그래요, 데렉은 나를 사랑했어요—로맨스 소설의 숨겨진 매력」, 『북페뎀』 2004년 여름호(제5호), 한국출판마케팅연구소, 2004.8, 113면.

42) 신데렐라 콤플렉스는 주로 억압된 태도와 불안이 뒤엉켜 여성들이 그들의 의욕과 창의력을 마음껏 발휘하지 못하는, 일종의 미개발 상태로 묶어두는 심리상태를 일컫는다. 콜레트 다울링, 이호민 역, 『신데렐라 콤플렉스』, 나라원, 1989, 32면.

배적인 가부장적 소비자본주의 이데올로기에 기울어지지 않을 가능성을 열어 둔다.[43] 독자들 개인의 편차를 고려한다면, 이 소설은 대안적이거나 저항적 해독의 가능성을 충분히 지니고 있다. 성형수술 자체뿐 아니라 성형한 여성의 자아 정체성의 혼란과 신데렐라 콤플렉스 회귀 현상, 그리고 지난한 사회적 '통과'가 환기하는 당대 사회 현실 등을 다시금 직시할 수 있기 때문이다.

5. 마무리

이 글은 창작 로맨스 소설 『성형 신데렐라』를 대상으로 몸의 서사화방식을 로맨스 소설의 장르적 규범 및 소통방식과 관련지어 고찰하는 데 목적을 두었다. 『성형 신데렐라』는 여성 주인공 이유진의 '성형'을 새로운 사건으로 설정하고 그것을 둘러싼 작중인물들의 다양한 갈등을 서사의 전면에 내세우고 있었다.

우선, 이유진의 '성형'은 리얼리티 프로그램 「도전! 신데렐라」를 통해 이루어지는데, 그것은 동아 TV에 방송 중인 동명의 리얼리티 프로그램 〈도전, 신데렐라〉의 과정을 패러디하고 있었다. 이유진이 「도전! 신데렐라」에 참여하는 것은 〈도전, 신데렐라〉와 동일한 인터넷 사이트를 통해서이지만, 그 선정방식은 〈도전, 신데렐라〉의 선발

43) 물론 독자들이 성형의 신화를 신데렐라의 환상으로 채워 해독할 가능성을 완전히 배제할 수는 없다.

단계를 축소시켜 극적으로 구성하고 있었다. 이유진의 성형 과정은 〈도전, 신데렐라〉처럼 3개월 동안 다큐멘터리 형식으로 밀착 취재되어 '先체험 後방송'된다. 소설에서는 마지막 생방송을 초점화하고 있는데, 그것은 이유진의 성형을 보다 극적이고 감동적으로 재현하기 위한 의도가 다분했다. 그러나 대중매체를 통한 성형 과정은 지배적 해독에서 완전히 자유롭지 못했다. 이유진의 성형이 대중매체가 유포하는 여성의 아름다움에 대한 획일화된 이미지를 따른다는 점에서 여성의 몸의 식민화를 가중시킬 가능성이 높다는 점과 TV 방송과 다양한 의료진 등이 결탁한 소비자본주의의 결과물이라는 점에서 가부장적 소비자본주의 문화의 지배적 이데올로기에서 완전히 벗어나기 힘들었다. 그럼에도 그러한 현실을 당당히 공론화함으로써 독자들 스스로 당면한 현실을 재정의하고 개선을 모색할 가능성을 전혀 배제할 수는 없었다.

다음으로, 성형 이후 이유진의 삶과 사랑은 성형미인이라는 육체자본을 토대로 전경화되어 있으며, 성형 이전의 것을 참조적 서사전략으로 사용하고 있었다. 여기에서 육체자본이 서사를 추동하는 방식은 크게 두 가지 측면에서 이루어지고 있었다. 첫째, 성형미인이라는 육체자본을 토대로 이유진의 가수의 꿈을 현실화하는 과정을 서사화하고 있었다. 이때 성형미인이라는 육체자본은 자기효능감을 강화시키고 있었을 뿐 아니라 경제자본과 사회자본의 확대를 보여주고 있었다. 둘째, 성형미인이라는 육체자본은 이유진이 로건과 사랑을 꿈꾸고 실현하는 과정을 서사화하고 있었다. 그것은 로맨스 소설의 창작과 향유방식을 따르고 있었다.

마지막으로, 소설의 제목처럼 성형이 이유진을 신데렐라로 '통과' 시키는 양상을 세 가지 측면에서 살펴보았다. 첫째, 외양적인 '통과'는 성형의 신화를 재현하지만 그 결과 자아 정체성의 혼란을 초래하고 있었다. 둘째, 가수로서 '통과'는 성형미인이라는 육체자본이 접근성을 용이하게 하지만 결정적인 장애요소로 작용함으로써 절반의 성공으로 끝맺고 있었다. 특히 대중들이 지닌 성형에 대한 젠더화된 시각이 통과의 걸림돌로 작용하고 있었다. 때문에 이유진의 꿈은 단발적인 시도에 그치고 말았다. 셋째, 결혼으로 '통과'는 성형미인이라는 '사실'이 결정적인 장애요소로 작용하지만 그것을 극복하는 성공적인 양상을 보여주었다. 그 통과는 남성 주인공 로건에게 주도권이 주어져 있는, 전형적인 로맨스 소설의 문법을 따르고 있었다. 이때 그들의 사랑은 열정적 사랑과 낭만적 사랑이 결합되는 특성을 보여주었다. 이러한 '통과'의 제 양상들은 독자들이 주인공의 내면에 자신을 이입하고 사건에 몰입하여 감동받도록 서술되어 있다는 공통점을 지니고 있었다. 그럼에도 신데렐라의 통과가 성형의 신화와 달리 성공적이지 못하다는 점에서 독자들이 지배적 해독으로 치우치지 않을 가능성을 충분히 엿볼 수 있었다.

한국사회에서 성형은 대중화된 화두이지만 여전히 껄끄러운 사회적 인식을 동반하고 있다. 로맨스 소설 『성형 신데렐라』는 이러한 사회적 현실과 인식을 미국사회라는 배경으로 삼아 에둘러 맥락화하고 있었다. 성형을 비롯한 몸 관리 열풍을 직접적으로 보여주는 방송매체와 그것과는 멀리 거리를 두는 보수적인 재벌사회 사이에 놓여 있는 주인공의 삶과 욕망을 통해 중심 잡기 힘든 현대 여성의 자화상을 엿보는 일은 그리 어렵지 않았다. 이 소설은 로맨스 소설의 문법에 따라 주요 독자층인 20~30대 여성들이 겪음직한 자신의 꿈과 사랑에 대한 고민들을 성형에 대한 갈등에 얹어 소박하게 풀어내고 있었다. 장르적 특성과 한계를 감안하더라도, 후기 근대 한국사회에서 '성형'이나 '몸'을 둘러싼 하위문화 주체들의 삶과 욕망을 엿볼 수 있었다는 점에서 유의미하리라 생각한다.

제3부
근대문학과 지역

제1장

한국전쟁기 부산과 김정한의 「사라진 사나이」

1. 들머리

김정한 소설에는 견결한 삶의 태도가 고스란히 스며들어 있다. 두루 알다시피 그의 소설은 대부분 작가가 몸소 체험한 역사적 현실이나 그 틈새를 전경화하고 있기 때문이다. 특히 1966년 「모래톱 이야기」 이후의 문학적 행보는 문학계에서 큰 본보기가 되었다. 그의 소설은 5 · 16쿠데타 이후 경색된 사회적 · 문화적 현실과 맞물려 모색을 거듭하던 민족문학 진영에 커다란 반향을 일으켰던 것이다.

그러나 김정한 자신이 말하는 25년간의 '절필'은 여전히 문제적이다. 실상 1941년 「묵은 자장가」 이후 광복기를 거쳐 1960년대 중반에 이르는 동안 그의 말대로 완전히 '붓'을 꺾지 않았기 때문이다.[1] 요산은 이 시기 많은 양은 아니지만 꾸준히 작품 활동을 해왔으며, 그 면모는 자필 「요산 작품목록」에 그대로 드러나 있다. 「요산 작품목록」은 크게 소설부, 수필부, 평론부로 나누어 시기별로 작품 해적이가 상세하게 기술되어 있다.[2] 특히 소설부는 광복기 이전(1932~1943)과 광복기 이후(1945~1965), 그리고 문단복귀 이후(1966~)의 세 시기로 구분해 놓았다. 여기에서 요산은 「인가지(隣家誌)」(『춘추』 1943년 9월호)뿐만 아니라 광복기의 「옥중회갑(獄中回甲)」과 「설날」을 비롯하여 1950년대 여러 단편들의 목록을 꼼꼼하고 기록하고 있어, 그가 말한 1966년 '문단 복귀' 이전까지의 창작 활동을 확인하기란 어렵지 않다. 요산은 스스로 작품 활동을 멈춘 적이 없었음을 인정하고 있는 셈이다.

그렇다면 '붓'을 꺾었다거나 중앙매체에 「모래톱이야기」를 발표한 1966년 이후를 스스로 "문단복귀 후"라고 명명하고 있는 까닭은 무엇일까? 문제는 요산의 침묵이 남긴 자리와 의미다. 최원식은 작가의 침묵이 "요산문학의 생략점"을 확대시킨다는 사실을 토로하면서 실존적 감각의 회복 문제를 제기한 바 있다.[3] 광복기 작가들의 자기비

1) 이 시기 김정한의 창작 활동을 밝힌 대표적 연구는 다음과 같다. 조갑상, 「김정한 소설 연구」, 동아대 박사논문, 1991; 박태일, 「김정한 희곡 「인가지(隣家誌)」 연구」, 『경남 · 부산 지역문학연구』 1, 청동거울, 2004; 이순욱, 「1950년대 요산 김정한의 미발굴 장편소설 「농촌세시기(農村歲時記)」」, 『지역문학연구』 제9호, 경남 · 부산지역문학회, 2004.

2) 김정한은 작품 해적이를 "제목, 매수, 발표연월일, 발표지, 원전색인, 재수록 기타"의 항목에 따라 상세하게 기술하였다. 김정한, 「요산 작품목록」, 요산문학관소장.

3) 최원식, 「90년대에 다시 읽는 요산」, 『김정한』, 새미, 2002, 55면.

판이 자기변호로 변질되었던 사실을 상기해 본다면, 요산의 침묵은 여러 문제들이 복잡 미묘하게 얽혀 있었을 것이라 여겨진다. 스스로 규정한 25년간의 '절필'이 중앙의 문학제도와 적극적으로 소통하지 못했던 표면적인 이유뿐만 아니라 작품의 미학적 완성도에 대한 작가의 자의식 등과도 밀접한 관련이 있을 듯하다. 이러한 점에서 침묵이 남겨 놓은 "생략점"은 요산 문학의 실체에 접근할 수 있는 새로운 가능성의 영역으로 볼 수 있을 것이다.

이러한 측면에서 이 글은 김정한의 미발굴 단편소설 「사라진 사나이」[4]를 학계에 처음으로 소개하여 그 성격을 규명함으로써 요산의 소설세계를 이해하는 한 디딤돌로 삼고자 한다.

2. 사라진 소설, 「사라진 사나이」

「요산 작품목록」에 따르면, 1950년대 김정한의 작품 활동은 주로 지역 매체를 통해 이루어졌다. 3편의 소설과 5편의 꽁트는 지역 신문과 잡지매체뿐 아니라 경상남도 기관지인 『경남공론』을 통해 발표하였다. 논설과 수필을 제외하면 이 시기에 작품을 가장 많이 발표한 매체는 『경남공론』이다. 꽁트 「처시하(妻侍下)」와 「누가 너를 애국자라더냐」, 그리고 미완성 장편소설 『농촌세시기(農村歲時記)』가 『경남

4) 「사라진 사나이」, 『경남공론』 제21호, 경상남도, 1954.7. 이하 인용은 면수만 밝히기로 하겠다.

공론』에 발표되었던 것이다.

그렇다면 김정한이 『경남공론』에 발표한 작품은 앞서 지적한 세 편에 불과했을까? 『경남연감』은 이러한 의문을 풀어줄 단서들을 제공하면서 새로운 사실들을 환기한다.

> ① 小說에는文學建設 當時부터執筆하던金廷漢氏의 『病院에서』와 『慶南公論』(慶南道機關誌)에發表한 最近作數編을 들수있고[5]

> ② 樂山 金廷漢氏는 慶南公論誌 第二十一號에 短篇小說 『사라진 사나이』를 發表한以後 多年間 構想中에 있던 長篇小說 『農村 歲時記』를 數個月前부터 執筆하기 始作하여 現在 그 脫稿를 보아 第二十六號慶南公論誌에 第一回를連載發表하게 되는 한편 釜日紙에 數次에 걸쳐 評論을실었으며 最近(一月九日附)發表된 『文學精神의 貧困』은 現實에 立脚해있는 文學人의情神에 一針을 주었다. 短篇集을出刊準備中에 있다.[6]

인용문 ①에서 우리는 두 가지 사실을 확인할 수 있다. 우선, 김정한이 문학건설 당시부터 지역의 여러 매체를 통해 작품 활동을 해왔다는 사실이다. 『경남연감』 창간호가 1954년 4월 15일에 발행되었다는 점을 감안한다면, 광복기부터 한국전쟁기에 이르는 동안 요산이 꾸준하게 작품 활동을 지속하고 있었다는 점은 지역 문학계에서 널리 알려진 사실이라 여겨진다. 반면 중앙문단은 1950년대 김정한의

5) 경남연감편찬회, 『경남연감』 창간호, 의원구락부사, 1954, 129면.
6) 경남연감편찬위, 『경남연감』 제2호, 경남연감편찬회, 1955, 50면.

문학 활동을 모르고 있었거나 큰 관심을 기울이지 않았을 가능성이 높다.[7)]

둘째로, 김정한이 『경남공론』에 "최근작수편(最近作數編)"을 발표했다는 사실이다. 『경남연감』의 발행 시기를 고려한다면, 최근작으로 볼 수 있는 작품은 꽁트 「처시하」(1953.2)와 「누가 너를 애국자라더냐」(1954.4) 두 편만이 알려져 있을 뿐이다. 그러나 "最近作數編"이라는 표현으로 미루어 볼 때 『경남공론』에 발표한 작품은 더 있을 것으로 짐작된다. 그러니까 『경남공론』이 창간된 1952년에서 1954년 사이 최소한 한두 편의 소설을 더 발표했을 가능성이 높은 셈이다.

인용문 ②는 이러한 정황을 확연하게 뒷받침하고 있는 진술이다. 요산이 "慶南公論誌 第二十一號에 短篇小說 『사라진 사나이』를 發表"했다는 사실이 바로 그것이다. 「사라진 사나이」는 자필 「요산 작품목록」에서도 누락되어 있기 때문에 지금까지 그 존재 여부가 알려지지않은 작품이다. 그동안 『경남공론』의 전모를 확인할 수 없었던 까닭에 『경남연감』에서 처음으로 발견된 사실이다. 이를 통해 「요산 작품목록」 또한 누락되었거나 잘못 기재된 경우가 있음을 알 수 있다. 따라서 "문단 복귀" 이전에 『경남공론』를 비롯한 경남 · 부산의 여러 지역매체는 김정한의 주된 발표공간이었으며, 이 매체를 통해 여러 편의 작품을 발표했을 가능성이 높은 셈이다.

7) 요산의 단편소설 「병원(病院)에서는」(『부산일보』 1951.2.23~3.4)은 다소 예외적이다. 한국전쟁기 부산은 피난문학의 중심지역으로서 이 소설이 발표된 『부산일보』를 비롯하여 지역 신문매체가 중앙지의 역할을 대신했기 때문에 요산의 창작 활동을 단순히 지역에 국한시키기는 어렵다.

이러한 가능성을 더욱 확실하게 하는 것은 「사라진 사나이」 이후 연이어 발표한 『농촌세시기(農村歲時記)』의 존재이다. 인용문 ②에 따르면, 김정한은 "多年間 構想中에 있던 長篇小說 『農村 歲時記』를 數個月前부터 執筆하기 始作하여 現在 그 脫稿를 보아 第二十六號 慶南公論誌에 第一回를連載發表"하였다. 즉 『농촌세시기』는 김정한이 최초의 장편소설로 기획 연재하였던 작품인 것이다.[8] 이 시기 김정한이 『농촌세시기』라는 장편소설을 집필할 만큼 문학적 역량을 갖추게 되었음을 의미하는 것이다. 『농촌세시기』는 미완성에 그치고 말았지만, 그 이후에도 1편의 소설과 3편의 꽁트를 발표할 만큼 이 시기 요산의 창작 열의는 상당히 높았던 것으로 여겨진다.

이상에서 보듯 「사라진 사나이」는 1954년 7월 『경남공론』 21호에 발표된 단편소설이다. 이 소설과 마찬가지로 「요산 작품목록」에서조차 누락된 작품이 존재할 가능성은 다분해 보인다.

3. 「사라진 사나이」의 서사화 방식

「사라진 사나이」는 한국전쟁기 피난지 부산의 삶의 풍경을 피난민 정동호의 가족을 통해 보여주고 있는 소설이다. 주인공 정동호는 서울에서 삼성피혁을 경영하다가 한국전쟁이 발발하자 부산으로 피

8) 최미진, 「김정한의 미완성 장편소설 〈농촌세시기〉 연구」, 『한국문학논총』 제38집, 한국문학회, 2004, 215~216면.

난하여 광복동 이층집에서 칩거에 가까운 생활을 한다. 거액의 은행 대부 건으로 오랜만에 외출하여 은행직원과의 장시간 교제 끝에 원했던 일이 잘 풀릴 것이라 낙관하지만, 서울 창고에 있던 저당 물건이 국제시장에 나돌자 위기에 처한다. 결국 이 일로 서울로 간 정동호는 소식이 끊기고, 아내는 이전부터 관심을 쏟았던 소 그림을 구경하는 일로 위안을 삼는다. 이와 같이 이 소설은 피난민의 신산스러운 삶을 다룬 여느 소설들과는 성격을 달리한다. 논의를 위해 「사라진 사나이」의 서사 단락을 개관하면 다음과 같다.

1. 정동호는 피난지 부산의 광복동 2층집에서 이득 없는 외출 대신 거리 구경으로 소일하다.
2. 정동호는 ××은행 박 대리와의 약속을 오후 세시로 미루다.
3. 정동호는 대부 후를 상상하며 흡족해하고 아내 혜자의 경제 수완에도 만족해하다.
4. 정동호는 귀가한 혜자가 2만환을 주고 사 온 그림을 보고 실망하다.
5. 정동호는 괴상망측한 〈소와 사나이〉 그림을 전쟁 탓보다 이상한 수수께끼처럼 여기다.
6. 정동호는 오후 세 시 ××은행 박 대리 앞에 앉아 친하게 굴며 긴 시간 동안 기다리다.
7. 은행 정문이 닫힌 한참 후, 정동호는 지점장실에 들어가 별 말 못하고 온달다방에 가라는 박 대리 말만 듣고 나오다.
8. 정동호는 온달다방을 석연찮아 하던 중 레이지의 옷차림에 당황하며 차를 주문하다.

9. 정동호는 다방의 벽에 걸린 큰 소 두 마리 그림을 보고는 더욱 난감해하다.
10. 정동호는 뜻밖에 아내 혜자가 낯선 청년과 함께 다방에 들어오는 것을 보다.
11. 정동호는 혜자로부터 대부 독촉을 받은 후 소 그림을 그린 화가 박 들을 소개받다.
12. 정동호는 정면의 그림을 볼 용기가 나지 않아 난감해하던 중 박 대리가 오자 서둘러 다방을 나오다.
13. 정동호는 박 대리와의 성공적인 교제로 우쭐해하며 밤늦게까지 아깝지 않은 돈을 쓰다.
14. 귀가하자마자 정동호는 리상으로부터 서울 창고에 도둑이 들었다는 소식을 전해 듣다.
15. 정동호는 혜자가 국제시장에 나돈 내복과 미씽 건을 얘기하자 얼굴이 새파래지다.
16. 정동호는 미친 사람처럼 집을 나갔다 통행시간 훨씬 뒤에 돌아오다.
17. 이튿날 새벽 정동호가 서울 간다며 집을 나선 이후 소식이 끊어지다.
18. 혜자는 처음에는 내복을 안고 울다 "소와 사나이" 그림을 보면서 위안을 얻다.
19. 그 뒤 혜자는 외출을 삼가고 가끔씩 온달다방에 나가 큰 소 그림을 구경하다.

「사라진 사나이」는 이중 플롯(double plot)[9]으로 구조화되어 있다. 중심적 플롯은 피난지 부산에서 정동호가 아내 혜자와 함께 일확천금을 노리며 은행 대부를 시도하다 무산될 위기에 봉착하자 서울에 다니러 갔다가 실종된다는 내용이다. 그리고 중심적 플롯과 병치되어 있는 부수적 플롯은 점차적으로 소 그림의 영향을 받는 정동호 부부의 일련의 행위를 다루고 있다. 이 소설은 서사가 진행됨에 따라 중심적 플롯이 환기하는 주제적 · 정서적 효과가 부수적 플롯에 의해 균열이 일어나는 형식을 취하고 있다.

커모드(F. Kermode)에 따르면, 텍스트에는 독자를 편안하게 해주는 순시와 인과의 연속으로 이루어진 전경화된 플롯이 있고, 이 연속성과 무관하게 또는 연속성에 적대적이기까지 한 비연속적 요소들로 이루어진 또 다른 플롯 혹은 배반적 텍스트가 있다.[10] 그러니까 서술물은 명료성과 규범을 지향하는 전경화된 플롯과 비밀스러움을 지향하는 다른 플롯 혹은 배반적 텍스트가 서로 얽히면서 만들어진다. 특히 후자는 '말해지지 않은 것'에 대한 지속적인 해석을 통해 '말해진 것'에 접근함으로써 전자의 명료성과 효과를 적대적으로 이용하는 경우가 많다.[11] 이렇듯 전경화된 플롯은 다른 플롯 혹은 배반적 텍스트와 다양하게 관계 맺지만, 그 선택은 해석자이자 독자의 몫이다. 이러한 관점에 기대어 「사라진 사나이」의 이중 플롯을 구체적으로 살펴보자.

9) 여기에서 이중 플롯은 서사의 중심 사건 간의 기능적 결합 관계나 그 사건들이 이루는 하나의 구조로 이해하려는 시각을 확장하여 서사의 주제적 관심과 정서적 효과를 책임지는 서사 구성 요소의 전체적이고 역동적인 조직화 원리로 규정하려는 최근의 이론적 변화와 맞물려 이해되어야 한다. 오윤호, 『현대소설의 서사 기법』, 예림기획, 2005, 19~32면.

10) 프랭크 커모드, 전승혜 역, 「비밀과 서술 순서」, 『현대 서술이론의 흐름』(주네트 외, 석경징 외 역), 솔출판사, 1997, 69~70면.

11) 프랭크 커모드, 위의 글, 76~80면.

「사라진 사나이」에서 중심적 플롯은 우선, 정동호 부부가 거액의 은행 대부를 실현시키기 위한 일련의 과정을 시간적 순서에 따라 논리적으로 연결 짓고 있다. 한국전쟁기 임시수도였던 피난지 부산 광복동의 어느 하루 정오 즈음부터 한밤중까지의 시간적 경과에 따른 사건의 추이를 전면적으로 다루며, 정동호가 실종된 이후는 축약적으로 서술되어 있다. 그리고 이러한 사건은 행위들의 대안적인 기능을 중심으로 논리적으로 연결되어 있다.[12)]

거액의 은행 대부는 정동호 부부가 욕망하는 대상이며, 그것의 성취 가능성이 작중인물들의 구체적인 행위를 추동시킨다. 작중인물들은 은행 대부를 실현하기 위해 여러 수단을 취한다. 아내 혜자는 "어제 밤에", "재무부의 ××마님을 찾아뵙고 대략 승낙"을(71면) 얻어둔 상태이고, 정동호는 그것에 힘입어 ××은행 박 대리에게 밤늦게까지 돈을 아낌없이 써가며 대부 가능성을 타진한다. 이러한 행위와 결과는 그들의 욕망이 성취될 가능성을 한껏 상승시킨다.

하지만 그들이 취하지 않은 수단, 그러니까 저당 물건의 확보가 성사 단계의 은행 대부를 불투명하게 만든다. 그들은 저당 물건, 즉 서울에 숨겨둔 미싱 기계와 내복이 국제시장에 나돎으로써 위기에 봉착한다. 정동호 부부는 전쟁이 발발했는데도 저당 물건을 숨겨두기

12) 이 글에서 기능의 논리적 관계 분석은 클로드 브레몽의 견해에 힘입고 있다. 클로드 브레몽에 따르면, 스토리에서 기능이 시간적 연속체로 결합되어 있을 뿐 아니라 그 속에서 가능성과 과정과 결과라는 논리적인 3단계를 구획한다. 특히 기능의 논리적 관계는 프로프의 경우처럼 자동적으로 다음 기능과 이어지는 것이 아니라 대안적인 두 기능, 다시 말해서 스토리가 다음에 취할 수 있는 두 가지 방향에 따라 다시 조정될 수 있다. S. 리몬-케넌, 최상규 역, 『소설의 시학』, 문학과지성사, 1992, 41~48면.

위해 마지막까지 서울에 남아 있었던 만큼, 그것이 온전하게 있을 것이라 전적으로 믿어왔다. 전쟁기의 혼란 속에서 피난지 부산으로 그것을 옮기는 일이 불가능해 보였기 때문에 더욱 그러하다. 그런데도 그렇게 의심치 않았던 저당 물건이 은행 대부를 가로막는 복병으로 등장하게 된 것이다. 그 결과 정동호는 서울행을 결행하다 실종됨으로써 은행 대부는 완전히 실패하고 만다. 한갓 욕망의 대상에 불과했던 은행 대부가 작중인물들이 취한 행위들을 통해 현실화될 듯하지만, 취하지 않았던 수단으로 인해 위기에 봉착하고 결국 실종이라는 극단적 상황에 봉착하게 되는 것이다. 이렇듯 중심적 플롯은 이야기를 시간적 순서와 논리적 관계에 따라 명료하게 드러냄으로써 독자들의 읽기를 수월하게 한다.

다음으로, 중심적 플롯은 소설 전반의 주제적 · 정서적 효과를 강하게 환기시킨다. 정동호 부부가 욕망하는 대상과 그것을 실현하기 위해 취한 수단들은 물신만능주의와 한탕주의와 맞닿아 있다. 중심적 플롯은 그들의 속물성을 명료하게 드러냄으로써 독자들에게 규범의 필요성을 인지시킨다. 특히 이러한 규범의 잣대는 정동호를 향해 집중되어 있다.

① "흥, 또 낙제로군!"

정동호는 납작한 코를 더욱 납작하게 웃겼다. 그러한 만족감은 자기에게 아무런 이익이 없을 사람을 만나지 않는것과, 영락없는 '리상'의 심사에서 오는 것이었다. —이내 그의 지인(知人)들은 초라한 뒤통수를 보이면서 그의 집앞을 물러갔다.

"왜 제각기 집에서들 점심을 먹지 않을까?"

정동호는 돌아서는 친구들에게 다소 동정이 가려다가, 곧 시틋한 표정을 하였다. L짜로 꺾인 아래턱이 차게 빛난다. 점심 때가 되면 더욱 많이 싸대는 거리의 사람들이 어쩐지 그에게는 거개가 소위 봉을 잡으려 다니는 껄렁패같이만 보였다.(70면)

② 내용은 어쨌든, 물론 표면상의 대부 형식은 산업자금이라야 한다. ×관계 산업이면 더욱 좋다. 도장만 몇개 받으면 그만이다. 그리고 그런 것쯤은 문제 없다. 그러나 아무리 '사바사바' 세상이라고 하더라도 전연 엉터리로서는 안된다. ―그래서 작정된 계획은, 나중에야 밀수 사업에 쓰든 말든 우선은 서울서 하던 피복 공업을 하기로 하되, 곧 현재 놀고있는 창고같은 것을 하나 구하고 불원간 서울 교통이 열리는대로, 그곳에 숨겨둔 기계등속을 운반하도록 하자는 것이었다.(77면)

인용문 ①은 정동호의 인간됨, 특히 물신만능주의를 여실히 드러낸다. 그는 부산으로 피난와 광복동 2층집에 칩거하면서 창문 틈으로 거리를 관찰하는 것으로 소일한다. 그것은 물론 "자기에게 아무런 이익이 없을 사람을 만나지 않기" 위해서이다. "지인(知人)"이라도 이득이 되지 않는 사람은 "봉을 잡으려 다니는 껄렁패" 쯤으로 여기는 정동호다. 이러한 태도는 아내 혜자에게도 한결같이 적용된다. 아내가 "외출이 심하든 말든", 자식을 못 낳든 말든 상관하지 않는다. 오히려 그녀가 "부잣집 고명딸로 재산을 오달지게 타왔고" "돈에 대한 방도가 좋으니까" 자신에게는 더없이 낫다고 생각한다. 이렇듯 정동호는 모든 사람을 경제적 가치에 따라 판단하는 속물적인 인물이다.

나아가 인용문 ②는 정동호의 속물적 성향에 내재되어 있는 도덕성의 부재를 여실히 보여준다. 은행 대부는 한국전쟁기의 혼란을 틈타 거액을 사취하려는 비도덕적인 시도다. "사바사바 세상"인 당대 사회에서 정동호 부부는 은행 대부를 성사시키기 위해 주도면밀하게 계획을 세워 이를 실행해 나간다. 특히 박 대리를 통해 정동호는 은행 대부가 "엉터리"로 들통 나지 않기 위한 구체적인 방책을 마련한다. 그 방책은 피복 공업을 하기 위한 산업자금의 형식을 취하고, 창고를 얻어 서울에 숨겨둔 저당물건을 운반해 산업체의 외양을 갖추는 것이다. 이러한 외양 갖추기에는 "나중에야 밀수 사업에 쓰든 말든" 상관이 없다는 비도덕성이 음험하게 숨겨져 있다. 더욱이 정동호의 물질만능주의가 극단적으로 표출된 것은 저당 물건의 유포 내막을 알아내기 위해 결행한 서울행이다. 이것은 자신의 생명보다 돈을 중시하는 물신주의적 태도가 초래한 행위이다. 그의 일련의 행위들은 한국전쟁기 당시 물질만능주의가 얼마나 팽배했는지를 보여준다. 이렇듯 중심적 플롯은 정동호로 대표되는 인물을 통해 당대 사회의 비도덕적인 물질만능주의를 맥락화하면서 비판의 초점을 분명하게 환기시킨다.[13]

---

13) 중심적 플롯에서 드러나는 주제 의식은 요산의 다른 글에서도 확인 가능하다. "물질만능주의는 자칫 도덕심의 바탕을 무너뜨리게 마련이란 거다. 가령 개인 치부에 급급하여 남의 원한을 산다든가 정상배나 공무원의 부정축재가 사회의 기강을 어지럽게 하는 따위가 다 그런데서 오는 것이라 하겠다." 김정한, 「도덕심의 바탕」, 『황량한 들판에서』, 황토, 1989, 281면.

한편 「사라진 사나이」는 명료성과 규범을 지향하는 중심적 플롯에 부수적 플롯이 개입되어 있다. 부수적 플롯에서 박들의 소 그림은 정동호가 은행 대부의 가능성을 타진하는 중심적 플롯의 중요한 계기들과 맞물려 있다. 다시 말하면 정동호의 긴장이 이완되어 있는 시점에 부수적 플롯이 개입됨으로써 새로운 긴장을 조성하거나 그것의 해결을 모색하고 있는 양상을 띠고 있다.

처음 소 그림이 개입되는 것은 정동호가 박 대리와 약속 시간을 만족스럽게 변경했을 때이다. 정동호는 번잡한 점심시간을 피할 "궁리에는 지친듯이" 박 대리에게 전화를 걸어 약속시간을 오후 세 시로 변경한다. 그때 그는 "만족한 표정"을 짓는데, "어려운 일을 마치고서 맘을 놓았기" 때문이다. 전화 한 통화 때문에 고민하고 또 만족할 만큼 은행 대부와 관련된 일은 정동호에게 중요한 것이다. 이처럼 그가 긴장을 풀고 있을 때, 혜자가 소 그림을 사들고 집에 들어온다.

다음으로, 소 그림은 정동호가 껄끄러운 은행 대부를 박 대리에게 일임하고 온달다방에 와 있을 때 개입된다. 정동호는 오랫동안 기다린 끝에 지점장과 만나지만 "무슨 말을 해야 좋을지 미처 생각이 나지 않아" 주춤거릴 뿐이다. 이렇게 잔뜩 긴장해 있을 때 온달다방에가 있으라는 박대리의 말을 듣고 힘을 얻는다. 온달다방은 정동호에게 긴장이 이완된 공간이며, 기다림의 공간이다. 그런데 그는 다방의 정면에서 몹시 큰 소 그림과 대면한다. 뿐만 아니라 혜자의 소개로 소 그림을 그린 화가 박들을 만나기까지 한다.

마지막으로, 소 그림은 정동호가 실종된 후 혜자에게 다가선다. 혜자는 은행 대부 가능성이 완전히 소멸되고 남편의 부재만 덩그러니

남았다는 사실에 압도당한다. 이러한 상황에서 소 그림은 혜자의 심리적 공황 상태를 위무해 주는 역할을 한다. 은행 대부의 실패와 연이은 남편의 실종으로 야기된 충격과 긴장을 이완시켜 주는 것이 소 그림인 것이다. 이렇듯 소 그림은 은행 대부 가능성을 타진하는 매 계기마다 작중인물들이 긴장을 잠시 이완한 상태이거나 이완을 필요로 하는 상황에서 등장하고 있다.

그리고 부수적 플롯은 중심적 플롯의 단일한 주제적 · 정서적 효과를 복잡하게 만들고 있다. 부수적 플롯은 의미를 구축하는 단서들이 파상적으로 흩어져 있을 뿐 아니라 그것이 구축한 의미들이 단일하지도 않다. 그렇기에 작중인물들의 행위 변화나 그 전조를 징후적으로 읽어내어야만 의미를 파악할 수 있다. 그것은 박들의 소 그림들이 정동호 부부의 내면세계에 어떠한 변화를 초래하고 있는지를 파악하는 일에서 출발해야 한다.

혜자가 〈소와 사나이〉를 "미술 전람회에서 이채를 빛낸" 작품이라고 혹하여 사왔지만, 그 그림에 대한 반향은 정동호에게서 먼저 드러난다. 정동호는 그 그림을 "이만환이나 주고 사온" 아내를 이해하기 곤란해 하며 투덜거린다. "사람이 소를 껴안고 있는" 형상이 "꽃이라든가 바다 같은 것"을 그린 보통의 풍경화와 달랐기 때문에 더욱 그러했다. 〈소와 사나이〉에 대한 논평에서 "기괴한", "괴상한", "망측한", "괴상망측한"과 같은 유사한 의미의 형용사들을 반복적으로 부려 씀으로써 보통과 달리 이상야릇하다는 느낌을 강하게 전달한다. 나아가 그는 "그림이라고 그린 사람"이나 "그걸 보고 좋다는 사람" 모두 "전쟁 탓"에 "돌았다"고 단정하면서도 무슨 뜻인지 의아해한다.

결국 소 그림은 자신의 "단순한 머리 속에 이상한 수수께끼처럼 눌러"(73면)붙는다. 이렇듯 정동호가 표면적으로는 〈소와 사나이〉에 대한 냉담하게 반응했지만, 이 그림 때문에 그야말로 "이상한 수수께끼"처럼 내면세계의 동요를 경험하게 된다. 이러한 양상은 정동호가 소 그림을 발견한 온달다방14)에서 더욱 잘 드러난다.

> 그는 될수 있는대로 태연한 얼굴을 하고 정면의 벽을 바라보았다. 그게 또 잘못이었다. —그가 향해 앉은 바로 정면 벽에는 멍청한 소가 두 마리—아니, 예술가들의 장난품이 걸려있었다. 몹시 큰 그림이었다.
>
> '저건 또 뭐야?…… 제—기 ……!'
>
> 그는 속으로 더욱 뭉클하였다. —가는 곳마다 소냐, 챗!
>
> 정동호는 소란 짐승을 순하고 어리석은 것으로 알아왔으나, 그날부터는 소를 그린것만 보면 기분이 상했다. 그는 곧 그림에서 외면을 하였다. 다른 손님들이 자기를 보고 웃는것만 같았다. 그는 마음이 더욱 싱숭생숭하여졌다. 왜 하필 또 데룽스럽게 다방 한가운데 자리를 잡았을까, 스스

14) 온달다방은 피난지 부산에서 예술가들이 많이 드나들었던 밀다원을 변형시킨 것으로 보인다. "꽃을 심은 아담한 화분은 하나도 보이지 않고, 웬 상록수만이 천정에 가지 끝이 닿도록 큰 것들이 어수선하게 서 있다"는 온달다방의 묘사 부분은 "한가운데는 커다란 드럼통 스토우브가 열기를 뿜고 있고 카운터 앞에 동북 구석에는 상록수가 한 그루씩 놓여 있었다."(김동리, 『밀다원시대(蜜茶苑時代)』)는 밀다원의 풍경과 상당히 흡사하다. 물론 한국전쟁기 "釜山거리 어느 골목에 茶房없는 골목이 없"으며, "茶방을 둘어보아도 各界各層人士들이 五六月 뒷간에 구덕이처럼 법석대고 있다."(허인, 「두부잡필(逗釜雜筆)」, 『국제신보』 1953.5.26. 2면)는 지적을 보듯 당시 다방은 문화계 인사들의 사랑방과 같은 역할을 했다. 온달다방에 걸려 있는 소 그림이나 그곳에 드나드는 화가 박들을 두고 볼 때 그곳이 예술가들의 내왕이 잦은 공간이었음은 분명하다. 『밀다원 시대』가 피난지 부산에 머물렀던 문인들과 그들이 드나들었던 밀다원을 모델로 했다는 점을 감안한다면, 요산 또한 당시의 밀다원으로 상징되는 다방공간을 온달다방으로 변형시켰을 개연성이 짙다.

로 뉘우쳤다. 그러나 그렇다고 또 곧 자리를 바꾸기도 무엇하고, 하마나 박대리가 나타날까, 늘 출입구 쪽만 살폈다.(75면)

온달다방에서 정동호는 몹시 큰 두 마리의 소 그림과 맞닥뜨린다. 〈소와 사나이〉 그림과 마찬가지로 "예술가들의 장난품" 같이 이상한 것이다. 그는 소 그림을 보고 기분이 상하지만 다른 한편 "속으로 더욱 뭉클"해짐을 느낀다. "수수께끼처럼 눌러붙은" 소 그림이 이제는 뭉클한 감동을 진달해 주는 깃이다. 그는 애써 그깃을 외면하지민 "다른 손님들이 자기를 보고 웃는 것" 같은 감정의 동요를 숨기기 힘들다. 이러한 자의식에 싱숭생숭해진 그는 박 대리가 오기만을 학수고대한다.

하지만 점입가경으로 온달다방에 들어 선 것은 혜자와 화가 박들[15]이다. 정동호는 박들이 "소같은 고집은 있을찌 몰라도, 소같이 어리석은 인간일게라고"(76면) 판단한다. 그리고 박들이라는 "이상한 이름"이나 "우물거리는 말", "지극히 낮은 목소리" 등이 "우습기는 할망정 결코 그다지 불쾌한 인상은 주지 않는다"고 생각한다. 이것은

15) 화가 박들은 소의 화가 이중섭을 모델로 삼은 것이라 여겨진다. 이중섭은 1938년 지유텐에 입선되고 거듭 지유텐에 여러 그림을 출품하면서 세간에 이름이 알려지기 시작하였다. 이 때 그는 오산학교 시절부터 즐겨 그렸던 소 그림을 많이 그렸고 발표도 해왔기 때문에 소의 화가로 알려지기 시작했을 것으로 보인다. 하지만 그의 소 그림은 한국전쟁 때 원산에 두고 내려왔기 때문에 세간에 알려진 것들 대부분은 피난 후 통영에 머물 때 완성했던 것이다. 물론 「사라진 사나이」를 발표하기 직전 이중섭은 서울 경복궁 미술관에서 이루어졌던 미술전에 소 그림을 출품하여 "이채를 빛낸 작가"라는 상찬을 받기도 했다. 요산이 이중섭을 모델로 삼았다고 본다면, 피난지 부산에서 이중섭과 직접 교우했거나 통영의 이중섭 그림전시회에 다녀왔을 가능성, 그것도 아니면 이중섭의 명성에서 착상의 단서를 얻었을 가능성을 배제할 수 없을 것이다. 현재로서는 요산과 이중섭과의 교유관계를 구체적으로 확인할 수 없지만, 세 길의 가능성을 모두 고려할 수 있다.

"예술가란 사람들을 의심하고 원망하던"(73면) 이전의 태도에서 한 걸음 뒤로 물러선 것이다. 하지만 정동호는 그 소 그림만은 더 볼 용기가 나지 않는다. 당장이라도 다방에서 뛰어나가고 싶을 만큼 소 그림을 외면하고 싶어 한다. 그만큼 소 그림은 자신의 의지와는 무관하게 내면세계에 깊숙하게 침윤되어 있는 셈이다.

이렇듯 부수적 플롯은 화가 박들과 소 그림이 정동호의 내면세계에 점층적으로 동요를 일으키고 있는 양상을 보여준다. 그렇다면 정동호가 소 그림을 통해 발견한, 외면하고 싶은 대상의 정체는 무엇일까?

우선, 박들의 소 그림은 순수성을 표상한다고 볼 수 있다. "얼굴모습이나 표정이 꼭 소를 닮은" 화가 박들과 그가 다니는 온달다방은 경제적 교환가치가 지배하는 속물적 현실 세계와는 상반되는 "어리석음"이 유지되는 공간이라는 점에서 박들의 소 그림은 순수성을 상징한다고 볼 수 있다. 물신만능주의에 경도된 정동호의 관점에서는 박들의 소 그림들은 "순하고", "멍청한", "어리석은" 것으로 비춰지기 때문이다. 정동호는 그것들을 비웃지만 역설적으로 자신이 지향하는 욕망이나 세계가 더 어리석은 것일 수 있다는 점 때문에 정서적 균형을 잃어가고 있는 것이다.

둘째로, 소 그림은 보다 넓은 맥락에서 민족적 정체성을 표상한다고 볼 수 있다. 일제강점기 백우회(白牛會) 소속 화가들이 부정(否定)당하고 쓰러져가는 민족의 정체성을 소에서 찾은 것처럼, 소 그림은 우리 민족적 정신의 뿌리를 상징한다. 정동호라는 인물을 통해 맥락화하고 있는 한국전쟁기 부산은 물질만능주의와 수단과 방법을 가리지 않는 한탕주의가 기승을 부리고 있는 비도덕적 사회다. 그것을 바로 잡기 위한 규범의 잣대를 내세운다면, 도덕성의 근원인 우리 민족의 정신적 뿌리를 되찾는 일에서 시작될 수 있을 것이다.[16] 그러한 점을 상징적으로 재현한 것이 바로 소 그림일 수 있다.

셋째로, 소 그림은 성적 욕망이나 환상을 표상한다고 볼 수 있다. 〈소와 사나이〉는 "무뚝뚝한 사나이의 무릎 위에" "유순한 소의 털"이 놓여 있고, 그 "사나이가 소를 껴안고 있는" 그림이다. 전통적으로 소가 대지의 원리를 상징하는 암소를 가리켜왔다는 점을 감안한다면, 이 그림의 소는 대지의 풍성한 생산력, 생식, 모성 본능을 상징하는 암소일 가능성이 높다.[17] 이러한 점에서 〈소와 사나이〉는 남녀 관계에서 쉽게 발견되는 성적 욕망이나 환상을 강하게 환기한다. 그런 점에서 이 그림은 정동호 부부의 위기를 상징적으로 제시하고 있다고 볼 수 있다. 이들 부부는 경제적 수완이 뛰어나다는 점에서 일치할 뿐, 관계의 위기 징후는 여러 측면에서 드러나고 있다. 특히 혜자는 전쟁 후 외출이 부쩍 심해졌고, 화가 박들과 다방에 드나들 만큼 남편의 시선을 의식하지 않는 편이다. 가부장제 이데올로기가 강하게 작동했던 당시의 사정을 고려할 때, 혜자의 일련의 행위들은 부부 관계의 위기를 방증하는 것이다. 따라서 〈소와 사나이〉는 그들 부부의 표상이 아니라 아내와 낯선 사나이, 그러니까 혜자와 화가 박들의 상징일 수도 있다. 이처럼 소 그림은 부부 관계의 위기를 상징적으로

16) 이러한 의식은 요산의 다른 글에서도 확인할 수 있다. "폐일언하고 우리는 서구의 물질만능주의, 수단방법을 가리지 않는 한탕주의에만 흘릴 것이 아니라 조상 때부터 내려오는 예절 바르고 지조를 지키며 만민동락(萬民同樂)하던 우리정신의 뿌리를 되찾아야 되지 않겠는가?" 김정한, 「신의 뿌리를 찾아야 할 때」, 『황량한 들판에서』, 황토, 1989, 213면.

17) 진 쿠퍼, 이윤기 역, 『그림으로 보는 세계문화상징사전』, 까치, 1994, 83~84면.

드러내고 있는 것이다.

나아가 성적 욕망이나 환상을 표상하는 소 그림은 생명 그 자체로 의미를 확장시켜 볼 수 있다. 소가 표상하는 대지의 풍성한 생산력 자체에 집중한다면, 소 그림은 "기괴"하기보다는 경외감을 자아내게 하는 것이다. 정동호가 실종된 후 혜자는 〈소와 사나이〉를 통해 "지금까지 생각조차 못하던 어떤 세계"를 발견하고 "고상한 느낌"을 받는다. 그것은 정동호가 느낀 기괴함과 대비되는 정서적 반응이다. 그러한 감동은 혜자 자신을 추스르게 할 뿐 아니라 외출을 자제하게 하는 등 삶의 변화를 분명하게 이끌어내고 있다. 이렇듯 부수적 플롯은 단순화된 중심적 플롯과는 달리 다양한 층위의 의미와 정서적 효과를 드러내는 데 기여하고 있다.

「사라진 사나이」는 김정한의 여느 작품과 달리 주석적 논평을 자제하고 있다. 전지적 작가시점은 작중 인물들의 행위들에 개입하지만, 그것에 대해 시시비비를 따지거나 간과한 사실을 지적하는 등의 논평은 거의 찾아 볼 수 없다. 나아가 부수적 플롯은 중심적 플롯의 단일한 효과에 한 발 물러서 그것을 균열시키고 있다. 특히 상징적으로 처리되어 있는 소 그림들이 작중인물들의 행위들과 "수수께끼"처럼 관련되어 있어 산재된 의미들을 찾기란 쉽지 않다. 이처럼 「사라진 사나이」는 전지적 작가의 주석적 논평 대신에 이중 플롯을 통해 말해진 것과 말해지지 않은 것을 독자가 의미를 찾아내야 하는 서사화 방식을 취하고 있다.

이제껏 김정한의 소설은 치열한 작가의식에 비해 서사화 방식의 단조로움이 한계로 지적되어 왔다. 이러한 한계는 대체로 작가의 체험을 적극적으로 반영하는 글쓰기 방식에서 연유한다. 실제로 요산은 소설 창작을 상상력에 의존하기 보다는 체험에 기대는 경우가 많았으며, 자료 조사에 파묻혀 제대로 창작하지 못하는 경우도 없지 않았다. 서사화 방식이라는 측면에서 볼 때, 요산의 소설은 지나치게 평범하고 단조로운 편이라 하겠다.

하지만 요산의 「사라진 사나이」는 이중 플롯의 구조화, 전지적 작가의 논평 자제, 소 그림의 상징을 통해 이러한 한계를 어느 정도 뛰어 넘고 있는 소설이다. 이미 1951년에 발표한 「병원에서는」에서 편지글을 삽입하여 주제의식을 드러내는 데에서 구체적으로 확인할 수 있으며, 특히 장편소설 『농촌세시기』를 기획 · 연재했을 만큼 이 문제에 대해 깊이 있게 고심하였음을 짐작할 수 있다.

4. 마무리

「사라진 사나이」는 김정한의 '사라진' 소설이다. 이 작품은 자필 「요산 작품목록」에도 누락되어 있는 까닭에 그동안 존재조차 알 수 없었다. 이 소설은 1954년 7월 『경남공론』 제21호에 발표되었으며, 『경남연감』 제2호(1955)에서 이러한 사실이 처음으로 지적되고 있다. 한국전쟁기 피난지 부산을 배경으로 한 이 소설은 다음과 같은 특성과 한계를 아우르고 있었다.

우선, 「사라진 사나이」는 서사화 방식에서 이중 플롯을 끌어들여 서사의 단조로움을 피하고 소 그림이라는 프리즘을 통해 다양한 목소리를 이끌어내고 있었다. 중심적 플롯은 정동호 부부가 거액의 은행 대부를 실현시키기 위한 일련의 과정을 시간적 순서에 따라 논리적으로 연결하여 가독성을 높이고 있었다. 정동호라는 인물을 통해 한국전쟁기 부산에 물신만능주의와 한탕주의가 횡행하고 있었음을 맥락화하여 소설의 주제적 · 정서적 효과를 환기시켰다. 그러나 부수적 플롯은 중심적 플롯에서 작중인물들의 긴장이 이완되는 시점에 개입되어 정동호 부부가 박들의 소 그림에 영향을 받는 과정을 그리고 있었다. 여기에서 박들의 소 그림은 상징적으로 처리되어 있어 중심적 플롯의 명료한 주제적 · 정서적 효과를 균열시키고 있었다.

다음으로, 이 소설은 전지적 작가 시점을 차용하되 주석적 논평을 피하고 있었다. 요산의 다른 소설처럼 주석적 논평을 통해 서사의 흐름을 조정하거나 주제의식을 뚜렷이 드러내든가, 아니면 화제에 대한 정보를 소상하게 알려주는 방식을 피하고 있었다. 때문에 이 소설에서는 작가의식의 편린만 드러날 뿐 그것이 직접적으로 작품을 통어하고 있다고 보기 힘들었다.

마지막으로, 이 소설은 부수적 플롯에 나와 있는 소 그림을 상징적으로 처리하여 독자들이 그 의미망들을 기워내도록 하고 있었다. 소 그림은 세 가지 측면에서 의미를 부여할 수 있었다. 첫째로, 정동호의 속물적 성향과는 배치되는 순수성을 의미하였다. 그것은 정동호의 내면세계를 균열시키는 자의식으로 작용하고 있었다. 둘째로, 소 그림은 민족적 정체성을 표상하고 있었다. 그것은 한국전쟁기 부패한 피난지 부산을 상징적으로 문맥화하고 있었다. 셋째로, 성적 욕망이나 환상을 표상하고 있었다. 좁은 의미에서 정동호 부부의 위기를 드러내고 있었지만, 넓은 의미에서 생명 그 자체에 대한 경외감을 각인시키고 있었다. 이렇듯 부수적 플롯에서 상징적으로 처리된 소 그림은 중심적 플롯과 다양하게 연관 지을 수 있었다.

이렇듯 「사라진 사나이」는 이중 플롯의 구조화, 전지적 작가의 논평 자제, 소 그림의 상징을 통해 기존의 서사화 방식에 일정한 변화를 꾀한 작품이었다. 「사라진 사나이」는 「요산 작품목록」에서 드러나듯이 요산의 기억에서조차 사라진 소설이었지만, 이제 그것을 다른 소설들과 함께 세상에 내놓아 요산문학의 빈자리를 깁고 메우는 일만 남았다.

제 2 장

김정한의 미완성 장편소설 「농촌세시기」

1. 들머리

김정한은 역사적 격변기를 온 몸으로 맞부딪혀 나간 작가이다. 그의 강직한 성품과 지난한 삶의 구비들은 작품들 속에 고스란히 옮겨져 지금껏 독자들에게 강렬한 인상을 심어주고 있다. 1936년 『조선일보』에 발표된 「사하촌」은 1932년 양산 농민봉기사건으로 고초를 겪은 후 쓴 「그물(罠)」을 모태로 한 작품으로서 평단의 큰 주목을 받았다. 그러나 작가 김정한의 문학사적 위상을 뚜렷하게 정립시킨 소설은 1966년 「모래톱 이야기」이다. 이 작품은 당시 문단에 새로운 활력을 불어넣는 계기를 제공하였다. 4월혁명과 5·16쿠데타를 거치면서 새로운 진로를 모색하던 문단은 1966년 『창작과 비평』의 창간에 즈음하여 발표된 작가의 「모래톱 이야기」에 주목했다. 더욱이 작가의 문학적 행보가 그의 삶과 성품을 닮아 불연속선을 그리며 이루어졌다는 사실은 "작가의 세계관과 실천과 창조력의 승리"[1]로 평가되기에 충분했다. 그만큼 요산의 창작활동은 1970년대 민족문학운동을 선도하는 데 지대한 영향을 끼치면서 작가의 문학적 입지를 강화하는 데 결정적인 역할을 하였던 것이다.

그러나 중기[2] 김정한의 문학 활동과 행적은 여전히 문제적이다. 조갑상은 김정한의 육필 목록과 원고를 바탕으로 이시기 김정한의 소설작품 목록을 정리한 바 있다. 이 시기 요산이 6편의 소설과 6편의 꽁트뿐만 아니라 1편의 희곡을 창작하였음을 밝혔다.[3] 그는 요산이 광복기에 쓴 소설 「옥중회갑」과 「설날」이 진보적 민족주의 지도자의 비극성을 드러내고 있다면, 1950년대에 창작된 「병원에서는」, 「농촌세시기」, 「액년(厄年)」은 광복기에 비해 발전적인 모습을 보여주지 못했다고 주장한다. 그러나 김정한 특유의 리얼리즘적 고발의

1) 김종철, 「저항과 인간해방의 리얼리즘」, 『김정한—대쪽 같은 삶과 문학』(강진호 편), 새미, 2002, 90면.

2) '중기'의 명명은 임지영의 석사논문에서 이루어지고 있다. 임지영, 「김정한 중기소설의 작품세계와 그 교육적 고찰」, 부산의대 석사논문, 2004, 2면. 이러한 명명이 내장한 김정한 소설세계의 연속성에 대한 논의는 최미진, 「김정한 소설의 연구 쟁점과 연구 방향」, 『2008년 한국문학회 동계 전국학술발표대회 논문집』, 한국문학회, 2008, 13~16면을 참고 바란다.

3) 조갑상, 「김정한 소설연구」, 동아대 박사논문, 1991, 6~10면.

시각을 그대로 유지하고 있다는 점에서 「모래톱 이야기」의 복귀를 예비하고 있다고 진단하였다. 김정한의 소설을 농민문학, 리얼리즘 문학, 민족문학의 측면에서 문학사적 의의를 재정립한 견해라 볼 수 있다. 그러나 이러한 연구결과에도 불구하고 김정한의 문학적 위상에 의문을 남기는 측면이 없지 않다. 이를테면 최근 박태일이 김정한의 희곡 「인가지」를 친일매체에 발표한 친일작품으로 규정지음으로써 새로운 국면을 맞고 있다.[4] 이시기 김정한의 글들만 희미하게 윤곽을 드러내었을 뿐이라 그만큼 논란을 내장하고 있는 셈이다.

이 글에서는 『농촌세시기(農村歲時記)』[5]를 연구대상으로 삼아 그것의 서사구조와 성격을 고찰함으로써 이 시기 김정한의 문학세계를 가늠해 보고자 한다. 이것은 요산의 문학 활동의 빈틈을 채워나가는 작업인 동시에 전후기 문학작품의 상관성을 엿볼 수 있는 뚜렷한 계기가 되리라 본다.

---

4) 박태일, 「김정한 희곡 「인가지(隣家誌)」 연구」, 『경남 · 부산 지역문학 연구』 1, 청동거울, 2004, 126~164면. 박태일은 「인가지」가 한글 사용이 금지되었던 시기에 일본 관헌의 허가를 받아가면서까지 부왜매체에 한글로 발표된 부왜 희곡으로 규정하였다. 이후 이 작품은 구명옥, 양정임, 하정일, 황국명 등이 나서 친일희곡의 성격규정을 둘러싼 미묘한 입장 차이를 드러내었다. 구명옥, 「광복 전후 김정한의 희곡과 연극운동」, 『지역문학연구』 제9호, 경남 · 부산지역문학회, 2004 · 4; 양정임, 「김정한 문학에 나타난 식민 지배 정책 연구–희곡 「인가지를 중심으로」, 『동남어문논집』 제21집, 동남어문학회, 2006; 하정일, 「일제말기 김정한 문학과 탈식민 저항의 세 유형」, 『탈식민의 미학』, 소명출판, 2008; 황국명, 「요산 문학 연구의 윤리적 전회와 그 비판」, 『한국문학논총』 제51집, 한국문학회, 2009.

5) 『농촌세시기』는 이순욱이 『지역문학연구』 제9호(경남 · 부산지역문학회, 2004.)에서 발굴 · 소개한 바 있다. 이순욱, 「1950년대 요산 김정한의 미발굴 장편소설 『농촌세시기』」, 위의 책, 232~241면. 글쓴이는 『경남공론』 26호~33호(경상남도, 1954.2~1956.2)에 연재된 1~7회분을 주된 텍스트로 삼으면서 요산의 육필원고 4회분(요산문학관 소장)과 조갑상 · 황국명 · 이순욱 편, 『김정한 전집』 2, (작가마을, 2008)를 참고하여 논의를 진행하고자 한다.

2. 『경남공론』과 『농촌세시기』

자술 「요산 작품목록」[6]에 따르면 1950년대 김정한의 작품 활동은 주로 지역 신문과 잡지를 통해 이루어졌다. 논설과 수필들을 제외한다면 이 시기에 작품을 가장 많이 발표한 매체가 『경남공론』이다. 꽁트 「처시하」와 「누가 너를 애국자라더냐」, 그리고 소설 『농촌세시기』가 바로 『경남공론』을 통해 발표되었던 것이다. 그런데 김정한이 선택한 매체인 『경남공론』이 신문도 문예지도 아닌 경상남도 기관지였다는 점은 매우 이채롭다.

『경남공론』은 1952년 임시수도였던 부산에서 처음 간행되었다. 발행처는 경상남도 공보부이며, 발행인은 경상남도 도지사, 그리고 편집인은 공보부 산하 공무원이다. 발행인과 편집인은 공무원 인사 이동 시기와 맞물려 바뀌고 있는데, 그것은 『경남공론』이 정부 산하 기관지임을 분명히 드러내는 대목이다. 그러나 『경남공론』은 도민에게 도정(道政)에 관한 전반적인 업무 현황을 알리는 데에만 치중한 매체는 아니었다. 상당한 지면을 도민의 생활 개선과 교양 함양에 할애하고 있기 때문이다. 새로운 농법이나 위생적 환경 사업들을 소개하여 생활 개선에 필요한 정보를 제공하였는가 하면 시, 수필, 꽁트, 소설 등을 통해 도민의 교양과 덕성을 함양하는 데 애쓴 흔적이 뚜렷하다. 『경남공론』은 행정기관의 기관지일 뿐만 아니라 종합 잡지의

6) 요산의 자필 「요산 작품목록」과 「농촌세시기」 4회분 육필원고는 요산문학관에 소장되어 있다.

성격을 강하게 드러내고 있었던 셈이다.[7]

그렇다면 『경남공론』의 문예면을 차지한 작가들은 과연 누구인가. 시에서는 유치환, 김춘수, 조 향, 손동인, 이경순, 김수돈, 구연식, 정영태 등이 눈길을 끈다. 그리고 소설에서는 이주홍, 오영수, 정진업, 천세욱, 김석호, 안영태, 정창범, 손동인 등이 김정한과 더불어 작품 활동을 한 것으로 확인된다. 마지막으로 수필에서는 앞서 언급한 문인들 이외에 임하수가 적극적으로 참여했다. 그만큼 『경남공론』의 문예면은 한국전쟁기를 거치면서 지역출신 작가들에 의해 주로 채워졌던 것이다.

여기에서 가장 두드러진 활동을 보여준 작가는 단연 향파 이주홍이다. 그는 『경남공론』이 창간된 이래 지속적으로 작품을 써왔다. 『경남공론』의 거의 매호마다 시, 동시, 소설, 야사, 수필 등 다양한 분야에서 이주홍의 글들을 어김없이 만날 수 있다. 이러한 사실을 통해 이주홍이 『경남공론』 문예면의 구성과 편집에 상당한 영향력을 행사했을 것임을 추측할 수 있다. 『경남공론』에 참여한 작가들은 또한 이주홍과 두터운 친분관계를 지니고 있었을 것으로 보인다. 편집인이 공보부 공무원이라는 사실은 이러한 가능성을 더욱 설득력 있게 한다. 편집인은 도지의 기획에서부터 인쇄에 이르는 전 과정을 도맡아 처리하였다. 도청의 지원을 받는다고는 하지만 잡지 출판에 관련된 자금 확보, 인쇄소 선정뿐만 아니라 원고 청탁에서부터 송고 확

7) 같은 시기 경상북도 공보과에서 발행한 『도정월보(道政月報)』도 같은 맥락에서 이해할 수 있는 매체이다.

인, 교정까지 혼자 해내야 할 상황에 있었다.[8] 게다가 공무원이었던 편집인이 문학예술 분야의 사람들과 친분이 두터웠을 리 만무하다. 이러한 점에서 편집인은 문예면의 원고 청탁을 고정 작가와 다름없었던 이주홍과 의논했을 가능성이 높다. 김정한 또한 평소 절친했던 이주홍의 요청으로 『경남공론』에 참여했을 것으로 보인다.

무엇보다도 김정한이 『경남공론』을 통해 창작 활동을 한 것은 생활이 안정된 당시의 사정과 어느 정도 맞물린다. 1950년대 김정한은 한국전쟁 발발 직후의 고초를 제외하면 부산대학교 교수로서 안정된 생활을 보장받았다. 1950년 초에 부산대학교 조교수로 임용된 그는 1954년 교육공무원법 개정으로 잠시 강사로 전락했지만, 다음해 3월에 조교수 자격을 되찾고 7월에는 부교수로 승진한다. 1958년 경상남도 도지(道誌) 편찬위원으로 위촉될 만큼 그는 교수 자리를 굳건히 지키고 있었다. 이렇듯 한국전쟁을 겪은 후 그는 가정적으로나 사회적으로 안정된 생활을 영위하고 있었다. 이러한 사실은 그가 창작 활동에 대한 열의를 가지고 이주홍의 요청에 응할 수 있는 여유를 지니고 있었음을 말한다.

> 樂山 金廷漢氏는 慶南公論誌 第二十一號에 短篇小說 『사라진 사나이』를 發表한以後 多年間 構想中에 있던 長篇小說 『農村 歲時記』를 數個月前부터 執筆하기 始作하여 現在 그 脫稿를 보아 第二十六號慶南公論誌에 第一回를連載發表하게 되는 한편 釜日紙에 數次에 걸쳐 評論을

8) 매체발간의 열악한 상황은 월간지인 『경남공론』이 결호가 생겼거나 합본으로 묶이는 등 발행이 누차 늦어진 데 대한 편집인의 변(辨)으로 「편집후기」에서 종종 토로되고 있다.

실었으며 最近(一月九日附)發表된『文學精神의 貧困』은 現實에 立脚해 있는 文學人의情神에 一針을 주었다. 短篇集을出刊準備中에 있다.[9)]

『농촌세시기』는 김정한이 창작한 최초의 '長篇小說'이다. 조갑상은「요산 작품목록」과 4회분의 원고를 토대로『농촌세시기』를 "중편소설"로 규정한 바 있다.[10)] 그러나 이 소설은 인용문에서 보듯 "多年間 構想"과 "數個月" 동안의 "執筆"을 거쳐 발표된 요산의 첫 장편소설이나.『농촌세시기』는 작가뿐민 아니라 편집인이 오랜 시간 준비 과정을 거쳐 기획된 것이었다. 김정한이 1950년대에 이미 장편소설로 전환하려 했다는 사실은 안정된 생활 여건과 여러 단편소설 창작 경험을 토대로 작가적 역량과 깊이를 두루 갖추고 있었음을 보여준다. 아울러 그것은 창작에의 열의만큼이나 중앙문단 복귀에 대한 의지를 엿볼 수 있는 대목이기도 하다. 그러나『농촌세시기』는 "確實히 새로운 摸索의世界로 우리를 引導"[11)] 할 것이라는 독자들의 믿음을 뒤로 한 채 미완에 그치고 만다.

『농촌세시기』의 서지 상황을 살펴보면, 이 소설은『경남공론』제26호에서 제33호까지 7회에 걸쳐 연재되었다. 문제는 무엇보다도 발표시기의 확정이다. 조갑상은 김정한의 육필원고와「요산 작품목록」을 참조하여 이 소설이 1954년에서 1955년 사이에 발표되었다고 보았다.[12)] 그러나『경남공론』제26호에서 제33호까지와『경남연감』

9) 경남연감편찬회,『경남연감』제2호, 경남연감편찬회, 1955, 50면.
10) 조갑상, 앞의 글, 37면. 그러나『농촌세시기』가 장편소설이었다는 사실은 이 소설을 발굴·소개한 이순욱의 글에서도 확인 가능하다. 이순욱, 앞의 글, 237면.
11)「편집여묵」,『경남공론』제26호, 경상남도, 1955.2, 126면.

제2호를 통해 확인한 결과, 『농촌세시기』는 1955년에서 1956년 사이에 발표되었다.[13] 구체적인 서지는 다음과 같다.

제1회 훈장(訓長)이 무서워! ①~⑤, 제26호(1955년 2월 1일), 93~102면.

제2회 아이들의 세계 ①~⑥, 제27호(1955년 4월 1일), 74~86면.

제3회 송구영신(送舊迎新) ①~⑤, 제28호(1955년 6월 1일), 101~110면.

제4회 새로운 풍조 ①~⑥, 제30호(1955년 10월 10일), 108~119면.

제5회 신입생 ①~⑥, 제31호(1955년 12월 10일), 70~81면.

제6회 신작로 소동 ①~⑥, 제32호(1956년 1월 10일), 144~155면.

제7회 역효과 ①~⑤, 제33호(1956년 2월 10일), 88~100면.

이상에서 보듯 『농촌세시기』의 발표 횟수는 7회에 그치고 있다. 그러나 「요산 작품목록」에는 "農村歲時記(1~7回), 慶南公論 No.26~32, 別途保管"으로 기록되어 있다. 그러니까 김정한이 기록한 연재 횟수와 발표 호수가 어긋나 있는 것이다. 김정한이 자술한 「요산 작품목록」에서 『농촌세시기』가 제29호에 실리지 않았다는 사실을 놓치고 있었던 것으로 보인다.

이렇듯 김정한의 최초 장편소설 『농촌세시기』는 미완성으로 끝났다. 그러나 연재중단의 사유는 정확히 알 수 없다. 『농촌세시기』가

12) 조갑상, 앞의 글, 9면.

13) 확인 과정에서 글쓴이는 『경남공론』의 발행일이 잘못 기재된 사실을 발견할 수 있었다. 당시 발행일은 단기(檀紀)로 표기되었는데, 단기 4288년 동년에 발간된 제26호에서 제31호 사이에 발행일이 혼선을 빚고 있었다. 제26호에서 제28호까지는 단기 4287년으로 표기되었다가 제29호에 이르러서야 단기 4288년으로 발행일을 제대로 조정하고 있었다. 이러한 발행일의 오기는 발표 시기를 잘못 가늠하게 한 원인일 수 있다.

제33호 연재 7회에 그치고 있었으나 이 사실에 대해 편집자가 언급조차 하지 않았기 때문이다.[14] 앞선 제32호와 달리 작품 말미에 "계속"이 기재되어 있지 않다. 그리고 제34호에서 편집자는 "正副統領選擧事務執行要領을 附錄으로하여 그 面數가 차"고, "執筆하는분들擧皆가 敎鞭을 잡은분들"인데 "試驗期인 까닭에" "金廷漢씨의 「農村歲時記」가 빠졌다"고 밝히고 있다.[15] 당시 김정한이 편집인에게 연재 중단 의사를 밝히지 않았던 것으로 보인다. 그러나 김정한의 글은 4월혁명 이전까지 『경남공론』에서 찾아볼 수 없다. 결국 『농촌세시기』는 의문에 가득 찬 미완성 장편소설로 남겨져 있는데, 구체적인 작품 분석을 통해 그 실마리를 찾아보기로 하겠다.

3. 『농촌세시기』의 서사적 특징

1) 『농촌세시기』의 서사구조

『농촌세시기』는 1920년대 초반 밤실골을 배경으로 유교적 전통주

14) 이것은 이주홍의 경우와 사뭇 대조된다. 이주홍은 『경남공론』 제35호에 장편소설 『소녀가 있는 풍경』을 연재한다. 그러나 첫 회를 끝으로 연재가 되지 못하자 제38호 「편집여묵」에서 "筆者의 私情으로 말미암아" 연재가 중단되었음을 밝히고 있다. 편집자는 "글이라는 것이 붓으로 써지는 것이 아니고 精神에서 만드러지는 까닭에 먼저 精神을 간추르지 않고는 中斷된 作品을 繼續하기 어려운 터이니 아마 氏가 亦是 그러한데 由因된 것 같다"[1]고 설명하고 있다. 「편집여묵」, 『경남공론』 제38호, 경상남도, 1956.11, 80면.

15) 「편집후기」, 『경남공론』 제34호, 경상남도, 1956.5, 72면.

의가 식민지 근대화의 격랑 속에서 변화하는 과정을 담고 있다. 혼암과 손자 영선에게 초점을 맞춘 이 소설은 짚공차기, 연날리기, 새구멍 덮치기, 널뛰기를 하는 아이들의 놀이 세계와 3·1운동 후 도피한 아들 대신에 며느리 한실댁과 함께 생활을 꾸려나가면서 전통적 유교주의의 상징인 상투를 자르거나 마을 신작로를 닦는 일에 발 벗고 나서다 갈등을 겪는 과정을 그리고 있다. 전체적인 서사구조를 살펴보면 다음과 같다.

「제1회 훈장(訓長)이 무서워!」

1. 밤싯골 민대균 집에 먼듬댁이 시집오자 동네 아이들까지 관심을 쏟는다.
2. 아이들이 새색시에게 친밀감을 느끼나 찬봉이 부추겨 장난을 걸다.
3. 오소리 영감이 아이들을 질책하러 서당에 오자 남파가 대신 사과하다.
4. 남파가 훈계 없이 아이들을 매질한 후 큰방 선비들도 집으로 내쫓다.
5. 영선이 별실을 차지하여 아이들의 부러움을 사나 밤에 집으로 돌아가 빈축을 사다.

「제2회 아이들의 세계」

1. 영선이 집앞에 이르러 물벼락을 맞자 갑순 어머니가 집까지 따라와 미안해하다.
2. 영선은 핫옷을 짓는 어머니를 보며 3·1운동 후 돌아오지 않는 아버지를 그리워하다.
3. 영선은 『유충렬전』을 읽다 잠들고 깨보니 어머니가 아버지의 핫옷에 편지를 끼워 넣다.

4. 영선은 아버지의 안위를 묻고 유충렬을 부러워하며 할아버지의 그림자를 찾다.
5. 남파가 외출하자 아이들은 낮에는 축구를 하고, 밤에는 새구멍 덮치기를 하다.
6. 영선이 비둘기를 잡자 아이들이 부러워하며 키우라 하고 함께 참새를 구워 먹고 놀다.

「제3회 송구영신(送舊迎新)」

1. 영신이 비둘기를 안고 귀가하자 혼암이 장을 만들겠다 나서고 먹이까지 허락하다.
2. 영선은 30리 길 장에 할아버지를 따라 나서 용개패들과 만나 어울리다.
3. 영선은 할아버지의 행동 변화를 의아해하나 연실과 고무신을 선물 받고 신이 난다.
4. 섣달그믐밤 영선과 혼암은 잠을 설치고, 설날 혼암은 세배를 받은 후 산소에서 단발하다.
5. 혼암의 단발은 세배 온 사람마다 화제거리가 되고 영선은 연날리기가 시원치 않다.

「제4회 새로운 풍조」

1. 혼암 이후 동네사람들에게 단발이 퍼지고 남파는 이러한 풍조를 비탄해하다.
2. 남파는 민대균과 양복쟁이가 찾아와 아이들을 신식학교에 보내날라 청하자 아이들만 타박하다.

3. 남파는 민대균에게 적의를 드러내나 아이들은 그가 들여온 근대 문물에 관심을 보이다.
4. 아이들은 남파의 호통을 듣고도 눈을 피해 민대균 집에 드나들다.
5. 영선은 민대균에게서 병아리 두 마리를 얻어오고 울음소리가 잦아진 비둘기를 보내주다.
6. 남파는 민대균의 처사를 질색하나 밤싯골은 새버덩 학교 갈 준비로 부산하다.

「제5회 신입생」

1. 아이들은 새버덩 학교의 외관에 실망하나 새로운 분위기에 관심을 가지다.
2. 아이들과 학부형들이 교실로 인도된 후 선생의 지시에도 불구하고 어수선하다.
3. 귀가길 영선과 친구들은 고무볼을 사들고 돌아와 서당 뒤에서 축구를 하고 놀다.
4. 영선은 혼암을 마중나갔다 혼자 돌아와서는 새책을 뒤적이다 갑순으로부터 쑥굴레를 건네 받다.
5. 혼암은 교장에게 식사를 대접받고 민대균과 늦게 귀가하다 마중나온 한실댁을 만나다.
6. 영선은 아이들과 20리 길인 새버덩 학교에서 돌아오다 시냇가에서 얼굴과 발을 씻다.
7. 얼마 후 순태가 상투를 자르고 신식 학교에 온 사실이 밤싯골에 화제가 되다.

「제6회 신작로 소동」

1. 타작 후 회연에서 혼암이 신작로 내기를 제의하자 남파가 무조건 반대하다.
2. 혼암은 남파와 오소리 영감의 반대에도 불구하고 설계를 끝내고 동의서를 받으러 다니다.
3. 혼암이 고참봉의 논만 두고 길을 닦고 남파는 논의 말뚝과 돌 때문에 화를 내다.
4. 파는 농민들의 엉뚱한 행동에도 조용하더니 이윽고 외출하다.
5. 남파가 데려온 고참봉과 순검이 농민들에게 논을 정리하라 시키고 혼암은 관망하다.
6. 귀가한 아이들이 남파 일행에게 벌떼 소동을 치자 순검이 발끈해 혼암을 연행하다.

「제7회 역효과」

1. 영선은 혼암을 뒤쫓다 귀가하고, 그 소식을 들은 한실댁은 시동생 집으로 향하다.
2. 한실댁은 시동생의 시큰둥한 반응에 실망하고, 민대감 집에서 면장이 나서기로 했다는 얘기를 듣다.
3. 그날 밤 혼암의 사랑방에 마을 사람들이 모이지만, 한실댁과 영선은 잠 못 들다.
4. 다음날 한실댁은 너울을 쓰고 친정에 가고, 영선은 학교에서 교장에게 위로의 말을 듣다.
5. 영선은 학교에 온 면장과 마차를 타고 경찰서에 가다 장돌뱅이의 말에

분노를 느끼다.

6. 면장은 경찰서 밖에 영선을 두고 들어가고, 영선은 뒤 곁에서 면장이 대신 책임지겠다는 말을 듣다.
7. 면장이 할아버지를 데리고 나오자 영선은 눈물을 글썽거리고 함께 집으로 가다.

이상의 『농촌세시기』 1~7회 연재분은 장편소설의 발단에 해당된다. 소설의 발단은 앞으로 작품이 전개되어 나갈 바탕으로서의 가정들을 제시한다. 작중인물들이 언제 어디서 무엇을 할 것이며, 과거와 현재가 어떤 관계로 연결될 것인가를 필연성 있게 예시할 뿐만 아니라 갈등과 위기의식을 환기시킨다. 그러니까 작품 전체의 구도를 가늠할 수 있는 최소한의 정보가 제시되어 있을 뿐이다. 따라서 작가의 소설 전략을 전체적으로 가늠하기란 쉽지 않다. 『농촌세시기』 전후에 발표된 요산의 다른 작품 성향들과 견주어 작가의 의도를 찾아나가는 방식을 취해보고자 한다.

2) 자전적 성장소설로서의 면모

작중인물의 형상화는 소설의 성패를 가늠하는 주요한 요건이다. 그만큼 작가가 작중인물을 어떻게 설정하고 형상화하는가 하는 것은 소설의 묘미를 살리는 방편인 동시에 작가의식을 가늠할 수 있는 근거이다. 김정한은 작중인물들을 착취와 억압의 역동적 관계 속에서 형상화한 경우가 많았으며, 그것을 '상상'에만 의존하지 않고 작가의 체험 속에서 상당 부분 끌어내었다. 『농촌세시기』의 작중인물들 또한 이러한 작가의 성향을 고스란히 드러내고 있다.

『농촌세시기』의 작중인물은 유년기 작가의 체험을 바탕으로 설정되어 있다. 그러니까 작가의 실제 가계(家系)의 인물을 작중인물로 설정하고 있는 것이다. 이것은 작가의 수필과 연구자들의 방문기와 각종 수상과 견주어 볼 때 쉽게 확인 가능하다.16)

우선, 혼암은 김정한의 부친 김기수를 모델로 한다. 부친이 명정학교 설립에 기여한 사실과 혼암이 새버덩 학교에 손자 영선을 손수 입학시키는 점, 석교[維石橋]라는 다리를 놓는 데 앞장 선 부친과 신작로 건설을 추진하는 혼암의 행적이 모두 일치한다. 그리고 혼암과 부친 모두 농사를 생업으로 삼았던 지주층이었다는 점과 3·1운동에 참여한 이력을 가진 아들을 둔 점 또한 흡사하다. 혼암은 부친의 행적과 거의 일치하는 인물인 셈이다. 그는 유교적 전통주의라는 사상적 세례를 받았으나 새로운 시대적 흐름에 일찍 눈뜨고 적극적으로 대응했던 작중인물이다.

이러한 혼암과 대비되는 인물이 남파이다. 남파는 김정한의 증조부를 모델로 한 듯하다. 증조부는 주로 집안 아이들을 위해 개설한 마을의 서당 신생이었다. 이러한 점은 남파가 한학에 출중한 편은 못

16) 김정한, 「나의 문학적 회고—반항의 물결 속에서」, 『문학』 1966년 9월호(1권 5호), 문학사, 1966; 김정한 대담취재, 「약자의 설움은 무엇인가?」, 『문학사상』 1973년 10월호; 김정한, 『낙동강의 파숫군』, 한길사, 1978; 김종철, 「저항과 인간해방의 리얼리즘」, 『한국문학의 현단계』 III (백낙청·염무웅 편), 창작과비평사, 1984; 김정한, 『황량한 들판에서』, 황토, 1989; 최원식, 「그 편안함 뒤에 대쪽」, 『민족문학사연구』 제3호, 민족문학사연구소, 1993; 김정한, 『사람답게 살아가라』, 동보서적, 2000; 조갑상, 「시대의 질곡과 한 인간의 명징함—인간 김정한」, 『김정한』 (강진호 편), 새미, 2002.

되나 마을의 서당선생으로 권위를 지키려 한 사실과 닮아 있다. 더욱이 남파의 친손자 순태와 혼암의 손자 영선이 학습 진도를 달리했다는 점은 증조부를 남파의 모델로 삼았음을 짐작하게 한다.[17] 증조부의 편애와 편견이 남파를 통해 드러나지 않는다는 점, 남파가 외방지주 고참봉의 마름이라는 점이 다르다 하겠다.

그리고 혼암의 손자 영선은 김정한 자신을 모델로 한 작중인물로 여겨진다. 김정한이 한글을 어머니에게서 배운 사실[18]은 영선이 어머니 한실댁이 읽어준 한글책 『유충렬전』을 통해 한글을 깨우쳐 간 것과 닮아 있다. 어렸을 때 "왜엣놈 꼬웃놈 / 꼬치(고추)밭에 꼬웃놈"[19]과 같은 노래를 부른 점은 김정한의 기억과 영선의 행위 속에 똑같이 드러난다.[20] 그리고 김정한이 서당에서 또래 학생들보다 학습 진도가 빨랐다는 사실은 영선 혼자 별실을 차지하고 『통감』이나 『고문진보』를 읽는 대목에서 확인 가능하다. 그러나 부친이 아닌 김정한 자신이 3·1운동에 직접 참여했다는 사실과 일제에 대한 막연한 저항감을 키운 계기가 다르다. 김정한은 밀주 단속에 적발되어 일본 순사들에게 손찌검을 당하는 어른들을 본 이후 "원수를 갚아야지" 생각하며 유년 시절을 보냈다면,[21] 영선은 3·1운동 후 피신한 아버

17) 김정한, 「반골인생」, 『낙동강의 파숫군』, 한길사, 1978, 79면.
18) "한글(그 때는 언문이라고 했다)은 집에서 주로 어머니에게 배웠다. 서당이란 데 나가기 전의 일이었다. 여섯 살때부터 서당에 나갔다. 하늘 천 따지를 기계적으로 배웠다. 그리고 『동몽선습』, 『통감』(資治通鑑)에 들어갔다. 『통감』에 들어가고 부터는 제법 문맥이 통했다" 김정한, 「반골인생」, 위의 책, 78면.
19) 「아이들의 세계」(5), 『경남공론』 27호, 경상남도, 82면.
20) 「반골인생」, 앞의 책, 77면.
21) 「반골인생」, 위의 책, 78면.

지의 행적을 캐기 위해 수시로 드나드는 헌병 앞잡이들의 존재를 알고서부터다. 이러한 영선의 상황은 유년기 김정한의 행적과 상당한 유사성을 보여준다.

이러한 사실을 통해 볼 때 『농촌세시기』는 김정한 자신의 가계(家系)의 인물을 모델로 한 자전적 소설이라 할 수 있다. 다시 말하면 장편의 서두에 해당하는 『농촌세시기』 7회분은 김정한의 유년기 체험을 처음으로 소설화한 셈이다. 1928년 울산 대현공립보통학교에서 조선인 교원연맹 조직을 계획하다 피검되었던 사건을 소설화한 「어둠속에서」, 1932년 양산 농민봉기사건의 체험을 토대로 한 「그물[罠]」이나 「사하촌(寺下村)」, 1939년 전근간 남명학교에서 일인 교장에 대한 불만을 비틀어 표현한 「낙일홍(落日紅)」, 1940년 동아일보 동래지국을 맡아 구독자를 모으다 치안유지법 위반으로 피검되었던 체험을 살린 「위치(位置)」, 광복 후 좌익계통 문학단체에 가입되었을 당시 상황을 보여주는 「옥중회갑」과 「설날」, 한국전쟁 직후 보도연맹에 연루되어 피검되어 감옥살이를 했던 체험에 바탕을 둔 「슬픈 해후(邂逅)」, 자유당 정권과 5·16쿠데타 이후 피검의 경험을 살려낸 「과정(過程)」과 「거적대기」 등이 김정한의 삶과 함께 하고 있다. 여기에 김정한의 유년기 체험을 소설화한 『농촌세시기』를 더한다면 작가의 거친 삶의 파고들이 소설을 통해 파노라마처럼 전개되고 있는 셈이 된다. 이렇듯 김정한은 작가의 체험을 소설로 폭넓게 창작한 몇 안 되는 작가라 할 수 있다.

작가의 체험과 소설의 상동성은 김정한을 리얼리즘 소설의 문법과 정신에 충실한 작가로 곧추 세웠다. 삶과 문학활동이 동궤를 형성하면서 비판적인 작가의식을 강렬한 어조로 드러내고 있다는 점에서 그러하다. 이러한 점은 작가 자신이 활발한 창작 활동을 할 수 없었던 한 원인이 될 수도 있다. 상상문학으로서 소설이 가지는 역동적 힘은 작가의 체험 자체보다는 그것을 뛰어넘는 창조적인 상상력에 있다. 그것이 소설에서 작가의 열정과 만날 때 작품의 폭과 깊이를 더해갈 수 있다. 『농촌세시기』가 자전적 체험을 용해시킨 발단부에서 중단되었다는 사실은 김정한의 창작 활동이 가진 한계와 맞물려 있다고 볼 수 있다. 『농촌세시기』가 완성되었더라면 김정한의 절필에 대한 의구심을 떨쳐버릴 수 있지 않았을까 하는 기대를 가지게 되는 것도 바로 이 때문이다. 이 소설이 최원식의 지적대로 작가 스스로 실존적 감각을 회복할 수 있었던 좋은 기회였기에 더욱 그러하다.

이 소설은 자전적 소설인 동시에 성장소설의 면모를 보여준다. 소설은 혼암과 그의 손자 영선에게 초점을 맞추고 있는데, 그 비중은 혼암에게 더 많이 실려 있다. 그러나 이러한 중심인물은 소설이 전개되면서 영선으로 옮겨갈 가능성이 농후하다. 그것은 『유충렬전』이 놓여 있는 자리와 관련된다.

① "니가 보니 옳기 아나?"

"인자 재북 알겠던데 …… 엄마하고 아들하고 피신가는 대목이 어디짬인기요?"

영선이는 책을 다시 어머니에게 내밀었다. 간신에게 몰려 아버지가 귀양을 가고, 그 화가 가족들에게까지 미치게 되자, 소년 유충렬이 자기 어머니를 따라 무서운 피난길을 떠나는 이야기가, 어머니에게 듣긴 하였지만 자기도 꼭 한번 읽어 보고 싶었던 것이다.

'와 하필 그 대문을 볼락할꼬?'

어머니는 속으로만 이상하게 여기면서 책을 펴 주었다.[22]

② "엄마!"

영선이는 불이 벌건 아궁이 앞에 도사리며 이렇게 불렀다.

"와?"

어머니는 물 묻은 손을 치맛자락으로 닦으면서, 역시 아궁이 앞으로 왔다.

"안주(아직도) 그놈들이 아배를 잡을락 하는기요?"

영선이는 어머니를 힐끗 쳐다보았다.

"그래! 와 지낸달에도 도리우찌 씬 놈이 두 놈이나 안 왔더나? 그놈들이 흔병 앞잡이란긴데, 느 아버니 간데를 몰라서 온통 환장이란다."

어머니의 말에는 실상은 어떤 의미의 주의도 포함되어 있었다.

'아—나 가리켜 주어!'

영선이는 숫제 무슨 각오나 하는 듯이 입을 비쭉하고는, 아궁이를 물끄럼이 들여다 보았다. 그리자 문득 또 아버지의 원수를 갚았다는 유충렬의 이야기가 머리에 떠올랐다. 그러한 유충렬이가 무한히 부러웠다.

'나도 한분……!'

영선이는 제법 마음을 가다듬어 보았다.[23]

이 소설에서 『유충렬전』은 소재를 뛰어넘어 라이트-모티프로 기

22) 『경남공론』 제27호, 1955.4, 79면.
23) 『경남공론』 제27호, 1955.4, 81면.

능한다. 라이트 모티프(leit—motif)는 하나의 문학작품에서 의도적으로 사용되는 반복적인 어구나 구절을 의미하며 약간의 변형은 있으되 일련의 동일한 주제를 반복하는 것이다.[24] 『유충렬전』은 『농촌세시기』 제2회 아이들의 세계 2~4에서 초점 주체 영선의 내면세계와 가장 밀착되어 있는 제재이자 모티프이다. 인용문 ①에서 영선은 『유충렬전』의 "엄마하고 아들하고 피신가는 대목"만을 찾아 읽는다. 3·1운동 후 부재하는 아버지를 위해 어머니가 핫옷을 짓는 동안 영선은 『유충렬전』을 읽으며 아버지에 대한 그리움을 삭이는 것이다. 간신으로 몰려 귀양을 간 유충렬의 아버지는 3·1운동 후 피신한 영선의 아버지의 상황과 흡사하기 때문이다. 그러니까 영선의 상황이 그가 읽고 있는 유충렬의 상황과 오버랩되어 있는 셈이다.

그리고 영선이 반복적으로 찾아 읽는 대목은 "간신에게 몰려 아버지가 귀양을 가고, 그 화가 가족들에게까지 미치게 되자, 소년 유충렬이 자기 어머니를 따라 무서운 피난길을 떠나는 이야기"이다. 이 대목을 읽는 영선의 행위는 그가 처해 있는 상황을 은연중에 알려줄 뿐 아니라 앞으로 일어날 사건들을 예견하게 한다. 즉 "엄마하고 아들하고 피신가는 대목"은 앞으로 영선에게 닥칠 사건들을 암시한다고 볼 수 있다.

『유충렬전』은 대표적인 영웅소설이다. 권문세가의 아들로 태어난 유충렬이 간신 정한담의 간계로 몰락한 집안과 위기에 처한 국가를

24) 김정자, 「모티프 구조로 본 김정한·이주홍 소설의 문체적 특성」, 『어문교육논집』 제8집, 부산대 국어교육과, 1984, 258면.

초인적인 능력으로 구출함으로써 부귀공명을 다시 누린다는 이야기이다. 이 소설은 영웅소설의 구조적 동질성을 지니면서도[25] 정교한 대응구조가 돋보이는 작품이다. 소설의 전반부는 정한담에 의해 유충렬이 일방적으로 고난을 겪는 과정이자 가족과 분리되는 과정이, 그리고 후반부는 정한담에 대한 유충렬의 복수를 그리는 과정이자 가족과 재회하는 과정이 각각 드러난다.[26] 서사를 추동하는 원리가 고난과 복수, 분리와 재회로 대응하고 있는 것이다. 『농촌세시기』가 이러한 서사구조와 원리를 그대로 따르지 않는다 하더라도 서사전개 과정에 어느 정도 영향을 미쳤으리라 여겨진다. 인용문 ②에 그러한 전조가 드러나 있다.

인용문 ②는 영선이 아버지의 상황을 알게 되면서 새롭게 각오를 다지는 대목이다. 영선은 아버지의 부재 원인과 현재의 상황을 정확하게 알지 못하다가 아버지의 거처를 캐내려는 "흔병 앞잡이"의 존재를 자각하게 된다. 여기에서 "아-나 가르켜 주어!"라는 영선의 각오는 "아버지의 원수를 갚았다는 유충렬의 이야기"와 오버랩되면서 영선의 의식에 변화를 예고한다. 그것은 영선이 부재하는 아버지를 막연하게 그리워하는 감상적 차원에서 벗어나기 시작했음을 보여준다. 나아가 현실에 대한 인식과 저항의식을 지니게 되었음을 의미한다.

25) 『유충렬전』에 나타난 영웅소설의 구조는 다음과 같다. ① 고귀한 혈통을 가지고 태어났다. ② 잉태나 출생이 비정상적이다. ③ 어려서부터 비범하다. ④ 기아(棄兒)가 되거나 죽을 고비에 이른다. ⑤ 구출, 양육자의 도움으로 위기를 벗어난다. ⑥ 자라서 다시 위기에 부딪힌다. ⑦ 위기를 투쟁으로 극복하고 승리한다. 조동일, 『한국소설의 이론』, 지식산업사, 1977, 296면.

26) 강상순, 「영웅소설의 형성과 변모양상 연구」, 고려대 석사논문, 1991과 조병훈 · 이상구, 「〈유충렬전〉 작품구조와 역사적 성격」, 『어학연구』 제12권, 순천대 어학연구소, 2001.

그것이 구체적인 실천으로 옮겨질 지는 미지수이나 영선의 인식의 변모과정은 성장소설의 주인공과 서사적 특성을 닮아 있다.

아울러 『유충렬전』이 『농촌세시기』의 시대적 배경인 1922년 당시 『춘향전』, 『조웅전』과 더불어 널리 읽혔던 소설이라는 점[27]에 주목할 필요가 있다. 고소설의 대중화 과정을 고려할 때 『유충렬전』은 현실세계에서 고통 받는 하층민들의 설움과 그러한 현실이 극복되기를 꿈꾸는 낭만적 소망이 그들의 운명론적 세계관의 본질적 측면에 부합한 작품이다.[28] 당대 위인 전기류의 인기와 맞물려 회자되었던 작품인데, 일제강점기 민중들에게 소설적 재미를 통해 위안과 저항의식을 불러 일으켰다. 식민지 시대 민중들은 현실적 불만과 불안을 상상적 세계 속에서나마 위무하고자 했던 것이다. 김정한은 이러한 『유충렬전』의 시의성과 맥락적 의미를 『농촌세시기』에서 사실적으로 이끌어내려 했던 것이다. 더욱이 그것을 영선을 통해 도출하는 것은 새로운 세대가 민족적 현실에 대한 자각을 토대로 치열한 역사의식과 희망을 가져주기를 바랬던 것이 아닐까 싶다. 이렇듯 『유충렬전』은 작중인물 영선에게 반복적으로 나타나는 라이트-모티프로서 『농촌세시기』의 서사적 원리와 의미화 방식에 영향을 끼친다. 그것은 다분히 작가의 전략에 의한 것으로 갈등 전개를 통해 그 의미항들이 보다 잘 드러나 있다.

27) 천정환, 『근대의 책읽기』, 푸른역사, 2003, 64~76면.

28) 박일용, 「〈유충렬전〉의 서사구조와 소설사적 의미 재론」, 『고전문학연구』 제8집, 한국고전문학연구회, 1988, 280면; 강상순, 위의 글, 130면; 이상구, 「〈유충렬전〉의 갈등구조와 현실인식」, 『어문논집』 제24집, 고려대 국어국문학연구회, 1995, 88~91면

3) 중층적 갈등과 서술자의 권위적 목소리

김정한 소설은 비판적인 현실인식을 바탕으로 이원적인 갈등구조를 보여준 경우가 많다. 그의 소설은 극적 요소가 강렬한 반면 단성성이 우세하다 하겠다. 치열한 리얼리즘 정신의 소유자라는 극찬과 함께 건조한 소설 문법을 지닌 작가로 평가받는 것도 이 때문이다. 이러한 면모는 『농촌세시기』에서 배태되는 갈등의 전조들과 전지적 서술자의 목소리를 통해서도 마찬가지로 드러난다.

『농촌세시기』에서 갈등은 1922년을 전후한 시대적 상황에서 배태된다. 1922년 즈음은 일제가 3·1운동 후 문화정책을 통해 회유하는 한편 토지조사사업을 벌여 식민지 수탈을 본격화했던 시기이다. 이러한 시대적 상황은 "행길에서 멀리 떨어진 으슥한 산골짜기에 돌아앉아" 있는 폐쇄적 공간 밤싯골에도 영향을 끼친다. 중심인물인 혼암의 가족은 일제강점기 조선인의 고단한 삶의 단면을 보여준다. 3·1운동 후 아들은 도피생활을 하고, 옥고를 치룬 혼암은 나머지 식구들을 이끌고 농사를 짓기 시작하며 요시찰 대상자로 감시를 받는다. 이러한 혼암 가족의 삶은 식민지 조선인의 억압적 상황을 보여준다. 그러니까 이 소설은 일제강점기 지배계층과 피지배계층의 대립적 상황이 밑바탕에 깔려 있는 것이다.

표면화된 갈등의 전조는 크게 두 가지 인데, 그 하나가 식민지 근대화에 대한 유학자들의 대립된 태도이다. 식민지적 근대화의 물결이 폐쇄적 공간 밤싯골에 불어 닥친 것은 면서기 민대균에 의해서이다. "가마니 틀이란 이상한 기계가 들어오고, 자전차가 나타나고, 역시 기계에서 나왔다는 에미 없는 병아리들이 삐악거리는" 등 밤싯골에 근대적 문물을 유입하는 사람은 민대균이다. 민대균에 의해 전파된 근대적 문물은 마을 사람들, 특히 아이들에게 놀람과 호기심의 대상이다. 근대적 문물이 가져올 파급 효과나 역사적 의미를 고려하지 않은 채 그들은 순진무구한 시각으로 접근했던 것이다. 남파는 "이상한" 문물에 대해 매우 적대적이어서 아이들의 접근을 심하게 제지한다. 그러나 아이들은 남파의 눈을 피해 구경을 즐기고, 심지어 영선은 민대균에게 병아리 두 마리를 선물 받는다. 아이들의 "발에서 고무신이 퍼지고" 짚공 대신 고무공으로 공을 차며 "삼강오륜" 대신에 "가갸거겨와 1234"를 배우게 된다. 그만큼 식민지 근대화는 밤싯골에도 거스를 수 없는 대세로 작용한다.

식민지적 근대화의 물결이 갈등으로 표면화되는 것은 단발과 신식학교의 등장이다. 단발과 신식학교의 등장은 근대적 문화를 표상하는데, 그것은 전통적인 유교 문화와 대립된다. 전통적 유교주의에서 본다면 단발은 오랫동안 지켜왔던 외양을, 신식학교는 제도와 사상체계를 깨뜨리는 것이다. 밤싯골의 유학자로 대표되는 혼암과 남파는 이러한 근대적 문화에 대해 서로 다른 입장과 태도를 드러내면서 대립한다. 혼암은 단발과 신식교육에 대해 능동적이고 적극적이다. 설날 조상의 무덤 앞에서 스스로 단발하고 신식학교에 손자를 자청해서 보낸다. 이러한 행위는 개명(開明)에 대한 의지의 표현이라 할 수 있는데, 그 근저에는 "마음만 독하게 가지면 안 되는 일이 없다"29)

29) 『경남공론』 제31호, 경상남도, 1955. 12, 72면.

는 생각이 깔려 있다. 혼암은 식민지 조선의 현실을 떨치고 일어날 수 있는 길을 개명에서 찾고 있는 것이다. 하지만 남파의 입장은 다르다. 남파는 학문이 깊은 한말 유학자 혼암의 일련의 행위를 전통적 유교주의에 대한 훼절로 여긴다. 유학이 조상을 숭배하는 몸가짐과 마음가짐에서 출발하는 것이기에 혼암의 행위는 남파에게 이해 불가능한 것이다. 더욱이 혼암이 밤싯골의 원로로 존경을 받고 있다는 사실은 마을 사람들이 그를 본보기로 삼아 따를 것이 자명하기 때문이다. 이러한 남파의 우려는 현실화되고 손자인 순태마저도 새로운 물결을 따른다. 이렇게 혼암과 남파의 행위는 식민지 근대화에 대한 유학자들의 입장과 태도 차이에 기인한 근대지향성과 전통지향성의 대립 구도를 보인다. 여기에서 대립항들을 통어하는 전지적 서술자의 목소리에 주목할 필요가 있다.

> "할배! 고무신은 눈에도 까딱없지요?"
>
> "암, 그렇고 말고!"
>
> 혼암노인은 손자의 기쁨을 기뻐하였다. 그들은 고무신이 가지는 정책적인 의이 같은 것은 응당 깊이 생각지 못했겠지만, 설혹 그것이 三·一 이후 이 땅을 급격히 시민지화시킨 일본 제국주이의 경제적 촉수(觸手)였던 것을 짐작했더라도, 그날밤의 그들의 기쁨에는 그다지 큰 영향은 없었을 것이다. 영선이는 어머니 곁으로 가서도, 역시 같은 말을 되풀이하였다. 어서 고무신을 신고 눈 위를 뛰어보고 싶은 생각에 잠이 더욱 안 왔다.30)

1921년 섣달 그믐날 영선은 혼암이 사준 고무신을 신을 생각에 잠을 설칠 만큼 기뻐하고 혼암 또한 손자의 기쁨을 흐뭇하게 여긴다. 그러나 전지적 서술자는 "고무신이 가지는 정책적 의의"에 주목해야 한다며 소설의 전면에 나선다. 고무신은 새로운 문물에 불과한 것이 아니라 일본 제국주의의 경제적 촉수라는 점을 분명히 한다. 전지적 서술자는 일제 제국주의의 책략적 의미를 간파하지 못한 채 식민지 근대화를 즉흥적이고 감상적으로 접근해서는 안 된다는 점을 작중인물들뿐 아니라 독자들에게 말하고 있는 셈이다. 그것을 긍정적 인물 혼암을 통해서 드러낸다는 것은 전지적 서술자가 식민지 현실에 대한 통찰력과 예지력을 갖춘 인물을 찾기 힘들었다는 사실을 지적하려는 의도로 보인다.

이렇듯 전지적 서술자는 작중인물들의 행위 전반을 통어할 뿐 아니라 편집자적 논평을 통해 서사에 직접적으로 관여하고 있다. 권위적인 전지성을 내세워 작가의 비판적 시각을 일반화하고 있는 셈이다. 그것은 작가 김정한이 식민지 근대화라는 "세시(歲時)"를 갈등의 한 축으로 삼아 식민지 민족 현실에 대한 비판적 접근을 시도했다고 볼 수 있다.

표면화된 갈등의 다른 전조는 신작로 건설에 필요한 토지를 둘러싸고 일어난다. 토지는 한정된 생산수단을 둘러싼 생산관계의 모순을 보여주는 제재이다. '지주―마름―소작인'이라는 이중적인 착취와 억압 관계는 밤실골에서도 예외는 아니다. 그것은 혼암이 신작로

30) 『경남공론』 제28호, 경상남도, 1955.6, 107면.

건설을 추진하는 과정에서 전경화되는데, 이때 남파가 외방지주 고 참봉의 마름이며 둘째 아들이 순사라는 새로운 사실이 제공된다. 여기에서 전통적 유교주의를 고수하며 권위적인 태도를 보여 온 남파의 이중적인 면모가 여실하게 드러난다. 일제 제국주의에 동조하는 순사 아들을 두었으면서 식민지 근대화에는 거부하는 태도를 보였기 때문이다. 뿐만 아니라 그의 권위는 마을의 서당 선생보다는 마름이라는 지위에 기인한다. 신작로 건설은 이러한 남파가 소작인인 마을 사람들, 그리고 그들을 편드는 혼암과 직접적으로 대립하게 되는 계기로 작용한다.

> "빨리 이고(이것) 본데대로 해라! 누가 이리 하랏가도노? 나쁜 놈도리 아니가!"
>
> 왜순검은 「빠꼼참봉」의 논을 가리키며 고래고래 소리를 내질렀다. 아닌게 아니라, 보리갈이를 한 논에 말목을 수두룩하게 처박고 아름드리 돌들을 어슷비슷 굴러넣은 소위가 괘씸스럽기 짝이 없었다. 그는 마치 자기 자신이 어떤 모욕이라도 당한듯이 화를 내었다.
>
> "빨리 빨리 해!"
>
> 왜순검은 일꾼들이 정신을 못 차릴 정도로 들볶았다. 지주 「빠꼼참봉」은 남파선생을 따라가고 다행히 그 자리에 없었으나, 역군들은 거드름스럽게 덤비는 순검보다도, 그러한 「빠꼼이나」 남파가 알미웠다. 동시에, 순검이란 것은 요만치도 백성을 생각해주는 것이 아니고 오직 지주만을 싸주는—그러기 위해서 시퍼런 환도를 차고 다니는 것이라고, 그때부터 「밤실골」 사람들은 경험해서 알았다.[31)]

인용문은 왜순검의 강요로 마을 사람들이 고참봉의 논을 정리하는 장면이다. 신작로 건설에 필요한 논을 내놓지 않은 것에 불만을 품은 마을 사람들이 고참봉의 논에 "말목을 수두룩하게 처박고 아름드리 돌들을 어슷비슷" 굴러넣었고, 이 사실을 남파가 고참봉에게 알린 후 발생한 일이다. 마을 사람들의 행위를 통해 밤싯골에서도 오래전부터 지주와 소작인의 계급적 갈등이 존재해 왔음을 알 수 있다. 마을사람들이 말목을 "남파선생이 부치는 논에는 더욱 깊이 처박을" 만큼 불만의 골이 깊은 것이다. "돈이면 무슨 짓이라도 할 수 있다는 지주 고참봉의 세부림과 엄펑소리"와 마름인 "남파의 비뜨러진 외곬 성미", 그리고 남파의 둘째 아들이 읍에서 순경 노릇을 하고 있다는 사실이 마을 사람들을 더욱 옥죄고 있었다. 게다가 토지를 둘러싼 생산관계의 모순과 갈등은 또 다른 지배계급, 그러니까 식민지 통치자들을 정점으로 보다 심화되고 있다. "왜순검"으로 대표되는 식민 통치자는 "요만치도 백성을 생각해주는 것이 아니고 오직 지주만을" 편들며 "시퍼런 환도"로 위협하는 존재이기 때문이다.

이렇듯 혼암이 추진한 신작로 건설은 일제강점기 토지를 둘러싼 계급 간의 갈등구조를 첨예하게 드러낸다. '식민지 통치자→지주→마름'의 서열이 지배계급 속에 존재하고, 소작인에 불과한 마을 사람들에게 그들은 자신들을 억압하고 착취하는 삼중의 고난을 의미한다. 그렇기에 마을 사람들의 마음은 서당선생이자 마름인 남파가 아닌 자작농인 혼암에게 향하고 그를 마을의 원로로 떠받드는 것이다.

31) 『경남공론』 제32호, 경상남도, 1956.1, 153~154면.

그것은 혼암이 왜순검에게 연행되는 빌미를 제공하지만, 그 갈등은 매란정 교장과 면장의 도움으로 일단락된다. 여기에서 주목할 만한 점은 크게 세 가지다.

첫째, 토지를 둘러싼 갈등 주체의 설정과 그 해소방식이 이례적이라는 점이다. 이 갈등에서 혼암은 마을의 소작농을 대표하는 인물이지만, 실상 그는 마을의 정신적 지주인 유학자이자 자작농이다. 마을 소작농의 대표성이 이러한 인물을 통해 재현된다는 점은 『농촌세시기』 이전 소설에서 찾아보기 힘들다. 그것은 「모래톱 이야기」의 갈밭새 영감, 「산거족(山居族)」의 황거칠, 「인간단지(人間團地)」의 우중신 노인의 특성과 맞닿아 있다. 그러니까 『농촌세시기』 이후 농민이나 하층민을 대표하거나 주동하는 노인형 인물이 등장하였다고 볼 수 있다. 아울러 『농촌세시기』의 갈등 해소방식 또한 마을의 소작농들이 아닌 유지들을 통해 원만하게 일단락되었다는 점에서 이전과 다르다.

둘째, 새로운 민족적 주체인 영선에게 정신적 감화를 주는 인물은 다름 아닌 신식학교 매란정 교장이라는 사실이다. 매란정 교장[32]은 식민지 근대문물의 전수자이지만 마을의 어른을 공경할 줄 아는 긍정적 인물로 형상화되어 있다. 그런 매란정 교장이 던진 "외다리라

32) 매란정 교장은 작가 김정한이 다녔던 명정학교 교사 김법린을 모델로 했을 가능성이 크다. 새버덩 학교는 식민지 교육정책에 따르던 공립학교가 아니라 1920년대 안창호가 주도한 민족자강운동의 일환으로 세워진 사립학교를 모델로 삼았을 것이다. 그러한 사립학교는 대개 민족의식이 높았던 것으로 유명하다. 영선이 작가 김정한을 모델로 하고 있다는 점을 감안한다면, 매란정 교장의 면모는 김정한이 다녔던 명정학교 교사 김법린이었을 듯하다. 김법린(1899~1964)은 만해를 스승으로 하여 범어사에서 중이 되어 3·1운동에 참가하고 1926년 파리대학 철학과를 졸업한 엘리트로서 1938년 만당 사건과 1942년 조선어학회 사건으로 옥고를 치른 불교 운동가이다. 조갑상(2002), 앞의 글, 13면.

도 허재비는 선다"는 발언은 영선에게 "아버지가 안 계셔도, 할아버지가 계셔도 꿋꿋하게 살아가라는 격려의 말씀"으로 다가선다. 그 말은 영선이 처했거나 앞으로 직면하게 될 현실을 헤쳐갈 용기와 의지를 북돋운다. 그런 점에서 매란정 교장은 영선의 삶에 지표를 제시해 줄 인물로 새롭게 부각되고 있다.

셋째, 「옥심이」처럼 한실댁의 출분 가능성을 완전히 배제할 수 없는다는 점이다. 「옥심이」에서 소작농의 젊은 아내 옥심이는 문둥이 남편과 어린 자식을 두고 동향의 안십장과 정분이 나서 출분해 버린다. 옥심이와 같은 출분을 연상케 하는 대목이 『농촌세시기』에도 등장하고 있다. 한실댁은 이른 아침 혼암의 방면을 위해 너울을 쓰고 친정인 한실로 떠난다. 너울은 그녀가 명문인 유별감의 손녀라는 기표로 여느 소작농의 아내들과 구별되는 표상이다. 이때 도붓장수인 사설쟁이 맹순이 아버지가 너울을 쓰고 아낙을 자전거에 태우고 갔다는 사실은 장돌뱅이들의 희롱거리가 된다. 평소 맹순이 아버지가 혼암을 존경해왔고 한실댁의 행동이 방정하고 품성이 온화했다는 점을 감안한다면, 맹순이 아버지의 단순한 호의로 간주될 수 있다. 그럼에도 한실댁이 3·1운동 후 남편이 부재했다는 사실은 새로운 갈등을 배태할 가능성을 완전히 배제할 수 없게 한다. 미완성으로 끝난 소설이기에 사실 여부를 확인할 수 없으나, 또 다른 서사전개의 근저가 될 가능성은 충분해 보인다.

이상 『농촌세시기』에서 갈등의 전조들은 이원적인 대립항들이 중첩되어 있다. 무엇보다 일제강점기라는 상황이 지배계층과 피지배계층의 대립을 밑바탕에 깔고 있다. 계급 문제가 식민지 조선인들 사이의 반목과 갈등에 결정적인 영향을 미칠 것임을 암시한다. 그리고 밤싯골에서 표면적인 갈등은 식민지 근대화에 대한 유학자들의 상이한 입장과 신작로 건설에 필요한 토지를 둘러싸고 일어나는 지배계급과 피지배 계급 간의 대립이 맞물려 있다. 그것은 민족 간, 이념 간, 계급 간의 갈등이 앞으로 전개될 서사에서 중층적으로 구조화될 것임을 시사한다. 가족의 해체 문제 또한 그러한 서사에 활력을 제공할 수 있다. 전지적 서술자가 통어하는 작중인물의 행위와 비판적 맥락 속에서 다각적인 서사 전개가 가능했을 것이다. 이처럼 『농촌세시기』는 김정한이 의욕적으로 시도한 첫 장편소설이지만 미완성으로 남겨지고 말았다.

4. 마무리

『농촌세시기』는 요산 김정한의 미완성 장편소설이다. 이 소설은 1955년에서 1956년까지 『경남공론』에 7회에 걸쳐 연재되었다. 김정한은 『농촌세시기』를 통해 소설 창작의 새로운 방향을 모색했으리라 여겨진다. 주지하다시피 미완성 작품은 연구자들에게 여러 가지 추측과 의문점을 남겨 놓는다. 그러나 그것은 여타의 작품들과 연계해서 재구되었을 때 새로운 가능성을 드러낼 수 있다. 『농촌세시기』는 그러한 가능성을 발견할 수 있는 중요한 지점 가운데 하나다.

첫째, 『농촌세시기』는 자전적 성장소설의 면모를 지닌다. 김정한의 실제 가계(家系)의 인물들이 주요한 작중인물로 설정되어 있는 자전적 성격의 소설이다. 혼암노인은 부친을, 한실댁은 모친을, 남파선생은 증조부를, 그리고 영선은 김정한 자신을 모델로 하여 형상화하고 있다. 그리고 성장소설의 가능성은 『유충렬전』이라는 라이트 모티프를 영선이에게 초점화하는 데에서 찾을 수 있다. 『유충렬전』은 영선이 당면한 현실에 대한 자각과 저항의식을 싹틔우는 반복적 제재이자 모티프이다. 나아가 그것은 서사적 향방을 영선이에게 두어 그의 성장과정의 수난과 극복을 전경화할 것을 암시한다. 그만큼 『농촌세시기』는 소설 창작의 소재를 상상만으로 구축하기보다는 현실성을 토대로 하는 김정한의 창작 관행을 여실하게 보여주는 소설이라 할 만하다. 「그물」에서부터 「어둠 속으로」에 이르기까지 김정한의 소설세계는 작가 자신의 직간접적인 체험에 상당 부분 빚지고 있다. 이 소설은 작가의 가족사적 상황과 소년기를 두루 펼쳐 보이며 새로운 긴장 국면을 이끌어낼 토대를 충분히 제공하고 있었다. 이를 통해 소년기 김정한의 삶과 의식세계를 엿보는 데 부족함이 없었다.

둘째, 『농촌세시기』 연재 7회분은 장편소설의 발단 부분에 해당한다. 소설의 발단은 앞으로 작품이 전개되어 나갈 바탕으로서의 가정들을 제시하기 때문에 소설의 본질적 원리인 갈등은 전조나 향방을 암시하는 데 그친다. 이 소설은 김정한 특유의 이원적 대립이 중층적으로 구조화되어 있다. 지배계층과 피지배계층 간의 갈등은 일제강점기 상황을 대변한 대립구조이다. 그러나 표면적인 갈등은 혼암과 남파로 대표되는 식민지 조선인 내부에서 일어날 조짐을 보인다. 식민지적 근대화를 둘러싼 근대지향성과 전통지향성의 대립이 토지를 둘러싼 생산관계의 모순과 함께 중첩되어 드러난다. 이러한 대립 양상은 일제강점기의 시대적 상황과 맞물려 중층적으로 구조화될 것임을 암시한다.

셋째, 『농촌세시기』는 전지적 서술자를 빌어 식민지 시대현실에 대한 통찰과 비판적 태도를 여실히 보여주고 있었다. 전지적 서술자는 친밀한 작중인물들의 행위조차 비판적으로 재단함으로써 권위적이고 이데올로기적인 색채를 농후하게 드러내었다. 그것은 김정한이 자신의 세계관을 뚜렷하게 드러내는 특유의 서술 방식이라 할 만하다. 장편소설의 발난에 불과하나 『농촌세시기』의 전지적 서술자는 식민지적 근대화라는 시대적 흐름 속에서 빚어지는 갈등과 반목을 거시적이고 비판적인 안목을 지닌 지식인들을 통해 드러낸다.

넷째, '세시기(歲時記)'의 의미항은 1921년에서 1923년 식민지 조선사회의 변화를 담고 있다. 그 변화는 전통적 유교사회였던 조선이 식민지적 근대화를 거치는 과정이다. 한국사회의 근대화가 식민지적 근대성과 천민자본주의적 성격을 배태하게 된 연원을 '농토'를 둘러싼 민족 간, 이념 간, 세대 간의 갈등에서 찾고 있는 것이다. 「그물」 이래 김정한이 한결같이 강조해왔던 농토분쟁은 이 소설에서도 뚜렷한 갈등으로 발전할 것임을 예견하게 한다.

다섯째, 김정한 소설이 대부분 현실 문제를 다루고 있다는 점에서 볼 때, 비록 장편소설의 서두에 해당하지만 과거세계로 눈을 돌린 『농촌세시기』는 상당히 특이한 소설이다. 김정한이 줄곧 관심을 기울여 왔던 토지를 둘러싼 갈등이 6회 연재분에서 시작될 조짐을 드러내고 있지만, 작가 특유의 리얼리즘과는 다소 거리가 있는 작품이다. 1956년 첫 창작집 『낙일홍(落日紅)』을 엮어 낼 무렵, 자전적 성장소설을 장편으로 기획한 작가의 의도는 무엇이었을까? 광복기와 한국전쟁을 거쳐 1950년대의 몇몇 단편들과 1966년 「모래톱 이야기」에 이르는 긴 흐름의 중간에 놓인 이 소설을 통해 요산이 지녔던 의식세계의 한 편린을 엿볼 수 있을 것이다. 『농촌세시기』가 자전적 체험을 용해시킨 발단부에서 중단되었다는 사실은 김정한의 창작 활동이 지닌 한계와 맞물려 있다고 여겨진다. 연재가 지속되었더라면 김정한의 절필 언급에 대한 의구심을 해명할 수 있는 계기를 제공했을 법한 작품이 자전적 성장소설인 『농촌세시기』이기 때문이다.

비록 미완성에 그치지 말았지만, 김정한의 소설 세계에서 『농촌세시기』가 지니는 의의를 무시할 수 없다. 무엇보다도 단편소설 위주로 창작에 임했던 요산이 처음으로 시도한 장편소설이라는 점과 김정한 특유의 자전적 요소가 두드러지게 나타난다는 점이 특징적이다. 나아가 경남 지역말을 효과적으로 부려 쓰고 있다는 점에서 경남·부산 지역문학의 뚜렷한 성과로 보기에 부족함이 없다.

제 3 장

1970년대 새마을운동과 농민소설의 정치성

1. 원체험의 공간 밀양과 『쌈짓골』

김춘복의 문학적 행보는 긴 공백을 오가면서도 혼탁한 사회현실에 늘 머물러 있다. 1959년 김동리의 추천으로 단편 「낙인(烙印)」을 『현대문학』 6월호에 발표한 이래 그는 17년간의 긴 공백기간을 가졌다. 그 공백을 깨고 처음 발표한 작품이 바로 『쌈짓골』이다. 초기작인 「낙인」이나 「소원수리」 등이 전후 실존주의 경향과 맞물려 추상적 세계에 머물렀다면, 『쌈짓골』은 작가가 몸부림치던 현실 속에 깊숙이 들어와 있다.

『쌈짓골』은 1970년대 한국 농촌 현실을 적나라하게 묘사한 농민소설이다. 무엇보다 작가는 그것을 원체험의 공간인 고향을 배경으로 재구성해내고 있다. '쌈짓골'은 "태산준령들이 사방을 병풍처럼 에워싼" 작가의 실제 고향인 밀양 산내면 시례골을 작가가 쌈지 모양이라 해서 붙인 이름이다. 거기에서도 소설의 주무대인 '암마'는 대숲이 많은 마을인 '숫마(실제 지명은 숲마)' 너머 안쪽 마을이다. 그리고 주인공 '팔기'는 작가의 집안 삼촌뻘 되는 실제 인물을 극화한 것으로, 그가 개간한 곳은 재약산 기슭, 바로 밀양시 산내면 남명리 동명동이다.[1] 이처럼 고향은 작가에게 긴 공백을 훌쩍 뛰어넘을 수 있는 창작의 진원지로 탈바꿈하고 있다. 더욱이 작가의 체험은 그 내부에 머무르지 않고 당대 사회, 특히 농촌 현실로 확대되어 소설에 생명력을 불어넣고 있다.

하지만 작가의 현실인식은 한 개인이 고민한 결과물만은 아니다. 작가가 밝히고 있듯이, 『쌈짓골』은 "1966년도에 나온 김정한씨의 「모래톱 이야기」와 1970년에 발표된 황석영씨의 「객지(客地)」"에 힘을 얻어 구상하였던 작품이다. 특히 김정한은 작가의 소설을 "생산문학"의 가능성으로 고평하면서 이 소설이 129매의 단편에서 1150여 장의 장편으로 거듭나게 도움을 주었다.[2] 김정한의 평가는 작가의

1) 「자연속 예술가(10) — 밀양 얼음골 소설가 김춘복씨」, 『국제신문』, 2003.3.21

2) 「좌담 : 농촌소설과 농민생활 — 염무웅, 김춘복, 송기숙, 신경림, 홍영표; 김춘복의 『쌈짓골』과 송기숙의 『자랏골의 비가』 출간에 즈음하여」, 『창작과비평』, 1977년 가을호, 143~144면. 아울러 작가는 장편소설로 수정하면서 「산중신곡(山中新曲)」을 『쌈짓골』로 개제(改題)한다. 이것은 이전에 발표된 송기숙의 『자랏골의 비가』나 오영수의 『은냇골 이

창작열을 추동했을 뿐 아니라 당대 현실을 인식하는 태도와 향방을 가늠하게 하는 것이기도 하다. 그렇기에 작가는 당대 사회 전반의 흔들림 속에 고민했던 작가들과 인식의 토대를 공유하고 지속적인 창작을 이끌어낼 기반을 마련할 수 있었다.

인간의 삶은 개인들의 파편화된 기억과 체험뿐 아니라 한 시대에 통용되는 상식이나 사회적 신념과 가치들이 혼융되어 있다. 소설이 다루는 세계는 모든 생활 영역을 관통하면서도 긴밀한 상호관련을 맺고 있는 구체적 일상을 재현한다. 일상은 현실을 은폐하면서도 동시에 일정한 방식으로 그것을 드러내는 현상적 세계다.[3] 그것은 이데올로기의 행위와 실천에 의해서 유지되며 이데올로기와 불가분의 관계를 맺고 있다.[4] 그러나 소설은 당대 사회의 지배이데올로기를 그대로 반영하기 보다는 다양한 헤게모니들이 복합적으로 뒤섞여 새로운 가능성들을 함축한다.[5] 그렇기에 소설은 사회문화적으로 헤

야기』 등과 견줄 수 있는 1970년대 농민소설로 자리매김 하고자 했던 백낙청의 권유를 받아들인 결과이다. 「2000년 경남 · 부산지역문학회 하계 밀양세미나—소설가 김춘복과의 대화에서」.

3) K. Kosik, 박정호 역, 『구체성의 변증법』, 거름, 1985, 69면.

4) L. Althusser, 김동수 역, 「이데올로기와 이데올로기적 국가장치」, 『아미엥에서의 주장』, 솔, 1991, 115면.

5) 윌리엄스는 그람시의 헤게모니론을 문화이론에 접목시키면서 지배와 헤게모니를 양분한다. 지배는 직접적 강제력에 의해 표현되는 것이라면, 헤게모니는 그러한 상태를 가리키거나 아니면 그것의 필수불가결한 요소들을 이루는 능동적인 사회문화의 힘을 말한다. 그의 견해에 따른다면 소설 또한 당대의 헤게모니가 수렴하거나 확산시킨 자장들을 피해가기 보다는 재현한다. 레이몬드 윌리엄즈, 이일환 역, 『이념과 문학』, 문학과지성사, 1982, 135면. 아울러 윌리엄즈와 알튀세의 영향을 받은 홀은 헤게모니를 커뮤니케이션 과정에서 재개념화한다. '지배적—헤게모니적' 위치는 독자가 메시지를 지배적인 의미규칙 내에서 해독한다. 여기에는 전문직업적 의미규칙과의 간극이나 수행자 / 기구 사이의 갈등과 모순들이 상존하면서도 은폐되는 특성을 가진다. '타협적—조합주의적' 위치는 독자가 지배적인 정의에 특권적 위치를 부여하기는 하지만 '국지적인 상황', 그러니까 사회질

게모니를 행사하여 때로는 동시대 여러 분야에 강력한 세력으로 확산되어 드러나기도 한다.[6] 소설은 일종의 진지전의 영역으로 새로운 정치성을 가질 수 있는 것이다.

이 글은 『쌈짓골』의 작품 내외적 원리가 어떻게 날줄과 씨줄로 엮여 소설의 정치성을 재구하고 의미화하는가를 살펴보고자 한다. 그것은 한편으로 소설이 관계의 역동성 속에서 의미화하는 권력의 자장들을 읽어내는 과정이다. 다르게는 소설의 정치성이 당대 사회의 지배와 헤게모니의 역학관계 속에 어떻게 자리매김하고 영향을 끼쳐왔는가를 보여줄 수 있다. 이로써 그루터기처럼 밀양을 지켜내는 작가의 현실인식과 태도를 1970년대 농민문학의 텃밭에서 바라볼 수 있을 것이다.

서에 대해 자연적이고, 불가피하며, 당연시되는 흐름에 좀더 타협된 적용을 할 권리가 주어져 있다. 타협된 규칙 내에서 이루어지는 것이기에 순응적 요소와 저항적 요소가 혼합되어 있다. 마지막으로 '대항적' 위치는 어떤 담론이 주는 외연적 의미와 함축적 의미 변화를 모두 완전히 이해하면서 메시지를 완전히 반대로 재구성할 수 있다. 의미작용의 정치는 대부분 대항적 위치에서 비롯된다. 이렇듯 커뮤니케이션 과정이 '기호화(encode)―기호해독(decode)'의 상호작용에 의한 것이라는 점을 감안한다면, 그가 기호해독에서 말한 부분들을 소설에서 작가의 기호화와 독자의 기호해독의 상호작용으로 치환하여 설명할 수 있을 것이다. 이러한 점을 감안한다면 소설의 헤게모니는 지배이데올로기에 대해 순응, 타협, 저항의 형태로 드러날 수 있다. 임영호 편역, 『스튜어트 홀의 문화이론』, 한나래, 1996, 301~304면.

6) 현길언, 「한국 현대소설과 정치성」, 『현대소설연구』 제18호, 한국현대소설학회, 2003, 30~42면.

2. 암마의 새마을 만들기와 정치적 목소리

『쌈짓골』의 공간적 배경인 암마는 쌈짓골에서도 제일 빈농들만 모여 사는 마을이다. 외따로 떨어진 마을인지라 근대적 문명의 혜택을 받기 어렵고, 누릴 수 있는 경제적 여유조차 가지지 못한 사람들이 대부분이다. 이 작품은 암마의 상황이 1970년대 새마을운동으로 변화되는 과정을 전지적 작가시점으로 서사화하고 있다.

소실에서 시섬은 의사소통상황을 재현하고 현실화할 수 있는 중요한 문학적 장치이다. 시점은 소설가가 재현되는 문학적 재료들을 통제하고 형상화하는 수단이며, 나아가 다른 사물에 대한 독자의 인상을 통제하는 방식이다.[7] 그러니까 시점의 선택은 단순히 서술적 기교의 선택을 의미하지 않는다. 시점은 미학의 문제를 뛰어넘어 지각의 문제와 연관되며, 그것은 이데올로기 그 자체에 대한 텍스트의 관계를 조정하는 문제이기도 하다.[8] 이러한 시점의 특성은 전지적 작가시점에서도 여전히 적용된다. 전지적 작가시점은 전지적인 신과 달리 소설에서 시간과 공간의 제약을 받는다. 그렇기 때문에 작가는 하나의 권위적인 시각을 불가피하게 선택해야 하고, 소설은 그 특별한 의식에 의해 보여진 세계의 이미지를 재창조한다.[9] 이때 전지적 작가는 담론에 약호화된 공적인 자아이지만,[10] 텍스트의 목소리

7) 로버트 숄즈 · 로버트 켈로그, 임병권 역, 『서사의 본질』, 예림기획, 2001, 356면.
8) John Goode, "Women and the Literary Text", Juliet Mitchell & AnnOakley (ed.), *The Rights and Wrongs of Women* , HarmondWorth : Penguin, 1976, p.218.
9) J. M. Lotman, "Point of View in a Text", *New Literary History,* No.2, 1975, p.339.
10) 수잔 스나이더 랜서, 김형민 역, 『시점의 시학』, 좋은날, 1998, 124~125면.

는 공공의 작가성뿐만 아니라 개인적인 작가성을 함께 드러낸다. 아울러 전지적 작가는 소설의 서술적 소통, 재현의 허구적 양상과 실제적 양상 사이를 잠재적으로 연결지으면서 사회학적 형식을 이해하는 잣대로 이용한다.[11] 그렇다면 『쌈짓골』의 전지적 작가는 암마의 새마을운동을 어떠한 시각에서 접근하고 있으며, 그것은 당대의 사회적 흐름과 어떠한 역학관계를 가지는가 살펴보기로 하자.

새마을운동은 박정희 대통령이 1970년 4월 22일 열린 지방장관회의에서 처음 제창하고 시행한 농촌의 근대화운동이다. 그는 새마을운동이 근면, 자조, 협동하는 정신을 기반으로 한 잘살기 운동이요, 조국 근대화의 행동철학이며, 민족 통일을 위한 범국민적인 일대약진 운동으로 규정한 바 있다.[12] 새마을운동은 1960년대 박정희 정권이 '민족중흥'이라는 한국적 민족주의를 내세우고 시행된 조국 근대화 프로젝트의 연장선에 있는 것이다.[13] 그것은 1970년대 초국가주

11) Karl Kroeber, *Style in Fictional Structure: The Art of Austen, Charlotte Bronte, George Eliot,* Princeton UP, 1971, p.63.

12) 박정희, 1972년 5월 18일 새마을 소득증대 촉진대회 치사에서 발췌. 서울신문사편, 『새마을운동』, 서울신문사, 1973, 42면. 당시 문화공보부는 새마을운동의 특징을 다음과 같이 세분하여 설명하고 있다. 첫째, 새마을운동은 국민의 각성과 자신을 바탕으로 일어난 자발적 국민운동이다. 위로부터 아래로 강요되어 나타난 운동이 아니라 아래에서 위로 퍼지고 농촌에서 불붙어 도시로 번져가는 운동이다. 둘째, 새마을운동은 농촌에 전승되어 내려온 전통적인 협동의 미풍을 주춧돌로 하여 마을의 전체 주민이 다함께 참여하여 벌이고 있는 협동운동이다. 그것은 마을의 주민을 하나로 묶어주는 통합운동이며, 마을의 인적 자원과 물적 자원을 효율적으로 동원하고 활용하는 국력의 조직화운동이다. 셋째, 새마을운동은 마을의 주민이 한 자리에 모여 토의하고 결정하여 함께 추진하는 운동이다. 이로써 농어촌 주민에게 민주주의를 익히게 하는 보다 실질적인 민주주의의 실천운동이며 토착화운동이다. 넷째, 새마을운동은 국민경제와 국민정신을 근대화하는 운동이라는 점에서 조국 근대화를 목표로 하는 5·16혁명과 그 정신이 같고, 국력의 배양과 조직화, 한국적 민주주의의 토착화로 조국의 평화통일을 앞당기는 자주적인 국민운동이라는 점에서 10월 유신과 그 이념을 같이 한다는 것이다. 위의 책, 8면.

의를 내세운 유신체제 아래 실행된 성공적 프로젝트 중 하나였다. 이러한 정치적 상황에서 새마을운동은 정부의 지원과 농민의 노력이 결집하는 이상적 형태로 제안되었던 것이다. 그것은 새마을운동의 가시적 성과물들이 보고되거나 홍보되는 과정에서 반복되어 강조되었으며, 당시 문학계에서도 이러한 흐름에 발맞춰 내놓은 작품들이 적지 않았다.[14] 그러나 『쌈짓골』에서 전지적 작가는 이러한 흐름과 다른 양상을 보여주고 있다.

> 간밤에 열린 회의도, 실상은 어제 낮에 면서기 두 명과 순경을 대동하고 다녀간, 숫마에 사는 동장이 주선한 것이었다.
>
> 꼭두새벽부터 오늘 파종할 수박 구덩이에 밑거름을 넣고 황혼 무렵에야 집으로 돌아온 팔기는, 그들이 동네 사람들을 당낭껄로 모아놓고, 우리가 왜 새마을 사업을 해야 하는지를 누누이 역설하면서 동장과 반장인 삼촌을 낯도 못 들게 만들었다는 뒷이야기를 상남노인으로부터 들었다. 그리고, 그들은 늦어도 8월 초순까지는 어떠한 일이 있어도 마을 안길을 4m이상으로 넓히고 지붕도 영달의 집처럼 모두 슬레트로 개조하라는 지시를 하고 갔다고 했다. 9월 중순에 단위 부락별로 군내 새마을 사업 평가대회가 열리기로 되어 있느니만큼, 거기에 대비해서 8월 중순에는 면내 확인지도가 있다는 것이다.(17면)[15]

13) 한국의 근대화 프로젝트의 성격에 대해서는 다음 글을 참고할 것. 박명림, 「근대화 프로젝트와 한국민족주의」, 『한국의 '근대'와 '근대성' 비판』(역사문제연구소 편), 역사비평사, 1996.

14) 당시 문인들은 새마을운동에 대한 적극적인 참여를 유도하거나 찬양을 표현한 문학작품을 선집 형식으로 묶어내기도 하였다. 한국문인협회, 『삼천만의 메아리』, 월간문학사, 1973; 차범석 편, 『새마을연극희곡선집 – 마당극에서 학교극까지』, 세운문화사, 1973.

인용문은 상남노인이 팔기에게 전달한 마을회의 결과를 요약적으로 제시하고 있다. 요약은 화자가 기록자 혹은 재구축자로서 서술된 세계에 비교적 침묵을 지키는 서술방식이다. 그러나 제공된 정보가 전지적 작가가 선택한 것이라는 점에서 결코 가치중립적이지 않다. 그 정보를 통해 전지적 작가가 우리에게 보여주고 있는 것은 무엇이며, 그것이 작품에서 어떠한 기능을 담당하고 있는가 따져보아야 할 일이다.

우선, 전지적 작가는 새마을운동이 위로부터 아래로 강요되어 나타난 운동이라는 점을 여실히 보여준다. 암마의 마을회의는 마을 사람들 내부의 요구나 필요에 의해서 이루어진 것이 아니다. 그것은 숫마에 사는 동장이 주선한 것이며 그것도 면서기 두 명과 순경을 대동하고 진행된 것이다. 이때 숫마에 사는 동장은 안마의 동장과 반장을 낯도 못 들게 만들만큼 새마을운동을 독촉할 수 있는 권위적인 존재이다. 그는 행정력과 경찰력을 무상 동원할 수 있을 만큼 쌈짓골의 새로운 권력층으로 부각되어 있다. 그러니까 일반 농민보다는 농민의 지도자, 나아가 지배자적 면모를 보여준다.

숫마에 사는 동장의 존재는 새마을운동이 농민의 주체적 참여나 협상과정을 통해서라기보다는 지배 권력의 강압에 의해 이루어지고 있다는 사실을 전면화시킨다. 새마을운동이 자발적인 국민운동의 신화를 만들어나가고 있었던 당대 상황을 감안한다면, 그 실상이 얼

15) 『쌈짓골』은 신인투고 전작장편으로 『창작과비평』에 1976년 여름호부터 겨울호까지 3회에 걸쳐 연재되었고, 이듬해 창작과비평사에서 단행본으로 출간되었다. 본고는 1977년에 출간된 단행본을 대상으로 하였으며, 인용문은 면수만을 표기하기로 하겠다.

마나 이상과 괴리되었던가를 전지적 작가는 보여주고 있는 셈이다. 새마을운동은 실제로 정책입안과 집행과정에서 '중앙→시도→시군→읍면→마을'이라는 하향식 방식을 따랐으며,[16] 실질적인 사업을 담당하는 리동(里同) 개발위원회의 경우도 위원장은 새마을지도자 또는 이장이 맡았다. 제도적 측면에서 농민들은 새마을운동에 주체적인 참여가 불가능했을 뿐만 아니라 배제되었다. 그것은 농민들이 정체적·체념적 사고에 젖어 있어서 새마을운동을 자주적으로 벌일 수 없다고 단정내렸기 때문이다.[17] 그렇기에 국가가 주체가 되어 농촌의 자조노력을 진작시켜야 하고, 그것이 활성화될 때까지 농민은 새로운 국가정책에 동원되는 대상 혹은 지시의 대상으로 인식되었다. 농민들은 "왜 새마을 사업을 해야 하는가"를 끊임없이 교육받는 대상이며, 그 과정에서 동장의 성화와 엄포, 행정 관료와 경찰력

16) 새마을운동의 추진체계를 살펴보면 다음과 같다. 협의조정과 단일지침 작성기관인 중앙협의회 아래 종합계획을 수립하고 책임분담을 결정짓는 시도 협의회와 종합지도 기관인 시군 협의회, 종합추진 기관인 읍면 추진협의회가 각각 있다. 최하위 기관은 리·동 개발 위원회로 마을단위로 협동적 사업추진이 이루어지도록 되어 있다. 이렇듯 추진체계는 행정기관의 하향식 조정업무 분담형식으로 구조화되어 있어 실제 농민의 참여는 기대하기 어렵다. 더욱이 금융기관인 농협 또한 자본으로 농민을 지배하여 국가가 농업정책을 집행하는 데 편의성을 제공해주는 기관으로서 조력하고 있었다. 내무부 새마을연구회 편, 『새마을운동 10년사』, 내무부, 1980, 169면.

17) 이러한 고정관념은 정책입안자에 국한된 것이 아니다. 농민 스스로도 사회적 대우를 못 받고 있다고 체감할 정도였다. 1979년 카톨릭농민회에서 실시한 농민의식조사에 의하면, 농업이라는 직업에 대한 불만족도가 68%에 이른다. 그 원인으로 돈벌이 전망이 어둡다는 응답이 31.7%, 육체노동이 과중하기 때문이라는 응답이 22.2%, 농사짓는 사람은 천시를 받는다는 응답이 36.2%였다. 이렇듯 농업의 불만족은 경제적인 면보다 사회적인 대우의 절대적인 열세가 문제되고 있다. 정연석, 「70년대 농촌현실」, 『창작과 비평』 1980년 봄호(제15권 제1호), 창작과비평사, 1980, 47면. 이것은 『쌈짓골』에서 다급한 농민의 심경을 뒤로 한 채 떠나는 팔기의 "사람이 캐카머도 못하나"라는 울분 섞인 독백을 통해서도 잘 드러나 있다.

개입 등 강압적인 지배 권력이 암암리에 행사될 수 있었던 것이다. 그것은 '잘살기 운동'인 새마을운동의 합목적성이 농민들의 동의나 합의를 자연스럽게 도출해내는 과정을 무시했음을 잘 보여준다.

그리고 전지적 작가는 새마을운동의 사업이 누구를 위한 전략적 사업인가를 우회적으로 되묻고 있다. 인용문은 암마의 마을 진입로 확장과 지붕 개조가 "군내 새마을 사업 평가대회"에서 성공적인 결과를 얻기를 위한 방편임을 보여준다. 그것은 "면내 확인지도"라는 중간 평가과정을 거칠 만큼 중요한 일로 부각되어 있다. 그러나 새마을 사업의 중요성은 마을이나 농민들이 아닌 행정 관료의 입장에서 강조되어 있을 뿐이다. 전지적 작가는 새마을운동이 농민들의 실질적 혜택과는 무관하게 시행되고 있는 현실을 문제삼고 있는 것이다.

새마을운동의 초기 사업은 주로 환경개선사업에 치중되었다. 마을 진입로 확장과 지붕 개조가 대표적인 예이다. 그것은 국가가 두드러진 물량적 성과를 토대로 농민들의 참여수준을 높이려는 전략적 사업들이었으며, 대체로 성공적이었다는 평가를 받고 있었다.[18] 그러나 초기 사업들은 당대 농촌이나 농민의 현실을 간과하고 국가 임의로 선정하였으며, 그것 또한 당대 유신체제와 중공업중심의 경제정책의 저변과 밀접한 관련을 맺고 있었다. 1970년대 한국사회는 1960년대 이래 박정희 정권이 근대화 과정에서 끌어들인 외자 의존

18) 새마을운동은 '농촌생활환경개선 → 농민의 정신계발 → 농업의 증산과 농가의 소득증대'라는 단계적인 종합개발 전략을 채택하고 있었다. 농촌생활환경개선 사업으로 선정된 마을 진입로 확장과 지붕 개조는 뚜렷한 실적과 변화를 보여주었다. 하지만 농민의 만족도는 그리 높지 못하다. 여영부, 앞의 책, 356면, 358~360면, 368~369면 참조.

적이고 예속적인 자본의 원활한 흐름을 위해 저농산물 가격정책과 상품시장의 확대요구 등을 수렴할 필요성이 제기되고 있었다. 게다가 새로운 사회문제로 대두되고 있는 농민의 계급적 각성과 단결을 막아낼 제도적 장치가 요구되었다.[19] 유신체제 아래 시행된 새마을운동은 이러한 당대 사회적 문제들을 동시에 효과적으로 해결할 수 있는 정책이었다. 이를테면 마을 진입로 확장은 상품시장의 확대를 요구하는 국내외 자본가들에 대한 선물이며, 지붕 개조는 그것의 연장선에 있는 행정당국의 가시적 성공사례인 것이다.

전지적 작가는 새마을운동의 초기 사업들이 농민을 효과적인 착취의 대상으로 파악하고 있었음을 은연중에 보여준다. 암마의 마을 진입로 확장이 농민들의 "환호성" 뒤에 "당나무를 실어내기 위하여 닦여진 것"같은 "께름칙"함을 감추고 있으며, 지붕 개조가 "모를 심고 나면, 이제 주머니끈을 노상 풀어놓고 있어야" 하는 농민들에게 결국 "융자나 사채를" 내어야 하는 부담만 가중시키는 것이었음을 인물들을 통해 잘 지적하고 있다. 그러니까 새마을 사업들은 국가가 농민의 노동력과 자본을 동원하여 책임은 농민에게, 권리는 국가와 자본가에게 두는 예정된 결과를 노정한 셈이다. 더욱이 행정직 공무원들은 농민의 자발적인 참여를 유도하기 보다는 필요를 앞세운 전시행정과 "속이 빤히 들여다보이는 출세작전"의 일환으로 새마을운동에 접근하고 있었다. 그렇기에 농민들이 설 자리는 점점 좁아질 수밖에 없

19) 한도현, 「국가권력의 농민통제와 동원정책—새마을운동을 중심으로」, 『한국농업농민문제연구』 II(한국농어촌사회연구소 편), 연구사, 1989, 124면.

는 것이다.

"쌈짓골", 그 암마에 찾아온 1970년대 새마을운동은 부정적 이미지로 착색되어 있다. 전지적 작가는 국가가 주체가 되어 강압적인 방식으로 추진된 새마을운동이 그야말로 '국가의, 국가에 의한, 국가를 위한' 위로부터의 개혁이었다는 점을 분명히 한다. '잘살기 운동'이라는 이름과 달리 정작 농민들은 국가정책에 동원되고 통제되는 대상으로 의무와 책임만을 떠안고 있었기 때문이다. 암마 사람들은 새마을운동의 흐름에 순응하면서도 가난을 숙명처럼 떠안고 있는데, 그것은 국가가 홍보한 근대화의 신화와 배리된 현실임은 물론이다. 작가 김춘복은 암마의 일상세계를 통해 유신체제 속에 웅크리고 있었던 비판적 목소리를 하나둘씩 호출하고 있다. 그것은 전지적 작가의 비판적인 목소리와 무관하지 않으며, 지배 이데올로기에 대한 대항적 헤게모니를 선취할 가능성을 충분히 보여주고 있다.

3. 이원성의 세계와 도덕적 갈등의 극화

소설은 자아와 세계 사이의 근원적 이원성을 끊임없이 다루어 왔다. 다르게 말하면 소설은 '관계'의 역학문제가 전면화되는 문학장르이다. 루카치가 지적하듯 내면과 외면 사이에 놓여진 '적대성과 낯설음'은 소설형식의 다양한 관계들의 변주를 보여준다. '적대성'이 자아와 세계 사이의 직접적 상호작용이라면, '낯설음'은 그 근원적 적대성이 무화되는 과정을 재현한다.[20) 『쌈짓골』은 이원성의 세계 속에서 '적대성', 그러니까 철저한 대결구도가 소설의 전반적 구조를 이루고 있다. 그것은 한 치의 틈도 두지 않고 공공연한 충돌 속에서 표출된다. 그 충돌은 암마의 두 작중인물, 즉 영달과 팔기 사이에서 벌어진다. 전지적 작가는 이러한 대결구도를 새마을운동 이전에 암마마을에 잔존하는 질기고 질긴 소작제도의 병폐에서 찾고 있다.

한국사회에서 소작제도는 1950년 농지개혁 실시 후 법적으로 폐지되었다. 하지만 1970년대 농촌사회는 농업생산력의 발전을 실현하지 못한 채 소작제도가 새로운 형태로 재편되어 있었다.[21] 농촌사회는 이미 토지소유방식에 따라 농업자본가, 부농, 지주, 대농, 중농, 소농, 빈농, 임노동자 등 다양한 계층으로 분화되어 있었다.[22] 암마마을은 농업자본가인 외지인 달중을 제외하더라도 지주이자 달중의 마름인 영달, 소농인 뒷실어른과 팔기, 자소작농인 종식, 그리고 영달의 소작농인 빈농계층의 마을 사람들로 계층화되어 있다. 암마 마을 사람들은 재편된 소작제도의 그늘 속에서 새로운 권력과 서열이 층위화되어 있는 셈이다.

> 등 따습고 배 부르기로는 마을에서도 종식이네를 따를 집이 없다. 물론 영달이네는 제외하고 말이다. 그러면서도 그는 한 톨이라도 더 내려고 영달이로부터 논을 얻어 부치며 노상 그에게 굽실거리는 것이다. 반상회 같

20) 위르겐 슈람케, 원당희 · 박병화 역, 『현대소설의 이론』, 문예출판사, 1995, 86~87면.
21) 장상환, 「현행 토지문제의 성격과 해결방향」, 『한국농업 · 농민문제연구』 I (한국농어촌사회연구소 편), 연구사, 1988, 129~175면.
22) 박현채, 「농민운동의 과제와 방향」, 『창작과비평』 1978년 겨울호(제13권 4호), 창작과비평사, 1978, 258면.

은 데서 영달의 이기적인 발언을 할라치면, 다른 사람들은 구린 입도 못 열 때에도, 그만은 제법 팔기와 뜻을 맞추어 잘 나가는 듯하다가도 결정적인 단계에 이르러 영달이 눈알에 쌍심지를 세워 고함이라도 버럭 지를 양이면, 그만 삼천포로 빠져버리는 종식이가 팔기로서는 갈겨주고 싶도록 미울 때가 많다.(86면)

인용문에서 지주이자 "현대판 마름"이기도 한 영달은 이 마을의 암묵적인 지배자로 군림한다. 이에 비해 그의 소작농인 마을 사람들은 "구린 입도 못" 열만큼 영달에게 예속되어 있다. 자소작농[23)]인 종식조차 영달에게 "노상 굽실거리기는" 마찬가지이다. 그러니까 "영달이에게 하나도 걸릴 것이 없는" 자작농만이 영달을 대응할 수 있다. 그러나 영세자작농이 대부분인 암마의 현실은 뒷실어른처럼 "입맛만 쩝쩝 다실 뿐"이라 영달을 맞대응하기란 쉽지 않다.

토지소유는 농민의 인격적 자립성의 발전을 위한 기초이며, 농업 자체의 발전을 위한 필연적 통과점이다. 그러나 암마는 자유로운 토지소유가 거의 불가능한 상황에 놓여 있다. 암마의 토지소유권은 실제 농민이 아닌 외지인 달중이 가장 많이 차지하고 있다. 그는 "영달의 방대한 농토의 삼분의 이"를 소유하고 영달에게 경영을 맡겨 "반

23) 자소작농(自小作農)은 자작과 소작을 일정 비율로 결합한 형태이다. 자기 농토의 부족을 남의 농토로 보충하여 경작하는 농가 또는 농민을 '자작 겸 소작농'이라 한다. 또 자작과 소작을 겸하되 소작하는 농토가 자작하는 농토보다 많은 농가나 농민을 '소작 겸 자작농'이라 한다. '자소작농'은 위의 자작 겸 소작농과 소작 겸 자작농을 통틀어서 일컫는 말이다. 종식의 경우는 자작 겸 소작농인 경우로 지주로부터의 지배에서 훨씬 자유로울 가능성이 있는 존재이다.

반으로 갈라먹기"를 하는 농업자본가이다. 농업의 근간인 토지 대부분이 "땅장수"인 그의 소유라는 점은 농민의 실질적 토지소유를 힘들게 하여 열악한 암마의 상황을 가중시키고 있다.[24)]

더욱이 대토지 소유자인 달중과 영달은 토지분여권을 두고 마을 사람들과 반봉건적 토지소유관계를 형성하고 있다.[25)] 생산력이 낮은 암마의 현실상황에서 토지 분여는 소작인들에게 기본적인 생활양식을 보장하는 유일한 수단이다. 그렇기에 "삼칠제"의 지대를 감수하고서라도 마을 사람들은 영달의 토지분여권에 얽매여 있다. 그것은 토지뿐만 아니라 인간적인 관계에까지 확장되어 영달의 전횡에 입도 못 열거나 동조하는 등 여러 가지 불이익을 스스로 감수한다. 그리고 영달의 지배적 힘에 순응하는 것은 순소작인들에 국한되지 않는다. 자소작농인 종식이나 자작농인 뒷실어른도 그러한 힘에 타협하여 순응하고 있음은 물론이다. 전지적 작가는 이러한 소작제도의 모순이 암마의 새마을운동과 어떠한 상관관계를 지닐 것인가를 작중인물들의 대립구도를 통해 보여주고 있다.

24) 1970년대 비농민 부재지주는 1973년 45%에서 1977년 68.5%로 급상승한 데 반해 소작지율은 15% 전후를 유지하였다. 하지만 그것은 0.5정보 미만의 소작농들의 이농현상이 총이농자의 55.8%에 달하였기 때문에 가능한 것이었다. 그만큼 농민층의 하향분해는 근대화 정책이후 가속화되었음을 반증한다. 정상환, 앞의 글, 148~160면.

25) 근대 자본주의 사회에서 소작제는 봉건적 토지소유이냐 반봉건적 토지소유이냐, 그리고 반봉건적 토지소유의 성격이 봉건적이냐 자본주의적이냐를 두고 사회학자들 간에 이견이 좁혀지지 않고 있다. 1970년대 소작제도의 봉건적 성격은 일제강점기 토지조사사업, 1950년대 농지개혁 이후에도 잔존되고 있다. 생산력이 낮은 단계에서 토지소유자 자신이 경작 내지 경영하지 못하고 토지를 농민에게 분여할 수밖에 없다는 것은 변함이 없으나, 다만 토지에 대한 근대적인 배타적 사유권만 확립된 상태이다. 그러니까 소작인이 토지소유 가능성을 법적으로 인정받고는 있으나 실제로는 생산과정의 개인적 성격과 봉건적 대토지 소유간의 모순이 그대로 잔존하고 있었다. 이런 점에서 1970년대 소작제도는 반(半)봉건적 토지소유관계를 띠고 있었다고 볼 수 있다. 정상환, 위의 글, 115~119면.

소설의 갈등은 바로 지주인 영달과 그에게 "하나도 걸릴 것이 없는" 자작농인 팔기 사이에서 일어난다. 그것은 토지분여권이 효력을 발휘할 수 없는 지주와 자작 농간의 대립이라는 점에서 토지라는 물적 토대가 대등한 인간적 관계를 성립시키는 요건임을 방증한다. 그들의 주요 갈등은 새마을운동의 일환으로 확장될 마을 진입로가 영달의 대밭이나 마을의 당나무 중 하나를 가로질러야 한다는 데에서 빚어진다.[26)]

① 당나무 아래에 들어서자, 날이 완전히 밝아 온다. 대밭에서 무엇인지 푸드득 하고 하늘로 날아오르는 소리가 들린다.

— 돈에 환장을 해도 분수가 있지!

일등 호답 닷 마지기와도 맞바꾸지 않는다는, 울창한 대나무들이 하늘을 찌른 영달이의 대밭으로 눈이 가자, 팔기는 가래침을 돋우어 퇙 뱉는다. 제것만 금덩이같이 소중히 여기고 남의 것은 발싸개보다 못하게 다루는 영달이가 구역질이 날만큼 얄미운 것이다.

간밤에 늦게까지 열린 동네 회의에서 영달은 대대로 온 마을 사람들이 신주로 모셔온 당나무를 베자는 말을 거침없이 내뱉지 않던가. 천벌이 두려워서라도 다른 사람들은 감히 입에도 담을 수 없는 말이다.(15~16면)

26) 마을 진입로 확장사업은 개인적 손실부분에 대한 국가적 보상이 이루어지지 않아 많은 문제를 낳았던 대표적 사업이다. 국가에서는 '협동'이라는 정신을 내세워 마을 단위에서 개인적 손실부분을 합의하여 조정하도록 했지만 열악한 농민들에게는 쉽게 간과될 수 없는 부분이었다. 한병진, 「1970년대 국가와 농민관계에 관한 연구—새마을운동이 농민의 정치적 태도에 미친 영향을 중심으로」, 서울대 석사논문, 1995, 55면. 그러나 『쌈짓골』에서 전지적 작가는 영달과 팔기의 대결구도에만 치중할 뿐 새마을운동을 이끌고 있는 국가적 차원의 보상 문제는 언급하지 않고 있다.

② "그래! 중리어른 말대로 당나무는 비는 기이 좋겠더라. 처음에는 속으로 나도 반대했지만, …… 요새 세상에 그까짓 미신이 무슨 필요가 있겠노?"

"이 사람이? 참말로 무슨 소리를 하고 있노?"

놀라는 건 오히려 종식이 쪽이었다. 영달이는 요즘, 동네 사람들을 만날 때마다 이런 말을 한다는 것이었다.

"역시 팔기는 보통 인물이 넘어. 그 사람 말대로 상수도를 놨어야 했는 기인데 ……. 우리야 어네 저게꺼정 생각을 했나. 그래, 내가 한잔 톡톡히 대접하미서 서로 화해를 했지. 앞으로 우리 동네가 잘 대자며 머라머락해도 우리 둘이 서로 손을 맞잡아야 되는 기이라. 팔기도 인자 당나무를 비는 데 찬성을 했다 말이다."

이 말을 듣자마자, 팔기는 쇠똥 소쿠리를 든 채 곧장 영달의 집으로 향했다.(145~146면)

①에서 영달은 "일등 호답 닷 마지기와도 맞바꾸지 않는" 자기 대밭을 내놓을 수가 없다고 강력하게 주장한다. 혼자만 손해를 볼 수 없으니 동네에서 당장 대밭 전체를 사거나 아니면 당나무를 베면 될 것 아니냐고 으름장을 놓는다. 허약한 마을 재정상 영달의 대밭을 구매하기 불가능하다고 보면 선택의 여지는 없어 보인다. 그러나 팔기는 당나무를 베는 것이 "천벌 받을 소리"이자 "동네를 망칠 소리"라고 강력하게 저항한다. 이러한 대립은 개인들의 이해관계가 충돌하는 데 그치지 않고 여기에 상이한 의미항과 헤게모니들이 결합되어 있다.

그들의 대립은 무엇보다 당나무에 대한 이해관계에서 비롯된다.

당나무는 전통사회에서 마을의 길흉화복을 관장하는 상징물이다. 그것은 마을사람들이 믿고 따르는 금기보다 우위를 점하는 주술적 대상이자 사회적 신념의 결합체다. 마을사람들은 당나무에 동제를 지내고 이를 보살피기 위해 당답을 따로 두고 있다. 당나무에 대한 믿음, 나아가 전통성이 암마에서 유지되고 있다. 그런 당나무는 팔기에게 평화로왔던 암마를 향수하는 대상인 동시에 미래 암마의 풍요와 화합을 기원하는 주술적 대상이다. 그렇기에 당나무를 베는 것은 자신 뿐 아니라 마을의 존립을 위협하고 훼손하는 행위이다. 그러나 당나무의 상징성은 암마 마을사람들 사이에서 이미 주술적 신성성, 그러니까 지배적 헤게모니를 상실해가고 있다. 당나무가 화재로 속이 텅 빈 상태라는 점은 그것이 암마의 풍요와 화합을 이끌어낼 힘을 상실하고 있음을 암시한다. 그것은 영달이 당나무 훼손을 거론할 수 있는 여지를 만들고 있다.

당나무를 둘러싼 그들의 대립은 한편으로 도덕적 가치개념과 결합되어 극화된다. 그것은 대립되는 의견이 아닌 작중인물들, 특히 영달의 성격과 관련되어 있다. 영달은 한국전쟁 당시 "병역 기피자이면서 경찰의 끄나풀 노릇"을 하며 돈을 모았으며, 그것을 기반으로 휴전 후 "부정 도벌과 숯장수"를 해서 암마의 지주가 되었다. 특히 한국전쟁 당시 청년단이었던 달중의 눈에 들어 의동생 사이로 지내던 영달은 고모부로 탈바꿈한 그의 "현대판 마름"으로 재미를 톡톡히 보고 있다. 달중 또한 관료와 결탁하여 "억대의 사업가"가 되었지만 "일제 시대에 해처먹었다는 고등계 형사"였다는 점은 달중과 함께 영달의 부도덕성을 극명하게 드러내는 장치로 활용된다. 따라서 영달은 재산 축적과정의 부도덕성만큼이나 부정적 인물로 형상화되어 있다. 그것은 그가 암마 사람들에게 권력을 행사하는 방식뿐 아니라 새로운 갈등상황에 대한 대응방식에서도 확인 가능하다. 당나무 훼손은 "제것만 금덩이같이 소중히 여기고 남의 것은 발싸개보다 못하게 다루는" 영달의 이기적인 행위의 소산이지만, 팔기는 그런 영달을 "구역질이 날만큼 얄미운 존재"로 부각시킬 뿐이다. 이러한 영달과 팔기의 대립은 다분히 도덕적이고 감정적이다. 도덕성의 잣대는 자칫 사건의 진위를 떠나 가치판단의 오류를 범할 위험을 안고 있다. 이에 더해 감정적 개입 또한 사건의 본질을 피해갈 여지가 있는 것이다. 이러한 갈등의 성격은 수용자들에게 작중상황을 판단하는 기준이 된다는 점에서 더욱 문제적이라 하겠다.

다른 한편으로 당나무 보존이냐 훼손이냐 하는 문제는 전통성과 근대성의 이항대립적 구도를 띠고 있다. 당나무의 신성성은 암마에서 잔여적인 헤게모니를 가지고 있는 전통적 가치이다. 팔기가 그것에 기대어 당나무 보존을 주장하고 있지만 마을 사람들에게 실질적인 성과물을 보여주지는 못한다. 이에 반해 새마을운동이라는 근대화 프로젝트는 개인과 마을의 풍요와 발전을 약속하는 현실적 대안이자 부상적인 헤게모니로써 작용한다. 암마의 실권자인 영달이 당나무 훼손을 거론하는 것은 근대성의 논리에 편승하여 헤게모니를 장악하는 뚜렷한 방편으로 작용한다.

근대성의 논리는 세계의 질서를 동일성의 원리로 규정하는 방식이다. 그것은 대립되는 가치개념들을 공존시키는 것이 아니라 위계적인 방식으로 이원화시킨다. 정신/자연, 형식/질료, 법칙/혼돈, 이성/감성, 주체/객체, 자아/타자, 남성/여성 등 대립항들은 근원적이고 핵심적인 첫째항에 비해 둘째항을 주변적이고 추론된 것으로 간주한다. 새마을운동 또한 지배적이고 본질적인 가치인 근대성에 전통성을 종속시키는 동일성의 원리를 보여준다. 절대적인 동일성의 원리 속에서 이루어진 모든 가치평가적 이분법은 소설적 세계를 이원화시킨다. 그것은 작중인물의 성격화방식, 갈등의 발전단계에 영향을 미치며 소설적 세계를 도식화시킬 위험을 안고 있다.[27] 당나무를 둘러싼 팔기와 영달의 갈등 또한 이원성의 세계에서 경직된 헤게모니의 조정과정을 재현하고 있다.

이러한 상황에서 인용문 ②는 영달이 헤게모니를 장악하기 위해 '소문'이라는 장치를 활용하고 있음을 보여준다. 소문은 영달에게 술대접을 받은 팔기가 당나무 베는 것을 찬성했다는 것이다. 팔기는 소문의 진원지인 영달에게 달려가 화를 내지만 진상을 밝히지는 못한다. 만취상태였던 그는 자신의 언행을 기억하지 못하기 때문이다. 문제는 소문의 진위보다 사실효과에 있다. 사실효과는 현실이라는 것이 외적으로 고정된 어떤 실체가 아니라 끊임없이 산출되고 재구성되는 담론의 효과물이다.[28] 현실은 사실이나 진실에 의해 운용되는 것처럼 보이지만 그것을 결정하는 주체가 누구인가에 따라 그 외연은 달라진다. 소문의 진원지가 부정적 인물인 영달이라는 점은 그 진위를 의심쩍게 하지만, 소문의 내용이 긍정적 인물인 팔기의 언술

27) 페터 V. 지마, 서영상 · 김창주 역, 『소설과 이데올로기』, 문예출판사, 1994, 45면.
28) 공임순, 『우리 역사소설은 이론과 논쟁이 필요하다』, 책세상, 2000, 26면.

이라는 점은 강력한 사실효과를 발휘한다.

이제 현실은 팔기의 찬성입장이 담론화되면서 당나무 훼손을 기정사실화하기에 이른다. 이것은 마을 사람들의 태도변화에서 확인된다. 처음 영달이 당나무 베기를 거론했을 때, 대부분 소작농인 마을 사람들은 영달의 비위를 거스르지 않으려고 입을 다물며 순응했을 뿐 동의를 표현하지 않았다. 그러나 소문이 번진 후 마을 사람들은 공공연하게 당나무의 신성성을 미신으로 폄하하고 당나무 가격을 나름대로 가늠하는 데 열을 올린다. 마을 회의 또한 당나무를 벤다는 것을 전제로 이루어진다. 이렇듯 소문의 사실효과는 마을 사람들의 자발적인 동의를 이끌어내고 있다. 영달의 주장은 이제 토지분여권을 매개로 강요되는 지배적 권력의 형태가 아니라 자발적 동의라는 헤게모니를 통해 실현된다. 더욱이 당나무를 베는 대신에 달중의 도움으로 새마을 회관과 놀이터를 확보함으로써 영달의 입지는 더욱 굳건해진다. 이러한 상황에서 팔기의 기존 입장들은 마을 사람들에게 설득력을 잃을 수밖에 없다. 그는 누백년의 세월을 마을과 함께 지켜낸 당나무를 보존하는 대신 마을기금을 확보해서 후일에 진입로를 확장하자고 주장하지만, 만취한 그의 상황과 맞물려 예전의 헤게모니마저 무력화된다.

이상에서 보듯 영달과 팔기의 대결구도는 지배 권력과 다양한 헤게모니의 자장들 속에서 적대성을 극명하게 보여준다. 그들이 보여준 적대성은 소작제도에 얽매여 있지 않다는 점에서 출발하지만, 그것이 암마의 소작제도의 모순을 뛰어넘을 수 있는 대안적 세계를 보여주기에는 한계를 안고 있다. 부농인 영달과 영세자작농인 팔기 사이에 충돌은 이항대립적 가치개념들과 결합하면서 단순화되어 있다. 그것은 헤게모니를 확보하는 방식과 전개과정에서도 마찬가지 양상을 띤다. 팔기는 감정적 유대관계에서, 영달은 지배적 소유관계에서 헤게모니를 확보하고 있다. 다르게 말하면 그것은 전통성과 근대성, 도덕성과 부도덕성, 사실과 거짓 등의 대립항들이 접합과 탈접합의 과정을 거치면서 헤게모니의 조정에 영향을 미치고 있다. 결말은 지배적 권력을 장악하고 있는 영달의 승리로 끝날 것이 자명해 보이지만, 선악의 가치개념은 영달의 승리를 의심과 불안의 징후로 읽게 만든다. 이것은 전지적 작가가 작중인물들을 성격화하고 거리두기를 해온 방식과 연관된다.

4. 주체적 농민상과 그 허실

농민소설은 한국소설사에서 특정 시기에 창작과 향유, 그리고 논쟁이 활성화되는 특이한 소설 유형 중 하나이다. 1930년대 브나로드 운동과 함께 거론되는 『상록수』, 『흙』 등이 한 시기를 점하고 있다면, 1970년대 농촌의 근대화 혹은 새마을운동과 함께 거론되는 『자랏골의 비가(悲歌)』, 『동토(凍土)』, 『쌈짓골』 등이 또 다른 한 시기를 형성하고 있다. 이러한 현상은 농민소설을 거시적으로 리얼리즘문학, 민족문학 등으로 단정짓기 힘들게 한다.[29] 특히 소재주의는 농

29) 특정 시기에 농민소설이 창작과 향유된다는 점은 논자들에 따라 농민소설을 대중소설

민소설을 다룰 때 가장 큰 걸림돌 가운데 하나이다. 도시와 농촌이라는 공간적 분리는 결국 사회 전체의 모순을 재현하거나 그것에 대한 반성과 성찰을 방해하는 결정적 요인으로 작용하는 경우가 많기 때문이다. 농촌 현실에 국한시켜 보더라도 본질적 문제는 회피한 채 농민은 계몽의 대상으로, 농촌은 향수의 공간으로 형상화한 경우도 없지 않다.[30] 『쌈짓골』의 작가는 이러한 농민소설의 한계를 새로운 작중인물형인 팔기를 통해 극복하고자 한다.

—모지리 눈까리가 확 뒤비이지도록 맹글고야 말겠다.

팔기는 아침에 금분이가 하던 말이 문득 떠오른다.

"오빠는 인자 쌈짓골 부자는 굳어 논 기이라."

금분이의 이 말이 팔기의 귓바퀴 안에서 점점 크게 윙윙 살아난다. 꼭 그렇게 되고야 말 자신이 생긴다. 암마가 잘사는 마을이 되려면, 영달의 그늘에서 하루빨리 벗어나야 한다. 영달의 그늘에서 벗어나자면, 새로운 시도가 있어야만 한다. 그러기 위해서 팔기는 기적이 아닌 기적을 그들에게 보여줘야 하는 것이다. 남들의 조롱과 비웃음을 샀던 황무지에서 기적

의 한 양상에 포함시키기도 한다. 이정옥, 「대중소설의 시학적 연구—1930년대를 중심으로」, 서강대 박사논문, 1999.

30) 김치수는 소재주의적 접근방식을 네 가지로 나누어 설명한다. ①농촌을 하나의 소재로 생각하고 도시소설과 농촌소설을 엄격하게 구분하려는 태도, ②복합적인 역사의 의미를 농촌을 택함으로써 단순화시키는 태도, ③농촌을 감상적인 동기에서나 향수적인 동기에서 계몽의 대상으로 삼거나 도피의 대상으로 삼는 태도, ④농촌소설에서 생명력과 건강함과 서사시적 요소를 완전히 배제함으로써 그것을 폭로소설의 범주로 떨어뜨리는 태도이다. 이러한 태도들이 농촌문제의 특수성을 문학의 보편성으로 무화시키고 있다고 주장한다. 이봉범, 「농민문제에 대한 문학적 주체성의 회복—1970년대 농민문학론과 농민소설」, 『1970년대 문학연구』(민족문학사연구소 현대문학분과), 소명출판, 2000, 46면.

을 낳아, 그들에게 〈하면 된다〉는 새로운 용기와 희망을 불어넣어 주고 싶은 것이다. 그리하여, 모두가 남에게 의존하지 않고 자립하여 일어설 수만 있다면, 서로 협동하고 단결하여 어느 마을 못지 않은 좋은 마을을 가꿀 수 있으리라 싶다. 어서 그날이 와서 오랫동안 듣지 못했던 농악을 한번 힘차게 울려보고만 싶다.(90면)

이 작품에서 팔기는 '자주적 농민'[31]이나 '자력갱생의 농민'[32]으로 불릴 수 있을 만큼 암마의 여러 농민들과는 사뭇 다른 농민의 모습을 보여준다. 그는 자력갱생을 칠전팔기의 의지력으로 몸소 실천하는 주체적 농민이다. 영달의 소머슴에서 벗어난 암마에서 몇 안 되는 자작농이라는 사실 뿐 아니라 영달에게서 산 황무지를 개간하여 밤나무 재배단지를 성공적으로 이뤄내고 있는 입지전적 인물이기 때문이다. 이러한 변신은 "모지리 눈까리가 확 뒤비이지도록 맹글고야 말겠다"는 강력한 의지의 산물인 동시에 "하면 된다"는 신념의 결과물이다. 더욱이 그것은 자신의 이익에만 국한되지 않고 암마를 잘사는 마을로 만들기 위한 노력의 일환이기도 하다. 이렇듯 주인공 팔기는 농민들 속에서 자발적으로 등장한 주체적 농민으로 형상화되어 있다. 지식인이 농촌 문제를 의식의 차원에서 해결하려 한다면, 농민인 팔기는 그것을 체험의 차원에서 실감 있게 형상화할 조건을 마련하고 있는 것이다. 이 때 주인공을 주체적 농민으로 설정한 점은 농

31) 염무웅, 「농촌현실과 자주적 농민상」, 『쌈짓골』, 창작과비평사, 1977, 313면.
32) 신종곤, 「김춘복의 『쌈짓골』론—자력갱생을 위한 과정의 서사」, 『1970년대 장편소설의 현장』(민족문학사연구소 현대문학분과), 국학자료원, 2002, 29면.

촌 사회의 현안들을 자연스럽게 얘기할 통로를 열어두는 데 효과적이다. 더욱이 영달과 대비되는 팔기의 농민상은 독자와 공감대를 두텁게 하고 기대지평을 확대시킬 수 있다.

그러나 전지적 작가의 의도가 지나치게 개입함으로써 팔기의 농민상은 전형적인 인물보다는 영웅적인 인물로 형상화되어 있다. 팔기의 전형성은 농촌 문제를 체감하는 농민으로서의 보편성과 주체적 농민상으로서의 특수성이 변증법적으로 종합될 때 성취될 수 있다. 그러나 팔기의 농민상은 특수성에 지나치게 경도되어 있다. 팔기의 자력갱생의 의지는 암마의 문제들을 해결할 수 있는 유일한 방법으로 제시되어 있으며, 서사구조는 농촌문제의 본질을 비켜나 영달의 교활함과 팔기의 우직함이라는 도덕적이고 감정적인 대립양상이 주축을 이룬다. 팔기는 암마의 가난과 무기력이 "영달의 그늘"에서 비롯된다고 파악하지만, 영달을 위시한 소작제도의 모순과 관경 주도의 새마을운동의 병폐가 결합하여 가중되고 있다는 인식에 이르지는 못한다. 그것은 오히려 팔기의 주체적 농민상을 극화시키는 문학적 장치로 조력하고 있을 뿐이다.

팔기의 특수성을 가장 여실하게 보여주는 것은 바로 밤나무 재배단지의 조성과정이다. 팔기가 조성한 밤나무 재배단지는 "개간지로서의 지형이나 품종 선택, 식재 관리"에 이르기까지 완벽하지만, 그것은 "책자도 보지 않고 남의 말만 듣고" 그의 정성과 노력만으로 이뤄낸 이른바 "기적"이다. 그 기적은 풍부한 지식이나 경험에 토대를 둔 것도 아니며 또 많은 농민들과 공유할 수 있는 체험의 산물도 아니다. 그것은 다만 팔기의 우직함과 강력한 자력갱생의 의지가 이루어낸 성과물일 뿐이다. 이러한 주체적 농민상으로 정립하는 과정은 보편적인 농민의 체험과 의식의 편린들을 많은 부분 상쇄시키는 것이나 다름없다. 더욱이 기적을 이뤄낸 주체적 농민상은 밤나무재배단지를 뺏으려는 영달의 수난과정을 거치면서 보다 영웅적인 인물로 승화되고 있다. 영달의 교활함은 팔기의 밤나무 재배단지가 성공기미가 보이는 순간부터 발휘된다. 밤나무의 접지를 시도한다거나 일등호답 두 마지기와 맞교환하려 하는 등 팔기의 성과물을 아무런 노력없이 얻으려 한다. 그리고 팔기의 집이 팔렸다고 거짓 발언하여 삶의 터전마저 송두리째 뽑으려 한다. 이러한 영달의 교활함과 이기주의적 면모는 팔기의 응전의 성격과 성공의 의미를 격상시키는 요인으로 작용한다. 그러니까 부도덕한 인물 때문에 빚어진 수난을 강력한 의지로 대항하는 팔기는 자력갱생의 농민을 넘어 영웅적인 인물로 비춰진다. 공권력을 개입시킨 영달 때문에 팔기가 체포되는 순간에도 독자들이 팔기의 미래를 낙관할 수 있는 이유이기도 한다. 이러한 팔기의 영웅적 일면들은 작가가 의도했던 체험의 서사가 재현하는 리얼리티의 효과를 떨어뜨리게 만든다.

다른 한편으로 팔기라는 주체적 농민상은 1970년대 새마을운동의 성격과 결부시켜 볼 필요가 있다. 팔기가 강조하는 자력갱생은 영달의 그늘을 벗어나기 위한 자신만의 악전고투의 과정이다. 그것을 토대로 그는 마을 사람들에게 "새로운 용기와 희망을 불어넣어" 암마를 자립할 수 있는 농민이 주축이 되어 협동하고 단결하는 잘사는 마을로 만들고자 한다. 문제는 그것이 새마을운동의 음험한 정치적 함의를 그대로 재현하는 순환론적 오류를 보여준다는 데 있다. 즉 팔기는 농민들의 근면, 주인정신, 자력갱생, 협력을 강조하는 새마을운동의 정신을 고스란히 재현하고 있는 셈이다.

팔기의 가난이 밤나무 재배단지를 조성하려는 의지의 산물이라는 점을 차치하더라도 암마의 가난은 농촌의 구조적 · 계층적 문제에서 비롯된다. 그런데도 그것을 농민 개인의 자력갱생의 의지로 해결하려 한다는 점은 새마을운동이 정신적 덕목을 내세워 농촌 문제를 국가적 차원에서 해결하지 않으려는 속셈과 맞닿아 있다. 이것은 농촌을 하나의 동질적 집단으로 파악하면서 구조적 문제를 농민 개인의 게으름, 비합리적 행동의 결과물로 간주한 것이다.[33] 이러한 맥락은 팔기가 암마 마을 사람들을 바라보는 시선과 맞닿아 있다. 그는 농민인 자신이 천시받는 것에 분개하면서도 이웃 농민들을 설득보다는 행동을 통해 "새로운 용기와 희망을 불어넣어" 줄 필요가 있는 무기력하고 무능한 존재로 격하시키는 모순을 보여준다. 농민에 대한 이러한 시각은 지식인과 농민이라는 계급적 차이에서 비롯되었던 계몽적 농민소설과 달리 팔기의 경우 농촌 내부의 계층적 차이에서 촉발된다. 그러니까 자작농과 소작농 간의 간극이 농촌문제를 해결할 가시적인 대안을 마련하지 못한 현실에서 농민들 간의 의식적 분화양상을 빚고 있는 것이다. 따라서 팔기라는 주체적 농민상은 퇴색될 수밖에 없으며 아울러 작가가 의도했던 비판의 목소리 또한 새마을운동의 정치적 논리에 묻혀 무화될 가능성이 농후하다.

이러한 한계에도 불구하고 팔기가 재현하는 농민상은 농촌사회가

33) 한도현, 앞의 글, 136~138면.

새롭게 직면하고 있는 현실을 대처해 나갈 대안이며 청사진이다. 팔기를 통해 농촌의 지배자가 아닌 농민들에게서 나온 진정한 지도자가 갖추어야 할 품성과 의지를 엿볼 수 있기 때문이다. 작가의 지나친 의도와 작위적인 서사구조가 팔기라는 인물형에 치명적인 결함을 제공하지만 팔기라는 인물형의 미래는 그리 회의적이지 않다. 그것은 심화되는 이농현상과는 달리 농촌지도요원이나 오영기와 같은 인물의 귀농과 과학적 영농의 가능성을 함께 열어놓고 있기 때문이다. 그들은 한편으로 팔기의 부족한 일면들, 그러니까 부족한 지식과 편협한 세계인식, 감정적 충돌 등을 조정하고 조력할 가능성을 지닌 존재로 자리매김한다. 다른 한편으로 팔기의 이농이 불가피한 경우 그들은 팔기를 대신해서 새로운 농민상을 창조할 수 있는 충분한 역량과 자질을 갖춘 인물들이다. 이러한 인물들은 농민소설에 새로운 디딤돌을 놓을 수 있는 기반으로 충분할 것이다.

5. 다시 농민소설을 위하여

『쌈짓골』은 정치성이 전면화되어 있는 소설이었다. 김춘복은 1970년대 유신체제에서 시행된 새마을운동이 당대 농촌사회를 어떻게 재구성해갔는가를 암마 사람들을 통해 구체적으로 보여주었다. 절대적 권력이 전횡하는 사회 현실은 작중인물들의 대립구도를 뛰어넘어 1970년대 한국사회의 도농 간, 계층 간의 모순과 간극을 암암리에 제시하고 있다. 당대 농민의 생활상과 현실극복의 방향을 극화한 농민소설로서 『쌈짓골』의 정치성은 작가의 치열한 현실인식의 그물망을 힘겹게 통과한 결과물인 셈이다.

그러나 작가의식이 서사화과정에 지나치게 개입하고 조정함으로써 서사의 리얼리티를 약화시키는 한계를 지니고 있었다. 우선, 새로운 시대적 요구를 수렴하고 있는 팔기는 자력갱생의 의지를 가진 주체적 농민상으로 제시되었지만, 개인적 영웅주의에 함몰되어 농촌사회의 본질적 문제를 약화시키거나 무화시키고 말았다. 더욱이 새마을운동의 정치적 함의를 비판하기보다는 그대로 재현하는 결과를 낳으면서 주체적 농민상의 의의를 퇴색시킬 위험을 안고 있었다. 다음으로, 지주인 영달과 자작농인 팔기의 대당적(對當的) 대립구도에는 소작제도의 모순을 대립하는 작중인물의 외적 조건으로 바라보는 작가의 의도가 짙게 깔려 있었다. 갈등의 전개과정은 대당적 인물이 헤게모니를 선취하는 과정과 성격적 특성을 여실히 보여주었다. 하지만 팔기의 우직함과 부도덕한 영달의 교활함이라는 이항대립적 구도는 근대성과 전통성의 의미항과 결합하여 문맥화되기보다는 도덕적이고 감정적인 성격을 띠면서 개인 간의 문제로 물러서고 말았다. 마찬가지로 새마을운동은 작중인물들의 갈등을 극화시키는 외적 조건으로 제시되어 있을 뿐 작중인물들의 체험의 넓이와 깊이가 긴밀하게 조우되지 못했다. 작중인물들의 체험과 작가의 의식은 괴리되어 작품의 미학적 성과를 저해하고 있었다.

그렇지만 『쌈짓골』의 결말은 그리 회의적이지 않다. 팔기라는 인물에 치중되어 있던 전지적 작가의 목소리는 오영기라는 인물의 등장을 통해 새로운 가능성을 열어두고 있기 때문이었다. 오영기는 팔기와 함께 열악한 외적 조건을 뛰어넘을 수 있는 동지이거나 극단적인 경우 새로운 농민상으로 자리매김할 수 있기 때문이었다. 그것은 외지의 경험으로 폭넓은 시야를 확보한 그가 영달의 수난에 합리적으로 응전할 가능성을 온축하고 있는 것이다. 농촌지도소 요원과 같은 인물 또한 농촌의 미래를 새로운 과학영농으로 꾸며나갈 가능성을 보여주기 때문이다.

김춘복은 원체험의 공간 고향을 문학적으로 형상화하였지만, 독자들에게 향수의 공간이나 여유를 허용하지 않는다. “농악을 한 번 힘차게 울려보고만 싶은” 기대감에 휩쓸리기 보다는 그 기대감으로 1970년대 농촌 현실을, 한국사회를 정확하게 직시하기를 요구하고 있다. 근대화의 물결에 휩쓸려 음험한 정치적 논리와 그늘진 곳에 웅크린 군상들을 간과해 버리기 쉬운 독자들을 『쌈짓골』을 통해 다르게 호출하고 있는 것이다. 현실을 은폐하면서도 일정한 방식으로 드러내는 일상이 정치적으로 코드화된 것이라면, 은폐된 것을 제대로 드러내려 애쓰는 노력이 호출된 주체들에게 부여된 의미항으로 자리매김하고 있다. 작가는 문학의 진정성을 바로 그러한 인물들 속에서 찾고 있으며, 『쌈짓골』 이후의 일련의 작품들에서도 여전히 이어가고 있다.

| 참고문헌 |

1. 일차자료

권영민 외 편, 『염상섭전집』 제1권~12권, 민음사, 1987.

김경화, 『성형 신데렐라』, 환상미디어, 2006.

김내성, 『김내성대표문학전집』 3~5, 삼성문화사, 1983.

김말봉, 『별들의 고향(故鄕)』, 정음사, 1953.

______, 『생명(生命)』, 동인문화사, 1957.

______, 『푸른 날개』, 형설출판사, 1954.

______, 「화관의 계절을 끝내면서」, 『한국일보』, 1958.5.6.

______, 『화려한 지옥(地獄)』, 문연사, 1952.

김정한 대담취재, 「약자의 설움은 무엇인가?」, 『문학사상』 1973년 10월호.

김정한, 「나의 당선시대－검열이 무서울 때」, 『조선일보』 1954.12.6.

______, 「나의 문학적 회고－반항의 물결 속에서」, 『문학』 1966년 9월호(1권 5호), 문학사, 1966.

______, 「농촌세시기」 1회~7회, 『경남공론』 26호~33호, 경상남도, 1955~1956.

______, 「농촌세시기」 육필원고 연재 4회분, 요산문학관 소장.

______, 「사라진 사나이」, 『경남공론』 제21호, 경상남도, 1954.7.

______, 「어둠 속에서」, 『창작과비평』 1970년 겨울호.

______, 「요산 작품목록」, 요산문학관 소장.

______, 『낙동강의 파숫군』, 한길사, 1978.

______, 『황량한 들판에서』, 황토, 1989.

______, 『사람답게 살아가라』, 동보서적, 2000.

김춘복, 『쌈짓골』, 창작과비평사, 1977.

김항명, 『MBC 여성실화 찔레꽃 피는 언덕 김말봉(金末峰)』, 명서원, 1976.

손창섭, 「고독한 영웅」, 『현대문학』 1958년 1월호(통권 37호).

______, 「나의 작가 수업」, 『현대문학』 1955년 9월호.

______, 「작가 손창섭 씨의 변-본지 연재소설 『부부』를 끝내고」·『동아일보』, 1963.1.4.

______, 「나는 왜 신문소설을 쓰는가－『부부』의 작가 손창섭 씨는 말한다」, 『세대』

1963년 8월호.
_____, 「아마츄어 작가의 변—나의 자전적 소설론」, 『사상계』 1965년 7월호.
_____, 『손창섭대표작선집』 1~5, 예문관, 1970.
염무웅 · 김춘복 · 송기숙 · 신경림 · 홍영표, 「좌담 : 농촌소설과 농민생활」, 『창작과 비평』 1977년 10월호.
염상섭, 「진주(眞珠)는 주엇스나」, 『동아일보』, 1925.10.17~1926.1.17(전86회).
_____, 「너희들은 무엇을 어덧느냐」, 『동아일보』, 1923.8.27~1924.2.5(전129회).
_____, 「해바라기」, 『동아일보』, 1923.7.18~8.26(전40회).
요산김정한선생고희기념사업회, 『요산 문학과 인간』, 오늘의 문학사, 1978.
이광수, 『이광수전집』 제16권~제17권, 삼중당, 1962.
나도향, 「환희(幻戱)」, 『동아일보』, 1922.11.21~1923.3.21(전117회).
이희철, 「읍혈조(泣血鳥)」, 『동아일보』, 1923.6.2~10.28(전140회).
장덕조, 『다정(多情)도 병(病)이련가』, 세문사, 1956.
_____, 『장미(薔薇)는 슬프다』, 희망출판사, 1957.
_____, 『백조흑조(白潮黑潮)』, 『국제신보』, 1958. 5.14~12.31.
_____, 『한국문학전집』 제16집, 민중서관, 1972.
정비석, 「연애소설 일반오해를 일소하자」, 『조선일보』, 1937.9.12.
_____, 『소설작법(小說作法)』, 신대한주식회사, 1949.
_____, 『여성전선(女性戰線)』, 한국출판사, 1952.
_____, 『자유부인(自由夫人)』, 정음사, 1954.
조갑상 · 황국명 · 이순욱 편, 『김정한 전집』 1~5, 작가마을, 2008.
주종연 · 김상태 · 유남옥 편, 『나도향전집』 상 · 하, 집문당, 1988.
차범석 편, 『새마을연극희곡선집』, 세운문화사, 1973.
최태응, 『전후파(戰後派)』, 정음사, 1953.
한국문인협회 편, 『삼천만의 메아리』, 월간문학사, 1973.
『조선일보』, 『동아일보』, 『부인신보』, 『국제신보』, 『영남일보』, 『평화신문』, 『서울신문』, 『한국일보』, 『경향신문』, 『현대일보』, 『문화세계』, 『전선문학』, 『사상계』, 『경남공론』, 『신태양』, 『새벽』, 『여원』, 『현대문학』 외 신문 잡지매체.

2. 논문

강소연, 「1950년대 여성잡지에 표상된 미국문화와 여성담론」, 『상허학보』 제18집, 상허학회, 2006.

강일국, 「해방 이후 초등학교의 교육개혁운동과 반공교육의 전개과정」, 『교육사회학연구』 제12권 제2호, 한국교육사회학회, 2002.

공종구, 「강요된 디아스포라」, 『한국문학이론과비평』 제32집, 한국문학이론과비평학회, 2006.

구인모, 「한일 근대문학과 엘렌 케이」, 『여성문학연구』 제12호, 한국여성문학학회, 2004.

김기호, 「김정한 초기소설과 그의 전향에 대한 고찰」, 『우리어문학연구』 제3집, 한국외대 한국어교육과, 1991.

김남수, 「1950년대 국민학교·중학교에서의 반공교육」, 성균관대 석사논문, 2003.

김동식, 「연애와 근대성」, 『민족문학사연구』 제18호, 민족문학사연구소, 2001.

김동춘, 「교사집단의 계급적 성격과 한국교원노조운동」, 『경제와사회』 제11호, 한국산업사회학회, 1991.

김미영, 「1920년대 여성담론 형성에 관한 연구」, 서울대 박사논문, 2003.

김미지, 「1920~30년대 염상섭 소설에 나타난 '연애'의 의미 연구」, 서울대 석사논문, 2001.

김병구, 「염상섭 소설의 탈식민성」, 『현대소설연구』 제18호, 한국현대소설학회, 2003.

김복순, 「대중소설의 젠더정치학」, 『대중서사연구』 제9호, 대중서사학회, 2003.

김석봉, 「신소설의 대중적 성격 연구」, 서울대 박사논문, 2003.

김성학, 「해방직후 교원단체의 등장과정과 활동을 통해 본 식민지 교육경험의 지속과 변동」, 『교육사회학연구』 제14권 제2호, 한국교육사회학회, 2004.

김양선, 「반공주의의 전략적 수용과 여성문단-한국전쟁기 여성문학 장을 중심으로」, 『어문학』 제101집, 한국어문학회, 2008.

______, 「일제말기 여성작가들의 친일담론 연구」, 『어문연구』 제33집 제3호, 한국어문교육연구회, 2005.

김영민, 「동서양 근대소설의 발생과 그 특질 비교 연구」, 『현대문학의 연구』 제21호, 한국문학연구학회, 2003.

______, 「한국 근대계몽기 '소설'의 정체성 연구」, 『현대소설연구』 제27호, 한국현대소설학회, 2005.

김옥란, 「1950년대 희곡의 성담론」, 『한국연극연구』 제1집, 한국연극사학회, 1998.

김은하, 「전후 국가 근대화와 '아프레 걸(전후 여성)' 표상의 의미」, 『여성문학연구』 제16호, 한국여성문학학회, 2006.

______, 「탈식민화의 신성한 사명과 '양공주'의 섹슈얼리티」, 『여성문학연구』 제10호, 한국여성문학학회, 2003.
김인철, 「영화 영상 이미지의 '전형'에 관한 연구」, 『한국디자인포럼』 제10집, 한국비쥬얼디자인학회, 2004.
김정현, 「리얼리티 프로그램의 수용 특성에 관한 연구」, 서강대 석사논문, 2005.
김종욱, 「한국전쟁과 여성의 존재양상」, 『한국근대문학연구』 제5권 제1호, 한국근대문학회, 2004.
김주현, 「여성의 몸과 외모 꾸미기」, 『미학』 제47집, 한국미학회, 2006.
김중하, 「인간 김정한론」, 『창작과비평』 1997년 봄호(통권 95호).
김지영, 「'연애'의 형성과 초기 근대소설」, 『현대소설연구』 제27호, 한국현대소설학회, 2005.
김지영, 「정비석 초기 연애소설 연구」, 부산대 석사논문, 2000.
김태기, 「요산 김정한 소설세계와 이야기방식 연구」, 경상대학교 박사논문, 1996.
김학재, 「1950년대 국가권력과 행정말단기구」, 『역사연구』 제14호, 역사학연구소, 2004.
남금희, 「1950년대 장덕조 소설연구」, 『현대소설연구』 제20집, 한국현대소설학회, 2003.
노지승, 「한국 근대소설의 여성표상에 관한 연구」, 서울대 박사논문, 2005.
류동규, 「손창섭 장편소설 『세월이 가면』에 나타난 윤리문제」, 『국어교육연구』 제38집, 국어교육학회, 2005.
류진희, 「한국 근대의 입센 수용 양상과 의미」, 성균관대 석사논문, 2004.
류철균, 「한국 현대소설 창작론 연구」, 서울대 박사논문, 2001.
문경란, 「미군정기 한국여성운동에 관한 연구」, 이화여대 석사논문, 1989.
민병덕, 「한국 근대 신문연재소설 연구」, 성균관대 박사논문, 1989.
박정애, 「동원되는 여성작가」, 『여성문학연구』 제10호, 한국여성문학학회, 2003.
박철우, 「1970년대 신문연재소설 연구」, 중앙대 박사논문, 1996.
박행모, 「우리나라 근대 초등교육정책과 초등교원 양성제도의 변천」, 『한국실과교육학회지』 제19권 제3호, 한국실과교육학회, 2006.
방민호, 「손창섭의 자전적 소설 연구」, 『국어교육』 제112권, 한국어교육학회, 2003.
______, 「손창섭의 『낙서족』에 관한 일고찰」, 『한국현대문학연구』 제13집, 한국현대문학회, 2003.
서인숙, 「필름 느와르의 팜므 파탈」, 『영화교육연구』 제4권, 한국영화교육학회,

2002.
서정자, 「김말봉의 페미니즘 문학 연구」, 『여성과 문학』 제1집, 문학세계사, 1989.
_____, 「김말봉의 현실인식과 그 소설화」, 『문명연지』 제4권 1호, 한국문명학회, 2003..
서정희, 「여자 대학생 소비자의 허영과 성형요구」, 『소비문화연구』 제8권 제1호, 한국소비문화학회, 2005.
손정수, 「전후세대 작가들의 소설에 나타난 장편화 경향에 대한 고찰」, 『한국현대문학연구』 제17집, 한국현대문학회, 2005.
손종업, 「손창섭 후기 소설의 〈여성성〉」, 『어문논집』 제23집, 중앙어문학회, 1994.
송경아, 「장르문학과 순문학의 벽을 넘어서」, 『북페뎀』 2004년 여름호(제5호), 한국출판마케팅연구소, 2004.8.
송민경, 「일제하 방송소설 연구」, 연세대 석사논문, 2003.
송수연, 「손창섭 소년소설 연구」, 인하대 석사논문, 2006.
신수정, 「한국 근대소설의 형성과 여성의 재현양상 연구」, 서울대 박사논문, 2003.
신혜경, 「페미니스트 미술에서의 몸의 도전과 한계」, 『미학』 제50집, 한국미학회, 2007.
심광현, 「몸의 문화정치학을 위한 시론」, 『인문학연구』 제9집, 한림대 인문학연구소, 2002.
_____, 「육체, 무엇이 문제인가?」, 『문화과학』 제4호, 문화과학사, 1993.9.
안미영, 「한국 근대소설에서 헨릭 입센의 「인형의 집」 수용」, 『비교문학』 제30집, 비교문학회, 2003.
_____, 「1920년대 불량 여학생의 출현 배경 고찰」, 『한국문학이론과비평학회』 제18집, 한국문학이론과 비평학회, 2003.
안용희, 「손창섭 소설의 서술자 연구」, 서울대 석사논문, 2005.
양동숙, 「해방 후 공창제 폐지과정 연구」, 『역사연구』 제9호, 역사학연구소, 2001.
_____, 「해방 후 공창제 폐지운동과 김말봉의 '화려한 지옥'」, 『함께 보는 우리 역사』 제46호, 역사학연구소, 1998년 가을.
우지연, 「꿈꾸는 세계가 있는 자만이 장르를 지지한다」, 『북페뎀』 2004년 여름호(제5호), 한국출판마케팅연구소, 2004.8.
유임하, 「근대 / 근대성의 문학 연구 과제와 그 전망」, 『동악어문론집』 제32집, 동악어문학회, 1997.
유진월, 「1930년대 여성작가의 희곡연구」, 『한국연극학』 제7집, 한국연극학회, 1995.

윤태일,「여성의 날씬한 몸에 관한 미디어 담론 분석」,『한국언론학보』제48권 제4호, 한국언론학회, 2004.
이상록,「미군정기 새교육운동과 초등학교 규율 연구」,『역사와 현실』제35호, 한국역사연구회, 2000.
이선미,「'미국'을 소비하는 대도시와 미국영화」,『상허학보』제18집, 상허학회, 2006.
이소연,「일제강점기 여성잡지연구」, 이화여대 석사논문, 2002.
이정희,「전후의 성담론 연구」,『담론 201』제8권 제2호, 한국사회역사학회, 2005.
이순욱,「1950년대 김정한의 미발굴 장편소설「농촌세시기」」,『지역문학연구』제9호, 경남·부산지역문학회, 2004.
______,「한국전쟁기 문단 재편과 피난문단」,『동남어문논집』제24집, 동남어문학회, 2007.
이영자,「몸권력과 젠더」,『한국여성학』제22권 제4호, 한국여성학회, 2006.
이은자,「1950년대 소설에 나타난 교직자상」,『국어국문학』제109호, 국어국문학회, 1993.
______,「손창섭의「희생」연구」,『현대소설연구』제7호, 한국현대소설학회, 1997.
이임하,「한국전쟁과 여성성의 동원」,『역사연구』제14호, 역사학연구소, 2004.
이정희,「전후의 성담론 연구」,『담론 201』제8권 제2호, 한국사회역사학회, 2005.
임인숙,「다이어트의 사회문화적 환경」,『한국사회학』제38권 제2호, 한국사회학회, 2004.
______,「한국사회의 몸 프로젝트」,『한국사회학』제36권 제3호, 한국사회학회, 2002.
임정연,「1920년대 연애담론 연구」, 이화여대 박사논문, 2006.
장은미,「1950년대 한국 신문의 제도화와 남성의 재공간화 과정」, 서강대 박사논문, 2006.
정재철,「한국의 여성 몸담론에 관한 비판적 연구」,『언론과학연구』제7권 제1호, 한국지역언론학연합회, 2007.
정주원,「몸의 소비문화적 의미와 현상에 대한 고찰」,『소비문화연구』제9권 제1호, 한국소비문화학회, 2006.
조 리,「장덕조 소설 연구」, 전북대 박사논문, 2007.
조갑상,「김정한 소설 연구」, 동아대 박사논문, 1991.
______,「요산 김정한 문학연구의 현황과 과제」,『지역문학연구』제9호, 경남·부

산지역문학회, 2004.
_____, 「시대의 질곡과 한 인간의 명징함—인간 김정한」, 『작가연구』 제4호, 새미, 1997.
차혜영, 「소설 개념 형성과 식민지 근대 부르주아의 정치학」, 『민족문학사연구』 제28호, 민족문학사연구소, 2005.
최미진, 「손창섭의 라디오 단편소설 「비둘기 한 쌍」 연구」, 『현대문학이론연구』 제39집, 현대문학이론학회, 2009.
최성희, 「자유부인, 블랑쉬를 만나다 : 전후 한국여성의 정체성과 미국 드라마의 수용」, 『미국학논집』 제37권 제3호, 한국아메리카학회, 2005.
최영석, 「근대 주체구성과 연애서사」, 연세대 석사논문, 2002.
최옥선, 「여성잡지에 나타난 몸담론 연구」, 『한국출판학연구』 제46집, 한국출판학회, 2004.
최원식, 「90년대에 다시 읽는 요산(樂山)」, 『작가연구』 제4호, 새미, 1997.
_____, 「그 편안함 뒤에 대쪽」, 『민족문학사연구』 제3호, 민족문학사연구소, 1993.
한명환, 「1950년대 지역신문에 나타난 여성담론 양상연구」, 『어문연구』 제47호, 어문연구학회, 2005.
한미화, 「여성에 의한, 여성을 위한 장르소설」, 『북페뎀』 2004년 여름호(제5호), 한국출판마케팅연구소, 2004.8.
한병진, 「1970년대 국가와 농민관계에 관한 연구」, 서울대 석사논문, 1995.
한혜원, 「정비석 소설의 창작방법 연구」, 이화여대 석사논문, 2001.
함인희, 「한국전쟁, 가족, 그리고 여성의 다중적 근대성」, 『사회와 이론』 제9집, 한국이론사회학회, 2006.
허병식, 「식민지 청년과 교양의 구조」, 『한국어문학연구』 제41집, 한국어문학연구학회, 2003.
홍근희, 「김말봉 소설 연구」, 대구카톨릭대 석사논문, 2002.
홍주영, 「손창섭 소설에 나타난 부성 비판의 양상 연구」, 서울대 석사논문, 2007.
황국명, 「요산 김정한 소설의 원전비평적 연구」, 『한국문학논총』 제47집, 한국문학회, 2007.
_____, 「요산문학 연구의 윤리적 전회와 그 비판」, 『한국문학논총』 제51집, 한국문학회, 2009.

3. 단행본

경남연감편찬회, 『경남연감』 창간호, 의원구락부사, 1954.

경남연감편찬회, 『경남연감』 제2호, 경남연감편찬회, 1955.

경상남도, 『경남문예총람』, 경남문예총람편찬위원회, 1993.

공임순, 『우리 역사소설은 이론과 논쟁이 필요하다』, 책세상, 2000.

권보드래, 『한국 근대소설의 기원』, 소명출판, 2000.

________, 『연애의 시대』, 현실문화연구, 2003.

권영민 편, 『염상섭 문학 연구』, 민음사, 1987.

김경수, 『염상섭 장편소설 연구』, 일조각, 1999.

김경일, 『여성의 근대, 근대의 여성』, 푸른역사, 2004.

김기원, 『미군정기의 경제구조』, 푸른산, 1990.

김동윤, 『신문소설의 재조명』, 예림기획, 2001.

김동인 외, 『한국문단이면사』, 깊은샘, 1983.

김민환, 『미군정기 신문의 사회사상』, 나남, 2001.

김병익, 『현대 한국문학의 이론』, 민음사, 1972.

김복순, 『1910년대 한국문학과 근대성』, 소명출판, 1999.

______, 『페미니즘의 미학과 보편성의 문제』, 소명출판, 2005.

김양선, 『근대문학의 탈식민성과 젠더정치학』, 역락, 2009.

김영민, 『한국근대소설사』, 솔, 1997.

김욱동, 『대화적 상상력』, 문학과지성사, 1988.

김윤선, 『한국 현대소설과 섹슈얼리티』, 월인, 2006.

김윤식, 『염상섭연구』, 서울대학교출판부, 1987.

김윤식 · 정호웅, 『한국소설사』, 문학동네, 2000.

김은실, 『여성의 몸, 몸의 문화정치학』, 또하나의문화, 2001.

김을한, 『실록 동경유학생』, 탐구당, 1986.

김정자 외, 『몸의 역사와 문학』, 태학사, 2002.

김종균 편, 『염상섭소설연구』, 국학자료원, 1999.

김진균 외, 『한국사회론』, 한울, 1990.

김진기, 『손창섭 무의미 미학』, 박이정, 1999.

김창식, 『대중문학을 넘어서』, 청동거울, 2001.

대중문학연구회 편, 『연애소설이란 무엇인가』, 국학자료원, 1998.

대중문학연구회 편, 『역사소설이란 무엇인가』, 국학자료원, 2003.

문옥표 외, 『신여성』, 청년사, 2003.
문학사와비평연구회 편, 『1970년대 문학연구』, 예하, 1994.
문화공보부 편, 『새마을운동』, 문화공보부, 1973.
민족문학사연구소 기초학문연구단, 『한국 근대문학의 형성과 문학 장의 재발견』, 소명출판, 2004.
민족문학사연구소 현대문학분과 편, 『1970년대 문학연구』, 소명출판, 2000.
민족문학사연구소 현대문학분과 편, 『1970년대 장편소설의 현장』, 국학자료원, 2002.
박성봉, 『대중예술의 미학』, 동연, 1995.
박태일, 『경남 · 부산 지역문학연구』 1, 청동거울, 2004.
박헌호 외, 『작가의 탄생과 근대문학의 재생산 제도』, 소명출판, 2008.
박형지 · 설혜심, 『제국주의와 남성성』, 아카넷, 2004.
백낙청 · 염무웅 편, 『한국문학의 현단계』 I ~III, 창작과비평사, 1984.
백운관 · 부길만, 『한국출판문화변천사』, 타래, 1997.
변형윤 외, 『한국사회의 재인식』 1, 한울, 1985.
상허학회 편, 『한국 근대문학 양식의 형성과 전개』, 깊은샘, 2003.
새마을연구회 편, 『새마을운동 10년사』, 내무부, 1980.
서대석, 『군담소설의 구조와 배경』, 이화여대 출판부, 1992.
서영채, 『사랑의 문법』, 민음사, 2004.
서울신문사 편, 『새마을운동』, 서울신문사, 1973.
송하춘 편, 『손창섭』, 새미, 2003.
신경림 편, 『농민문학론』, 온누리, 1989.
신명직, 『모던 뽀이, 경성을 거닐다』, 현실문화연구, 2003.
신영덕, 『한국전쟁과 종군작가』, 국학자료원, 2002.
안미영, 『전전세대의 전후인식』, 역락, 2008
여홍상 편, 『바흐친과 문학이론』, 문학과지성사, 1997.
역사문제연구소 편, 『한국의 '근대'와 '근대성' 비판』, 역사비평사, 1996.
연구공간 수유+너머 근대매체연구팀, 『신여성－매체론 본 근대여성 풍속사』, 한겨레신문사, 2005.
오윤호, 『현대소설의 서사 기법』, 예림기획, 2005.
윤춘병, 『한국기독교 신문 · 잡지백년사 1885~1945』, 대학기독교출판사, 1984.
이강언 · 조두섭, 『대구 · 경북 근대문인 연구』, 태학사, 1999.

이덕화, 『여성문학에 나타난 근대체험과 타자의식』, 예림기획, 2005.
이보영, 『난세의 문학―염상섭론』, 예지각, 1991.
이선옥, 『한국소설과 페미니즘』, 예림기획, 2002.
이승희, 『한국현대여성운동사』, 백산서당, 1994.
이영아, 『육체의 탄생』, 민음사, 2008.
이임자, 『한국 출판과 베스트셀러』, 경인문화사, 1998.
이임하, 『여성, 전쟁을 넘어서다』, 서해문집, 2004.
이정옥, 『1930년대 한국 대중소설의 이해』, 국학자료원, 2000.
이종영, 『성적 지배와 그 양식들』, 새물결, 2001.
이주형, 『한국근대소설연구』, 창작과비평사, 1995.
이태호, 『70년대 현장』, 한마당, 1983.
이혜령, 『한국 근대소설과 섹슈얼리티의 서사학』, 소명출판, 2007.
이효재, 『여성과 사회』, 정우사, 1989.
재일한국유학생연합회, 『일본유학100년사』, 재일한국유학생연합회, 1988.
정하은 편, 『김말봉의 문학과 사회』, 종로서적, 1986.
조동길, 『한국현대장편소설연구』, 국학자료원, 1992.
조남현 · 김인환 외, 『근대의 안과 밖』, 민음사, 2008
조혜정, 『한국의 여성과 남성』, 문학과지성사, 1988.
천정환, 『근대의 책읽기』, 푸른역사, 2003.
최 준, 『한국신문사』, 일조각, 1990.
최미진, 『1960년대 대중소설의 서사전략 연구』, 푸른사상사, 2006.
______, 『한국 대중소설의 틈새와 심층』, 푸른사상사, 2006.
최원식, 『한국계몽주의문학사론』, 소명출판, 2002.
최주철, 『새마을운동의 이론과 철학』, 집문당, 1978.
최혜실, 『신여성들은 무엇을 꿈꾸었는가』, 생각의나무, 2000.
편집위원회, 『작가연구 1―손창섭』, 새미, 1996.
하정일, 『탈식민의 미학』, 소명출판, 2008.
한국기독교사회문제연구원 편, 『농촌 현실과 농민 운동』, 민중사, 1984.
한국농어촌사회연구소 편, 『한국농업 · 농민문제연구』 I ~ II, 연구사, 1989.
한국문인협회, 『삼천만의 메아리』, 월간문학사, 1973.
한국문인협회 편, 『해방문학 20년』, 정음사, 1966.
한국문학연구회, 『한국문학과 민족주의』, 국학자료원, 2000.

한국부인회 총본부, 『한국 여성운동 약사』, 한국부인회 총본부, 1985.
한국사회학회 편, 『70년대 한국사회』, 평민사, 1980.
한국잡지협회, 『한국잡지총람－한국잡지70년사』, 사단법인 한국잡지협회, 1972.
한국정신문화연구원 편, 『1960년대 사회변화연구 : 1963~1970』, 백산서당, 1999.
한국정신문화연구원 편, 『1970년대 전반기의 정치사회변동』, 백산서당, 1999.
한국정신문화연구원 편, 『한국전쟁과 사회구조의 변화』, 백산서당, 1999.
한림대학교 아시아문화연구소, 『미군정기 한국의 사회변동과 사회사』 Ⅰ~Ⅱ, 한림대 출판부, 1999.
한서설야, 『다이어트의 성정치』, 책세상, 2007.
한원영, 『한국근대신문연재소설연구』, 이회, 1996.
______, 『한국현대신문연재소설연구』 상 · 하, 국학자료원, 1999.
현택수 외, 『문화와 권력－부르디외 사회학의 이해』, 나남, 1998.

게오르그 루카치, 반성완 역, 『소설의 이론』, 심설당, 1985.
____________, 이영욱 역, 『역사소설론』, 거름, 1987.
다비드 르 브르통, 홍성민 역, 『근대성과 육체의 정치학』, 동문선, 2003.
레이몬드 윌리엄즈, 이일환 역, 『이념과 문학』, 문학과지성사, 1991.
로버트 숄즈 · 로버트 켈로그, 임병권 역, 『서사의 본질』, 예림기획, 2001.
로즈매리 잭슨, 서강여성문학연구회 역, 『환상성－전복의 문학』, 문학동네, 2001.
루이 알튀세르, 김동수 역, 『아미엥에서의 주장』, 솔, 1991.
로버트 숄즈 · 로버트 켈로그, 임병권 역, 『서사의 본질』, 예림기획, 2001.
마리 매클린, 임병권 역, 『텍스트의 역학: 연행으로서의 서사』, 한나래, 1997.
메릴린 옐롬, 이호영 역, 『아내－순종 혹은 반항의 역사』, 시공사, 2003.
미셸 푸코, 이규현 역, 『성의 역사』, 나남, 1995,
________, 이정우 역, 『지식의 고고학』, 민음사, 2000.
브라이언 터너, 임인숙 역, 『몸과 사회』, 몸과마음, 2002.
샌더 L. 길먼, 곽재은 역, 『성형수술의 문화사』, 이소출판사, 2003.
수잔 스나이더 랜서, 김형민 역, 『시점의 시학』, 좋은날, 1998.
스콧 래쉬 · 조나단 프리드먼 편, 윤호병 외 역, 『현대성과 정체성』, 현대미학사, 1997.
아놀드 하우저, 염무웅 · 반성완 역, 『문학과 예술의 사회사』 3, 창작과비평사, 2000.
앤소니 기든스, 권기돈 역, 『현대성과 자아정체성』, 새물결, 1997.
___________, 배은경 · 황정미 역, 『현대사회의 성, 사랑, 에로티시즘』, 새물결,

1996.
엘렌 식수, 박혜영 역, 『메두사의 웃음 · 출구』, 동문선, 2004.
움베르트 에코, 김운찬 역, 『대중의 슈퍼맨』, 열린책들, 1994.
__________, 김운찬 역, 『소설 속의 독자』, 열린책들, 1996.
재크린 살스비, 박찬길 역, 『낭만적 사랑과 사회』, 민음사, 1985.
제인 빌링허스트, 석기용 역, 『요부, 그 이미지의 역사』, 이마고, 2005.
위르겐 슈람케, 원당희 · 박병화 역, 『현대소설의 이론』, 문예출판사, 1995.
임영호 편역, 『스튜어트 홀의 문화이론』, 한나래, 1996.
장 클로드 코프만, 김정은 역, 『여자의 육체 남자의 시선』, 한국경제신문사, 1996.
제인 빌링허스트, 석기용 역, 『요부, 그 이미지의 역사』, 이마고, 2005.
재크린 살스비, 박찬길 역, 『낭만적 사랑과 사회』, 민음사, 1985.
주네트 외, 석경징 외 역, 『현대 서술 이론의 흐름』, 솔출판사, 1997.
진 쿠퍼, 이윤기 역, 『그림으로 보는 세계문화상징사전』, 까치, 1994.
콜레트 다울링, 이호민 역, 『신데렐라 콤플렉스』, 나라원, 1989.
크리스 쉴링, 임인숙 역, 『몸의 사회학』, 나남, 1999.
파비엔 카스타 로자, 박규현 역, 『연애, 그 유혹과 욕망의 사회사』, 수수꽃다리, 2003.
페터 V. 지마, 서영상 · 김창주 역, 『소설과 이데올로기』, 문예출판사, 1996.
프란츠 파농, 이석호 역, 『검은 피부 하얀 가면』, 인간사랑, 1998.
프리가 하우그 외, 박영옥 역, 『마돈나의 이중적 의미』, 인간사랑, 2003.
피에르 부르디외, 김용숙 · 주경미 역, 『남성지배』, 동문선, 1998.
__________, 정일준 역, 『상징폭력과 문화재생산』, 새물결, 1995.
__________, 최종철 역, 『구별짓기: 문화와 취향의 사회학』 상 · 하, 새물결, 1995.
피터 부룩스, 이봉지 · 한애경 역, 『육체와 예술』, 문학과지성사, 2000.
C. 라마자노글루 외, 최영 외 역, 『푸코와 페미니즘』, 동문선, 1997.
K.Kosik, 박정호 역, 『구체성의 변증법』, 거름, 1985.
Toril Moi, 임옥희·이명호·정경심 역, 『성과 텍스트의 정치학』, 한신문화사, 1994.

Alexandra Howson, *The Body in society*, Ploity Press, 2004.
G. Allen, *Intertextuality*, New York : Routledge, 2000.
James Phelan ed., *Reading Narrative : Form, Ethics, Ideology*, Ohio State UP, 1989.

Janice Radway, *Reading the Romance : Women, Patriarchy, and Popular Literature*, London : Verso, 1987.

Jmaes Phelan, *Reading People, Reading Plots*, Chicago UP, 1989.

John Berger, *Ways of Seeing*, BBC and Penguin, 1972.

John G. Cawelti, *Adventrue, Mystrey, and Romance: Formula Stories as Art and Popular Culture*, Chicago and London:The University of Chicago Press, 1976.

J. Lull, *Media, Communication, Culture*, New York: Columbia UP, 1995.

J. Marlow, "Metaphor, Intertextuality, and the Post—War Consensus". *Politics* 17(2), 1997.

J. M. Lotman, "Point of View in a Text", *New Literary History*, No.2, 1975.

Karl Kroeber, *Style in Fictional Structure: The Art of Austen, Charlotte Bronte, George Eliot*, Princeton UP, 1971.

Niklas Luhmann, *Love as Passion : The Codification of Intimacy*, trans., Jeremy Gaines and Doris L. Johns, Standford UP, 1998.

Peter Brooks, *The Melodramatic Imagination: James, Melodrama, and the Mode of Excess*, Columbia UP, 1985.

Peter Brooks, *Reading for the Plot—Desire and Intention in Narrative*, New York:Vintage, 1984.

Sandra M. Gilbert and Susan Gubar, *The Madwoman in the Attic: The Woman Writer and the Nineteenth—Century Literary Imagination*, New Haven: Yale University Press, 1970.

Stefan Morawski, *Inquiries into the Fundamentals of Aesthetics*, Cambridge & London: The MIT Press, 1978.

Susan Moore Johnson, *Teachers in Union*, Temple UP, 1984.

찾아보기

ㅇ